田青文集

第一卷

宗教文化与宗教音乐◆上

文化藝術出版社
Culture and Art Publishing House

扫　描　二　维　码

让田青带您漫步音乐世界

七十抒怀（自序）

一

仿佛只是一眨眼的工夫，就已经满70周岁了！过去说“人过七十古来稀”，但今天看来已属平常。其中最重要的原因，是这70年的安定和平。如果从1840年的鸦片战争开始，我出生之前的100多年，几乎可以用“战乱”二字概括。1948年平津战役打响，在天津市日租界后来称作甘肃路的一栋二层小楼里，妈妈抱着未满一岁的我躲避在饭桌下面，两手捂着我的耳朵，怕隆隆的炮声惊醒我的睡眠。32年后的除夕夜，因为担心屋外的鞭炮声惊醒她未满一岁的孙子的睡眠，妈妈在0点鞭炮高峰之前就歪在她孙子的床头，准备随时用手捂住孙子的耳朵。

因为妈妈要上班，我其实是姥姥带大的。姥姥是苏州人，16岁就嫁给在曹锟手下当团长的姥爷到了直系军阀的“首府”保定，爸爸妈妈结婚后来到天津和我们生活，操持家务。姥姥信佛，她慈悲、善良、大度、勤恳，乐于助人，遇大事而不乱。姥姥喜欢听戏，从小跟姥姥去剧场，“熏染”了我对艺术的爱好。而《岳母刺字》《苏武牧羊》《穆桂英挂帅》，是姥姥哄我入睡的“儿童故事”。多年后，我在《老歌》里，含泪写下了这段诗：

姥姥，我想你，
想你手中的大蒲扇。
夏夜，我躺在小凉席儿上，
你为我轻轻扇，
你唱着《苏武牧羊》的老歌，
送我入眠。

1996年，黄荟请我“出山”，要为正处在巅峰状态的李娜写一首“空前绝后”的声乐套曲，我用两天时间写了七首歌词，这就是在网上被称作中国声乐“顶峰”的《苏武牧羊》。对李娜而言，这是她辞别俗世的“惊鸿一瞥”，对我而言，则是与刚刚辞世一年的姥姥的对话与怀念。

父亲出身农家，是田家的第一个知识分子，20世纪30年代毕业于北京大学法学院政治系。20世纪80年代我在中国艺术研究院攻读音乐学研究生时，有同学问我“18岁时的理想”，我答曰：“穿竹布长衫，读北大中文系。”当然，这两个“理想”至今一个也没有实现。父亲一生正直、正派、无私，有着强烈的家国情怀，在北大读书时，他参加过“一二·九”学生运动；日伪时期他在天津朋友的商行工作，为了不向在海河“法国桥”上站岗的日本兵行礼，每天绕路花钱坐摆渡船上下班。他一生没有过显赫闻达，后半生更是始终处在被怀疑、审查、批判的境地。但是，他的达观、淡泊和对人的真诚、热情，使他收获了许多终生的朋友。父亲对我幼时喜涂鸦、少时喜读书很欢喜，曾拿着我胡涂乱抹的“画作”给他的画家朋友看，也曾把我幼稚的“诗作”寄给远在上海的伯父看，伯父再把改过的诗寄回，至今只记得其中的两句：“不学悬梁锥刺股，也应诗画效王维。”当然，这已不是我的诗，而是长辈对我的鼓励。

酷爱文学艺术，造成了我学业的偏科。初中时的班主任、语文老师郭临瑜先生对我很欣赏，我的每一篇作文都会被当成范文在班级里讲评，但我对数理化却毫无兴趣。初中二年级新开几何课，老师问：谁知道“几何”是什么意思？全班只有我回答：“就是多少。”老师大悦，当堂封我为课代表。一个月后，他发现我基本没有“多少”的概念，遂换别人代我。高中一年级，我偏科更加严重，因为住校，所以学校成了我随性读书的“乐园”，几乎日夜沉浸在古今中外文学艺术的世界里。为了能读到只限老师借阅的书，我主动给负责图书管理、借阅的老师帮忙，获得他的信任和在图书馆里任意读书的权利。徜徉书海的结果，是高一期末考试的惨败，因为数理化统统不及格，只能留级，这是我平生遭到的第一个打击。半个世纪之后，当我在讲台上“弘扬中华传统文化”时总要先说明：我和在座的各位一样，上的是一样的学校，都属于新学，我的旧学是自学的，因此是碎片化、不系统的。但我今天能讲一点传统文化，是付出过代价的，代价就是中学时数理化统统不及格。

我和一帮志同道合的同学在“文革”开始前全校文艺汇演班子的基础上组织了一个“毛泽东思想长征宣传队”，在席卷全国的“大串联”热潮中徒步从天津走到兰考，沿途为群众演出。在我背上捆扎成方块的被子上面，还横扛着一把红木做的低音二胡。作为宣传队的副队长，我除了负责三弦、二胡伴奏外，也“登台亮相”，但最重要的任务是创作配合政治形势的新节目，每当“最高指示”发表，我都会连夜把它变成歌曲、快板书、京韵大鼓、小歌舞。

我在黑龙江省哈尔滨市滨江区向阳公社黄河大队一小队“上山下乡”插队落户五年多，在繁重的体力劳动之余，想尽办法借书读书，是我唯一的精神生活和享受。当然，陪伴我度过艰苦岁月的，还有当时被我视为珍宝的《外国名歌 200 首》和跟亲戚借的一把夏威夷吉他。

我姐夫的一个小学同学是哈尔滨的小学音乐老师，他借给我的斯波索宾《和声学》成了我自学作曲的唯一的教材。

二

1973年，“右倾回潮”，终于有了一个改变命运的机会，我到设在哈尔滨师范学院的天津艺术学院（由天津音乐学院、天津美术学院合并组成）考点参加了招生考试。当时考我“视唱练耳”的杨今豪老师，看了我交的两首我作词作曲的四声部大合唱，知道我同时还报考了美术系，力主我上作曲系。那一年，因为出了一个“白卷先生”，所有考试的成绩都作废了！幸亏政策网开一面，准许必须要有一定基础的“音、体、美”三科“参考”考试成绩录取，于是，我幸运地成了一名“工农兵学员”。

作曲系的主要课程是西方音乐的“四大件”：作曲、和声、复调、配器。我的作曲主课老师，先是高燕生先生，后是王仁樑先生。读书期间，我逐渐发现自己成不了“贝多芬”，而老师们也逐渐发现我有一点文史底子，在读四年级的时候，系主任杨今豪就让我为三年级学生开一门“中国古代音乐史”的课。我们这届“工农兵学员”在读书期间，因为尚在“文革”之中，故仅开纯技术类课程，没有音乐史、音乐美学之类的课程，更没有设音乐学系。对一门没有学过的课程，我怎么开呢？杨今豪老师当时对我说了一句话：“看三本书，就应该可以写一本书了。”这句话，打破了我对“写书”的迷信。

我的第一本书《中国古代音乐史话》，其实就是我当时写的讲义，虽然是我看了当时能找到的有关中国音乐史的著作、文章之后掺杂了一些自己的观点而“冲”成的“汤”，但也有一些在当时是“大逆不道”的“新论”，比如我在“劳动创造音乐”的标准论述后居然认为“爱情”（性爱）也是音乐的起源。我发表的第一篇学术论文《音乐史中的唐明皇》现在看来没有什么了不起，但在那个认为“人民是历史唯一的创造者”而封建帝王都是历史的反动派的时候，写这样的文章也还是需要一点“初生牛犊不怕虎”的勇气的。

1977 年，我毕业留校工作，同时负责“中国古代音乐史”和“西方古典音乐名作”两门共同课。与有大量音响资料的西方音乐史课相比，中国古代音乐史课可听的音响资料很少。为了寻觅还“活着”的古代音乐作为音响教材，我开始进入“保守”的佛门，希望能从寺庙的高墙里找到中国古代音乐的遗存，没想到“一入佛门深似海”，从此与佛教文化结缘。“深入经藏”不容易，当时借阅古籍的困难是现在的青年无法想象的，不要说“百度”的便捷，就是图书馆里的古籍也不向普通读者开放。我找到父亲多年的好友、时任天津图书馆副馆长的王鸿寿叔叔开后门，拿到了一张可以在图书馆善本部读书的内部阅览证。那时候，图书馆还没有复印机，善本书也不能借回家细读，于是，随读随抄录，便成了我的功课。至今，我还留着当年抄录慧皎《高僧传》与道宣《续高僧传》的残破的笔记本。

天津音乐学院的前身是中央音乐学院，1958 年“院系调整”后一部分迁到北京，一部分留在天津。老院长缪天瑞先生怜我好学无门，便介绍我去找已调到北京的黄翔鹏先生请教。那一段时间，遂经常奔波于京津两地。当时从天津开往北京的第一班车好像是早晨 6:15，早早爬起来赶到“老龙头火车站”（即天津东站）前边的早点铺吃碗馄饨上车，再坐当天最后一班车回津，回到家已经很晚了，真是“三更灯火五更鸡”。而黄翔鹏与中国艺术研究院音乐研究所则是我学术之路上的灯塔。

1978 年，中国艺术研究院成立了研究生部，准备招收第一批硕士研究生，黄先生郑重给我写信嘱我报名。我拿着信找到缪天瑞院长，老院长看了信，沉吟半晌，轻轻问了我一句：“你……走了，你的课谁教呢？”我在天津音乐学院学习四年，刚刚留校任教两年，学校培养了我，老院长一直关怀我、器重我，我能说什么呢？

两年后，缪天瑞先生调到北京，任中国艺术研究院顾问、研究员，主编《中国音乐词典》，黄先生再次嘱我报考第二届硕士研究生。我趁作曲系主任杨今豪外出开会之际，找作曲系书记丁辛签字遂得以报考。而这一次，研究生考试已入正轨，必须参加全国研究生考试的外语统考。我中学学的是俄语，早已“就着饭吃了”，因为自学过一点日语，所以买了一套6册的日语教材，开始了我一生中最疯狂的学习过程：夏天，酷热，每天8点，我准时到离我家最近的和平区图书馆阅览室（有空调）学习，中午回家扒口饭再去，直到图书馆下班。晚饭后，我拿着一个小马扎溜达到马路上，在路灯下继续学习。因为相信俗话中说的“临阵磨枪，不快也光”的话，我用三个月读完了6册书中的5本，在考试前两天，我找来上一年考试的卷子想试试看，这才发现我连题目都看不懂！但“天不灭曹”，考试那天我骑车去考场（在天津纺织学院）的路上还在背的一个“常用句式”，居然打开考卷便赫然在目！于是，我信心大增，直接找到占分最多的“日译汉”，在三篇文章中选了一篇汉字最多的文章硬啃下去，居然让我读懂了！前面的选择题，我完全不知正误，根本没有选择能力，遂胡乱勾点。结果是：我通过了！

1982年，我正式进入中国艺术研究院研究生部音乐系，成为杨荫浏先生的关门弟子。

在我们这届研究生里，我属于年龄偏大的，而且，和大多数刚从大学毕业的同学不同，我已经有四年教龄。研究生一年级的主要课程是中国古代音乐史，而这门课，我已经教过多年，所以，当时研究生部的书记郭睿儒老师对我大开方便之门，说：“你甭瞎耽误工夫了，领每人300元的考察费，你就考察去吧！”于是，我便背着一个绿挎包，拿着300元人民币和一台研究生部刚买的像块“砖头”一样的录音机，开始了我后来延续二三十年的佛教音乐考察之旅。

没想到，在讨论我的研究方向的时候，杨荫浏先生不同意我以佛教音乐作为硕士论文的选题，基于对“文革”中佛教生态的了解，先生说：你现在研究佛教音乐，只能到台湾去。当时说去台湾，就像说去月球一样遥远。始终对杨先生持弟子礼的黄翔鹏先生有一天专门乘车到研究生部宿舍找我“散步”，他担心因我忤逆而惹杨先生不高兴，恳切地劝我放弃佛教音乐的选题，并说：我和郭乃安先生帮你找了一个适合你的选题——《魏晋玄学与琴曲》。于是，我便暂时放弃佛教音乐的写作，着手魏晋玄学与古琴音乐的研究。1984 年，杨先生病逝，黄翔鹏先生正式担任我的导师。得到黄先生许可，我又拾起佛教音乐的材料，完成了我的硕士论文《佛教音乐的华化》。

从 1989 年率五台山佛乐团赴港演出并参与组织佛教音乐国际学术会议开始，我努力在世界上弘扬我国的佛教音乐：1993 年率五台山佛乐团赴英国，1996 年和 1999 年率北京佛乐团先后赴德国和捷克，1997 年率甘肃拉卜楞寺佛乐团赴法国。1998 年，我率五台山沙弥乐团赴台湾演出并参加在台北举办的“中国佛教音乐研讨会”，行前赵朴初先生命我转交一封他给星云大师的亲笔信。星云大师的慈悲、智慧和强烈的爱国情怀给我留下深刻印象。当我应星云大师之邀在佛光山丛林学院以“中国佛教音乐”为题讲课的时候，我对千余名比丘、比丘尼说：“15 年前，我的研究生导师杨荫浏先生让我来台湾研究佛教音乐，今天我来了！”

自 1985 年研究生毕业留中国艺术研究院工作至今，其中生活、工作多有变化，也不乏命运之中、意料之外的生命历程，但读书、写作，已成生命之常态，有此生涯打底，生命中所有的“偶然”事件，也就成了“必然”的契机，共同构成了我后半生的因果之链。

2002 年，在时任中国艺术研究院院长王文章的支持下，成立了中国艺术研究院宗教艺术研究中心，我任主任。这个全国唯一的宗教艺术研究机构创建了多项第一：举办第一届中国佛教道教音乐展演（2003）；举办中国首届当代佛教艺术展——佛教造像暨雕塑（2012，第二届 2015）；在台湾举办麦积山艺术展和研讨会（2004）；举办星云大师“一笔字”书法展（2010 北京中国美术馆）；邀请台湾佛光山星云大师公开演讲（2003 上海大剧院，2010 中国艺术研究院）等。其中影响最大的，是 2003 年第一届中国佛教道教音乐展演期间台湾佛光山梵呗团与大陆团体同台演出的成功，直接促成了星云大师任名誉团长，时任中国佛教协会常务副会长圣辉任团长，我任艺术总监，两岸三大语系、八大丛林联合组成的“中华佛教音乐展演团”2004 年赴中国台湾巡演和其后赴中国香港、澳门及美国、加拿大巡演的盛事。

2003 年，在王文章院长支持下创办《艺术评论》，我任主编，主张真实、客观、公正的艺术评论，第一期便因刊登《中国民族民间器乐曲集成·云南卷》主编、音乐学家吴学源批评云南丽江文化商人文化欺骗的文章《“纳西古乐”是什么东西？》而被宣科告上法庭。

2006 年，中编办下发文件责成中国艺术研究院加挂一块牌子，正式成立“中国非物质文化遗产保护中心”，任命王文章为主任，我为副主任兼办公室主任。此后，在当时主管我国非物质文化遗产保护工作的文化部副部长周和平的直接领导下，中国非物质文化遗产保护中心在文化部尚未成立非物质文化遗产司的几年里大刀阔斧、勇于开拓，将一个陌生的名词“非物质文化遗产”变成社会关注的焦点，更让保护行动深入人心，为促进相关立法和构建我国独特的非遗保护体系做出了有目共睹的贡献。而我，也走出书斋，全身心投入到这个中华人民共和国成立以来最得民心的文化事件中，为国尽忠，为非物质文化遗产保护尽孝。

三

本来，一个研究中国古代音乐史和佛教音乐的学者是不可能进入公众视野的，但是一个“偶然”事件让我以“铁面评委”的绰号一夜间浪得虚名。2000年，中央电视台主办的“青年歌手电视大奖赛”临时请我做评委，我由于一直囿于书斋生活，从未关注电视节目和声乐现状，所以一旦参与这个全国性、权威性的声乐赛事，集中就近观察中国声乐现状的时候，便发现了一些问题。而当我面对电视镜头“点评”的时候，学者的习惯——直言，便无意间造成了意料之外的社会反响，也间接促成了我后半生学术事业的转向：走出书斋，面向社会，积极提倡向民间学习，发现民间优秀歌手，反对“全盘西化”，从提倡声乐领域的“原生态”唱法开始，全面弘扬中华优秀传统文化。

其实，这样的转向来自杨荫浏先生对我的影响，他一贯的学术作风，就是理论联系实际。杨先生研究律学，不但亲自做律管实验，而且把研究的结果应用于实践，做“弦乐器定音计”之类的工具，帮助乐器制作工人为弦乐器贴品，为管乐器钻孔，以保证乐器定音的准确。把自己的所学，贡献给国家、反馈给社会，继承老师的学术传统和作风，是我一生的追求，也是中华传统文化在我生命中自然而然的体现。梁漱溟先生的这段夫子自道，深得吾心：

> 于此见出我不是“为学问而学问”的。我是感受中国问题之刺激，切志中国问题之解决，从而根追到其历史，其文化，不能不用番心，寻个明白。什么“社会发展史”，什么“文化哲学”，我当初都未曾设想到这些。从一面说，其动机太接近实用（这正是中国人的短处），不足为产生学问的根源。但从另一面说，它却不是书本上的知识，不是

学究式的研究；而是从活问题和活材料，朝夕寤寐以求之一点心得。其中有整个生命在，并非偏于头脑一面之活动；其中有整整四十年生活体验在，并不是一些空名词假概念。①

我在向西方学者解释“中国人的想法”为什么和他们不同的时候，曾经说过“三个数字理解中国”的话，这三个数字的前两个：5000年的辉煌和100多年的屈辱，造成了我们所有中国人或多或少存在的心理矛盾，那种骄傲与自卑的纠缠，那种内心不甘与艳羡他人的交融，甚至变成一种用“两大强国伺候我一个人”②的“自豪”掩饰着的深深的无奈。第三个数字，是40年。改革开放，让中国人在取得举世瞩目的经济奇迹的同时，有了重建民族自信的基础。尤其是最近这十多年，非物质文化遗产保护乘着复兴中华民族优秀传统文化的东风引起全民族的积极响应，而我作为一个研究中华传统文化的学者，在我的后半生，在国家需要我的时候全身心地投入到复兴传统文化的工作中，是我的幸运和福报。

四

这部文集编辑与出版的缘分，起于老友张振涛和学生王红的“撺掇”和操作。去年我虚岁70的时候，张振涛就建议王红编辑一套《田青文集》为我贺寿，但我本人积极性不高，于是，王红和我的学生们就瞒着我编辑了一本文集，让每一个我带过的博士、硕士研究生各选出自己的一篇文章集为《田园拾穗》，给我贺寿。在生日宴会上，学生们唱着生日歌，捧出这

① 梁漱溟：《中国文化要义》，上海人民出版社2001年版，第4页。

② 老舍创作话剧《茶馆》中的台词。

份惊喜，让我老泪盈眶。今年，旧事重提，振涛说：“你也该出个文集了，让学生们编吧，你啥都甭管。”王红于是向文化艺术出版社社长杨斌汇报，得到杨斌的支持并向研究院打了报告，得到连辑院长和其他院领导的支持。于是，便有了这部文集。

除了这部七卷本的文集外，另附张振涛主编的《田青印象》一卷与翟风俭编著的《田青年表》一卷，前者选编了别人写我的文章，后者则是翟风俭在给我当助理的几年时间里用心记录并通过网络、媒体搜集整理而成，其中的照片一部分是我提供的，一部分来自网络或他人。

需要提及的是，第七卷主要包括两个电影文学剧本《钟魂》《杨贵妃》。1983年，我读研究生期间，老友刘森突然约我去当时的历史博物馆看古代乐器，他是著名的笛子演奏家和指挥，但钟情影视，总希望以中国传统的音乐文化为主题拍一部电影。在他的激情煽动下，我便根据1977年出土的曾侯乙编钟为素材，用十几天的时间创作了《钟魂》。剧本发表后得了奖，几位著名导演先后摩拳擦掌，都要拍一部“大制作”，但“大制作”就要大投入，结果先后夭折，只因为差一个“钱”字，所以至今还只是“文学”。那些古体诗，我习惯随吟随忘，忘的比记得的多得多，这次找到的这些，算是落网之鱼。做“知青”时从东北回天津，因为没见过海，便绕道从大连坐船，第一次看见海，便写了《啊……海！》寄给在内蒙古插队的同学路鹏谋，没想到，这么多年了，他居然还保留着原稿，此次入集，也算是对青春的一次回眸。

感谢中国艺术研究院和文化艺术出版社！感谢大力支持文集出版的连辑院长和杨斌社长！

感谢振涛的“撺掇”和策划，没有他的说服，我总觉得出文集是一件遥远的事。

感谢责编王红的用心用力，虽然，有些时候她的“专业”和不屈不挠对我而言已成为一种折磨；我更相信，我的老朽和不尊重“规矩”对她而言也是一种折磨。对不起，小红！

感谢小翟，她在我身边工作多年，能把这些小事、“破事”都收集、记录起来，而且不烦不躁，真让我钦佩。我的记性太差，常常自己写过的文章、自己做过的事记忆模糊，好在有她！

感谢为文集出力的文化艺术出版社总编辑李世跃，以及各位编辑、美编和校对人员。感谢所有参与校对的我的学生们：翟风俭、宋本蓉、池玉玺、张雯影、谢忠军、司冰琳、别承红、巫宇军、袁瑾、张婷、王雅蓉、窦晓晨、高斯琦、任飞、李致伟、潘江。为了符合现在的出版要求，学生们花费了很多时间完善书中的注释。感谢姬东、吴著有等人提供照片。感谢姚慧对我几位老友的采访，他们的回忆唤醒和丰富了我对自己的“印象”。

感谢在《田青印象》中用你们的宽容、善良、真诚为我写下这些美好文字的好友与记者，读你们的文字，真的令我惭愧！但读到我终生的好友李家振、姚盛昌、刘再生、葛岩、陈铭道、韩锺恩、萧梅、张庆善、卜键、陈美娥等人的文章时，却不禁时时莞尔，我们共同的记忆和友谊将温暖我们的余生。而在文集即将出版之际突闻乌丙安老哥在德国仙逝的消息，则悲从中来，百感交集。

当年我在作家刘红庆写我的传记文学《佛心学侠——田青和他所可以改变的》的扉页上曾提过这样四句诗，是我真实的心理写照：

人生如梦亦如尘，
雪泥鸿爪误留痕。
仿佛初照哈哈镜，
笑问这厮是何人。

感谢在我70年的生命中留下印记的所有人——无论是曾经帮助我、提携我、支持我、爱我的人，还是曾经误解我、反对我、打击我、讨厌我的人，用佛教的视角来看，前者是“增上缘”，后者是“逆增上缘”，都是助我成长的贵人。

感谢姥姥和爸爸妈妈，感谢你们养育了我的生命，这部文集中的每一个字，都是我对你们在天之灵的问候。

感谢老伴杨弄玉，我这70年，你陪了我40年！

也感谢田苗，我给了你生命，但你给了我许多比生命更宝贵的东西！

2018年8月

出版说明

田青先生现任中国艺术研究院研究员、博士生导师，中国艺术研究院宗教艺术研究中心主任，中央文史研究馆馆员，中国昆剧古琴研究会会长，是著名的音乐学家、非物质文化遗产保护专家。

田青先生长期致力于中国传统文化的研究，尤其在中国民族民间音乐和宗教音乐研究领域，他筚路蓝缕，抉微发幽，为中国民族民间音乐和中国传统宗教音乐的探索与研究做出了重要的贡献。进入 21 世纪，田青先生致力于中国非物质文化遗产保护工作，他跋山涉水，深入基层，为非物质文化遗产的保护殚精竭虑，大声疾呼。数十年在学术研究领域的不断开拓和卓越建树，成就了田青先生享誉海内外的学术地位，也在音乐界、宗教界乃至整个文化界产生了广泛的影响。

此次由文化艺术出版社出版的《田青文集》是田青先生数十年学术研究和文艺创作的汇编，是田青先生研究成果和学术思想的一次总结。其中收录了田青先生绝大部分的文章和演讲，除了业已出版的专著、文集，还包括过去几十年散见于报纸、刊物、网络的学术论文、讲演、访谈及其他各类文章。其中卷一、卷二为宗教文化与宗教音乐领域的论文合集，卷三为中国音乐史论领域的论文与专著合集，卷四、卷五为非遗保护与“原生态”领域的论文合集，卷六为散文与评论，卷七为文学与创作。

另有张振涛主编《田青印象》一卷，收录了近年来文化界、新闻界有关田青先生的研究、评论、采访等文字，囿于篇幅，已出版的专著如《佛心学侠》等没有收入。翟风俭编著的《田青年表》一卷，起于1948年4月，止于2018年4月。

本次出版，除对个别明显讹误字词做了改动，基本保留了文章发表时的原始面貌。因时间仓促、卷帙浩繁、水平有限等情况，书中疏漏在所难免，恳请读者批评指正。

文化艺术出版社

2018年10月

总目录

第一卷：宗教文化与宗教音乐（上）

一、佛教音乐的华化

二、净土天音

第二卷：宗教文化与宗教音乐（下）

一、《禅与乐》

二、《佛教音乐漫谈》

| 第三卷：中国音乐史论 |

一、音乐学

二、《中国古代音乐史话》

三、《中国艺术通史·魏晋南北朝卷》

| 第四卷：非遗保护与“原生态”（上）|

一、《捡起金叶》

二、《捡起金叶二集》

| 第五卷：非遗保护与“原生态”（下）|

三、《捡起金叶三集》

| 第六卷：散文与评论 |

一、《历史的性别》

二、观云听雨

（一）评论、随笔

三、对话音乐

| 第七卷：文学与创作 |

一、电影文学剧本

二、诗 歌

（一）老 歌

（三）古体诗

三、歌　词

四、文学策划案及专题片脚本

目录

一、佛教音乐的华化

二、净土天音

一、佛教音乐的华化

《广陵散》与迦陵频伽的启示

——我为什么要研究佛教音乐

二十年前，我从天津音乐学院作曲系毕业后留校，当时学校要我教两门课，一门“中国古代音乐史”，一门“西方音乐名作欣赏”。有一天，“中国古代音乐史”课刚刚下课，一个学生问我：“老师，你说中国古代的音乐这么好、那么好，可它们现在在哪儿呢？”我当时颇觉尴尬，无言以对。我在中国古代音乐史的课上，不是没有为学生们印发谱例、播放音乐。但是，可以肯定的是唐宋以前的音乐作品，少而又少。放来放去，无非就是那么有限的几首：琴曲《幽兰》啦、现代歌唱家演唱的姜白石歌曲啦。但这门课的大部分时间和内容，还是从书本到书本，充斥着大量脱离音乐与音响的文字与联想。这不但与我同时还在讲授的、有着大量音响资料的“西方音乐名作欣赏”课形成了强烈的对比，而且与我心目中的灿烂辉煌的中国古代音乐文明、与我们祖先千百年来的伟大创造相去甚远。因此，从我当学生的时代起，音乐学院的学生们就把这门课称为“没有音乐的音乐史”。

我自己对这门课的讲法很不满意，但一时却不知如何改变这种状态。在“中国古代音乐史”课上，我曾为学生们很动情地讲过一首著名的中国古曲。在漫长的中国文化史中，这首乐曲的名字最终成了某种失传文化的代名词，这就是古琴名曲《广陵散》。每当人们要痛惜“礼崩乐坏”，感叹某种文化形式或文化传承后继无人的时候，常常要慨叹“成广陵之绝响”。

据说，这首美妙的琴曲是神传给三国时的名士嵇康（223—263）的。这位正直、洒脱，极富理想主义、反叛精神和个性色彩的大艺术家，这位在3世纪便集现代意义上的“颓废派”诗人、“前卫”音乐家、离经叛道的思想家、美学家于一身的“人文知识分子”，这位生活在那个流淌着血与火却至今仍令每一个有浪漫气质的人悠然神往的魏晋时代的天才，这位代表了中国历代知识分子独立人格与自由主义理想精神的“竹林七贤”中的佼佼者，在中国官方史书“二十四史”中的《晋书》本传中，便被称为“有奇才”“学不师授，博览无不该通”。他不但在思想上是那个时代最深刻、最具批判精神的精英人物；在行动上，也称得上是当时士人中最富献身精神、最有气节和政治操守的一个。他口“非汤武而薄周孔”、身“越名教而任自然”，玉树临风、傲岸不群。但他生前对这首“声调绝伦”的《广陵散》过于珍爱，视如生命，“誓不传人”，以致他虽能舍生取义，将人格与音乐置于生命之上，以一种只有参透了生死大事的殉道者才能有的平静、尊严、超脱的态度直面死亡，临刑前“顾视日影，索琴弹之”，在他的崇拜者——三千太学生面前开了一场真正的“告别音乐会”，却不得不在最后一刻，留下他此生唯一的遗憾：“《广陵散》于今绝矣！”

是的，古往今来，的确有许多美好的音乐在绵绵的时间中消失了。再怎么“余音绕梁”，也顶多在人们的主观想象中“三日不绝”。与其他艺术相比，音乐的确有它的特殊性。音乐是时间艺术，是即现即逝、随生随灭的；看不见、抓不着、留不住。“逝者如斯夫，不舍昼夜。”有什么办法呢？古人没有精确的记谱法，更没有答录机，有时候，只好凭我们寻扯獭祭。现世之人，谁都没有陪孔老夫子在齐国听过韶乐，所以，谁都说不清楚老先生到底为什么听过它之后竟然三个月吃不出肉味来。三千太学生“转世”至今，也恐怕都淡忘了嵇叔夜的慷慨与悲凉，没有谁能说得清为什么斯人逝去便该“于今绝矣”的《广陵散》至今仍有琴人在弹！作为一个讲授“中国古代音乐史”课的教师，面对我的学生，我真希望能穿越“时空隧道”，走进悠悠远古，走进那个金声玉振、琴瑟友之的时代，去亲聆我心向往之的古代音乐，并把它们记录下来，再传授给他们。当然，对我这个“肉身凡胎”而言，这只能是梦想。

就在我为此苦恼的时候，我听到了窗外的一声鸟叫。我一下子想起了迦陵频伽，茅塞顿开。就是这一声鸟叫，决定了我后半生的道路。

迦陵频伽，又称迦兰频伽、迦楞频伽、歌罗频伽、迦陵伽、羯陵伽，等等，是古印度佛教传说中产于雪山的一种鸟，梵文为 Kalavinka，意译为“妙声鸟”或“美音鸟”。(北魏)瞿昙般若流支译《正法念处经》中说：“山谷旷野，多有迦陵频伽，出妙音声，若天若人。”[①]（唐)《慧苑音义》说：“迦陵频伽，此云美音鸟，或云妙声鸟，此鸟本出雪山，在壳中即能鸣，其音和雅，听者无厌。”[②]

天竺古有《迦陵频伽舞》，表演者以人扮鸟，着鸟衣，是很有名的佛教乐舞。隋唐时，天竺及西域诸佛国的音乐舞蹈大量流入中土，但《迦陵频伽舞》虽在唐初即传入了中国，但在唐代的典籍中，却几乎没有提到过这只神鸟的名字。这似乎有点不可思议。身披鸟羽，五色缤纷，口出妙音，若天若人。如此美好的艺术，怎么可能在汇百川之水，采万卉之菁，相容并蓄、虚怀若谷的唐文化中绝迹呢？莫非它也成了广陵之散吗？

对中国古代音乐史的研究使我知道：迦陵频伽并没有匿影息声。唐代最著名的乐舞、燕乐大曲最杰出的代表——那首令明皇、贵妃乐而忘国，同时也令当时最优秀的诗人们勃发过无限诗情的著名乐舞《霓裳羽衣舞》，

---

① （北魏）瞿昙般若流支译:《正法念处经》，日本《大正新修大藏经》第 17 册，第 721 部。

② （唐）慧苑:《慧苑音义》，日本《大正新修大藏经》第 54 册，第 2128 部。

便是它的化身。

《霓裳羽衣舞》表演时是什么样子呢？诗人们的描述不去说了，（宋）《唐语林》中形容《霓裳羽衣舞》是：“率皆执幡节，被羽服，飘然有翔云飞鹤之势。”[①]（宋元）《文献通考》卷一百四十六《乐考十九》中也有其“率皆执幡节，被羽服，态度凝澹，飘飘然疑有翔云飞鹤……”的记载。从古丝绸之路，到扶桑之国，现在仍能找到一些有关这个以人扮鸟的美丽形象的记录。20世纪初，英籍匈牙利探险家斯坦因在新疆丹丹乌里克·摩朗遗址发现的壁画中，就有这半人半鸟的图像。但这神鸟，被斯坦因误认为是古希腊神话中有翼的爱神像了。日本传世的古乐舞图谱《信西古乐图》中，有一幅标明为“林邑乐”的舞图，舞者头戴花冠，上身披羽衣，双腿裹足如鸟足，作展翅状，前有两人执幡节，与中国古籍中关于《霓裳羽衣舞》的记载相合，应是这首著名乐舞的图绘。

《霓裳羽衣舞》的前身叫《婆罗门》，据说是西凉节度使杨敬述献给唐玄宗李隆基的。《杨太真外传》注曰：“《霓裳羽衣曲》者，是玄宗登三乡驿望女儿山所作也。故刘禹锡有诗《三乡驿楼伏睹玄宗皇帝望女儿山诗，小臣斐然有感》云：开元天子万事足，惟惜当时光景促，三乡驿上望仙山，归作《霓裳羽衣曲》……”另外，此注后引逸史及《全唐诗·霓裳辞十首》注，还提到道士罗公远与玄宗游月宫的传说：“……罗公远多秘术，尝与明皇至月宫，仙女数百，皆素练霓裳，舞于广庭。问其曲，曰：《霓裳羽衣》。帝晓音律，因默记其音调。及归，但记其半。会西凉府节度使杨敬述进《婆罗门》曲，声调相符，遂以月中所闻为散序，敬述所进为曲，而名《霓裳羽衣》。”白居易有诗曰：“由来能事皆有主，杨氏创声君造谱。”（宋）《碧鸡漫志》的作者王灼则断定：《霓裳羽衣舞》“说者多异，予断之曰：西

---

① （宋）王谠：《唐语林》卷7补遗，《四库全书·子部·小说家类》，影印本，第353页。

凉创作，明皇润色，又为易美名。其他饰以神怪者，皆不足信也”。这首美妙无比的乐舞，可称为盛唐文明的高峰。白居易曾无限感慨地表述：“千歌万舞不可数，就中最爱霓裳舞。”

但是，天宝十三载，耽于声色而荒于政事的唐玄宗采取了一个罕见的行政措施，命令当时主管文化事务的太常寺“供奉曲名及改诸乐名”，亲自更改了五十多首乐曲的名字，并把一共二百多首曲名勒石刻碑，昭示中外。我们在这里暂且不去探讨唐玄宗如此重视这么一个“节目单”的内在动机是什么，我们只知道在这些钦定的曲名中，明确记载着“改《婆罗门》为《霓裳羽衣》”(见《唐会要·卷三十三》)。当时，其他改名的五十多首佛乐胡曲，也都被改为具有浓厚道教色彩的汉名，如“改《龟兹佛曲》为《金华洞真》”等。后人不知究竟，一看“羽衣”二字，便想到“羽化登仙”，想到道教，以为《霓裳羽衣舞》是道乐仙曲，岂不知它是一首地地道道的佛教乐舞《迦陵频伽》的“中国版”。

就在我听到鸟叫的那个早晨，神鸟迦陵频伽给了我一个重要的启示：不要轻信“《广陵散》于今绝矣”的话。

音乐，从表面上看，是那么缥缈，那么无影无形、无痕无迹，在你感到它的那一瞬间它便已成为过去。但，也正是因为无形，它才可以深藏在人们的心上，重生于人们的口中。阿房宫，三百里，挡不住“冬天里的一把火”，更不要说维纳斯柔嫩的玉臂了。占据空间的艺术，必定在空间中消失；音乐却不怕水火、不畏兵燹，只要时间存在，人类繁衍，它就可能口口相传、代代永存。有时候，它似乎消失了，但实际上，却只不过换了一身装束，改了一个名字。当然，“诸法无常”，音乐也有自己的生老病死，只是它的寿命之长，常常超出我们的想象。音乐的生命力，竟也不可思议。

于是，我决定去寻找那隐藏在时间背后的古代音乐。我相信它们活着，我时常感受到它们温热的气息。我确信它们负载着千百年的历史，蕴含着无数人的悲欢离合，始终在黄河中流着，在长江中流着，在中国广袤大地上的每一条小溪中流着。当然，我那时还不懂“溪声便是广长舌”的道理。

可到哪里去找呢？江山易改，去年的歌儿今年便不再唱了，你怎么可以相信现在还有人唱着一千年前的曲调呢？即使你找到了，你又怎么能让人相信这就是千古遗音呢？还是迦陵频伽，让我看到了一条路，一条通往逝去的时代、通往一座神秘城堡的路。在那里，我应该可以找到被视为“广陵散”的古老文化，找到我的祖先们曾经热腾腾的心灵。

这就是宗教世界。

对我及我的生活在中国内地的同龄人而言，这是一个陌生的国度。我们从小便被告知宗教是“鸦片”，是迷信，是旧社会的残渣余孽和反动的意识形态。在整整半个世纪中，宗教是一块禁地，而且，至今依然山高路远、云遮雾绕，只能曲径通幽。

当时，我找到了一句话，一句马克思的话，它使我有了一张字迹模糊的通行证和一块绝对需要的挡箭牌。马克思说：“宗教是被压迫生灵的叹息，是无情世界的感情。”既然马克思的学说是被压迫阶级的思想武器，而马克思认为“宗教是被压迫生灵的叹息”，那么，我对宗教世界的探索与研究，便是应该的和可能的了。

但我对宗教几乎一无所知。我只知道一般宗教都具有文化上的保守性，我只知道在宗教世界与世俗世界之间隔着一道高墙。我暗暗希望这堵墙能挡住一味追求“新潮”和“摩登”的世俗文化的冲击，保护住那些源远流长、表达过我们祖先在许多“无情世界”中美好感情的曲调。我虔诚地祷祝这堵墙能在席卷全球的世界性现代文化的大潮中保护住一块小小的文化“飞地”。

当然，在现存的世俗传统音乐的宝库中，也存有大量古文化的积淀——在传统戏剧、曲艺、民间音乐、文人音乐之中。但是，这其中的古老文化已经像水中的糖一样，溶化在与现实社会密不可分的文化整体之中了。“古歌旧曲君休听，听取新翻杨柳枝”不仅仅是一个诗人的潇洒歌声，而且是社会上绝大部分人的本能和追求。但是，就像人的欲望是没有止境的一样，“新”也没有止境。新奇迭变，变幻莫测，唐有唐的“麦当娜”，宋有宋的“邓丽君”。一代一代流行音乐的冲刷、渗透，再加上一代一代艺术家们创造性的发展、改良、革命，已经使今天的我们很难从现存的世俗传统音乐中分辨出清晰的年轮，很难从经过漫长岁月雕琢的曲调中寻觅出原始的音符来了。所以，我虽然知道《银纽丝》是一首古老的民歌，但从理论上说，我却永远无法充分证实它就是杜丽娘、李香君们唱过的那一首。

但是，在深山古刹、在荒郊野庙、在全国各地的丛林之中，却很可能保存着未经“改造”或改变较少的古老音乐。原因很简单：宗教音乐的原始动机和主要目的、主要功用不是“审美”“娱人”，而是“通神”“娱神”，在宗教音乐的表演过程中，“审美”只是它次要的、附带的作用。一般来讲，宗教音乐只担负着或颂扬神祇、或企求福佑、或传布教义、或渲染气氛，创造某种神秘境界的任务。用（梁）慧皎的话说，是“唱导者，盖以宣唱法理，开导众心也”，是“广明三世因果，却辩一斋大意”。用（唐）义净的话说则更直接，就是“赞佛功德”。它无须也不可能追随在世俗的、不断变化着的审美观后面。它有自己相对独立的系统和独特的、完整的、一脉相承的审美观。假如说世俗艺术追求的是一个“新”字的话，假如说世俗社会一般心理是“以新为尚”的话，假如说世俗艺术家的唯一目标和表现欲的基本要求是要在时间的纵坐标上和前人不同，在空间的横坐标上与旁人不同的话，那么，至少中国的宗教音乐却恰恰相反，它更多的是在追求一个“古”字。奇怪的是，世界上几乎所有的宗教徒都本能地认为，只有古老的、未经改变的、“衣钵真传”式的东西，才是神圣和有价值的。使那些同时具有宗教热情和艺术气质的艺僧们抵御住世俗艺术坐标系巨大诱惑的唯一解释，可能是在主观上他们更多的是以艺术手段弘扬佛法的和尚，而不是披着袈裟的艺术家。在宗教音乐形成的过程中，它曾直接向世俗音乐吸收营养；在它形成之后，也与非宗教音乐有着千丝万缕的联系和相互影响。但是，不管怎么说，寺庙宫观的院墙和教堂的穹顶却构成了一座座巨大的"冰箱"，它在相当大的程度上隔绝了滚滚红尘中的种种袭扰，保持了传统的延续。这不能不说是宗教对人类文明的重大贡献。

于是，我开始了新的学习和跋涉。就在那个听到鸟鸣的早晨，我决定了自己后半生的道路。我离开了执教的音乐学院，离开了刚刚一岁的幼子和家庭，投考到曾一度关心过佛教音乐的著名音乐学家杨荫浏的门下读研究生。而后，又不顾一切地违背"不要搞佛教音乐"的师训，背着一个破录音机、一壶水和一个装着书和干粮的绿书包，睡在火车的座位下面，独自开始了我参五台、谒峨眉、拜九华、觐普陀、涉敦煌，造访前藏、后藏、安多、康巴数百所汉、藏寺庙的漫漫朝觐路。在此期间，我特别留意穷乡僻壤、深山老林里的荒郊野庙，我始终坚信，只有在人迹罕至的山野里，才会有珍宝。

可是，只有当我迈出了第一步的时候，我才懂得"举步维艰"的含义；只有当我长途跋涉之后、真的"松下问童子，言师采药去"而茫然无所知的时候，我才体味到屈子行吟泽畔时的孤独和"路漫漫其修远兮"的苍凉悲壮。

时光荏苒，一晃十多年过去了。那只神鸟不但引我走进了一座瑰丽辉煌的城堡，让我找到了许多从没有失去的《广陵散》，而且引我踏上了正信之途，让我得沐法雨的甘冽清凉。回首往事，我清清楚楚地知道：我的事业、我的生活、我今生受用的一切，全赖于那只神鸟。

南无迦陵频伽！

（原载《佛教文化》1992年第1—2期）

佛教音乐的华化

佛教音乐，是我国文化遗产中弥足珍贵的一部分，是我国具有优良传统的民族民间音乐在特殊环境下的产物。佛曲随佛教传入中国，经历了一个逐渐华化的过程。探索这一过程，将有助于了解中国音乐的演变，也有助于了解中国佛教本身的演变。

一、佛教音乐的传入

佛教传入中土的时间，其说不一，但大约在纪元前后。佛教音乐在天竺甚盛，(梁)慧皎《高僧传・译经中・鸠摩罗什传》载鸠摩罗什与其门生慧睿语曰："天竺国俗，甚重文制，其宫商体韵，以入弦为善。凡觐国王，必有赞德，见佛之仪，以歌赞为贵。经中偈颂，皆其式也。"(唐)义净《南海寄归内法传・赞咏之礼》更备述天竺礼佛赞咏之事。言："西国礼教，盛传赞叹。"并记录了几位天竺佛教音乐创始作家的传说，如：尊者摩至哩制吒，"乃西方宏才硕德，秀冠群英之人"，"但逢遗像，遂抽盛藻，仰符授记，赞佛功德。初造四百赞，次造一百五十赞，总陈六度，明佛世尊所有胜德，斯可谓文情婉丽，共天花而齐芳；理致清高，与地岳而争峻"。并言明其在佛教音乐中的宗师地位："西方造赞者，莫不咸同祖习。无著、世亲菩萨皆悉仰止。故五天之地初出家者，亦既诵得五戒、十戒，即须先教颂斯二赞，无问大、小乘，咸同尊此。”

摩至哩制吒之后，尚有陈那菩萨，“每于颂初，各加其一，名为杂赞，颂有三百”。鹿苑名僧释迦提婆，“复于陈那颂前，各加一颂，名《糅杂赞》，总有四百五十颂。但有制作之流，皆以为龟镜矣”。此外，戒日王亦曾取乘云菩萨以身代龙之事，“辑为歌咏，奏谐弦管，令人作乐，舞之蹈之，流布于代”。东印度月宫大士亦作《毗输安坦罗太子歌》。此歌“词人皆舞，咏遍五天”，似乎在印度广为流传。“又尊者马鸣，亦造歌词及《庄严论》，并作《佛本行诗》……五天南海，无不讽诵。”

义净的记载至少说明了三个问题：

其一，天竺佛赞的内容，主要是“赞佛功德”，“明佛世尊所有胜德”，以诗赞的形式，歌颂佛菩萨。其中有长篇叙事歌曲，如马鸣之作，即“述如来始自王宫，终乎双树”。此种歌曲，称为“佛本行诗”，所谓“取本生事而为诗赞”，梵言则称为“社得迦摩罗”。[①]

其二，其形式可以“奏谐弦管”，可以“舞之蹈之”，有歌、有舞、有伴奏，“文情婉丽”，“理致清高”，风格韵味讲究“哀雅”，音色音量要求“明彻雄朗”。

其三，赞叹的目的，对僧言，有六意：“一能知佛德之深远，二体制文之次第，三令舌根清净，四得胸藏开通，五则处众不慌，六乃长命无病。”对俗言，则“先令敬信三尊，孝养父母，持戒舍恶，择人乃交，于诸财色，修不净观。检校家室，正念无常”。“劝行三慧，明圣道之八友；令学四真，证圆凝之两得。”

---

① 本书原注曰：“社得迦”者，本生也；“摩罗”者，即“贯”焉。集取菩萨昔生难行之事，“贯之一处也”。（唐）义净：《南海寄归内法传·卷四·三十二赞咏之礼》，日本《大正新修大藏经》第54册，第2125部，第71页。

此外，还记载了天竺歌赞的具体方法、场合等。

以上，是佛教音乐在天竺的简单情况。那么，这些音乐是否随着佛教的东来而传入中国了呢？

一提到天竺佛曲是否传入中国的问题，人们便会立刻想到慧皎那段屡被引用的论述：“自大教东流，乃译文者众，而传声盖寡。良由梵音重复，汉语单奇。若用梵音以咏汉语，则声繁而偈迫；若用汉曲以咏梵文，则韵短而辞长。是故金言有译，梵响无授。始有魏陈思王曹植，深爱声律，属意经音，既通般遮之瑞响，又感鱼山之神制，于是删治《瑞应本起》，以为学者之宗。传声则三千有余，在契则四十有二。”此说既出，历代僧传史书，辗转抄袭，屡引此文，并已形成对此文内容的片面理解：认为佛教经典（金言）虽传入了中国，而佛教音乐（梵响）却没有随之传入。某些学者据此而得出了“中国的佛教音乐，一开始就取材于民间，因而获得了在本乡本土上发芽生根的机会”[①]的结论。

但是，仔细考察历史，便感到问题并不那么简单。

先谈有辞之乐：

陈思王曹植之前，似已有赞呗的存在。从理论上说，既成僧伽，就要有礼佛之仪；既有礼佛之仪，则有赞呗之需。赞宁《宋高僧传·读诵篇·论》曰：“原夫经传震旦，夹译汉庭，北则竺兰，始直声而宣剖；南惟僧会，扬曲韵以讽通。”把竺法兰、康僧会各奉为北、南两派赞呗的鼻祖。竺法兰原为中天竺人，于东汉明帝永平十年（67）与迦叶摩腾骑白马来华，其时为佛教来华之初。但竺法兰的赞呗歌诵，系“直声而宣剖”，似乎音乐性不强。而且，佛事方兴，译业草创，他所咏赞的，想必是原来的

① 杨荫浏：《中国古代音乐史稿》，人民音乐出版社1981年版，第159页。中国佛教协会编《中国佛教》亦持此观点。

天竺音乐。从东汉至三国，除曹植外，其他几位早期的佛曲作家，基本上都是外族人。如支谦系月氏人，康僧会系康居人，帛尸黎密多罗系西域人，支昙籥亦系月氏人。他们所造梵呗，不可能没有天竺、西域文化的痕迹。即使是曹植所创佛曲，也是在天竺佛曲的基础上创造的。上引赞宁《高僧传·读诵篇·论》，在回答赞呗“只合是西域僧传授，何以陈思王与齐太宰检经示沙门耶”时曾说：“此二王已先熟天竺曲韵，故闻山响及经偈，乃有传授之说也。”慧皎虽然断言“金言有译，梵响无授”，但在其所言中亦能找到曹植之曲与天竺佛曲有联系的证明。他说曹植“既通般遮之瑞响”，“般遮”二字，指天竺佛教中的乐神“般遮于旬”，其神“乃以其琴歌颂佛德”。也就是说，曹植创佛曲，是在熟悉梵音的基础上进行的。“瑞应本起”，即《太子瑞应本起经》，吴支谦译，叙述佛所行事，与天竺之“社得迦摩罗”如出一辙。“鱼山”，在今山东省东阿县内，“鱼山制梵”的故事流传甚广。《异苑》云：“陈思王游山，忽闻空里诵经声，清远遒亮，解音者则而写之，为神仙声，道士效之，作步虚声。”《法苑珠林·呗赞第卅四》亦载：曹植“尝游鱼山，忽闻空中梵天之响，清雅哀婉。其声动心，独听良久……乃摹其音节，写为梵呗……”中国古籍中谈及作曲，常有“闻天乐”“得神授”的说法，这或许出于古人对音乐创作的一种崇拜心理，也可能系古人为了追求一种神秘化效果而有意制造的一种氛围。具体到这两段记载，则包含着一种曹植所创佛曲与天竺佛教音乐有关联的暗示。那么，曹植对中国佛教音乐的贡献，到底是什么呢？

问题的关键，在于如何理解“传声则三千有余，在契则四十有二”这句话。

近世敦煌学者，早在20世纪初，便曾对这句话中的“契”字作何解释颇多探讨。这确实抓住了要害，“契”字不能训，则曹植的创造何在，盖不能明。

首先是周一良先生在《读〈唐代俗讲考〉》[①] 中指出："六朝时讲经之前，都讲先转读，……读时分若干'契'。"并率先指出："似乎契又不仅是经里的节段，还有音乐上的意义，各契互不相同。"

其后，关德栋先生《〈读唐代俗讲考〉的商榷》一文则明确指出："所谓一'契'，实在是指一个'歌赞'而已。"再其后，向达先生推论"契"是 Gatha 的对音，是"歌"的意思，引申其意为"偈颂"。

笔者以为，"契"字为音乐上的名词已确定无疑，但假如仅仅是一个量词，仅仅表示音乐上的一个单位，一个曲调，则难以解释何为"传声则三千有余"，何为"在契则四十有二"。倘若"契"仅指曲调而言，那么，"传声"的"三千"又是什么呢？难道其声不在曲调之中吗？

其实，"契"的意思，很可能是曲谱。

训"契"字，原为刻写之意。契者，书契之契也。《易》曰："后代圣人易之以书契。"查《说文》，"契"字从"刀"，而《说文》中凡从"契"者，皆为刻写之意。古人写字，先有刀，后有笔，而刀"写"比笔写更可以长久不变。故"契"字后有一义变为"契约"之"契"。在这个"契"字中，是含有"记录下来，长久不变"的意思在内的。这样慧皎的话便很好理解了。何谓"传声则三千有余，在契则四十有二"呢？就是"口传的曲调有三千之多，其中被记录下来的（很可能在慧皎时方能见到的）有四十二首"[②]。

---

① 以下所引周一良、关德栋、向达等文，皆见周绍良、白化文编《敦煌变文论文录》上册，上海古籍出版社 1982 年版，第 9—179 页。

② 本文发表后，有谢立新发表《中国佛教音乐之初》(《艺苑》1988 年第 1 期）对笔者提出异议，认为曹植只活了 40 岁，在鱼山也只有 3 年的时间，不可能创作三千余首佛曲。笔者以为未必。从佛法说，《增一阿含经》有四"不可思议"，《大智度论》有五"不可思议"，曹植为得道之人，其创作力当不可思议。从世间法说，与曹植创佛曲类似的人、事亦非仅见，如著名的西方古典作曲家莫扎特（1756—1791）只活了 36 岁，其一生创作之丰亦不可思议，不算上千首各种各样的小型乐曲，仅大型音乐作品就有：歌剧 22 部、交响曲 49 部、钢琴协奏曲 25 部、小提琴协奏曲 7 部、（转下页）

本来“契”便是写，把音乐写下来，不是乐谱又是什么呢？上引《法苑珠林》中其实也已言明“……乃摹其音节，写为梵呗”。请注意：曹植所“写”的是其“音节”，而非词句，这样就排除了认为所写系唱辞的可能性。那么，曹植所用的乐谱，究竟是哪一种呢？笔者以为，很可能就是《汉书》中所讲的“声曲折”。《汉书·艺文志》载“河南周歌诗七篇”外，另有“河南周歌声曲折七篇”。后人曾疑“声曲折”为乐谱。王先谦（1842—1917）《汉书补注》解释“声曲折即歌声之谱，唐曰乐府，今曰板眼”，应为有识之见。惜王氏不谙音乐，将“谱”“乐府”“板眼”这三个不同的概念，误以为一物。笔者认为，“声曲折”以曲线状声音的高低婉转，是一种较为原始的、直观的，不甚精确的示意谱。它虽不能像现代乐谱那样精确地限定音高音值，但却能为使用它的人起到某种程度的“备忘录”的作用。

“契”为乐谱，而且是“声曲折”一类的曲线谱，在现存宗教音乐典籍中有实例可证。日本《大正新修大藏经》第 2712 部有《鱼山声明集》，第 2713 部有《鱼山私钞》，皆为旁注乐谱之经赞集，其谱既状如“曲折”，两集声明又均名“鱼山”，不但可以证明在日本僧人的心目中佛乐谱系曹植所创，同时也可以作为“声曲折”的实例，佐证《汉书》的记载（见谱例 1）。

类似的乐谱，在中国还有藏传佛教中的“央移谱”和道教中的“步虚谱”，如扎什伦布寺“央移谱”及《玉音法事》“步虚谱”（见谱例 2）。值得宗教学者及音乐学者们注意的是，佛教曲线谱是注在字侧，横写，或在字上斜写。而道教“步虚谱”却是注在字下，是中国传统文字书写习惯的竖

（接上页）长笛协奏曲 3 部、圆号协奏曲 4 部、单簧管和双簧管协奏曲各 1 部、弦乐五重奏 9 部、四重奏 26 部、钢琴三重奏 7 部、钢琴奏鸣曲 17 部、小提琴奏鸣曲 42 部、弥撒曲 15 部、赞美诗 130 余部、小步舞曲 90 余部……这样看来其创作量便不止“三千有余”！我们怎能小觑了曹植这位“七步成诗”的才子呢？

谱例 1：

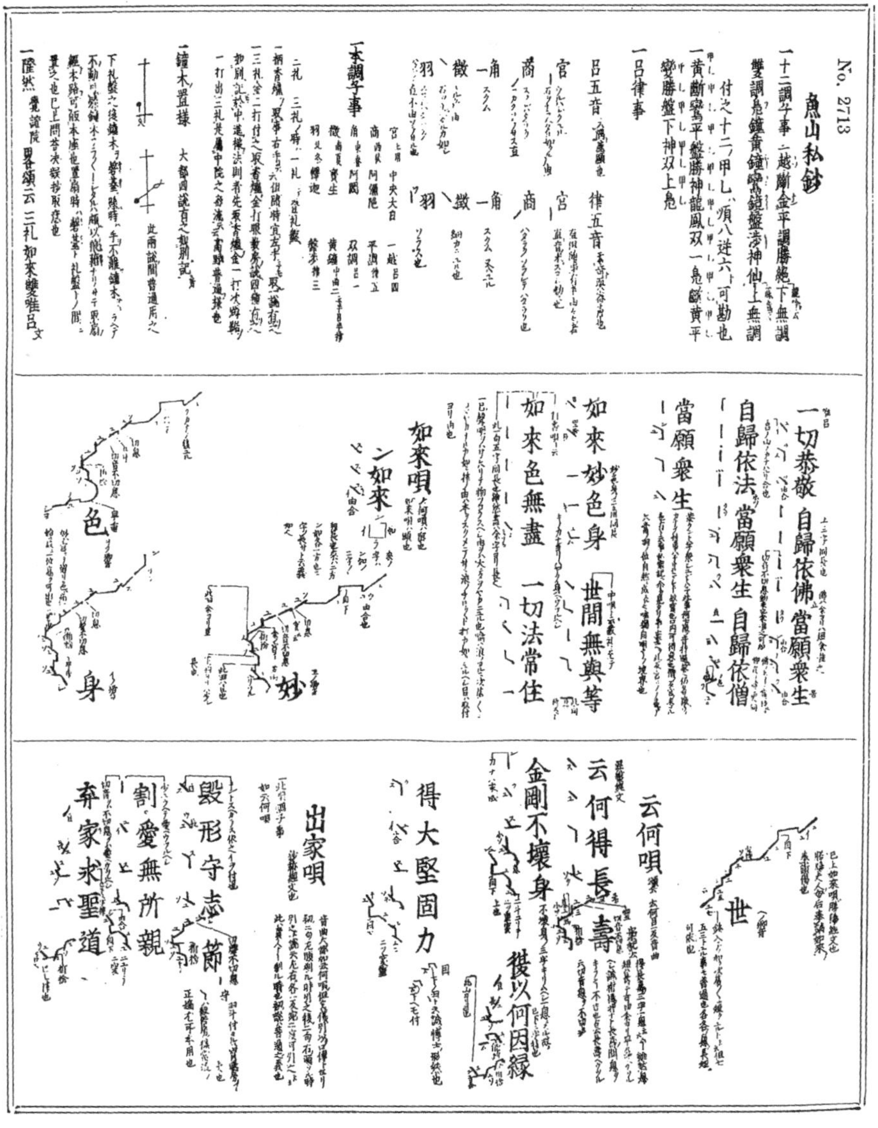
No. 2713
魚山私鈔
一切恭敬 自歸依佛 當願衆生
自歸依法 當願衆生 自歸依僧
當願衆生
如來妙色身 世間無與等
如來色無盡 一切法常住
如來唄
如來
妙
色
身
世
云何唄
云何得長壽
金剛不壞身
復以何因緣
得大堅固力
出家唄
毀形守志節
割愛無所親
棄家求聖道

谱例 2：

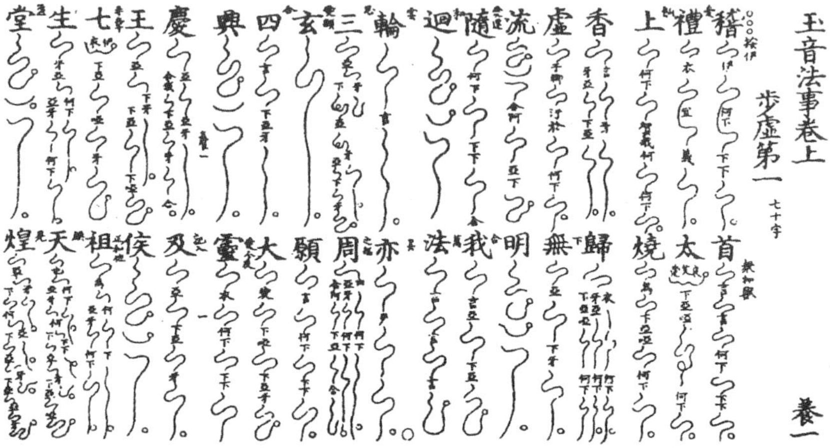

写。两种乐谱孰先孰后，《艺苑》中说，是道士效曹植所作。研究这两种乐谱形式的演变和相互关系，将超出古谱学的影响范围，而有助于从更宏观的领域里探讨佛、道两教的关系。

此外，释“契”为乐谱，还能解决音乐史学领域中的一些传统问题。如南朝“清商乐”中有“契注声”一词，久不能确解，仅知其为“清商大曲”结尾时的一段无词之乐。若“契”字果如笔者所释，那么，“契注声”也就好理解了，就是按“契”所“注”明的那样来演奏。强调按谱奏乐，则包含此段无词的意思，即今世之所谓“纯器乐曲”，是一段类似“尾声”（coda 或 postlude）的乐曲。

再如《隋书·音乐志下》载开皇九年平陈之后，高祖获梁、陈清商旧曲。中华书局版《隋书》标点本作：“其歌曲有《阳伴》，舞曲有《明君》《并契》。”[①] 其中后两字“并契”括以曲名符号，与《明君》并列，以为曲名。查史无“并契”之曲，原文应断为“其歌曲有《阳伴》、舞曲有《明

① （唐）魏征等：《隋书·音乐志下》，中华书局 1973 年版，第 2 册，第 378 页。

君》并契”，意为“获歌曲《阳伴》、舞曲《明君》及其乐谱”，或可能通。

当然，中国的文字有其多意性，而许多字在它被使用的过程中，都曾被引申他义，甚至逐渐淡忘了原义。因此，“契”字后来被引申为一个专指音乐单位的量词（如指“一曲”为“一契”），或引申为乐曲结尾时的一段纯器乐曲（如“契注声”），更进而与“乱声”通用，所谓“曲终歌阙，乱以众契”，都是正常的。

这样，似乎可以知道曹植的贡献了：这位据说曾“七步成诗”的才子，也曾在3世纪初，运用或创造了一种类似“声曲折”的乐谱，“摹其音节”，记录了大量他所闻的“天乐”——天竺的梵呗。他“撰文制音，传为后式”，在中国佛教初肇的年代，传播了来自天竺的佛教音乐，而“梵声显世，始于此焉”[①]。

再谈所谓无词之乐：

正史所谓“佛曲”之名，始见于《隋书·卷十五·音乐志下》：

西凉者，起于苻氏之末，吕光、沮渠蒙逊等据有凉州，变龟兹声为之，号为秦汉伎……其歌曲有《永世乐》、解曲有《万世丰》、舞曲有《于阗佛曲》。

龟兹者，起于吕光灭龟兹，因得其声。[②]

吕光灭龟兹，时在382年，而“苻氏之末”，在4世纪末（384年姚苌起兵渭北，称为秦王。385年于五将山俘苻坚。386年姚苌入长安称帝。394年苻登被后秦所灭）。其时与慧皎著《高僧传》之519年相距一个多世

① （唐）道世：《法苑珠林》卷48，《四库全书·子部·释家类·法苑珠林》，第1459页。
② （唐）魏征等：《隋书·音乐志下》，中华书局1973年版，第2册，第378页。

纪。也就是说，在慧皎断言“金言有译，梵响无授”之前约一个世纪时，《于阗佛曲》就已在中土出现了。

《于阗佛曲》的前身既是龟兹乐，那么龟兹乐与佛曲又是什么关系呢？我们先考察一下吕光灭龟兹，获龟兹乐的背景。

一个很有趣的事实是：苻坚命吕光灭龟兹的目的是为了一个和尚。慧皎《高僧传·译经中·鸠摩罗什传》载：

（建元）十八年九月，坚遣骁骑将军吕光、陵江将军姜飞等，将前部王及车师王等，率兵七万，西伐龟兹及焉耆诸国。临发，坚饯光于建章宫，谓光曰：夫帝王应天而治，以子爱苍生为本，岂贪其地以伐之乎？正以怀道之人故也。朕闻西国有鸠摩罗什，深解法相，善娴阴阳，为后学之宗，朕甚思之。贤哲者，国之大宝。若克龟兹，即驰驿送什。

《晋书·卷九十五》本传亦载：

……苻坚闻之，密有迎罗什之意。……乃遣骁骑将军吕光等，率兵七万，西伐龟兹。谓光曰：若获罗什，即驰驿送之。

当然，攻城夺地，原是统治者扩张的本性，苻坚所谓“以子爱苍生为本”的话，或可有疑问。然苻坚即使从利己角度出发，为得到一个有学问的人，一个“国之大宝”的旷世奇才，甚至不惜大动刀兵，不是也可以令今世的统治者们汗颜吗？

鸠摩罗什，为中国佛教四大译经家之一。其人祖籍天竺，生于龟兹，自幼聪颖超人，十二三岁即登座说法，后在西域名闻诸国，以至“每至讲说，诸王长跪高座之侧，令什践其膝以登焉”。其人又“为性率达，不拘小检”，娶妻蓄妾，不住僧房，对天竺、龟兹音乐甚为通晓。他曾与其弟子慧睿“论西方辞体，商略同异，云：天竺国俗，甚重文制，其宫商体韵，以入弦为善……见佛之仪，以歌叹为贵，经中偈颂，皆其式也。但改梵为秦，失其藻蔚，虽得大意，殊隔文体，有似嚼饭与人，非徒失味，乃令呕哕也。什尝作颂赠沙门法和云：心山育明德，流薰万由延，哀鸾孤桐上，清音彻九天。凡为十偈，辞喻皆尔”。

罗什对“改梵为秦”困难苦多的感叹，是一个伟大译经家工作过程中的甘苦之言。他考虑到译经过程中存在的兼顾“信”与“达”的困难，不遗余力、孜孜以求，终于达到了译经史上一个崭新的高度，使“众心惬服，莫不欣赏”。我们虽然无从得知罗什所作的十首偈颂如何，但推论其音调，很可能是汉地还不太熟悉的西域乐调，这从他自诩其颂“哀鸾孤桐上，清音彻九天”或可感觉到一点资讯。罗什与龟兹乐的直接关系史无所载，然而吕光灭龟兹，可以说得到了两件瑰宝：一为罗什，一为龟兹乐。罗什号称“弟子三千”，其影响之大，冠盖当世，而龟兹乐随罗什入华，终于“大盛于闾闬”，这样的背景，无疑不容忽视。

此外，我们还应注意到唐人对龟兹乐与佛曲的看法。赞宁《宋高僧传·读诵篇》载唐惟恭、灵岿二僧事：“释惟恭，不详何许人也。少孺出俗于法性寺，好尚逼下，多狎非法之友……后遇病且死。同寺有灵岿，其迹相类，号为一寺二害也。岿偶出去寺一里，所逢六七人，少年甚都，衣服鲜洁，各执乐器，如龟兹部。……所见者，乃天乐耳。”其篇末之论，亦有称天乐佛曲“或乐象龟兹，或开口菡萏”句。可见在唐人眼里，佛曲的特点是“如龟兹部”，这恐怕不仅仅指其所用乐器如龟兹部，也包括音调。前者可有敦煌壁画为证，后者可有敦煌卷子为凭：

敦煌曲（伯三〇六五）《太子入山修道赞》曰：

共奏天仙乐，龟兹韵宫商，美人无奈手颐忙，声绕梁。

又，许国霖《敦煌石室写经题记与敦煌杂录》一书中《维摩诘所说经变文》一文中，亦有“胡部莫能相比并，龟兹不易对量他”之句。

向达先生在《论唐代佛曲》中，也曾断言：“佛曲者源出于龟兹部，尤其是龟兹乐人苏祇婆所传来的琵琶七调为佛曲的近祖。”[①]

综上所述，可知龟兹乐的入华，已可视为佛曲大量流入中土之始。也就是说，在吕光灭龟兹（382）之后，作为器乐曲的佛曲，已经流入中国宫廷。而且，佛教文化的东渐大都经过龟兹，因此，在唐人的眼里，龟兹乐与佛曲是非常近似的。

至此，似乎可以有所结论了：把“金言有译，梵响无授”的话理解成天竺佛教音乐从未传入中国，中国佛教音乐自始便是土生土长的观点，是不符合历史真实的。中国佛教音乐之初，应该是天竺化、西域化的，佛教音乐的华化，正像天竺佛教的中国化一样，既是一种必然，又要有个过程。佛曲华化的完成，恐怕是在唐代。当其时也，文化发达，国家鼎盛，泱泱大国，百川汇集。从宫廷到闾巷，一方面，音乐兴旺：“六幺水调家家唱，白雪梅花处处吹”；一方面，佛教盛行：“街东街西讲佛经，撞钟吹螺闹宫庭。”一方面，唐人对音乐的酷爱，为佛教音乐的繁荣创造了机会；一方面，佛子兴佛化俗、光扬佛法的使命，又促使其投人所好，充分利用音乐的魅力。于是，俗讲大盛，赞呗风闻，“听者填咽寺舍”，唱者“擅名当世”，蔚为一代之风。而在此之前，以南齐竟陵王萧子良及梁武帝等人在清商旧乐基础上的创作为代表的中国风格佛曲的出现，则为佛曲的全面华化铺平了道路，奠定了基础。

① 向达：《唐代长安与西域文明》，生活·读书·新知三联书店 1957 年版，第 281 页。

二、梁武帝与佛曲

梁武帝萧衍（464—549），字叔达，南兰陵中都里（今江苏常州西北）人，是梁朝的创立者，502—549年在位。萧衍少时即以文名世，《南史》本纪称其“少而笃学，能事毕究”。齐竟陵王萧子良开西邸、招文学，萧衍与南朝名流沈约、谢朓、王融、萧琛、范云、任昉、陆倕等并游，号曰“八友”。这个文学集团，不但开创了后世文学史上以注重声律著称的“永明体”诗风，为律诗的规范化奠定了基础，而且其中的沈约等人还辅佐萧衍灭齐兴梁，长期掌握着中国的政治命脉。萧衍本人是战乱频仍的南北朝期间在位最久的皇帝，“自武帝膺运，时年三十有七，在位四十九载”。他对当时中国政治、文化的影响是相当深远的。

萧衍初信道教，即位后第三年（504）释迦佛诞之日亲制文发愿，舍道归佛。此后，他亲著《大涅槃》《大品》《大集》诸经的《疏记》《问答》等数百卷，并亲往同泰等寺讲说《涅槃》《般若》等经。为了弘扬佛法，他不吝巨资，所建爱敬、光宅、开善、同泰诸寺，宏伟奇丽，耗金不可胜计。他还效法释祖舍王位出家的传说，四次舍身同泰寺为奴[①]，其中两次均由群臣以一亿万（古代十万为亿）钱赎回，大大充实了寺院经济。至此，佛教在中国的传播趋于鼎盛，“南朝四百八十寺，多少楼台烟雨中”。梵呗赞颂之声，礼佛导引之曲，也盛极一时，高唱入云了。

萧衍是有很深的音乐修养的。《隋书·音乐志》称他“素善钟律”，《旧五代史·乐志》称他“素精乐律”。他即位后，以很大的精力振兴乐事，正

---

① 郭沫若《中国史稿》及《辞海》本条目均言梁武帝三次舍身，误，今据《南史》正之：第一次大通元年（527），第二次中大通元年（529），第三次中大同元年（546），第四次太清元年（547）。见《南史》卷六《梁本纪》上第六。《南史·卷六·梁本纪中第七·武帝下》，中华书局1975年版，第205—206页、第218—219页。

雅乐，定音律，兴佛曲，亲自“纠擿前违，裁成一代”，遂开一代乐风。

萧衍的正乐，是在一个特殊的环境中进行的。沈约曾经说过：“乐书事大而用缓，自非逢钦明之主，制作之君，不见详议。汉氏以来，主非钦明，乐既非人臣急事，故言者寡。”[①]此话颇有见地。自汉之后，战乱不已。三国鼎立，五胡乱华，十六国逐，南北朝分，哪个还顾得上振兴乐事？庙堂所奏、朝会所闻，大抵是因陋就简。齐帝驳斥任昉、王肃之议，大谈“事人礼繁，事神礼简”之理，“于是不备宫悬，不遍舞六代，逐所应须，即设悬，则非宫非轩，非判非特”，似乎通脱大胆。然萧齐短命，恐怕菲薄周典是假，无力兴乐是真吧！

“梁氏之初，乐缘齐旧。”萧衍于是下诏访百僚，希望能群策群力，改变晋以来“天人缺九变之节，朝宴失四悬之仪”的状况。然而，“是时对乐者七十八家，咸多引流略，浩荡其词，皆言乐之宜改，不言改乐之法”。看来，大都是心有余而力不足，音乐修养太差，只能高谈阔论。于是，“帝既素善钟律，详悉旧事，遂自制定礼乐”，亲自出马了。

梁武帝不但“改诸辞为相和引”，把歌舞、百戏引进庙堂之乐，致使踩高跷、车轮轧脖子之类的杂技混杂于诸雅之间[②]，甚至使佛曲第一次进入中国封建文化的象牙之塔，成为梁王朝的宫廷“雅乐”。从此之后，一向被视为儒家“根本”的礼乐悄悄地变成了佛乐，跟所有新旧儒家们开了一个大玩笑。[③]在梁武帝的 49 首三朝乐中，有几首带有明显的佛教意味，如第二十七《须弥山伎》。须弥山为梵文 Sumeru 的音译，是佛经中常说的神话景观，山高八万四千由旬，山尊为“帝释天”，四面山腰为“四天王天”，周

---

① （唐）魏征等：《隋书 · 音乐志上》，中华书局 1973 年版，第 288 页。

② （唐）魏征等：《隋书 · 音乐志上》所引 49 首三朝之乐，其中 21 首以下皆为歌舞杂技，中有“车轮折脰伎”和“长蹻伎”。

③ 田青：《雅乐，还是佛乐？——中国文化史上的一桩“冤案”》，《佛教文化》1995 年第 1 期。

围有“七香海”“七金山”，环周绕以“咸海”，是佛教艺术中常见的题材。估计《须弥山伎》为表现佛教内容的歌舞，当无大错。此外，第三十五之《金轮幢伎》，疑为彰以法轮之幢，与第四十二《青紫鹿》、第四十三《白鹿》等伎，俱有“佛徽”之含义，与第四十《五案幢咒愿伎》等，疑均为佛曲。

值得注意的是，梁武帝还是中国佛教音乐最早的作曲家之一。《隋书·音乐志》载：“帝既笃敬佛法，又制《善哉》《大乐》《大欢》《天道》《仙道》《神王》《龙王》《灭过恶》《除爱水》《断苦轮》等十篇，名为正乐，皆述佛法。”

“名为正乐，皆述佛法”八个字，不但透露了梁武帝“正乐”的本意，即以帝王之尊，假正乐之名，行弘法之实，而且也透露了这十首佛曲的音乐风格，这一点后面再讲。

除了亲创佛曲外，梁武帝还在中国首创“无遮大会”“盂兰盆会”等，为佛教音乐的演出、传播创造了一些极好的机会。

“无遮会”，是梵文 Pañcaparisad 的意译，意思是无贤圣道俗之分、上下贵贱卑尊之遮，众生平等，广行财施。据《大唐西域记》载，天竺戒日王每“五岁一设无遮大会，倾竭府库，惠施群有”，是一种在佛教“平等”“慈悲”的旗帜下，向众生施惠、普皆回向的群众集会。戒日王的无遮大会，会期长达 75 天，届时向一切有情普施惠泽。中国的无遮大会，据《佛祖统纪》载：“中大通元年，帝于重云殿为百姓设救苦斋，以身为祷。复幸同泰寺，设四部无遮大会……皇帝设道俗大斋五万人。”《南史·梁本纪》则更详尽地记载了萧衍从中大通元年（529）开始，一直到太清元年（547）止，数次举办无遮大会的情景，其时“上释御服，披法衣，行清净大舍”，几万人云集于此，皇帝开国库设饭斋人。当然，“大舍”是有目的的，吃斋的人也要付出代价，代价是什么？就是要听佛子宣讲法事，听佛子演唱佛曲。梁武帝为宣传佛教，肯下这样大的本钱，为佛教音乐的繁荣出了大力。

梁武帝还曾创造了一种以童声演唱佛曲的形式。《隋书·音乐志》曰：“又有法乐童子伎，童子倚歌梵呗，设无遮大会为之。”中华书局版《隋书》标点本，在“法乐童子伎”与“童子倚歌梵呗”间用顿号，旁均无曲线、直线，容易使读者误认为两者皆为一种演唱形式。如果在“法乐童子伎”旁像在“跳铃伎”“立部伎”旁一样加一直线符号，则文字便一目了然了：设“法乐童子伎”这样一种演唱形式，由童子在音乐的伴奏下演唱梵呗。

那么，这些“梵呗”是否仍是天竺传来的呢？梁武帝的佛曲，是否仍带有天竺音乐的明显痕迹呢？结论是相反的。他使佛曲华化的努力不管是为了便于弘法而进行的有意识的尝试，还是仅仅在他深厚的民族文化背景制约下无意识的结果，反正他的佛曲赞呗，已经在很大程度上“清乐”化了。“名为正乐”的“正”字，恐怕也不是随便说的吧？

说萧衍的佛曲是“清乐”化、中国化的佛曲，不是妄断。首先，我们不能忘记萧衍的文化背景。他对中国传统文化的修养之深，在帝王群中属于佼佼者。道宣《续高僧传》说他：“虽亿兆务殷，而卷不辍手，披阅内外经论典坟，恒以达曙为则。自《礼记》《古文》《周书》《左传》，《庄》《老》诸子，《论语》《孝经》，往哲所未详，悉皆为训释……”《南史·梁本纪》中亦说他：“……撰《通史》六百卷、《金海》三十卷，《制旨孝经义》《周易讲疏》及六十四卦，《二系》《文言》《序卦》等义，《乐社义》《毛诗》《春秋答问》《尚书大义》《中庸讲疏》《孔子正言》《孝经讲疏》凡二百余卷。……六艺备娴，棋登逸品，阴阳、纬候、卜筮、占决、草隶、尺牍、骑射，莫不称妙。”因此，他虽然先道后佛，但在文化认同上，却永远带有中国儒者之风。

更重要的是，他还是一位清乐作曲家。《乐府诗集》曾引“《古今乐录》曰：梁天监十一年冬，武帝改西曲，制《江南上云乐》十四曲。《江南弄》七曲：一曰《江南弄》、二曰《龙笛曲》、三曰《采莲曲》、四曰《凤笛曲》、五曰《采菱曲》、六曰《游女曲》、七曰《朝云曲》”。这都是典型的清商乐曲。

萧衍还创作过另一首清乐歌曲《阳叛儿》。《唐书·乐志》考《阳叛儿》乃《阳伴儿》之误。郭茂倩《乐府诗集》中载此歌词：“桃花初发红，芳草尚抽绿，南音多有会，偏重叛儿曲。”一直到开皇九年隋高祖平陈之后，在其所获梁、陈旧曲中，“其歌曲有《阳伴》、舞曲有《明君》并契”，显然是梁武遗声。

再看一下梁武“雅乐”的性质。这套包括《须弥山》等佛曲在内的“雅乐”，始终不是庙堂之上的“供品”和“摆设”，它实际上是宴乐性质的清乐，是在当时颇受欢迎的艺术性很强的音乐。有一个具体的例子：侯景之乱以后，“简文帝受制于侯景。景以简文女溧阳公主为妃，请帝及母范淑妃宴于西州，奏梁所常用乐”。当然，这个名为岳父，实为阶下囚的简文帝，不能不闻乐生悲，“潸然屑涕”了。而一个“宴”字，也概括了梁乐与三朝雅乐不同的性质。

清商乐是雅俗合奏、殿宴兼之的音乐，这一点郭茂倩在《乐府诗集》中已经说得很清楚。他说：“……江左所传中原旧曲……及江南吴歌、荆楚西声，总谓之清商乐。至于殿庭飨宴，则兼奏之。”

此外，梁武之乐凡四十九。第一便是“相和五引”，《乐府诗集》文前并言明“敕萧子云改诸歌辞为相和引”。相和歌与清商乐的关系，是音乐史家所熟知的。虽然清乐的概念可大可小，亦有不同理解，往小里说，它的基本内容是：“九代之遗声，其始即相合三调是也，并汉魏以来旧曲”，再加上“江南吴歌”与“荆楚西声”；往大里说，则是针对胡曲而言，即所谓“华夏正声”。在后人眼里，梁武帝这套包含佛曲在内的音乐，不啻是“华夏正声”的代表。隋开皇议乐时，曾任北齐黄门侍郎的颜之推便曾建议隋高祖“请凭梁国旧事”。不过，当时高祖把政治考虑摆在第一位，以为“梁乐亡国之音”，不肯采用。但到了开皇九年平陈之后，一则由于政治形势的变化，二则由于乐议长年不决，这才承认梁旧乐为“华夏正声”，要求“以此为本、微更损益”，来制定隋乐。[①]

认为梁武帝的佛曲创作是南方的清乐风格，不仅有正史可证，佛教典籍中亦有线索可寻。道宣对南方佛曲风格的描述，便使人联想到清商乐的某些特点。道宣在其《续高僧传·杂科声律篇》中称佛曲“地分郑卫，声亦参差”“故知神州一境，声类既各不同”，并明确指出南、北两派佛曲风格上的差异：“吴越志扬，俗好浮绮，致使音颂所尚，唯以纤婉为工；秦壤雍冀，音词雄远，至于咏歌所被，皆用深高为胜。”他还专门指出南方的佛曲不但音调华丽，而且颇多创作：“江淮之境，偏饶此玩，雕饰文绮，糅以声华，随卷称扬，任契便构。然其声多艳逸，翳覆文词……”

道宣之著，虽出于唐，然其所述南方佛曲的特点，则最合梁乐之貌。“南朝文物，号为最盛，民谣国俗，亦世有新声”[②]，正是“吴越志扬”之时；而文化上的浮绮之世，也正是梁武等南朝文人所兴。因此，把道宣的这段描述理解为对南朝及其后南方佛曲的概括，理解为对梁武所创清乐化佛曲的概括，似无拗背之处。

帝王的身份，深厚的中国传统文化的修养，罕见的宗教热情，这三者奇异的结合，使萧衍不可推诿地成了佛曲华化的关键人物，成了中国佛教音乐史上第一位杰出的中国佛曲作家。不可小视梁武帝在中国音乐史上的

---

① （唐）魏征等:《隋书·音乐志下》，中华书局 1973 年版，第 377—378 页。

② （宋）郭茂倩:《乐府诗集·卷第四十四·清商曲辞》，中华书局 1979 年版，第 638 页。

作用。梁武帝在位49年，清商乐的形成，大致即在此时前后。中国化的佛教音乐的形式，亦在此时初现端倪，而当我们考虑到以下这样一个特殊的历史状况时，萧衍创作清乐佛曲的“功德”，则更为明显了：当“周齐皆胡虏之音”时，他坚持了“梁陈尽吴楚之声”。当中国北方的帝王们“获晋乐器，不知采用，皆委弃之”，“乐章既阙、杂以《簸逻回歌》”，“太常雅乐，并用胡声”[①]的时候，当外来的佛教在他本人的倡导下风靡南朝的时候，他以自己的创作实践，促成了佛教音乐的中国化，同时也促成了佛教本身的中国化，从而使汉族音乐从此时到盛唐这一段各民族文化大融合的关键时期内，始终保持着主体、母体的地位。

当然，历史的创造者，并非仅是帝王。只靠萧衍一人是完不成佛曲华化的进程的。六朝迭变，高僧辈出，其中颇多善乐者。他们对佛教音乐、中国音乐的贡献是不可磨灭的。

三、汉族艺僧的涌现

有一个值得充分注意的现象：六朝的善乐高僧，几乎都和萧衍一样，有着深厚的中国传统文化的功底。这样一大批兼通华梵的佛教音乐家的出现，是促成中国佛曲繁荣发展的重要原因和保证。

翻开慧皎《高僧传》，一部“唱导篇”，几多善乐者。而其中多数，似皆博通经史、饱览群书者也。试举几例：

> 道照：……少善尺牍，兼博经史……披览群典，以宣唱为业。音吐嘹亮，洗悟尘心。

① （唐）魏征等：《隋书·音乐志中》，中华书局1973年版，第345页。

慧璩：……该览经论，涉猎书史，众技多娴，而尤善唱导，出语成章……

昙宗：……少而好学，博通众典……

昙光：……性喜事五经诗赋，及算术卜筮，无不贯解……

此外，像“经师篇”中诸僧，亦多有博学而善乐者。如：

道慧：……志行清贞，博涉经典，特禀自然之声……

智周：……博学多闻，尤长转读……

昙迁：……笃好玄儒……善谈庄老……

昙智：……性风流。善举止。能谈庄老，经论书史，多所综涉……

也有一些唱导经师，曾受过中国传统民间艺术的熏陶，如“唱导篇”中的法愿：“家本事神，身习鼓舞，世间杂技，及蓍爻占相，皆备尽其妙……”

这样一批博通经史、能谈庄老的宗教音乐家，当他们以宣唱为业的时候，不可能不在他们所创、所唱的佛曲中露出鲜明的传统文化的烙印来。更何况，六朝高僧在倡导众心时所讲究的，是一种最需要文化基础、最需要音乐积累的“即兴创作”。比如上例几人：

道照：……指事适时，言不孤发……

慧璩：……出语成章。动辞制作，临时采博，罄无不妙……

昙宗：……唱说之功，独步当世，辩口适时，应变无尽……

此外，像道儒“言无预撰，发响成制”；慧重“言不经营，应时若泻”；法镜“造次嘲难，必有酬酢”，都是即兴创作的高手。

慧皎在“唱导篇”中，对宗教音乐家的素质，提出过基本的要求：

夫唱导所贵，其事四焉：谓声、辩、才、博。非声则无以警众；非辩则无以适时；非才则无言可采；非博则语无依据。至若响韵钟鼓，则四众惊心，声之为用也；辞吐后发，适会无差，辩之为用也；绮制雕华，文藻横逸，才之为用也；商榷经论、采撮书史，博之为用也。

具备了这些条件之后，还要针对听众身份、修养的不同，在唱导时分别采用不同的内容、形式：

若为出家五众，则须切语无常，苦陈忏悔；若为君王长者，则须兼引俗典，绮综成辞；若为悠悠凡庶，则须指事造形，直谈闻见；若为山民野处，则须近局言辞，陈斥罪目。凡此变态，与事而兴，可谓知时众，又能善说。

这样，便为佛教音乐家们提出了相当高的要求。慧皎所强调的是能适合中国各阶层人们的口味、符合中国老百姓欣赏习惯的新创作。他特别指出：

若夫综习未广，谙究不长，既无临时捷辩，必应遵用旧本。然才非己出，制自他成。吐纳宫商，动见纰谬。其中传写讹误，亦皆依而宣唱，致使鱼鲁淆乱，鼠璞相疑。[1]

---

① （南朝梁）慧皎：《高僧传》卷15，金陵刻经处光绪十年版，第4册，第1—18页。

慧皎之论，既有要求，又有告诫。同时，他的话，还应视为对当时佛教宣传工作的一种总结。从内部素质来说，这些以宣唱为业的高僧们，既具备了中国传统文化的修养；从外部要求来说，又鼓励他们针对不同的宣传对象“投其所好”，因此，弘扬佛法的舟楫——佛教音乐的华化，也就成了必然。很难设想，原来天竺所传旧乐在此时能够在质量上、数量上面对中国各阶层如此广大的群众而完成弘法的任务；也很难设想，作为一种外来文化的佛教（包括它的音乐），能在进入中国这块有着悠久、独特、峰高渊深的文化传统的国土之后，会不改变自己本来的面目。在中国佛曲的草创时期，如三国、两晋时的佛教音乐家们，多为祖籍“西域”的胡僧。其中著名者有康僧会（祖籍康居，世居天竺，后移居交趾。曾制“菩萨连句梵呗”三契，并传“泥洹呗声”，清靡响亮，一代模式）、支谦（月氏后裔，曾依《无量寿经》《中本起经》造“连句梵呗”）、帛尸黎密多罗（西域人，曾对周觊之孤，作“胡呗三契”，又授弟子觅历“高声梵呗”）、支昙籥（月氏后裔，“裁制新声，梵响清美，四飞却转，反折还弄……所制‘六言梵呗’，传响至今”）。而至六朝时，祖籍中土的“土著”佛教音乐家们，大批地应运而生了。他们有出众的音乐才华，有特殊的艺术感染力，有中国传统文化的背景，有与中国民族、民间音乐的血肉联系。假如没有这样一批才华横溢的佛教音乐家们，佛曲华化是不可能完成的。

唐道宣《续高僧传·杂科声律篇》中，记载了自六朝至唐初的一些佛教音乐家的事迹，虽列后科，言简事略，但至今读之，仍令人不免遥遥千古，心向往之：

> 释慧明，不知何许人也。……然其利口奇辩，锋涌难加……诸有唱导，莫不推指。明亦自顾才力有余，随闻即举，牵引古今，包括大

致，能使听者欣欣，恐其休也……

释法称，江南人，诵诸经声，清响动众……虽无希世之明，而有随机之要。……时有智云，亦善经呗……每执经对御，向震如雷，时惨哀啭，停驻飞走……又善席上谈吐警奇，子史丘索，都皆谙晓，对时引挽，如宿构焉……

释真观，字圣达，吴郡钱塘人……舌文交加，状如罗绮，故得含章蕴辩、开神明悟。又声韵钟铃，捷均风雨……

释法韵，姓陈氏，苏州人……又通经声七百余契，每有宿斋，经导两务，并委于韵……从声即造，从受禅道……

释立身，江东金陵人……及身之登座也，创发謦咳，砰磕如雷、道俗敛襟，毛竖自整……

释善权，扬都人……随言联贯如珠璧也……及席列用，牵引啭之，人谓拔情，实唯巧附也……

释法琰，俗姓严，江表金陵人……遂取《瑞应》，依声尽卷，举掷牵迸，啭态惊驰，无不讶之。……师虽年迫期颐，而声喉不败。京师虽富，声业甚贫，诸有寻味，莫有高于琰者……

释慧常，京兆人，以梵呗之功，……尤能却啭。哢响飞扬，长引滔滔，清流不竭。然其声发喉中，唇口不动，与人并立，推检莫知，自非素识，方明其作。……京师兴善（寺）有道英、神爽者，亦以声梵驰名。道英喉嗓伟壮、词气雄远，大众一集，其数万余，声调棱棱，高超众外。兴善（寺）大殿铺基十亩，棂扇高大，非卒摇鼓。及英引众绕旋，行次窗门，声聒撞击，皆为动震。神爽唱梵，弥工长引，游啭联绵，周流内外，临机奢促，惬洽众心……

昙宝禅师者，……年六十许……而声调超挺，特异仁伦。寺有塔基，至于静夜，于上赞礼，声响飞冲周三十里，四远所闻，无不惊仰。[①]

……

这些汉族的佛曲专家们，有的长于即兴创作，不但“随闻即举，牵引古今”，以丰富的历史知识点评随时之所见，而且竟然能“依声尽卷，举掷牵迸，啭态惊驰”，用丰富的音乐从头到尾唱完一部书！有的显然是相当高明的声乐家，“年迫期颐，而声喉不败”，甚至声动门窗、远闻数十里。这样一大批才高艺绝的汉族艺僧的涌现，是佛曲华化的一个重要标志。这不仅表现于他们与第一代佛教音乐家的民族出身、文化背景的不同，也表现于他们在音乐技巧上，作曲、演唱等方面，都要比第一代佛教音乐家们更专业化、更具备技术上的优势。假如说第一代的佛教音乐家们大都以德行、著述、译事名高一世，而以咏经唱赞为“副业”的话，那么，到了这时候，上引那些名列《高僧传》末的“高僧”们，已经是一批以音乐为业的艺僧了。他们把一生的精力、出众的才华，都用来繁荣、发展中国的佛教音乐事业，也正是因为他们在这方面的贡献，才得以被后世的佛徒视为有道的高僧，这是一个相当重要的变化。

到了唐代，艺僧们的才能在更广阔的天地里发挥。佛教音乐，在整个唐代的音乐生活中占据相当重要的位置，并最终完成了它华化的进程。

四、佛曲华化的完成

泱泱大唐，是中国封建文化的鼎盛时期。对佛教音乐来讲，这也是一个繁荣璀璨的时代。佛教音乐随佛教传入中国，经过几百年的演变，终于

① （唐）道宣:《续高僧传》卷 30，金陵刻经处光绪十六年版，第 1—23 页。

在唐代完成了华化的历程。佛曲华化最终完成的标志便是唐代佛曲的大众化、通俗化、多样化。

道宣《续高僧传·杂科声律篇》中的“论”是了解初唐佛教音乐状况的极好材料。因其重要，不得不引：

> ……本实以声糅文，将使听者神开，因声以从回向。倾世皆捐其旨，郑卫弥流，以哀婉为入神，用腾掷为清举，致使淫音婉娈，娇哢颇繁。世重同迷，显宗为得。故声呗相涉，雅正全乖，纵有删治，而为时废。物希贪附，利涉便行，未晓闻者悟迷，且贵一时倾耳。斯并归宗女众，僧颇嫌之。而越坠坚贞，殊亏雅素，得唯随俗，失在戏论。而复凋讹将绝，宗匠者希，昔演三千，今无一契……
>
> ……故东川诸梵，声唱尤多。其中高者，则新声助哀，般遮屈势[①]之类也。地分郑卫，声亦参差。然其大途，不爽常习。江表关中，巨细天隔，岂非吴越志扬，俗好浮绮，致使音颂所尚，唯以纤婉为工；秦壤雍冀，音词雄远，皆用深高为胜。……京辅常传，则有大小两梵；金陵昔弄，亦传长短两引，……剑南陇右，其风体秦，虽或盈亏，不足评论。故知神州一境，声类既各不同。
>
> ……京辇会坐有声闻法事者，多以俗人为之。通问所从，无由委者，昌然行事，谓有常宗。
>
> ……且大集丛闹，昏集波腾，卒欲正理，何由可静？未若高扬洪音，归依三宝，忽闻骇耳，莫不倾心。斯亦发萌草创，开信之奇略也。世有法事，号曰“落花”，通引皂素，开大施门，打刹唱举，拘撒泉

---

① 孙楷第以为乃乐调“般涉、乞食”之误（见《敦煌研究论文集》），孙亦误，上文已释“般遮”为“般遮于旬”，为天竺乐神。

贝，别请设座，广说施缘。或建造塔寺，或缮造僧务，随物赞祝，其纷若花，士女观听，掷钱如雨……[1]

不必解释，道宣的态度是非常明确的。这位唐律宗三派之一的南山宗初祖的道宣，对初唐时佛教音乐的状况是非常不满的。从他的批评来看，"因声以从回向"的宗旨似乎并没有被僧俗所从；"倾世皆捐其旨"的描述，出自道宣之口，亦非夸大之辞。假如道宣所述，确是初唐佛教音乐的实际状况，那么，是不是可以说，南北朝时飞速发展的佛教音乐，到了唐初就已经衰落不堪了呢？且看："声呗相涉，雅正全乖""宗匠者希，昔演三千，今无一契"，与千余年前孔夫子慨叹"礼崩乐坏"的口气何其相似。而实际上，从道宣论述所显示出的另一面恰恰说明唐代佛教音乐的空前繁荣，恰恰说明唐代的佛教音乐正在赢得从未有过的广大听众，正在一个崭新的高度上，融汇中华民族固有的、为各阶层人民所喜爱的民间音乐而成为彻底华化的新佛曲。

道宣，是一位"外博九流、内精三学、戒香芬洁、定水澄奇、存护法城、著述无辍"[2]的律学大师，他不可能不站在传统的立场上主张为宗教而音乐，反对为艺术而音乐。对一位佛教律学大师的耳朵来讲，"淫音婉娈、娇哢颇繁"的音乐"未晓闻者悟迷，且贵一时倾耳"的宣传方式，都是不能容忍的。但是，"倾世皆捐其旨"，风俗所尚，大势所趋，要"兴佛化俗"，也必须先将自己"俗化"，这恐怕是古今相同的道理。

先谈唐代佛曲的大众化、通俗化。

唐代，俗讲盛行，这已为历来学者所熟知论定。韩愈《华山女》诗曰：

---

① （唐）道宣:《续高僧传》卷 31，金陵刻经处光绪十六年版，第 10 册，第 18—22 页。

② （唐）智昇:《开元释教录》卷 8，日本《大正新修大藏经》第 55 册，第 2154 部。

“街东街西讲佛经，撞钟吹螺闹宫庭。”姚合《赠常州院僧》诗曰：“古磬声难尽，秋灯色更鲜。仍闻开讲日，湖上少渔船。”《听僧云端讲经》诗曰：“远近持斋来谛听，酒坊鱼市尽无人。”皆极言其时俗讲之盛。从宫廷深院，到市井街头，许许多多善乐能歌的佛教宣传家们，以一种前所未有的气势、规模，涌进了唐代的社会生活，浸染了无数善男信女们的心。他们不但在岁时节日举行俗讲，并由寺院发起组织社邑，定期斋会诵经，而且有化俗法师不惮劳苦、游行村落，以最通俗的音乐形式“劝善”化恶，赞佛功德。甚至约集庙会，赏花唱戏。使唐代的众多寺院，在实际上成了一般百姓们的主要娱乐场所。

钱易《南部新书》载：

> 长安戏场多集于慈恩，小者在青龙，其次荐福、永寿。尼讲盛于保唐，名德聚之安国，士大夫之家入道尽在咸宜。①

此处所指七寺：慈恩、青龙、荐福、永寿、保唐、安国、咸宜，皆在长安城东，其中慈恩寺的戏场，在当时是很有名气的。

在佛教音乐通俗化的浪潮中，有一些杰出的佛乐专家，他们或通晓大众心理，或专注弘法伟业，或精于音乐之道，因此名声大噪，在当时深得大众的喜爱。他们的事迹，反映了唐时佛教音乐大众化、通俗化的程度。仅举两例：

一如唐净土宗僧人少康（卒于805年），其人七岁出家灵山寺，唐德宗贞元元年初，至洛阳白马寺读净土宗善导大师《西方化导文》，始信净土教义。后到长安礼拜善导遗像，发愿念佛。他回到故乡浙江之后，不遗

---

①（宋）钱易：《南部新书》卷5,《四库全书·子部·小说家类》，第70页。

余力地宣传净土教义，倡导念佛。他曾别出心裁地诱导儿童念佛，每念一声“阿弥陀佛”便付一钱，后念者日众，便念十声付一钱，“如是一年，无少长贵贱，见师者皆称‘阿弥陀佛’，念佛之声，盈满道路”[①]。这样一位虔诚的宗教宣传家，偏偏又颇通艺术，深知民间音乐的妙用。《宋高僧传》本传中说：“康所述偈赞，皆附会郑卫之声，变体而作。非哀非乐，不怨不怒，得处中曲韵。譬犹善医，以饧蜜涂逆口之药，诱婴儿入口耳。”[②]看来，少康是一位对民间音乐颇有研究，同时又精于音乐创作的佛教音乐作曲家。他在创作中，主动去附会“郑卫之声”，向民间音乐靠拢，而且还能融会贯通，“变体而作”，大胆创新。他的音乐，远远超出了一般表情音乐的水平，有一种特殊的魅力和不可言传的神妙之处。

另一例，即大名鼎鼎的文溆和尚。

《太平广记》第204卷“文宗”条引《卢氏杂说》：

> 文宗善吹小管。时法师文溆为入内大德，一日得罪流之。弟子入内收拾院中籍入家具辈，犹作法师讲声。上采其声为曲子，号《文溆子》。[③]

段安节《乐府杂录》“文溆子”条：

> 长庆中，俗讲僧文溆善吟经，其声宛畅，感动里人。乐工黄米饭依其念四声观世音菩萨，乃撰此曲。[④]

---

① （宋）志磐：《佛祖统纪》卷26（上），日本《大正新修大藏经》第49册，第2035部。

② （宋）赞宁：《宋高僧传·读诵篇》，《高僧传三集》卷25，第7册，金陵刻经处光绪十三年版。

③ （宋）李昉：《太平广记》204卷，《四库全书·子部·小说家类》，第2263页。

④ （唐）段安节：《乐府杂录》，清刻守山阁丛书本，第13页。

赵璘《因话录》:

有文溆僧者，公为聚众谈说，假托经论，所言无非淫秽鄙亵之事。不逞之徒转相鼓扇扶树，愚夫冶妇乐闻其说，听者填咽寺舍，瞻礼崇奉，呼为“和尚”。教坊效其声调，以为歌曲。其氓庶易诱，释徒苟知真理及文义稍精，亦甚嗤鄙之。近日庸僧以名系功德，使不惧台省府县，以士流好窥其所为，视衣冠过于仇雠，而溆僧最甚。前后杖背，流在边地数矣。[①]

唐人的记述，不但让我们得以了解到文溆倾倒俗众，“听者填咽寺舍”的巨大艺术魅力，了解到他“其声宛畅，感动里人”，甚至让宫廷音乐家甘拜下风，“效其音调，以为歌曲”的弘教伟业，也使我们知道，在佛曲通俗化、大众化的进程中，居然也存在着如此严酷的障碍和阻挠：他们之间最优秀的宗教音乐家，不但要受到佛教界内一些人的鄙夷，甚至还会被专制政权杖背流放。但是，无论哪朝哪代，决定一个艺术家、一部艺术作品、一种艺术流派前途的，归根结底还是民众的好恶。政权的暴力干涉，常常只能起到与统治者本意相反的作用。文溆在文宗时被流放，然日本僧人圆仁至长安时（开成、会昌之际），他已又高踞莲台之上了[②]，足见左右艺术兴衰的民众之力是何等伟大。除少康、文溆外，上文中引列的那些佛教音乐家们，无不因其通俗化、大众化的佛教音乐活动而得到大众的喜爱。《续高僧传》中记载京宝法海寺和尚宝严，也是一位得到民众狂热喜爱的音乐

① （唐）赵璘:《因话录》卷 4,《四库全书 · 子部 · 小说家类》，第 68—69 页。

② ［日］圆仁:《入唐求法巡礼行记》:“会昌寺，令内供奉三教讲论赐紫引驾起居大德文溆法师讲《法华经》，城中俗讲，此法师为第一。”1936 年石印本。

家，“及严之登座也，案几顾望，未及吐言，掷物云奔，须臾坐没”，真是出尽了风头，就连当今最红的“摇滚”歌星们，怕也要嫉妒如此狂热的场面吧！

还有一个很重要的资讯，《续高僧传》中曾载：“京辇会坐有声闻法事者，多以俗人为之。”以俗人讲唱，这佛曲可以说真已“俗”到了家。可见其时僧俗两道的佛教音乐家们已合手致力于佛曲的通俗化、大众化。因此，才会出现“打刹唱举，拘撒泉贝”“士女观听，掷钱如雨”的盛况。

那么，这些通俗化、大众化的佛曲都有哪些流传下来了呢？

任二北先生在其《敦煌曲校录》中，曾细检敦煌卷子中诸佛曲，并详加考订。其中共列佛曲 284 首，计：

婆罗门	4 首
悉昙颂	8 首
佛说楞伽经禅门悉谈章	8 首
好住娘	14 首
散花乐	7 首
归去来	
出家乐赞	6 首
归西方赞	10 首
失调名	9 首
太子赞	5 首
太子五更转	5 首
太子入山修道赞	15 首
南宗赞	5 首
南宗定邪正五更转	5 首

十二时

禅门十二时	12 首
太子十二时	12 首
禅门十二时曲	10 首
普劝四众依教修行	134 首
法礼十二时	12 首

百岁篇	3 首

任二北先生在其《敦煌曲初探》中，对其中若干曲调的渊源曾有相当深入的探求，任先生的研究结果很雄辩地证明了唐代佛曲和民间俗乐的血肉联系。如佛曲有《五更转》，任先生追根溯源：

查《乐府诗集》三十三，相和歌辞平调曲内，载陈伏知道之《从军五更转》，乃五言四句平韵诗五首。郭氏曰："伏知道已有从军辞，则《五更转》则陈以前旧曲也。"……《文中子·周公篇》谓"子游大乐，闻《龙舟》《五更》之曲"，应指《泛龙舟》与《五更转》二曲。……《乐苑》曰："《五更转》，商调曲。"元刘埙《隐居通议》二七，引杜佑《理道要诀》："南吕宫，时号水调，如《五更转》之类。"《羯鼓录》太簇商内，列《五更转》。《唐会要》于太常供奉曲之林钟商、中吕商、南吕商内，皆列《五更转》。……两宋词调中，未见《五更转》，但王楙《野客丛书》十八曰："陈伏知道《从军五更转》……今教坊以五更演为五曲，为街市唱。"……明南曲南吕宫过曲中有《五更转》……刘复等所编《中国俗曲总目稿》内，列明以后形式或内容

不同之五更曲，约九十三套……[1]

一直到今天，我们仍可以在几乎所有的省份里，听到“五更”形式的民歌。

除《五更转》外，如《十二时》为唐太常供奉曲，《百岁篇》为晋人所作，《好住娘》被胡适定为民间曲调等，从多方面都说明了唐代佛曲在很大程度上都是通俗化、大众化的民间音乐。

这些佛曲虽已可说明问题，但终存有词无谱之叹。敦煌藏经洞发现的著名琵琶谱，为五代后唐明宗长兴四年（933）的抄写本，其正面为《仁王护国经变文》，反面为25首琵琶谱，从20世纪30年代开始，中日两国学者便致力于解读这一珍贵的乐谱，经过数十年不懈的努力，这一重要的科研领域已是硕果累累。尤其是近年来，古谱学勃兴，有志于古乐者，孜孜以求，诚可嘉褒。然而，唐代古谱仅见这25首，似难再有发现，且中国古谱的传统是仅记音的高低，不记音的长短节奏，音乐的两个要素（音高与音值）缺了一半，再“忠实”的“破译”也有一半是自己的想象，因此众说纷纭，莫衷一是。而同时，却有许多具有充分可信性的活着的古乐，因为或藏于深山古刹，或传于僧人之口，而未引起足够的重视。孤简残卷上的几个谱字，固应条分缕析；转折飞弄的众多歌赞，更应收集整理。假如将古谱学的研究与佛教音乐的研究结合起来，互相佐证，寻觅旧曲、光扬古乐之事则或可有期。

那么，在当今流传的佛曲中间，是否可以找到有可能是唐代古曲而又能说明唐时佛教音乐与民间音乐密切关联的例证呢？一般来讲，这似乎是

---

① 任二北:《敦煌曲初探》，上海文艺联合出版社1954年版，第53页。

一个奢望。然而，我们应当感谢访唐的日本僧人圆仁和尚[①]，他的忠实记述使我们有理由认为一首用民间曲调《挂金锁》唱颂的著名香赞《戒定真香》，至少在唐开成四年（839）之前，就已经在中国的寺院里出现了。

圆仁在其《入唐求法巡礼行记》中，记载他在山东所见“赤山院讲经仪式”：

> 辰时打讲经钟，打惊众钟讫。良久之会，大众上堂，方定众钟。讲师上堂，登高座间，大众同音，称叹佛名，音曲一依新罗，不似唐音。讲师登座讫，称佛名便停。时有下座一僧作梵，一据唐风。即“云何于此经”[②]等一行偈矣。至“愿佛开微密”句。大众同音唱曰“戒香”“定香”“解脱香”等颂。梵呗讫，讲师讲经……

圆仁所见当时在唐新罗僧“一据唐风”而唱的“戒香”“定香”“解脱香”等曲，是当代几乎每一个释子都会唱的名赞，其中《戒定真香》的曲调一说为《挂金锁》，《定香解脱香》的曲调一说为《豆叶黄》，均为中国古代音乐。仅以《戒定真香》为例，笔者曾收集数首不同地区的传谱，均大同小异（见谱例 3：一为五台山所唱、一为峨眉山所传、一为陕西榆林千佛寺采录）。

---

① 日本天台宗三祖，于日本承和五年（838）入唐，承和十四年（847）回国，著有在唐求法笔记《入唐求法巡礼行记》。

② 全文为：“云何于此经，究竟到彼岸。愿佛开微密，广为众生说。”见日本《大正新修大藏经》第 84 册第 2712 部《鱼山声明集》。

谱例 3：一为五台山所唱、一为峨眉山所传、一为陕西榆林千佛寺采录

香　　赞

（戒定真香）

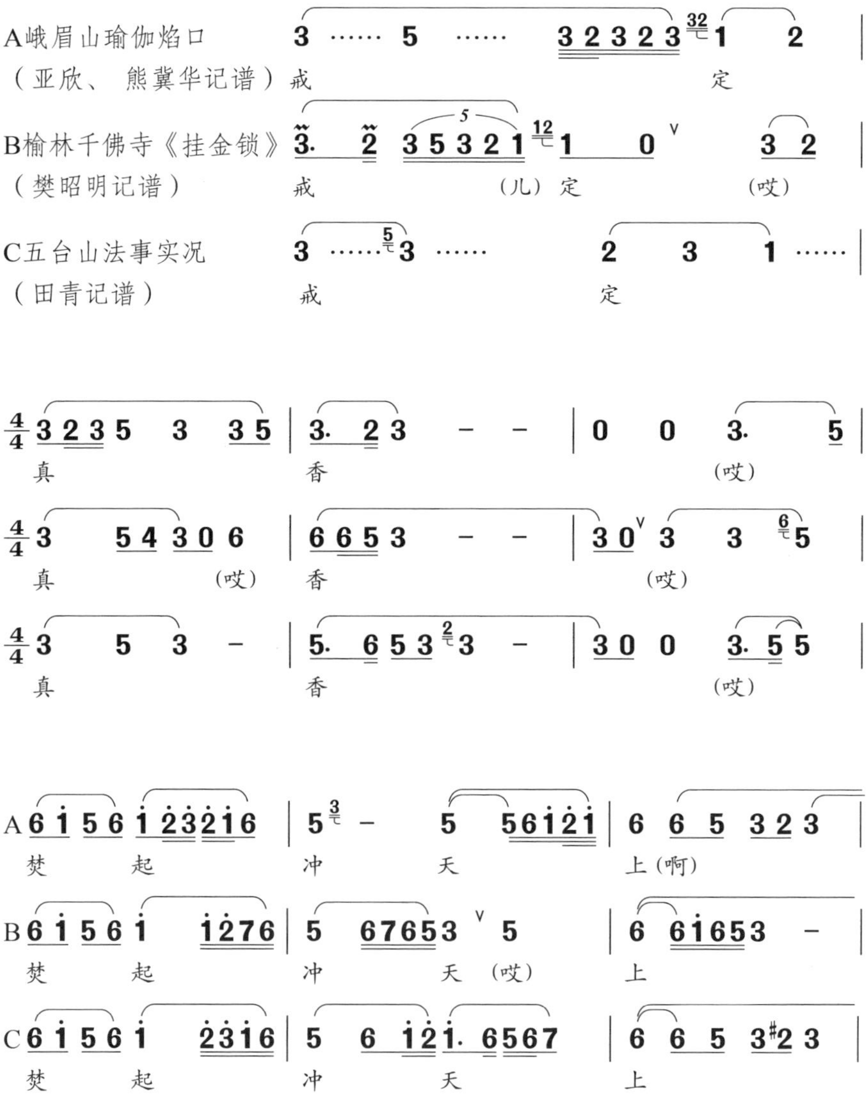

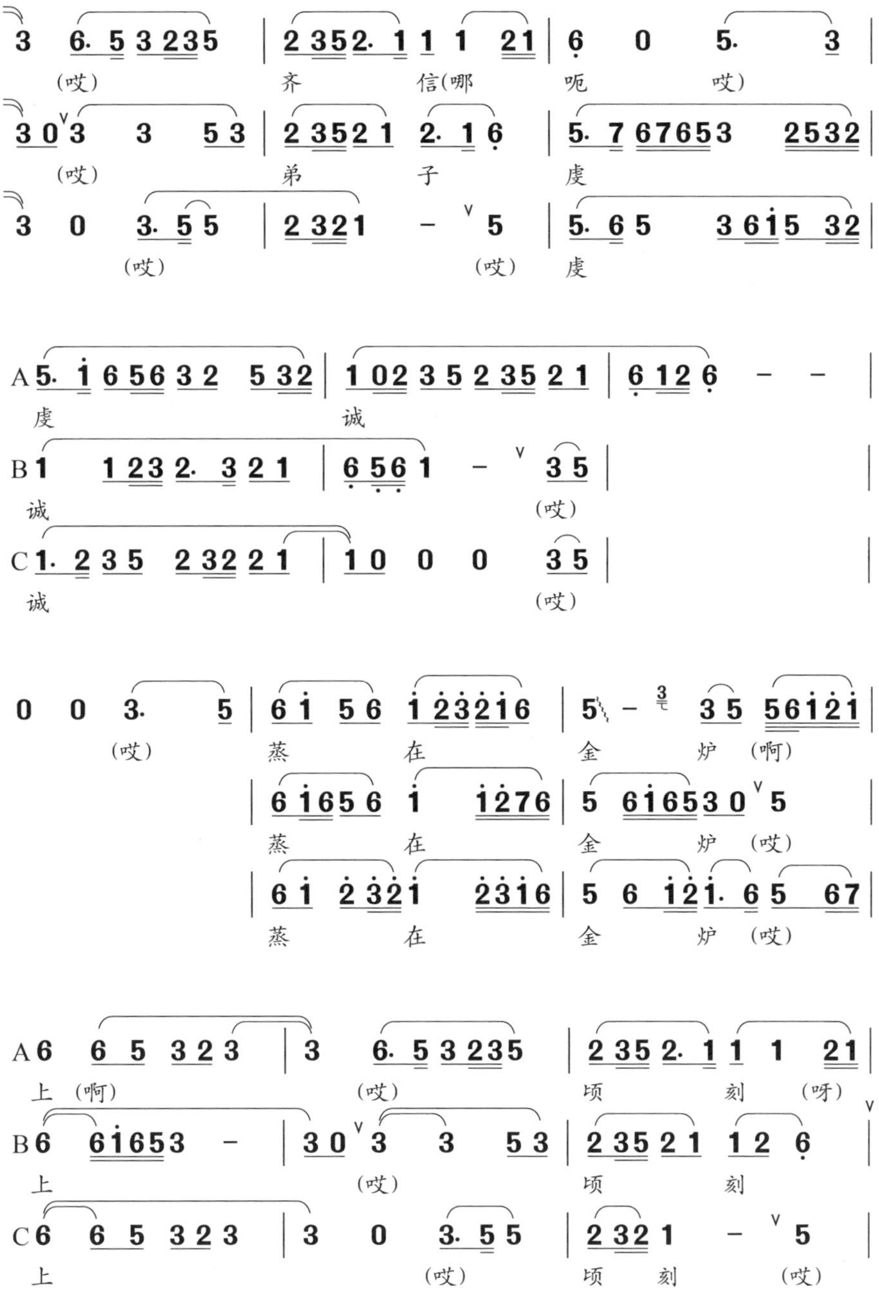
(哎) 齐 信(哪 呃 哎)
(哎) 弟 子 虔
(哎) (哎) 虔
A 虔 诚
B 诚 (哎)
C 诚 (哎)
(哎) 蒸 在 金 炉 (啊)
蒸 在 金 炉 (哎)
蒸 在 金 炉 (哎)
A 上 (啊) (哎) 顷 刻 (呀)
B 上 (哎) 顷 刻
C 上 (哎) 顷 刻 (哎)

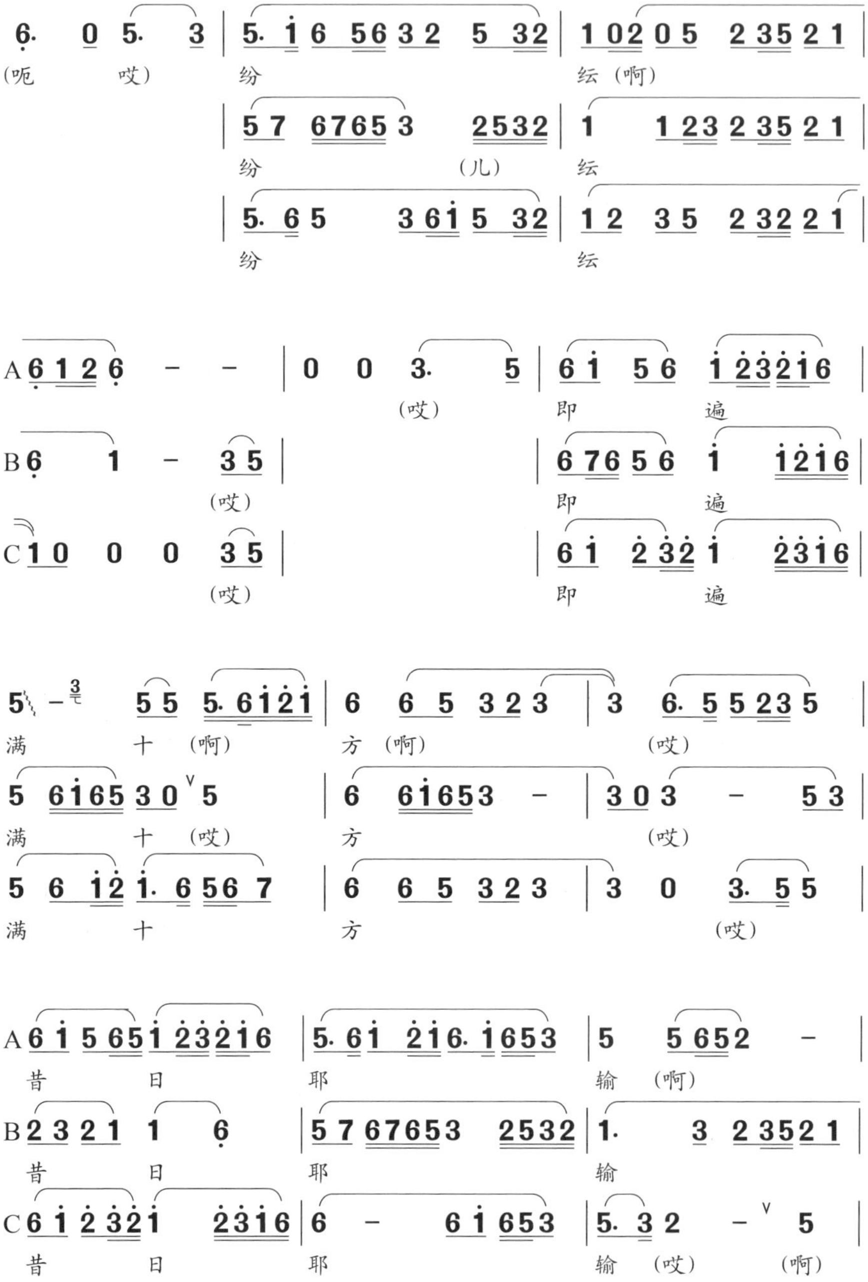
(呃 哎)
纷 纭(啊)
纷 (儿) 纭
纷 纭
A
(哎)
即 遍
B
(哎)
即 遍
C
(哎)
即 遍
满 十 (啊) 方(啊) (哎)
满 十 (哎) 方 (哎)
满 十 方 (哎)
A
昔 日 耶 输 (啊)
B
昔 日 耶 输
C
昔 日 耶 输 (哎) (啊)

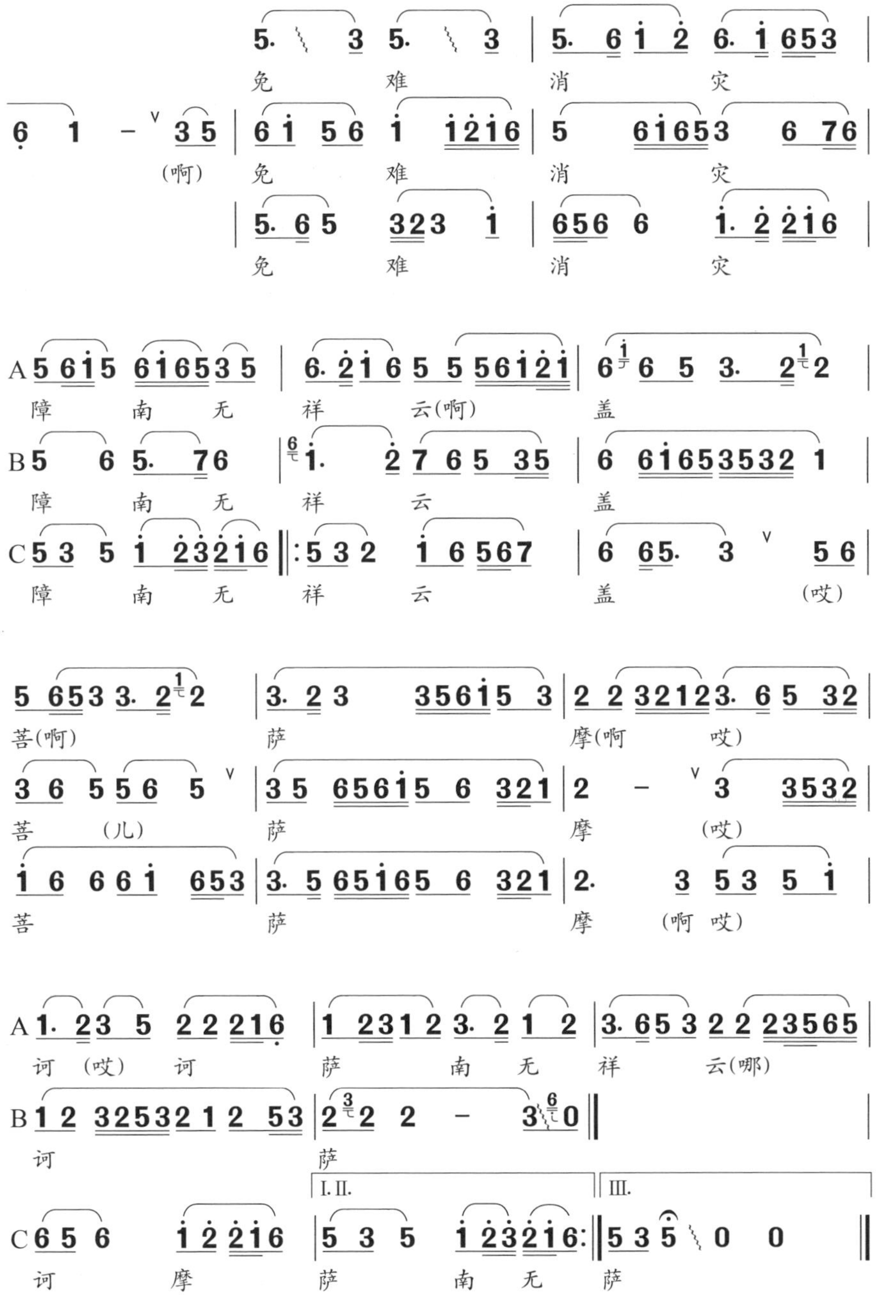
免 难 消 灾
(啊) 免 难 消 灾
免 难 消 灾
A 障 南 无 祥 云(啊) 盖
B 障 南 无 祥 云 盖
C 障 南 无 祥 云 盖 (哎)
菩(啊) 萨 摩(啊 哎)
菩 (儿) 萨 摩 (哎)
菩 萨 摩 (啊 哎)
A 诃 (哎) 诃 萨 南 无 祥 云(哪)
B 诃 萨
I. II.
III.
C 诃 摩 萨 南 无 萨

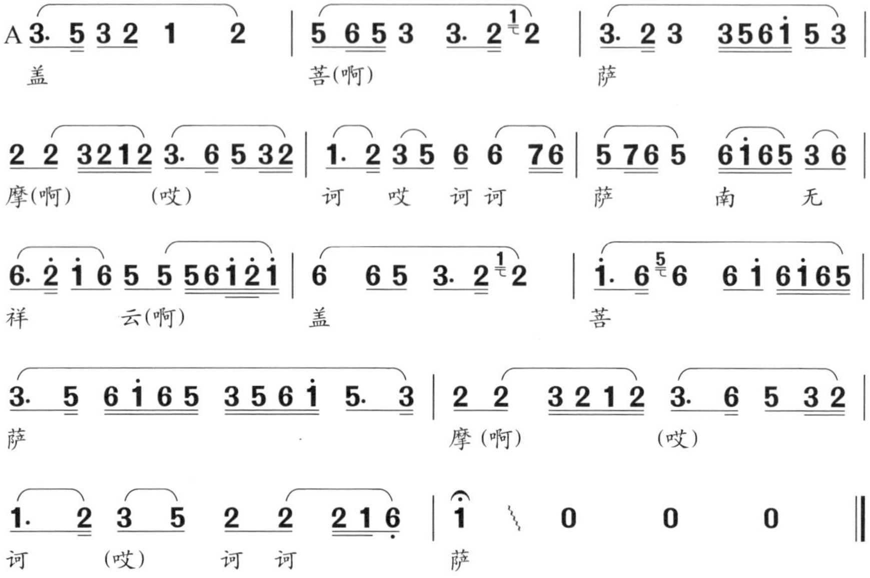

此曲音乐徐缓、悠扬、跌宕，极富旋律性，基本是一个曲调反复三遍。三个地区所唱的旋律虽小有不同，但读者仍可以毫不费力地辨出它们之间孪生的血缘关系。这三支谱例中，五台山和峨眉山的曲谱实际上代表了中国南北两大派佛教音乐的风格。峨眉山的音乐，更多了一些十六分音符和一些委婉的风韵，而且无二变之音，是典型的五声音阶，正合南方民间音乐的古老传统。而五台山的音乐，则是北方的风格，更多了一些起伏跌宕，变宫音的出现则突出了它典型的北方音乐特色。榆林千佛寺的音调质朴简练，似乎更接近此曲的原始形态。

一经比较，这几首曲子便显得格外有意思了：它们一方面呈现出南北两派佛曲（同时也是南北两派民间音乐）的不同风格，另一方面又明显地可以看出是同一个曲调。这种在广大地区里共同流传并表现出极大同一性的曲调的存在，无疑可以说明这一首曲调的古老性。我们不能肯定这三首大同小异的香赞中的哪一首是圆仁所听到的那一首，但是我们把这三首香赞的共同的原型看成是自唐宋以来便已经广泛流传的音乐，则似无大错。因为正如大家所知道的那样，佛曲的教学，是靠师徒之间的口传心授。而最讲究“衣钵真传”的佛门出家弟子，是有着充分的时间、耐性来保证所学到的佛曲一丝一毫也不走样的。一直到今天，这种传统仍然根深蒂固地存在。佛门弟子从师父那里学一个赞子，要一句一句花费许多时间，直到师父认为徒弟所唱与己无异，方为合格。这种口口相传、师徒相承的教授方法中所体现的巨大的保守性，从世俗艺术的观点来看，似乎是阻碍音乐艺术发展的桎梏，但是，从另一方面看，也正因其“保守”才得以保存至今，使它成了古老音乐的“活化石”。世俗艺术，讲的是“时髦”，以日新月异为荣；佛教音乐，讲的是“如法”，以嫡系真传自诩。佛教音乐与其他许多佛教的外部形式一样是被视为神圣而不可改变的，对佛的崇拜，也表现在对佛教戒律、礼仪及赞呗的忠诚上。我们虽然不能肯定漫长的时间对这首《戒定真香》曲调改变的程度就等于在广大空间里此曲流传时所呈现的“小异”的程度，但这首保存在宗教传统“保险柜”里的曲调的古老性却是毋庸置疑。

再从曲式结构上看。我们知道，唐代较长的乐曲（如燕乐大曲），常分为三部分：先是“散序”，散板，无拍；然后是“中序”，入拍，进入慢板；最后加快，称为“破”。有时，结尾还要“长引一声”。《戒定真香》开始无拍，由维那举腔，领唱散板；众齐唱加入后，始进入慢板（4/4 拍），最后的“菩萨三称”，节奏加快，法器的节拍变成 2/4 拍，末句的唱法，也是拖长之后以一个下滑音结束，类似“长引一声”。这种曲式结构与唐代音乐的一致，从音乐本身证明了此曲与唐代音乐的血缘关系。假如这首香赞真的在唐代便已传唱，那么，我们便找到了一个说明唐代佛曲已经华化的具体例证。这首《挂金锁》调，是一支古老的、曾在中国广大地区内流传的民间曲调，已丝毫没有外来风格的影响了。当然，经过佛徒们几百年、上千年的传唱，曲调中完全是佛教赞颂的典雅风格而不复民间音乐的朴质率直了。

唐代佛教音乐的特点，除了通俗化、大众化之外，还表现出一种明显的多样化来。有风格的多样化，也有演出场合的多样化、观众阶层的多样化。

唐代，佛曲风靡宫廷。陈旸《乐书》159 卷引“李唐乐府曲调有《普光佛曲》《弥勒佛曲》《日光明佛曲》《大威德佛曲》《如来藏佛曲》《药师琉璃光佛曲》《无威感德佛曲》《龟兹佛曲》，并入婆陁调也。《释迦牟尼佛曲》《宝华步佛曲》《观法会佛曲》《帝释幢佛曲》《妙花佛曲》《无光意佛曲》《阿弥陀佛曲》《烧香佛曲》《十地佛曲》，并入乞食调也。《大妙至极曲》《解曲》，并入越调也。《摩尼佛曲》，入双调也。《苏密七俱陀佛曲》《日光腾佛曲》，入商调也。《邪勒佛曲》，入徵调也。《观音佛曲》《永宁佛曲》《文德佛曲》《婆罗树佛曲》，入羽调也。《迁星佛曲》，入般涉调也。《提梵》，入移枫调也”[①]。

此外，南卓《羯鼓录》载“诸佛调曲”10 首：

> 《九仙道曲》《卢舍那仙曲》《御制三元道曲》《四天王》《半阁磨奴》《失婆罗辞见柞》《草堂富罗》《于门烧香宝罗伽》《菩萨阿罗地舞曲》《阿弥陀大师曲》。

“食曲”33 首中，亦有相当多的佛曲，如《阿弥罗众僧曲》《多罗头尼摩诃钵》《婆娑阿弥陀》《释迦牟尼》等。看来佛曲的华化进程在宫廷中要比在民间慢一些。但是，佛教音乐民族化的势头却是不可遏制的。唐天宝十

---

① （宋）陈旸：《乐书》159 卷，《四库全书 · 经部 · 乐类 · 乐书》，第 1422 页。

三年（754）7月10日，外来佛曲在宫廷中也已彻底华化的标志，是太常刻石的特殊手段公布于众了。《唐会要》卷三十三载：

> 天宝十三载七月十日，太乐署供奉曲名及改诸乐名……《龟兹佛曲》改为《金华洞真》……《舍佛儿胡歌》改为《钦明引》……《俱伦仆》改为《宝伦》，《光色俱腾》改为《紫云腾》，《摩醯首罗》改为《归真》，《火罗鸽鸽盐》改为《白蛤盐》，《罗刹末罗》改为《合浦明珠》……《苏莫剌耶》改为《玉京春》，《阿个盘陀》改为《元昭庆》，《急龟兹佛曲》改为《急金华洞真》……

共改曲名58首。这些被改为汉名的胡曲，大部分是佛曲。

不管唐玄宗勒石太常、更改曲名的目的是什么，但有一点是肯定的，即这些奏于太常的佛曲，在改名之前已与原来的“胡曲”名实不符了。改名，是政治上的需要①，但却实实在在地反映了佛曲在唐代已经彻底华化的现实。所以，可以认为天宝十三年的太常刻石，是佛曲在中国土地上摆脱舶来的外衣，以一种全新的面目出现于世的正式标志，它是中华文化汇合的一曲凯歌，也是文化史上的一个重要的分水岭。

当然，多样化还更多地反映在唐代佛教音乐的风格多异、瑰丽奇伟上。道宣在《续高僧传·杂科声律篇》中所言的那八个字：“地分郑卫，声亦参差”，便是很重要的资讯，它说明中国的佛教音乐已发展到这样一个阶段：它已脱离了外来的影响，也脱离了简单划一的初级阶段，而与中国各地不同风格的、原有的民间音乐融合在一起，显出“巨细天隔”、纷呈杂陈的

---

① 田青：《音乐史上的唐明皇》，载田青、何苍伶等编《燕乐二十八调之谜》，人民音乐出版社1987年版，文中详述太常刻石是唐玄宗调和三教的一个政治策略。

千姿百态了。其中，既有“以纤婉为工”的南方佛曲，又有“用深高为胜”的北方赞呗。我们上文所引《戒定真香》在不同地区的传谱，就很清楚地表现出这一特点。“故知神州一境，声类既各不同”，唐代佛曲，已是蔚为大观了。

综上所述，自“大教东来”，佛教音乐便移植东土，在中国广博精深、千姿百态的传统音乐、民间音乐的滋养下，经过长时间的演变，在许许多多极富才能的艺僧们的创造性劳动中，终于脱胎换骨，形成了一种既有宗教特点，又有民族味道的独特的风格。在此期间，它经历了南北朝时与清乐的融合阶段，而终于在盛唐时完全成熟，成为名实相符的、地地道道的中国佛教音乐。千余年来，它不仅仅是佛教徒弘扬佛法的利器，而且成为中国传统文化的重要组成部分，成为中华民族民族性与民族精神的载体。在中国传统的社会生活中，佛教音乐在相当大的程度上满足了世世代代许多普通老百姓的审美需求，丰富了他们的精神生活，甚至在后世，使“赶庙会”成为下层人民唯一的文娱活动。作为一位音乐工作者，系统、深入地收集、整理、研究这一反映了千千万万普通百姓们珍贵感情的音乐，是责无旁贷的任务，更何况，在这条人迹渺茫的路途中，还存在着发现真正的、活着的古代音乐这样一个巨大的诱惑呢。

（本文为作者硕士学位论文，导师杨荫浏、黄翔鹏，1984 年通过答辩，首载于《世界宗教研究》1985 年第 3 期，其英译本载欧洲《CHIME》1999 年第 14 期、2000 年第 15 期，译者 Hwee-San Tan）

佛教与中国音乐

一、宗教对传统文化的影响

假如从音乐社会学而不是从音乐形态学的角度去观察中国传统音乐，假如把音乐视为一种思维方式、一种文化现象而不仅仅看成是一门技术或某种形式，那么，把中国传统音乐分成四大类：民间音乐、宫廷音乐、宗教音乐、文人音乐，便是一种合适的分类方法。因此，忽略了对中国宗教音乐的考察与研究，便无法得出对中国传统音乐的总体认识。

宗教是意识形态之一，是人类整体文化中重要的组成部分。一部文明史，在很大程度上、在很长时间内，实际上是一部宗教文化史。众所周知，假如不谈基督教（天主教）美术和音乐的话，19 世纪之前的欧洲美术史和音乐史将是一片空白。从米开朗琪罗到巴赫，欧洲的大部分艺术家，也都可以被视为宗教艺术家，但是，对中国传统文化，人们却不做如是观。许多人（包括中外许多研究中国传统文化的专家）有意或无意地忽视宗教对中国传统文化的影响，忽视中国宗教音乐的存在和历史意义。

诚然，有着数千年文明史的文明古国中国，没有产生世界三大宗教中的任何一个宗教[①]，而且，也没有过一个在全国范围内有连续性的统一的国教。与西方相比，中国文化的确不像欧洲文化那样有着如此明显的宗教性；传统的中国人，也不像传统的欧洲人那样有着专一的与世俗思想相对立的较强的宗教意识。但是，这绝不能说明中国无宗教文化，更不能说明中国传统文化中没有宗教的强烈影响。对于一个可以同时信奉多种宗教而又从未经历过宗教战争或宗教迫害的中国人而言，宗教对文化的影响常常是“水银泻地”式的，既无孔不入，又与固有文化密不可分。而且，任何一种外来的或后起的宗教思想都不可能完全抛开中国唯一“正统”的儒家思想而单独作用于中国文化。换句话说，在中国，任何一种宗教在影响中国传统文化的同时，都或多或少地与儒家文化联系在一起。

说明这种“水银泻地”式的影响，佛教是最好的例子。

与道教不同，佛教本是一种外来的宗教。但是，不仅流传至今的佛教已完全中国化，而且，佛教的语言如此广泛地深入汉语之中，以至每一个中国人在日常口语中频繁地使用着众多的佛教语言而毫不自知。比如小学生要做“功课”，研究生要随“导师”，谈恋爱时“心心相印”，吵嘴时“话不投机”，以至现代人常挂口边的名词：世界、智慧、微妙、实际、相对、绝对、解脱、默契、如实、头头是道、不可思议等，都来自佛教语汇。在文化艺术领域中，佛教的影响也如在汉语中的影响一样，是深远、广泛同时又不露痕迹的，这也正如禅宗的绝妙阐述一样：无一处无佛，同时，又无一处有佛。

所以，笔者认为宗教对中国文化的影响有两种方式，一种是“有形的”影响，一种是“无形的”影响。前者，仍以佛教为例，我们可以举出许许

① 郭沫若曾试图从地理文化学的角度解释此现象，他认为厌倦今生、向往来世的思想只可能产生在令社会各阶层人都感到炎热之苦的热带，处于冬暖夏凉的温带中国的上层人士，不可能产生类似的思想。而厌倦今生、向往来世（或天堂）的思想却是一切宗教思想的核心。

多多的实证，这些都是“有目共睹”的，诸如闻名于世的我国十大石窟艺术，其中敦煌、云冈、龙门、麦积山的壁画、雕塑，堪称世界艺术的瑰宝。我国现存古代建筑，多为宗教寺观。其中佛教寺塔如嵩山嵩岳寺砖塔、应县大木塔、五台山南禅寺、佛光寺等，均是研究我国古代建筑的珍贵实物。而乐山大佛、雍和宫大佛、扎什伦布寺大佛，更是雕塑史上的奇迹。

其他有形的影响也很多，诸如“曹衣出水，吴带当风”的画法，我国古代的雕版印刷术，宋守温的三十六字母与反切，以及怀素的草书，一行的《大衍历》，等等，无不是我国宝贵的文化遗产，无不凝结着佛教徒们创造性的劳动。

而“无形”的影响却很多，也更应引起人们的重视。在文学、音乐与绘画方面，佛教的影响是巨大的。许多文学史家指出，北凉昙无谶译、马鸣著《佛所行赞》，是中国长篇叙事诗的典范，而情节性极强的《法华经》《维摩诘所说经》，以及鲁迅曾集资刊印的古印度僧伽斯那著《百喻经》（南朝齐求那毗地译），则为晋唐小说的繁荣开启了思路。作为哲学思想及方法论的佛教，在更深的层次上影响着历代中国的艺术家们，尤其是般若学与禅学，几乎以一种不可抵御的魅力吸引着中国封建社会从盛期到末期的大部分知识分子和艺术家。陶渊明、王维、白居易、苏东坡与佛教的渊源不必说了，就连以耽道迷仙闻名的李太白，也有“宴坐寂不动，大千入毫发”的诗句，一贯以“正统”儒家为楷模的杜甫，也有“身许双峰寺，门求七祖禅”的愿望，一直到近代，从梁启超、谭嗣同对佛教的巨大兴趣到近代史上杰出的艺术家、高僧弘一法师的皈依空门，可以举出无数例子。因此，王安石所谓“成周三代之际，圣人多出儒中；两汉以下，圣人多生佛中”①的概括，就不能视为妄言了。

---

①（宋）释惠洪等撰:《冷斋夜话》卷 10，中华书局 1988 年版，第 79 页。

纵观历史，中国传统文化的鼎盛时期是唐代；横着比较一下东西文化，则最能代表中国美学观念、最具中国特色的艺术形式，或一个西方人一提起“中国艺术”时最先忆起的印象，应该是中国的文人画（写意画）与单声音乐。而无论是唐代文化的繁荣（尤其是音乐），还是文人画与中国单声音乐的形式，其美学意义的底蕴，则是宗教、主要是佛教的影响。

王维，被董其昌尊为文人画之祖。世人称他“诗中有画，画中有诗”，其根本原因，是他诗与画中皆有禅。《大正新修大藏经》中《神会语录》残卷（巴黎藏敦煌写本，胡适校）载，王维曾问神会：“和尚若为修道得解脱?”神会答：“众生本有静，更欲起兴，不可解脱。”王维闻此道，惊叹：“大奇！”禅宗的这种人性之中即有佛性，刻意追求反而“不可解脱”的理论，如灯续焰，开启了中国知识分子艺术家们神奇的想象力与认识事物、表现事物的方法。既然禅宗主张“不立文字”“见性成佛”，于是中国文人画便任意挥洒，率性涂抹，用浓墨大笔在雪白的宣纸上天马行空地宣泄他们的灵感。文人画的这种瞬间性与随意性，不能说不是来自禅宗的“顿悟”说。同样，既然禅宗主张“简约”，讲究“教外别传”，文人画于是也不讲求素描的功夫，不求形似，只求意境、神韵，用极简约的线条充分表现人的内心世界，表现空灵、飞动、含蓄的意境。王维的“意在笔先”，“夫画道之中，水墨最为上”，强调“意”，弃绝颜色而认定“墨分五色”，把黑与白当成大千世界的本来颜色，无不出自禅宗的启悟。而一直到毕加索发出振聋发聩的宣言：“我不模仿自然，我只是面临自然”和他开创的抽象派艺术滥觞于西方之后，西方人才不再把对客观事物的准确再现当成绘画的唯一目的。而中国，早在禅宗大盛的宋代，便已出现“论画以形似，见与儿童邻”的名句了。

“青青翠竹，皆是法身；郁郁黄花，无非般若”，中国画家、音乐家与诗人们，从汉魏六朝之后，便发现了人与自然的和谐是超出一切功利的、最可宝贵的追求。从中国的山水诗、山水画，到中国传统音乐中大量表现自然美、以自然为题的乐曲，如《高山》《流水》《春波绿》《淡黄柳》《梧桐树》《翠黄花》《雨打芭蕉》……实际上体现了中国人的一种思想，即认为“道无不在”，一草一木，“麻三斤”“庐陵米”“蒲花柳絮、竹针麻线”之中，都深蕴着至高无上的真理。同时，禅宗“一切众生，皆有佛性”的观念，也早已在中国产生。“不杀生”和对自然界动植物的热爱与保护，不仅仅是佛教徒的信条与品质，也影响了大部分中国人。在西方，自然作为艺术的母题，要等到浪漫主义勃兴之后；而强调人与自然共生的密切关系，更要等到现代那些以保护野生动物、自然环境为己任的“绿党”一类自然保护组织出现之后，才成为一种有影响的思潮。

总之，佛教对中国传统文化的影响，绝不是如有些人想象的那样微乎其微，佛教及其思想以大量有形无形的方式，渗透到中国传统文化的各个领域、各个层次，从语言到文字、雕塑、绘画、书法、建筑、音乐，从至今仍存在于祖国大地的众多菩萨佛像、寺庙道观，到造成中国艺术重意境、求神韵，视空灵淡薄、“羚羊挂角，无迹可求”为美的美学观念，都可看到佛教的影响。

二、中国传统音乐中的宗教

与其他艺术领域中的情况一样，宗教对中国传统音乐有着深远、有力的影响。这种影响表现在以下几个方面：

1. 在美学层次，佛教思想与道家思想、儒家思想一道塑造了中国音乐的一切美学特征。

2. 为中国固有音乐提供了新的物质材料与新的形式。

3. 作为音乐家的宗教职业者为中国音乐的繁荣所进行的创造性劳动。

4. 以庙会的形式为中国广大民众提供了一个大众性的娱乐场合。

先谈第一个问题：

中国传统音乐的最大特点，便是它的单音性。有一种意见认为，中国音乐的单音性，是中国音乐“落后”的标志，而西方音乐之所以“先进”，主要是由于西方音乐的多声传统。笔者在《中国音乐的线性思维》[①]一文中，曾从美学与音乐史的双重角度阐述了与此意见不同的观点，认为音乐是一种思维，由于地理环境、社会背景、经济发展的差异，每一个民族都历史地形成了自己固有的、独特的思维方式。而艺术思维与科学思维、逻辑思维不同，不存在“对”与“错”的问题，技术手段的提高并不能保证“艺术品质”的提高。同时，和自然科学领域内的进步方式不同，后出现的艺术品，并不能否定在它之前的艺术品。因此，“美”是不存在“先进”与“落后”的差别的。美，在某种意义上讲，有它的超空间、超时间的永恒性、普遍性。

那么，中国传统音乐的“美”有什么特点，它又与宗教有什么联系呢？

中国音乐虽然博大精深、丰富多彩，又有众多的形式、流派、风格。但“正统”的中国传统音乐美学，除去其与政治的紧密联系外，它的纯审美的要求，却是有着相当稳定的一贯性的。徐青山的《溪山琴况》，虽然是琴学专著，但他总结的二十四况，却可以被视为中国传统音乐的全部审美要求，这二十四个字是：和、静、清、远、古、澹、恬、逸、雅、丽、亮、采、洁、润、圆、坚、宏、细、溜、健、轻、重、迟、速。

这二十四个字，除去几个专门的古琴技法以外，几乎适用于中国宫廷音乐、宗教音乐、文人音乐中的绝大部分及民间音乐中的一部分。而这种

---

① 田青：《中国音乐的线性思维》，《中国音乐学》1986 年第 4 期。

美学观的确立，却是宗教思想与儒家思想一致要求的结果。

禅宗兴盛之前的中国佛教，很重视用音乐来开导众心的作用。中国的第一部僧传——梁会稽嘉祥寺沙门慧皎著《高僧传》，即专辟有“经师篇”与“唱导篇”，在其十大门类中占据其二。佛教音乐美学，与儒家的音乐美学有着许多相似的地方，都把“中正”“平和”“澹雅”“肃庄”作为基本原则。儒家的“乐”要为“礼”服务，音乐要服从政治。而佛教徒也把音乐视为弘扬佛法的舟楫、宣传法理的利器。佛教徒认为，佛教音乐的目的只有两个，一是“赞佛功德”，一是“宣唱法理，开导众心”。而“广明三世因果，却辩一斋大意”，则是唱导师最重要的任务。

东西方宗教音乐美学最根本的不同，就在于对音乐功能的不同看法。复音音乐在欧洲产生并发展壮大，不是偶然的，它是欧洲诸民族特定环境与历史的产物，也是天主教的直接产物。从9世纪天主教音乐“奥加农”出现到巴赫等人矗起欧洲古代音乐的丰碑止，几百年的时间里，复音音乐在教堂的穹顶下逐渐完善。天主教（基督教）音乐家们的全部精力、全部才华，都被用来渲染上帝的伟大，创造教堂中恢宏、庄严、神秘的天国气氛。多声部的唱诗班与管风琴的巨大音响，恰如其分地完成了这种任务。也许是由于世代相传的天主教徒从小便熟悉了唱诗班的生活与弥撒曲的歌词，音乐在教堂中的主要作用在于创造神圣的气氛，而不是讲道。后者的任务是由神父们的讲演独立完成的。这种分工，使音乐家们可以不必顾及唱词的清晰程度而专心致力于由多声部的交错起伏、和声的丰满浑厚组成的音响世界。佛教则不同，佛教从一开始，便把音乐当成“宣唱法理”的工具，并从一开始，便选择了一种由唱导师“夹唱夹叙”的“说唱形式”。同时，和欧洲的民众也不同，中国老百姓在一贯以儒学为正统，同时又可以既信佛又通道，也可以什么都信，什么都不信的相对自由、相对淡薄的宗教气氛中，不可能具有较深入、专一的宗教知识，也不可能像天主教徒熟悉弥撒曲那样熟悉佛教或道教音乐，和尚所唱的内容，对大部分听众来讲，是与形式同样重要、同样新鲜的。既然目的与条件不同，结果便也很明显地不同。要造成伟大庄严的气氛，单声音乐便显得单薄，非复音音乐不可；但要“宣唱法理”以警世众，则非单音音乐，非旋律平缓不可，声部多了，节奏快了，便不知所唱为何，失去了“唱导”的意思。因此，中国的佛教音乐家们，便把大部分精力放在音乐所负载的内容上，而多少忽略了音乐本身。唐代道宣在《续高僧传》中，明确提出反对“未晓闻者悟迷，且贵一时倾耳”的做法，反对“掩清音而希激楚”，主张“至如梵（指‘梵音’）之为用，则集众行香，取其静摄专仰也。考其名实：梵者，净也，实为天音”。他还说明佛教呗匿之所以放在佛事结束时唱，是为了“谓众将散，恐涉乱缘，故以呗约”。而义净在其《南海寄归内法传》中，也明确指出佛教音乐的意义，对僧人而言，有六种：“一能知佛德之深远，二体制文之次第，三令舌根清净，四得胸藏开通，五则处众不慌，六乃长命无病。”对听众（俗人）而言，则起到“劝行三慧，明圣道之八友；令学四真，证圆凝之两得”的作用。唐道世在其《法苑珠林》中则更具体地谈到佛教音乐的作用，是为了使中夜用功的和尚们不至于昏然入睡：“若夫称讲联斋，众集永久，夜缓晚迟，香消烛掩，睡盖复其六情，懒结缠其四体，于是择妙响以升座，选胜声以启轴……能使寐魂更开，惰性还肃……”

因此，“和、静、清、远、古、澹……”的审美情趣便诞生了。值得注意的是，这种审美理想与审美情趣，不仅仅是某一思想体系的产物，而是儒、释、佛三家互相渗透、融合、妥协的共同产物。

第二个问题是：宗教为中国固有的音乐提供了哪些新的物质基础与新的形式？

仍以佛教为例，在中国音乐的发展过程中，佛教曾不断向中国固有音乐提供新的乐曲、乐器、乐谱乃至音乐理论，这些新鲜血液不但极大地丰富了中国传统音乐的内容，也极大地丰富了中国传统音乐的表现力，增加了新的体裁、形式、风格，并最终与中国传统音乐融合，成为一个水乳交融的整体。

先谈乐器。《法华经》卷一“方便品”说：“若使人作乐，击鼓吹角贝，箫笛琴箜篌，琵琶铙铜钹，如是众妙音，尽持以供佛，或以欢喜心，歌呗颂功德，乃至一小音，皆已成佛道。”这佛经中所提到的许多种乐器，都是随佛教流入中原的。日本林谦三氏，曾就佛典中所见乐器、音乐、舞蹈做一考察，列举如《妙法莲华经》《无量寿经》《佛所行赞》《方广大庄严经》等典籍中所见乐器名，其管类有：螺、贝、角、管、笛、笳、笙、竽、筚篥等，弦类有：琴、筝、瑟、筑、琵琶、箜篌、五弦等，鼓类乐器有：法鼓、大鼓、鼗、鼙、细腰鼓、都昙鼓、奎楼鼓等。这些乐器中的一部分，至今仍作为我国的“民族乐器”而活跃在人们的音乐生活和舞台上，人们很少会想到，这些乐器原本并不是我们的“民族乐器”，而是外来的，是佛教馈赠的厚礼。比如目前几乎可以在我国的任何一个戏曲剧种、民间乐种中发现的铜钹，就起源于西亚，并由天竺（古印度）经西域传入中国。铜钹作为乐器名，最早见于东晋法显著《佛国记》，至唐时《一切经音义》：“铜钹……古书无钹字，近代出也。”目前流行的琵琶，唐时称为“胡琴”，也是随佛教的东渐进入中原的。敦煌壁画中的“净土变”，记录了当时佛教音乐、供养佛的伎乐、所使用的乐器和乐队形制。其中琵琶、五弦琵琶、凤首琵琶（梵文 viua）、铃等乐器最为常见。当然，当年横抱在“伎乐天”怀中的琵琶，经历代各民族音乐家们不懈的努力与改良，在唐代便已开始弃拨用手，在近代更是增项加品，发展成完全具有中国风格的独特乐器了。

在中国音乐史上，佛教乐曲的引进也令人瞩目。早在佛教传入中原之前，佛教音乐就已经进入汉廷，并被中国宫廷音乐家改造成中国最早的军乐了。《晋书·乐志》云：“张博望入西域，传其法于西京，惟得《摩诃兜勒》一曲。李延年因胡曲更造新声二十八解，乘舆以为武乐。”[①] 张骞凿空，出使西域，共有两次。第一次在公元前138—前126年，第二次在公元前119年，此时佛教尚未传入中原。而张骞带回的这首《摩诃兜勒》，却系舞曲无疑。兜勒系人名，《佛说义足经》中有《兜勒梵志经》一品，讲兜勒如何从迷信外教而经释迦牟尼点化皈依佛教的故事。“摩诃”在梵文中是“大”（waha）的意思，兜勒改变信仰，终于变成“摩诃兜勒”（伟大的兜勒），值得歌颂。但此曲传入汉廷后，会被当时的“协律都尉”李延年改编成马上横吹的军乐，助杀伐之兴，扬兵旅之威，完全违背了佛教的宗旨，却是令人啼笑皆非的事。但李延年是当时最好的音乐家，一曲《摩诃兜勒》竟让他灵感大发，改编或在乐曲的启发下重新创作了28首军乐，可见其艺术上的独特魅力。

佛教音乐大量传入中国宫廷，是在吕光灭龟兹之后。吕光灭龟兹，时在382年，而苻坚命吕光发动攻占龟兹的战争，目的却是迎取佛教文化，抢夺高僧鸠摩罗什。

大德鸠摩罗什至汉地后，不但致力于他伟大的译经工作，而且，还传播了他所创作的十首佛曲，使“众心惬服，莫不欣赏”。当然，龟兹乐对中国固有音乐的影响，不仅是鸠摩罗什一人的功劳。龟兹地处中西交通要冲，印度文化（主要指佛教文化）大都是通过龟兹传入中原的。在相当长的时间内，龟兹是当时中西文化交融的中转站。而且，龟兹音乐的发达，在当时就是很著名的。玄奘《大唐西域记》载：“屈支国……文字取则印度，粗有改善。管弦伎乐，特善诸国。”又谓其国“伽蓝百余所，僧徒五千余人……经教律仪，取则印度”，是一个佛教与音乐都很发达的国家。龟兹乐有“西国龟兹”“齐朝龟兹”“土龟兹”三种，至“开皇（581—600）中，

---

① （唐）房玄龄等:《晋书·音乐志》，中华书局1974年版，第3册，第715页。

其器大盛于闾闬”。而到唐时，龟兹乐几乎成了燕乐的主体。《旧唐书·音乐志》言：“自周隋以来，……鼓舞曲多用龟兹乐，其曲度皆时俗所知也。”在讲到立部伎时言：“自《破阵乐》以下，皆擂大鼓，杂以龟兹之声，声震百里，动荡山谷……”在讲到坐部伎时则言：“自《长寿乐》以下，皆用龟兹乐。”

那么，龟兹乐到底是何种音乐呢？其实，在唐人眼里，“龟兹乐”与“佛曲”原本就是一个东西。赞宁《宋高僧传·读诵篇》载唐惟恭、灵岿二僧事，言灵岿“偶去寺一里，所逢六七人，少年甚都，衣服鲜洁，各执乐器，如龟兹部……所见者，乃天乐耳”。篇末论曰：天乐佛曲“或乐象龟兹，或开口菡萏”。龟兹乐乐器有竖箜篌、琵琶、五弦、笙、笛、筚篥、毛员鼓、腰鼓、羯鼓、鸡娄鼓、铜钹、贝等15种，工20人，着皂丝布头巾，绯丝布袍、锦袖、绯布[①]。与敦煌（伯三〇六五）《太子入山修道赞》有诗云：“共奏天仙乐，龟兹韵宫商”，也视龟兹乐为一物。至此可见，隋时“大盛于闾闬”、唐时在燕乐中占据主要地位的龟兹乐，基本上即是佛教音乐。[②]

南北朝时，佛教音乐已开始华化，在日益繁兴的同时，逐渐与中国固有音乐（主要是民间音乐）融合，开始产生一种能够表达中国佛教徒的思想、理念、感情，具有中国风格的佛曲了。继三国曹植首创中国佛曲之后[③]，南齐武帝永明七年（489），竟陵王萧子良大集“善声沙门”于京邸，造经呗新声。另据僧祐《出三藏记集》及《法苑杂缘》目录载，有《齐文皇帝制法乐梵舞记》《齐文皇帝制法乐赞》《齐文皇帝令舍人王融制法乐歌

① （后晋）刘昫等撰：《旧唐书·卷二十九志第九·音乐二》，清乾隆武英殿刻本，第2237—2238页。

② 唐十部乐中，除“燕乐”“清商”二部外，其余“西凉”“天竺”“龟兹”“高丽”“高昌”“安国”“疏勒”“康国”等伎，大部分来自佛教国家，其乐亦有佛教成分。

③ 田青：《佛教音乐的华化》，《世界宗教研究》1985年第3期。

辞》等篇目。而梁武帝萧衍，则更是身体力行，不但把佛教音乐正式引入宫廷音乐，而且亲创佛曲。《隋书·音乐志》载："帝（指萧衍）既笃敬佛法，又制《善哉》《大乐》《大欢》《天道》《仙道》《神王》《龙王》《灭过恶》《除爱水》《断苦轮》等十篇，名为正乐，皆述佛法。"除此之外，梁武帝还在中国首创"无遮大会""盂兰盆会"等佛教节日，并以童子歌咏梵呗，号为"法乐童子伎"。重要的是，梁武帝亲自制定的梁代"雅乐"中，就已经堂而皇之地融进不折不扣的佛教音乐了。[①]

唐代，佛教音乐发展到了顶峰。韩愈《华山女》诗云："街东街西讲佛经，撞钟吹螺闹宫庭。"姚合《赠常州院僧》诗云："古磬声难尽，秋灯色更鲜，仍闻开讲日，湖上少渔船。"皆言当时佛乐之盛。在民间，当时俗讲风行，唐代开始盛行的庙会，在其后千百年里，成了普通劳动人民主要的娱乐场所。钱易《南部新书》载："长安戏场多集于慈恩（寺），小者在青龙（寺），其次荐福（寺）、永寿（寺）。尼讲盛于保唐（寺），名德聚之安国（寺），士大夫之家入道尽在咸宜（寺）。"而在宫廷，佛乐更是登堂入室。在唐代燕乐的十部乐与坐、立部伎中，实际上有许多是佛教国家传来的乐器，演奏佛教国家传来的乐曲。陈旸《乐书》卷一百五十九引"李唐乐府曲调有《普光佛曲》《弥勒佛曲》《日光明佛曲》《大威德佛曲》《如来藏佛曲》《药师琉璃光佛曲》《无威感德佛曲》《龟兹佛曲》，并入婆陁调也。《释迦牟尼佛曲》《宝华步佛曲》《观法会佛曲》《帝释幢佛曲》《妙花佛曲》《无光意佛曲》《阿弥陀佛曲》《烧香佛曲》《十地佛曲》，并入乞食调也。《大妙至极曲》《解曲》，并入越调也。《摩尼佛曲》，入双调也。《苏密七俱陀佛曲》《日光腾佛曲》，入商调也。《邪勒佛曲》，入徵调也。《观音佛曲》《永宁佛曲》《文德佛曲》《婆罗树佛曲》，入羽调也。《迁星佛曲》，入般涉调也。

① 田青：《梁武帝与音乐》，《天津音乐学院学报》1985 年第 3 期。

《提梵》，入移枫调也”。

南卓《羯鼓录》中，亦载有十首唐代“诸佛调曲”：“《九仙道曲》《卢舍那仙曲》《御制三元道曲》《四天王》《半阁磨奴》《失婆罗辞见柞》《草堂富罗》《于门烧香宝罗伽》《菩萨阿罗地舞曲》《阿弥陀大师曲》。”

至天宝年间，酷爱音乐又要在政治上调和“三教”的唐玄宗李隆基，以太常刻石的特殊手段，更改了许多曲名，并将改定的曲名公示于众。从《唐会要》卷三十三所载，可窥见佛曲在大唐燕乐中所占位置之多，已到了使大唐天子不得不采取“行政手段”的地步了：

> 天宝十三载七月十日，太乐署供奉曲名及改诸乐名……《龟兹佛曲》改为《金华洞真》……《舍佛儿胡歌》改为《钦明引》……《俱伦仆》改为《宝伦》，《光色俱腾》改为《紫云腾》，《摩醯首罗》改为《归真》，《火罗鸧鸽盐》改为《白蛤盐》……《急龟兹佛曲》改为《急金华洞真》……

在敦煌所传卷子中，也保存着众多唐代佛曲的曲辞。任二北在其《敦煌曲校录》中，曾检教考订诸佛曲并列出佛曲曲目 284 首；其中有《婆罗门》《悉昙颂》《佛说楞伽经禅门悉谈章》《好住娘》《散花乐》《出家乐赞》《归西方赞》《太子赞》《太子五更转》《太子入山修道赞》《南宗赞》《南宗定邪正五更转》《十二时》《百岁篇》等篇。

当人们谈到唐代音乐繁盛的时候，应当想到，这光耀千古、远播域外的唐燕乐，是中华民族各族人民共同劳动的结果，也是中外音乐积极交流的结果，而唐文化的不朽光辉中，就含有宗教文化的众多成分。除乐器与乐曲外，随佛教传入中国的，还有西域杰出的音乐家和印度的音乐理论。439 年，孝文帝迁都洛阳，西域派居洛阳落户的竟有一万多家，其中不乏大量的佛教徒与音乐家。西魏文帝时（535—551），如著名的音乐家“曹婆罗门”，其名字便清楚地指明了他的宗教背景与身份。568年，北周武帝娶突厥公主阿史那氏，随她入朝的龟兹、疏勒、康国的乐工甚众。其中龟兹乐人苏祇婆，“善胡琵琶，听其所奏，一均之中，间有七声”。关于苏祇婆的七调理论，中外学者论述甚多，也多有歧见，但有一点却是没有疑问的，即苏祇婆所传授的理论来自古印度。而且，苏祇婆的理论，曾经在中国宫廷音乐因战乱而“礼崩乐坏”的情况下，脱颖而出，使中国宫廷音乐在隋时得以复兴，并为唐燕乐的空前繁荣奠定了基础。《隋书·音乐志》载，自开皇二年颜之推上言“请凭梁国旧事”，考定宫廷音乐，而高祖否定了梁乐，命乐工齐树提“检校乐府，改换声律”起，宫廷音乐的混乱状态，一直未能改变。甚至集太常卿牛弘、国子祭酒辛彦之、国子博士何妥等专家们的力量，也终因“沦谬既久，音律多乖”而“积年议不定”。当这场音律方面的探求与讨论不得不以“高祖大怒”而牛弘等人要掉脑袋来结束的时候，柱国沛公郑译才抬出苏祇婆的转调手法与音律理论来解了围。苏祇婆的理论不但结束了中国宫廷音乐因战乱而暂时中断的窘况，而且救了当时主管文化的最高官员们的生命，这确实可以看成是佛教音乐的一个大“功德”。

还有一个问题亦不容忽视，这就是作为宗教职业者的音乐家在中国音乐历史长河中所做的贡献。笔者在拙文《佛教音乐的华化》中，曾举过几位著名佛教音乐家的例子，如少康、文溆以及段善本等僧人。少康，是净土宗名僧，曾别出心裁诱导儿童念佛，每念一声“阿弥陀佛”则付一钱，“如是一年，无少长贵贱，见师者皆称‘阿弥陀佛’，念佛之声，盈满道路”[①]。他所唱的佛曲，直接向民族音乐学习，在宣传上获得了很大的成功：

① （宋）志磐:《佛祖统纪》(上）卷26，日本《大正新修大藏经》第49册，第2035部。

“康所述偈赞，皆附会郑卫之声，变体而作。非哀非乐，不怨不怒，得处中曲韵。”而文溆和尚，则在当时更为著名，他不但因善乐而赢得群众的喜爱，而且在艺术上强烈地影响了当时的宫廷音乐家，成为他们效法的楷模。《太平广记》“文宗”条引《卢氏杂说》：“文宗善吹小管。时法师文溆为入内大德，一日得罪流之。弟子入内收拾院中籍入家具辈，犹作法师讲声。上采其声为《文溆子》。”段安节《乐府杂录》在介绍乐曲《文溆子》时说：“长庆中，俗讲僧文溆善吟经，其声宛畅，感动里人。乐工黄米饭依其念四声观世音菩萨，乃撰此曲。”赵璘《因话录》亦载：“有文溆僧者，公为聚众谈说……愚夫冶妇乐闻其说，听者填咽寺舍，瞻礼崇奉，呼为‘和尚’。教坊效其音调，以为歌曲。”

善本，俗姓段，唐贞元时长安庄严寺僧人。《乐府杂录》中有这样一段有趣的记载，充分说明了他出众的琵琶技艺：在一次祈雨的活动中，“市人广较胜负，及斗声乐”。当时，街东请号称宫中第一手的音乐家康昆仑登楼，“弹一曲《新翻羽调绿腰》，必谓街西无以敌也”。谁知街西市楼上“出一女郎，抱乐器，先云：‘我亦弹此曲，兼移在枫香调中。’乃下拨，声如雷，其妙入神。昆仑即惊骇，乃拜请为师，女郎遂更衣出见，乃僧也”。康昆仑，疑为昭武九姓国之康国乐师，以世代善琵琶而奉宫中，能使这样的音乐家折服，其技艺之高超，恐怕在当时是无与伦比的。

此外，在（梁）慧皎《高僧传·唱导篇》及（唐）道宣《续高僧传·杂科声德篇》等书中，还记录了许多僧人音乐家的事迹，其中如“以宣唱为业，音吐嘹亮”的道照；“尤善唱导，出语成章”的慧璩；“唱说之功，独步当世”的昙宗；“能使听者欣欣，恐其休也”的慧明；“执经对御，响震如雷，时惨哀啭，停驻飞走”的法称和智云；“声韵锤铃，捷均风雨”的真观；“创发謦咳，砰磕如雷”的立身；“随言联贯如珠璧也”的善权；“依声尽卷，举掷牵迸，啭态惊驰，无不讶之……虽年迫期颐，而声喉不败”的法琰；“哢响飞扬，长引滔滔”的慧常；“喉嗓伟壮，词气雄远”甚至使门窗“皆为动震”的道英；“弥工长引，游哢联绵”的神爽；“声响飞冲周三十里，四远所闻，无不惊仰”的昙宝禅师，等等，无不是技艺高超的音乐家。在中国音乐史上，实在不应当没有他们光辉的名字。

记谱法的发明与使用，也与宗教有密切的关系，目前有研究表明在三国时即已出现[①]，并与《汉书》中所载的“声曲折”有一定的关系。而在中国民间广泛使用的工尺谱也与佛教有关。有学者认为，工尺谱的前身即从印度七声梵文的首字而来，而梵文的引进及中国音韵学的产生，都是佛教经典浩大翻译工程中的副产品，则是众所周知的了。

---

① 田青：《试析〈高僧传〉中的契字》，《民族民间音乐研究》1985年第6期。

有关唐代“俗讲”的两份资料

俗讲，是唐代寺院中的一种非常重要、普遍的佛教艺术形式。它源于六朝的“斋讲”，始兴于初唐，盛于中唐，衰于五代。虽然宋真宗时（998—1022）曾明令禁止僧人讲唱变文，但据《佛祖统纪》卷三十九引《释门正统》宗鉴所言，至南宋理宗时（1225—1264）俗讲仍未尽绝。俗讲在中国文化史上的重要，不仅仅因为它是研究佛教文学、音乐的重要物件，而且因为它是中国说唱音乐的先祖。两宋以降，直至明清，甚至近代，诸凡话本、宝卷、诸宫调、弹词等，莫不可溯源于此。

1899 年，敦煌藏经洞始见于世。两万余个卷子中，有大量僧人讲唱佛经和历史故事的底稿，如《金刚般若波罗蜜经讲经文》《破魔变文》《八相押座文》《温室经讲唱押座文》《伍子胥变文》等大量内容。但是，有关俗讲的形式，却因材料不多，而在研究中留下一些疑点。长期以来，可供研究俗讲形式的资料除唐宋以来个别僧人所记，如宋僧元照《四分律行事钞资持记·释导俗篇》及日僧圆仁《入唐求法巡礼行记》而外，来源于敦煌卷子中的第一手资料，只有现藏于法国巴黎国家图书馆的 P.3849 卷。此卷正面为京兆杜友晋撰《新定书仪镜》及黄门侍郎卢藏用《仪例》一卷叙；纸背还有两段文字，其一为《佛说诸经杂缘喻因由记》，另一段即被后世学者屡屡引用的所谓“俗讲仪式”。

众所周知，由于唐人写本系民间所流传，多有别字、俗字、讹字、脱字等，给后人的确读和进一步研究造成了一些困难。虽然 20 世纪初至今，许多敦煌学者们创造性的艰苦劳作为我们开辟草莱、奠定基础，使我们得以窥见唐人俗讲的大致情景，但囿于材料的匮乏，缺少有力的旁证，致使 P.3849 卷子的“俗讲仪式”始终是一个孤证。

1993 年 10 月至 11 月，笔者在英国讲学期间，于伦敦大英图书馆的东方部，找到了一份非常珍贵的材料 S.4417“俗讲”，可以与 P.3849 互相印证，比较研究，廓清一些问题。

该卷子系斯坦因所获敦煌卷子中的一小卷，原藏伦敦大英博物馆，后转至大英图书馆东方部。该卷真迹保存良好，字迹清晰，字体老到娴熟，用唐人写本的习惯，将“念”简写为“今”，将“菩萨”简写为“卄”，将“佛”简写为“仏”。

从内容上看，此卷子与 P.3849 同出一源，如非一人所写（由于笔者没有机会将英藏 S.4417 与法藏 P.3849 的真迹相比较，故无从判断是否出自一人之手），也是出自同一师承或同一母本。因为两卷子不但内容大致相同，其大部分字句也都一样。为方便诸方家研究，特将此卷文字抄录于下，并与 P.3849 做对照比较。

S.4417[①]：

夫为俗讲，先作梵。了，次今（念）卄（菩萨）两声，说“押坐（座）”。了，素唱《温室经》。法师唱释经题。了，念仏（佛）一声。了，便说开始。了，便说发愿。了，念仏（佛）一声，便一一说其经题字。了，便说经本文。了，便说十波罗蜜等。了，便念佛赞。了，

① 标点系笔者所加，括号内正字亦为笔者所写。

便发愿。了，便又念仏（佛）一会。了，便回向发愿取散（后分两行写小字：云了，已后便开《维摩经》）。

夫为受座，先启告请诸仏（佛）。了，便道一文表叹使主。了，便后赞戒等七行事科。了，便说八戒了。了，便发愿施主。了，便结缘念仏（佛）。了，回向发愿取散。

讲《维摩》先作梵。次念观世音菩萨三两声，便说“押坐（座）”。了，便素唱经文。了，唱曰法师自说经题。了，便说开赞。了，便发愿。了，便念仏（佛）一两声。了，法师科三分经文，了，念仏（佛）一两声，便一一说其经题名字。了，便入经说缘喻。了，便说念仏（佛）赞。

法藏 P.3849 卷，据向达《唐代俗讲考》[①] 所引并点校如下：

夫为俗讲：先作梵了；次念菩萨两声，说押座了；素唱（向注：二字不解）《温室经》，法师唱释经题了，念佛一声了；便说开经了；便说庄严了；念佛一声，便一一说其经题字了；便说经本文了；便说十波罗蜜等了；便念念佛赞了；便发愿了；便又念佛一会了；便回向（向注：收脱向字今补）发愿取散云云。已后便开《维摩经》。讲《维摩》先作梵，次念观世音菩萨三两声；便说押座了；便素唱经文了；唱日法师自说经题了；便说开赞了；便庄严了；便念佛一两声了；法师科三分经文了；念佛一两声，便一一说其经题名字了；便入经说缘喻了；便说念佛赞了；便施主各发愿了；便回向发愿取散。

① 向达：《唐代长安与西域文明》，生活 · 读书 · 新知三联书店 1957 年版，第 303 页。

两相比较，不难发现，英藏S.4417与法藏P.3849两卷文字，除S.4417中间一段，即“夫为受座”至“发愿取散”共54字为P.3849所无以外，其余文字（不计错字、讹字）两卷完全相同。分析起来，S.4417实际上是三段文字，即“俗讲仪式”“受座仪式”和“讲《维摩经》仪式”。而P.3849，则“俗讲仪式”紧接“讲《维摩经》仪式”。从文气上看，“俗讲仪式”末句“已后便开《维摩经》”后，接“讲《维摩经》仪式”是合理自然的。而“受座仪式”，似应放在“俗讲仪式”之前，因为“受座”，即“登座”，系俗讲法师与都讲升座讲坛的仪式。唐时俗讲师登座之仪除上引文字外，亦缺旁证，现将唐百丈怀海禅师（720—814）所编《百丈清规》[①]卷八“夏中讲经”条标点录下，可知“升座仪式”之一二：

……初开讲日，早粥后，法堂香灯铺设讲经法座（座前供佛像一及两边听经桌凳，若无法堂，即在斋堂，小食过堂后，方可铺设）。小食后鸣大钟十下，收钟二下，听经者搭衣持具，法堂两边站。住持命侍者三人：传牌、传经、传炉，到法堂行十方圆礼。已，随即鸣大钟鼓。听经者持具上方丈，请法师升座。引磬先行，众随后。监院执香居末。到方丈，众两边照位对立。侍者与维那请法师出登座。已，监院出位上香，展大具，三拜。次，大众向上展四折具，三拜。已，仍引磬前行，众随后。监院执香在大众后，法师又在后，侍者随从。到法堂，维那法师至中立定。打磬一下，钟鼓齐歇。随举偈云：“降伏魔力怨，除结尽无余。闻此妙响音，尽当云来集。”（侯法师三拜，问讯。偈毕，随即举）“南无云来集菩萨摩诃萨”（四称，末后于“云来”上

① （唐）洪州百丈山沙门怀海集编，（清）古杭真寂寺苾刍仪润证义：《百丈清规证义记》卷8，第7册，金陵刻经处刻本。

加“海会”二字）法师登座，拈香三瓣。维那呼众顶礼三拜。已，众各归位坐，入定少顷，维那鸣磬三下，（或鸣手钟三次亦可）按磬唱云：“钟声传三千界内，佛法扬万亿国中。功勋酬帝主深恩，利益极檀那厚德。”（偈毕，举）今为讲某经，说者（举）：“南无本师释迦牟尼佛”（众同三称）次举“开经偈”，众作梵唱。已，各将经揭开，然后开讲。乃至讲竟。法师云“向下文长付与来日……”众唱“回向偈”。云：“讲经功德沙界难量，情传无情同圆种智。”偈毕，遂鸣钟鼓，法师下座……①

《百丈清规》所列，系佛门内部“结夏安居”时讲经的仪轨，并非面向大众的俗讲。但其仪式，实与俗讲大同小异，如法师登座后，讲经前，先举腔念佛三称，次举《开经偈》，众作梵唱，讲经后众回向，唱《回向偈》等，皆无二致。

S.4417 的发现，使 P.3849 不至于成为孤证，且可以与其互为校雠。现在可知，向达先生认为“不解”的二字“素旧”，按 S.4417 本，则应为“素唱”。全句为“素唱《温室经》”。与其后“讲《维摩经》仪式”中“素唱经文”同。“素唱”，疑为现世所谓“清唱”，即无乐器伴奏的演唱方式。“素唱”的内容，皆为经文，与“赞”“偈”等韵文不同，也许不但不被之管弦，甚至并不配合宫商，无旋律可言。如此，则“素唱”即可能是吟诵之意了。现世僧人朝暮课诵，常在诵经时以木鱼击节，一字一板，平静单调，无起伏，亦无音高。其所唱，似暗合“素唱”之意。据此，可以推测“素唱”至少有三种可能：

1. 有旋律，但无管弦，无乐器。

---

① 括号中字在原书中为小字双行。

2. 有节奏，有法器（如木鱼）击节，但无旋律，更无乐器。

3. 有节奏，有简单旋律，如西洋歌剧之宣叙调（Recitative），即佛教所谓“白腔”，但无法器、乐器。究竟如何，尚难定论。

据 S.4417 本，可知 P.3849 本“便说十波罗蜜等了”之后，“便念念佛赞”句中，多一“念”字，应为“便念佛赞”。此“念”字，应为动词。“佛赞”，即所谓“歌颂佛德”之赞呗，如近世殿堂中之《佛宝赞无穷》《弥陀佛大愿王》等赞。而念佛一事，为弟子修行之法门，无须在佛前赞叹，因此不可能“念《念佛赞》”。

另，P.3849 本中，在“讲《维摩经》仪式”中，有“唱日法师自说经题”一句。此句在 S.4417 中，“日”字为“曰”字。但无论“日”还是“曰”，均不可训读。笔者疑此字为“白”之误。“白”，即“念白”“白腔”，似可为一解。唐时俗讲，例用二人，一为“法师”，一为“都讲”。法师主讲经文，都讲唱释经题。主讲的法师，不必能唱，但一定德高望重，精通佛典。都讲，则类似如今之“助教”，亦恐为后世“维那”一职的前身，专司举梵领唱之事。俗讲之时，法师与都讲互相配合，各有所长，各尽其职。按惯例，法师讲经文内容，都讲唱释经题，但此处由要主讲的法师“自说经题”，所以是“唱白法师自说经题”。不知可否成理，切盼方家教正。

先贤研究敦煌文献，多有所得。但“法师科三分经文”一句，未作解释。唐代俗讲习惯，是将所讲唱之经，分为三科：“序分”“正宗”“流通”。如《长兴四年中兴殿应圣节讲经文》中，即有“将释此经，大科三段：第一、序分，第二、正宗，第三、流通”[1]。再如《佛说阿弥陀经讲经文》：

---

① 王重民等编：《敦煌变文集》（下册），人民文学出版社 1957 年版，第 413 页。

“将释此经，且分三段，初乃序分，次则正宗，后乃流通。”[1]“法师科三分经文”的意思，是指法师按惯例将经文分为“序分”“正宗”“流通”三段。“序分”是序，“正宗”是主题、是正文，“流通”是引申发挥。

英藏 S.4417 的发现及其与法藏 P.3849 的比照研究，无疑使我们对唐代俗讲的形式有了更深一步的了解。假如这两卷文字不是出自一人之手，那么，其重要的意义恐怕是在于使我们可以相信，在唐代，俗讲的仪式是已固定的、不可更易的、有普遍性的。

但 S.4417 卷中，由于多出了“受座仪式”一段文字，同时，也增加了一些疑难之处。如“便道一文表叹使主了”及“便后赞戒等七行事科了”两句，尚不能训。第一句“使主”疑为“施主”之误，然“叹”字终不能解。第二句中“七行”一语，可能是“七八行”，而脱一“八”字，也可能是“七支”之误。所谓“七八行”，即七觉支、八正道之略称。“七觉支”，梵文为 Sambodhi-aṅga，为佛教修行法门“三十七道品”之一类，亦称“七觉分”“七等觉分”“七菩提分”。“八正道”，亦为“三十七道品”之一类，梵文为 Āryāṣṭāṅgika-mārga，意为八种解脱之道。“七支”，指七种恶业，即杀、盗、淫、妄、绮语、恶口、两舌，也称“七恶支”。此句文字之后，有“便说八戒”一句。“八戒”，即“八斋戒”，亦称“八关斋戒”，指佛教居士（在家修行者）的戒条，在通常“五戒”（杀、盗、淫、妄、酒）之外，再加“不眠坐高广大床”“不观听歌舞”及“过午不食”三戒。从此段文意分析，在讲解“七八行”，即讲解佛教的“三十七道品”之后，接着讲“八戒”，是合乎逻辑和佛教理论的。因为佛教“戒”“定”“慧”之“三学”，“戒”是为了“定”，“定”是为了“慧”，实行“八戒”，是为了更好地进入“三十七道品”的修行次第。

---

[1] 王重民等编：《敦煌变文集》（下册），人民文学出版社 1957 年版，第 47 页。

研究唐代俗讲的形式，将分别藏在巴黎和伦敦的两卷敦煌遗文进行比较，只是一种方法。而将现代尚存的佛教讲经仪式及相关法事与唐代俗讲形式进行比较，也是一种方法。也许，只有将这两种比较研究的方法结合起来，我们才能对唐代俗讲有一个更清晰的认识。

（原载《比较音乐研究》1994 年第 2 期、《中国音乐学》1995 年第 2 期）

《金瓶梅》与佛曲

一、《金瓶梅》在佛乐研究中的价值

在中国文学史上，大概再没有一部书比《金瓶梅》更际遇坎坷、更遭误解非议，同时又更具魅力的了。从它问世之后，“天下第一淫书”的恶名便随之左右。四十年来，内地的大部分年轻一代的中国学者们，几乎没有机会见到这部书。因此，对这部杰出的现实主义名著的研究，和沸沸扬扬的“红学”研究比起来，更显得“门前冷落鞍马稀”了。

《金瓶梅》产生于明隆庆二年至万历二十年（1568—1592）之间，是我国第一部超越了神魔将相、英雄义士的题材而表现普通人生活的长篇小说。它以《水浒传》中的一个次要人物西门庆及他的妻妾们的日常生活和相互关系为主线，勾画了一幅明中叶社会生活的广阔图景。此书成书之时，正值明帝国由盛转衰、社会风气日益浮靡腐败的时期，用《金瓶梅》第三十回中的话说，是“天下失政，奸臣当道，谗佞盈朝。……以至风俗颓败，赃官污吏，遍满天下”。在这样一个社会背景下，作者用他现实主义的如椽巨笔，刻画了一个个生动鲜明的人物形象。鲁迅在《中国小说史略》中称：“作者之于世情，盖诚极洞达，凡所形容，或条畅，或曲折，或刻露而尽相，或幽伏而含讥，或一时并写两面，使之相形，变幻之情，随在显见，同时说部，无以上之。”更重要的是，此书在刻画人物的同时，还记录了大量关于当时社会的宝贵资料，大凡政治、经济、文化、艺术、社会生活、风俗习惯诸多方面，无不一一道来，且用笔细腻逼真、翔实准确，被学者誉为明末社会生活的百科全书。因此，美国大百科全书称《金瓶梅》“是中国第一部伟大的现实主义小说，它虽然写的是中国 12 世纪早期的故事，实际反映了中国 16 世纪末期整个社会各个等级人物的心理状态，宣扬了惩恶扬善的佛教观点，对中国 16 世纪的社会生活和风俗做了生动而逼真的描绘”。

对我们来讲，这部历来被视为“诲淫之作”的奇书，更是不可多得的研究对象，这部书中所保存的有关明代佛教音乐的大量资料，对于中国佛教音乐的研究有极大的帮助。

《金瓶梅》的作者对佛教及佛教仪规、佛教音乐非常熟悉，他用大量篇幅描述了明代各类法事的详细过程。书中言及佛教音乐的章节很多，据初步统计，有：

第七回“薛嫂儿说娶孟玉楼，杨姑娘气骂张四舅”

第十六回“西门庆谋财娶妇，应伯爵庆喜追欢”

第三十九回“西门庆玉皇庙打醮，吴月娘听尼僧说经”

第五十一回“月娘听演金刚科，桂姐躲在西门宅”

第六十三回“亲朋祭奠开筵宴，西门庆观戏感李瓶”

第六十五回“吴道官迎殡颁真容，宋御史结豪请六黄”

第六十八回“郑月儿卖俏透密意，玳安殷勤寻文嫂”

第七十四回“宋御史索求八仙鼎，吴月娘听宣黄氏卷”

其中僧、尼做“水陆”3次，放“焰口”2次，拜忏3次，宣卷3次。所诵经典有《法华经》《华严经》《金刚经》《三十五佛明经》《孔雀经》等，所宣宝卷有《黄梅五祖出家卷》《黄氏女卷》《红罗宝卷》，所唱佛曲曲牌有【金字经】【耍孩儿】【五供养】【一封书】【楚江秋】【山坡羊】【皂罗袍】及词牌【临江仙】等，忏法有《梁皇忏》《血盆忏》《三昧水忏》，并颂演《金刚科仪》。此外，还有一次由喇嘛所做的佛事，“念番经、结坛、跳沙、洒花米、行香、口诵真言”。所涉及佛教音乐范围之广，种类之多，记述之详，在中国古典文学名著中，是绝无仅有的。

当代学者研究佛乐，无非两种途径：一是从搜集、整理现存寺庙音乐、民间佛曲入手，逆向考察；二是自古代遗留的典籍、乐谱入手，顺藤摸瓜。但现存佛乐已多有变化，且残缺不全，而古典之载文多略而不详，传世古谱更不多见。在这种情况下，《金瓶梅》的作者[①]则以其现实主义的大手笔，为我们提供了许多上可印证古典，下可校勘现存佛教音乐的珍贵资料，使今人可以从中窥见明代佛教音乐的一般状况。

二、从俗讲到宝卷

佛乐自入中土，在其华化的过程中，从魏晋、六朝便滥觞于世的唱导制度，起了主要的作用。唐代，源于唱导的俗讲风靡朝野，盛极一时，以至出现了“街东街西讲佛经，撞钟吹螺闹宫庭”[②]，“仍闻开讲日，湖上少渔船”[③]的盛况。当时，不但“尼讲盛于保唐，名德聚之安国，士大夫之家入

① 有关《金瓶梅》作者的问题，至今仍未解决，学术界有多种说法，本文不涉及此问题。

② （唐）韩愈：《华山女》。

③ （唐）姚合：《赠常州院僧》。

道尽在咸宜”[①]诸寺，就连皇帝也亲临寺院聆听僧人俗讲，如唐宝历二年六月己卯，“上幸兴福寺观沙门文溆俗讲”[②]。甚至高僧登座之后，“未及吐言”已是“掷物云奔，须臾座没”[③]，对著名的俗讲僧文溆的崇拜，更是无以复加，不但“愚夫冶妇，乐闻其说，听者填咽寺舍，瞻礼崇奉，呼为和尚”，就连当时的“皇家音乐学院兼皇家乐团”的教坊，也“效其声调，以为歌曲”[④]。但是，自两宋以降，直至近代敦煌文物被发现止，很长的一段历史时期中，“俗讲”两字不再被提起，似乎这倾动朝野，浸淫了千百万人心的伟大的佛教艺术，也随着天宝盛世一道，在动地而来的渔阳鼙鼓声中玉殒香消了。过去一般的学者认为俗讲这种形式，在唐后便衰微了[⑤]，但《金瓶梅》中有关尼僧宣卷的详细描述，不但填补了明代佛乐这方面的空白，且充分说明，明代的宝卷实际上就是唐代的俗讲。

我们可以把唐人讲经的仪式和《金瓶梅》中的描述对照一下。

宋僧元照《四分律行事钞资持记》卷三：

> “释导俗篇”：“夜下明设座，或是通夜，不暇陈设，故开随坐；三中六法：初礼三宝，二升高座，三打磬静众，四赞呗，五正说，六观机进止，问听如法，乐闻其说，七说竟回向，八复作赞呗，九下座礼辞。”

日本僧人圆仁《入唐求法巡礼行记》：

---

① （宋）钱易：《南部新书》卷 5，《四库全书 · 子部 · 小说家类》，第 70 页。

② （宋）司马光：《资治通鉴 · 唐纪 · 敬宗睿武昭愍孝皇帝》，四部丛刊景宋刻本，第 9564 页。

③ （宋）赞宁：《宋高僧传 · 读诵篇》卷 25，第 7 册，金陵刻经处版。

④ （唐）赵璘：《因话录》卷 4，《四库全书 · 子部 · 小说家类》，第 69 页。

⑤ 徐嘉龄：《我对变文的几点初步认识》，《光明日报》1956 年 9 月 16 日。

辰时打讲经钟，打惊众钟讫，良久之会……讲师上堂，登高座间，大众同音，称叹佛名……时有下座一僧作梵……梵呗讫，讲师讲经题目，便开题，分别三门。释题目讫，维那师出来，于高座前，设申会兴之由……申讫，便以其状转与讲师，讲师把麈尾一一申举施主名，独自誓愿。誓愿讫，论义者论端举问……讲师……谢问便答……

圆仁所述，是他入唐求法的第二年，即唐文宗开成四年六月在山东文登赤山院所闻见的忠实记录。

我们再看一下《金瓶梅》的描述。

首先，是明代的宣卷与唐俗讲同，俱在夜间，“或是通夜”。

第三十九回：不一时，房中掌上灯烛，月娘分付小玉把仪门关了，炕上放下小桌儿，众人围定两个姑子，在正中间梵下香，秉着一对蜡烛。

宣卷中间，休息一次，吃了茶食，一直到：

月娘见大姐也睡去了，大妗子歪在月娘里间床上睡着了。杨姑娘也打起呵欠来，桌上蜡烛也点尽了两根。问小玉：“这天有多少晚了？”小玉道：“已是四更天气……”月娘方令两位师父收拾经卷……

第七十四回：薛姑子宣毕卷，已有三更天气。

此外，圆仁所记“大众同音，称叹佛名”的程序，在《金瓶梅》中亦有反映。该书第三十九回：“大师父说了一回，该五姑子接偈。月娘、李娇儿、孟玉楼、潘金莲、孙雪娥、李瓶儿、西门大姐并玉箫，多齐声接佛。”

再联系唐道宣《广弘明集》中“八关斋制序”中“听契经终，有不唱赞者，罚礼十拜”的记载，似乎可以认为，自唐至明，无论俗讲还是宝卷，在程序、内容及形式上是一脉相承的。例子有很多，如自魏晋六朝以来，讲唱经文例用两人，一为都讲，一为法师。前者唱经，后者释义。此种制度，僧传中屡有所载。如梁慧皎《高僧传·支遁传》：“讲《维摩经》，遁为法师，许询为都讲”，讲说之际，两人有“论端举问”“谢问便答”的通例。整个俗讲过程，一般是先作梵唱，然后众齐声念佛号，再说题，讲押座文，再讲经文。其中唱、吟、白夹之，且循环往复，节奏上有张有弛、有松有紧；文体上亦是韵文与白文交错，构成一套完整、丰富，有对比、有变化的说唱体。巴黎所藏 P.3849 敦煌卷子背后，有关俗讲《维摩经》的整个过程的程序记录，把它和《金瓶梅》中宣卷的描述两相对照，其嫡亲关系则了然可见。先看敦煌卷子：

> 夫为俗讲，先作梵了；次念菩萨两声，说押座了；素唱《温室经》，法师唱释经题了；念佛一声了；便说开经了；便说庄严了；念佛一声，便一一说其经题字了；便说经本文了；便说十波罗蜜等了；便念念佛赞了；便发愿了；便又念佛一会了；便回向发愿取散云云。已后便开《维摩经》。讲《维摩》，先作梵，次念观世音菩萨三两声；便说押座了；便素唱经文了；唱日法师自说经题了；便说开赞了；便庄严了；便念佛一两声了；法师科三分经文了；念佛一两声，便一一说其经题名字了；便入经说缘喻了；便说念佛赞了；便施主各发愿了；便回向发愿取散。

此中所说，可与《金瓶梅》中的宣卷程序对照比较：

先看第三十九回，梵香秉烛之后，即宣《黄梅五祖出家卷》。其程序如下：

先是大师父说道：“盖闻大藏经中，讲说一段佛法……”（白）

“大师父说了一回，该五姑子接偈”，月娘及众人“多齐声接佛”（念佛号）

五姑予念道：说八个，众夫人，要留员外……（念十言偈）

《金字经》：夫人听说泪不干，苦劝员外莫归山……（唱）

员外便说：多谢你八个夫人！……（白）

又偈：老员外，唤梅香，把灯点起……（十言偈）

说得八个夫人闭口无言……（白）

《金字经》：夫人听我说根源……（唱）

（念了一回，吴月娘道：师父饿了……）（休息）

月娘从新剔起灯烛来，炷了香，两个姑子打动击子儿，又高念起来……（白）

五姑子唱了一个《耍孩儿》：一灵真性投肚内……（唱）

说：金小姐来到嫂子房中……（白）

千金说，在绣房，成其身孕……（念偈）

五祖投胎在母腹中……（白）

五祖一佛性，投胎在腹中……（五言韵文结束）

再看《金瓶梅》第七十四回宣《黄氏女卷》的程序：

……月娘洗手炷了香。这薛姑子展开《黄氏女卷》，高声演说道：盖闻法初不灭，故归空……（白）

唱《一封书》：生和死两下……（唱）

开卷曰：应身长救苦……（白）

偈曰：无上甚深做妙法……（念偈）

昔日汉王治世，风顺雨调……（白）

（唱《金刚经》）（唱）

阎罗王闻言心内忙，急点无常鬼一双……（念，韵文）

《楚江秋》：人生梦一场……（唱）

不说令方恓惶事，且言黄氏赴阴灵……（白）

（唱《山坡羊》）（唱）

黄氏到了那森罗宝殿……（白）

（唱《皂罗袍》）（唱）

黄氏在张家托化……（白）

《临江仙》一首为证……（唱或念）

虽然在此段后半明显有脱字现象，并缺少《山坡羊》《皂罗袍》的唱词，但仍可看出整个宝卷说、唱夹之的结构来。值得注意的是下面这段跳跃性极强、疑有脱字和错字的文字：

宝卷已终，佛圣已知，法界有情，同生胜会，南无一乘字无量又真空诸佛海会悉遥普使河沙同净土，伏愿经声佛号，上彻天堂，下透地府……[1]

其中“南无一乘字”应是“南无一乘宗”，“诸佛海会悉遥”后应有一“闻”字，应是《炉香赞》中的句子。《炉香赞》全文如下：

---

① 《金瓶梅词话》，北京图书馆旧藏明万历年间刊本。

炉香乍爇，法界蒙薰，诸佛海会悉遥闻，随处结祥云。诚意方殷，诸佛现全身。南无香云盖。菩萨摩诃萨。

此赞是佛教八大赞中著名的一首香赞，是拈香礼拜时使用最多的一首梵呗。宋代元照《四分律行事钞资持记》中所谓“八复作梵呗”及其他记载唐俗讲的资料，都提到俗讲最后以梵呗及佛号结束。如此看来，明时的宝卷，亦保持了此一种程序及风格，仍以梵呗《炉香赞》及“上彻天堂，下透地府”的佛号声作结。

《金瓶梅》第五十一回中，薛姑子演颂《金刚科仪》，其中薛姑子与王姑子的对答，完全是元照《四分律行事钞资持记》中“问听如法，乐闻其说”的旨意：

先是薛姑子道：“盖闻电光易灭，石火难消……”（白）然后，王姑子道：“当时释迦牟尼佛，乃诸佛之祖，释教之主，如何出家，愿听演说。”薛姑子便唱《五供养》：“释迦佛，梵王子，舍了江山雪山去……”五姑子又道：“释迦佛既听演说，当日观音菩萨如何修行，才有庄严百化化身，有大道力，愿听其说。”薛姑子又道：“大庄严，妙相立，辞别皇宫香山住……”

此后，还有同样的程序两次，由五姑子开题设问，薛姑子唱《五供养》解答。这种方式，完全是魏晋唱导、唐俗讲的风范。

从《金瓶梅》的描述中可以看出，明代宝卷在程序上与唐代俗讲大致相同，也同样由两位尼僧（类似法师与都讲）宣讲，二者之间在形式上有着一脉相承的嫡亲关系，俱用夹唱夹叙、有白文有韵文的形式。从其目的

（宣唱法理、开导众心）、内容、在社会生活中的作用及影响等方面看，也都完全相同。因此，有理由认为，魏晋的唱导、唐时的俗讲、明代的宝卷，其实质是一样的，或者可以认为，三者本来是一个东西，只不过在不同的时代换了不同的名称而已。就像“东北二人转”被冠以“龙江剧”之名在“文革”中上演，或以“京剧”的名称代替“西皮”“二黄”的旧称一样，是“换汤不换药”。中国的传统文化，源远流长，且有着极强的生命力。在某些时候，在某种特殊情况下，某种艺术形式或艺术品种会随着社会的巨变而发生变化，也会有一些品种可能被淘汰，但是，就像嵇叔夜“广陵散于今绝矣”的慨叹发出千百年后，琴家一直在弹奏着《广陵散》一样，真正植根于民族、有着深厚群众基础和文化根基的优秀艺术，是永远不会真正消失的。有时，它可能出于某些原因改变了“身份证”上的名字，但其精神气质、音容笑貌，乃至肌骨发肤，却依然故我。不了解这一点而一头钻进中国传统文化长河的人，一定会经常在百转千回、时隐时现的清流的冲击下而感到困惑的。

三、明代佛乐与社会生活

明太祖朱元璋，出身僧侣，因此洪武之初，汉传佛教各宗如禅宗、净土宗、律宗、天台宗、贤首宗等，皆得到恢复和发展。永乐时，明成祖朱棣曾颁布《诸佛世尊如来菩萨尊者名称歌曲》五十卷，通令全国僧侣习唱。但同时，为了政治上的平衡，他还颁布了道教音乐集《大明御制玄教乐章》，钦定 14 首道教乐曲。一直到天顺、成化年间，明代统治者都把佛教看得比道教要高一些。但嘉靖时，陶仲文、邵元节得宠，道教势力渐在佛教之上。到了《金瓶梅》成书的隆万之际，道教势力受挫，佛教影响遂日益增大。《金瓶梅》一书，虽也写到西门庆打醮，官哥儿装小道士的事，但综观全书，却很明显地反映出当时社会上佛、道两教的势力对比来。

通过透视《金瓶梅》中对佛事活动和佛教音乐的描述，可以看出明代佛乐的一些特点。

首先，虽然明代的宝卷系六朝唱导、唐代俗讲的嫡裔，但明代宝卷与其前身的最大不同，则在于与唱导、俗讲比起来，宝卷在通俗化的程度上又加深了一步。一般来讲，唱导与俗讲的场所都在寺院，而且，唐代的俗讲有很多系奉旨而为，如圆仁《入唐求法巡礼行记》中屡载："……改开成六年为会昌元年，及敕于左、右街七寺开俗讲""九月一日敕两街诸寺开俗讲""会昌二年……五月奉敕开俗讲，两街各五座"，等等。而从《金瓶梅》中可以得知，明代的宣卷，则已从寺院走进民间。当然，还不是"飞入寻常百姓家"，而是走进高宅大户。如第四十回中王姑子介绍薛姑子时说："他也是俺女僧，也有五十多岁。原在地藏庵儿住来，如今搬在南首法华庵儿做首座，好不有道行！他好少经典儿，又会讲说《金刚科仪》，各样因果宝卷，成月说不了。专在大人家行走，要便接了去，十朝半月不放出来。"第五十七回讲到薛姑子时，亦言其"专一在些士夫人家往来，包揽经忏"。可见当时的佛教音乐，已在士人大户中流行。但门第虽高，却并不意味着只有上等阶级才能欣赏。《金瓶梅》中，每一次宣卷，除月娘及各房夫人外，丫鬟使女及亲戚也都来听，且齐声称颂佛号，这似乎是这个等级严明的富贵人家中唯一表现出"众生平等"观念的场合了。

现代的佛教法事，北方少有水陆而单放焰口，水陆只在江南流行。从《金瓶梅》中可以得知，在明代的北方[①]，是水陆、焰口、忏法并重的。书中既描述了水陆法会的情景，又描写了放焰口、拜忏的仪式。

可贵之处还在于，《金瓶梅》以只有长篇小说才具备的容量和情节上的

---

① 许多专家认为，《金瓶梅》是以北方方言，尤其是山东枣庄一带的方言写成的。

连续性，描写了从李瓶儿死后的“首七”直到“断七”这七七四十九天里的几场佛事，使我们得以了解明代大户人家办丧仪的全过程。

> 第六十三回：……看看到首七，正是报恩寺十六众上僧，黄僧官为首座，引领做“水陆道场”，诵《法华经》，拜《三昧水忏》。
>
> 第六十五回：到李瓶儿三七，有门外永福寺道圣长老，领十六众上堂僧来念经，穿云锦袈裟，戴毗卢帽，大钹大鼓，早辰取水，转五方，请三宝，浴佛，午间加持召亡破狱，礼拜《梁皇忏》，谈《孔雀》，甚是齐整。
>
> 十月初八是四七，请西门外宝庆寺赵喇嘛，亦十六众，来念佛经，结坛，跳沙，洒花米，行香，口诵真言。
>
> 第六十八回：薛姑子听见月娘许下他到初五日李瓶儿断七，教他请八众尼僧，来家念经，拜《血盆忏》。
>
> 到初五日早，请了八众女僧，在花园卷棚内建立道场，各门上贴欢门吊子，讽诵《华严》《金刚》经咒，礼拜《血盆宝忏》，洒花米，转念《三十五佛明经》，晚夕设放焰口，施食。……尼僧也不打动法事，只是敲木鱼、击手磬、念经而已。

大户人家的葬仪，如此隆重，首七、三七、四七、断七，共请了两次十六众僧人，一次十六众喇嘛，一次八众尼僧共四场佛事，而相比之下，小户人家的佛事气魄则要小得多了。第八回中写潘金莲为武大烧灵，“教王婆报恩寺请了六个僧，在家做水陆超度武大，晚夕除灵，道人头五更就挑了经担来，铺陈道场，悬挂佛像……不一时，和尚来到，早辰发牒，请降三宝，证盟功德，请佛献供，午刻召亡施食，不必细说”。六个僧人做一堂水陆，也忒难为了。

现存佛教音乐中，保存有许多唐宋古曲，也有许多明清散曲甚或民间小曲，如五台山佛乐中既有《千声佛》《五声佛》《绕佛座》《普庵咒》之类的佛教乐曲，也有《折桂令》《望江南》这类唐宋遗音，更奇怪的是，还有许多如《亲家母》《采茶》这样的民间俗曲。而同时，在民间器乐曲，如“山西八大套”中，也有《普庵咒》《五声佛》等佛教乐曲，这种佛、俗音乐双向交流的情况，不但在《金瓶梅》中就有体现，而且还详细描述了尼僧与伎女“同台演出”的实况，为我们理解佛教音乐与民间音乐互相渗透、交流的过程，提供了一个有趣的实例。

> 第七十四回：薛姑子宣毕卷，已有二更天气……李桂姐道：“三位师父宣了这一回卷，也该我唱个曲儿孝顺。”……当下桂姐送众人酒，取过琵琶来，轻舒玉笋，款跨鲛绡，启朱唇，露皓齿，唱道：“更深静悄，把被儿熏了……”
>
> 桂姐唱毕，郁大姐才要接琵琶，早被申二姐要过去了，挂在胳膊上，先说道：“我唱个《十二月儿》《挂真儿》[①]与大妗子和娘每听罢。”于是唱道：“正月十五闹元宵，满把焚香天地也烧……”

这种尼姑与伎女先后献艺、同室观摩的结果，必然造成佛乐与民间音乐的取长补短、相互吸收。

《金瓶梅》中，还提供了一些有意思的音乐社会学方面的资料，如做一场佛事的报酬，小户人家则所需不多，如第八回中，潘金莲为武大做“水陆”请了六个僧人，“道人头五更就挑了经担来，铺陈道场，悬挂佛像”，“咒演《法华经》，礼拜《梁王忏》”，折腾了一天，只不过由“西门庆拿了

---

① 疑为《挂枝儿》之音误。

数两散碎银钱，二斗白米斋衬”。大户人家当然要多些，但第六十八回中王姑子被薛姑子吃了独食，“讪讪地坐了一回”，月娘只给了他“一匹蓝布”。月娘问他：“老薛说你接了六娘《血盆经》五两银子，你怎的不替他念？”王姑子道：“他老人家五七时，我在家请了四位师父，念了半个月哩。”王姑子的话，未必可信，但“四位师父，念了半个月”的“时价”是五两银子，恐怕还是合适的。那么，当时的妓女唱一首曲子可以得到多少钱呢？《金瓶梅》第十一回“潘金莲激打孙雪娥，西门庆梳笼李桂姐”中，西门庆与众帮闲在李桂姐家，要李桂姐唱曲儿，“李桂卿在旁就先开口说道：‘我家桂姐，从小养的娇，自来生得腼腆，不肯对人胡乱便唱。’于是西门庆便叫玳安小厮书袋内取出五两一锭银子来，放在桌上”，如此，李桂姐才“不慌不忙，轻扶罗袖，摆动湘裙”，唱了一首《驻云飞》。

《金瓶梅》写了众多有个性的人物，他们每个人对佛曲的态度，也是不一样的。书中所有宣卷的主人，都是“温良敦厚”的月娘，第三十九回写宣卷到了“四更天气”，众人都睡了，尼僧也收了经卷，月娘还问王姑子：“后来这五祖长大了，怎生成了正果？”但潘金莲则不同，第五十一回中，有这样一段有趣的记载：

> 月娘在后边，打发两个姑子吃了些茶食儿，又听他唱佛曲儿，宣念偈子儿。那潘金莲不住在傍，先拉玉楼不动，又扯李瓶儿，又怕月娘说。月娘便道：“李大姐，他叫你，你和他去不是，省得急的他在这里恁有刮划没是处的。”那李瓶儿方才同他出来，被月娘瞅了一眼，说道：“拔了萝卜地皮宽。交他去了，省得他在这里跑兔子一般，原不是那听佛法的人！”

而潘金莲也自有她的话头，“因说道：‘大姐姐好干这营生！你家又不死人，平白交姑子家中宣起卷来了……”，反映了两种截然不同的态度。

值得一提的是，崇祯本《金瓶梅》的木刻版画插图中，有一幅描绘第三十九回“吴月娘听宣黄氏卷”的插图，为我们了解明代宣卷的实际场景提供了直观的画面。画中，烟云叆叆，高烛晃晃，似是夜间。广庭上横置一案，案上除香烛灯花外，尚有宝卷底本。尼僧一人端坐案后，双手合十作念念有词状。尼僧右侧下首，陪坐一夫人，疑是书中月娘。长案两侧各横坐女眷两人，当是听众无疑。画面右下角廊内，尚有丫鬟手托茶盘，上有茶点，附和书中宣卷至午夜小憩片刻，吃些茶点的描述，整个画面构图严谨，线条洗练，形象生动，其中无论作势的宣卷尼僧，还是或仰首侧耳聆听、或左右顾盼似招呼托盘丫鬟的听众，都细腻入微，各具情态。从画中可以一目了然地看出唐俗讲到明宝卷之最大不同，即从寺院走进深宅，舍高座而同围长案。

《金瓶梅》中，还有许多宝贵资料，其中涉及明代俗乐以及声腔（海盐腔）散曲等内容的更多，本文只是挂一漏万的初步整理、探讨，更由于本人才疏学浅，又由于时间关系，匆匆草就，难免贻笑于大方之家，不当之处，切盼匡正。

1989 年 3 月 11 日于京穗车中

（原载《中国音乐学》1992 年第 2 期，后收入《净土天音：田青音乐学研究文集》，山东文艺出版社 2002 年版）

世纪末回眸：智化寺音乐与中国音乐学

一、从瞎子摸象谈起

在中国，“瞎子摸象”的故事可以说是脍炙人口，但大多数人可能并不知道这个故事出自一部佛经——《佛说义足经·镜面王经》。经中说，在“过去久远”，有一个镜面王，他命令全国所有的瞎子都到国王的象厩中去捉（摸）象，于是，“有捉足者、尾者、尾本者、腹者、肋者、背者、耳者、头者、牙者、鼻者”。摸过之后，王问他们见到象了没有，所有人都说：“我悉见。”王问：“何类？”得足者说：“象如柱。”得尾者说：“如扫帚。”得尾本（尾根）者说：“如杖。”得腹者说：“如缍。”得肋者说：“如壁。”得背者说：“如高岸。”得耳者说：“如大箕。”得头者说：“如臼。”得牙者说：“如角。”得鼻者说：“如索。”

对于中国的音乐学家而言，中国的传统音乐也是一头硕大无朋的象。从 20 世纪 30 年代开始，中国的音乐学家们，在光线暗淡的条件下，像睁眼瞎一样，开始了“摸象”的工作，一直坚持到现在。当时，使中国的音乐学家们能够基本“摸”到这头象的因缘和条件是：从 19 世纪后半叶开始的长达百余年的战乱结束后，20 世纪 50 年代的中国内地，有一个难得的、相对安定的社会环境。这可以说是从 1840 年“鸦片战争”之后的百年中唯一没有大战争和大动荡的十年（其实还不到十年，更准确地说，是从 1949 年到 1956 年，因为从 1957 年“反右”开始，中国内地便从整体上失去了学术自由的空气），可不能小看这几年，如果没有这几年，我们书架上那本《中国音乐词典》中的一半条目几乎都不可能写出！当然，人们当时还不可能窥见全象，但是这头“象”的绝大部分几乎都被“摸”到了。不过，“摸”到并不等于看到，人们“摸”到的，只是象的“足”“尾”“肋”“耳”“头”“牙”“鼻”；人们头脑中所反映出来的“象”，也只能是“如柱”“如扫帚”“如壁”“如大箕”“如臼”……

政治环境的相对稳定、宽松，使学术研究成为可能；而一个新的国家在初肇期的朝气与光彩，更极大地激发了知识分子们的创造力和工作热情。周恩来 1949 年 7 月 6 日《在中华全国文学艺术工作者代表大会上的政治报告》在当时起了很大的作用。他在这个报告中明确指出：“凡是在群众中有基础的旧文艺，都应当重视它的改造……现在是新社会新时代了，我们应当尊重一切受群众爱好的旧艺人。”虽然重视民间艺术、重视民间创作是中国历史上许多进步知识分子的一个优良传统，但是，周总理的报告是第一次作为国家的文艺政策公开提出。这无疑促使大部分从旧社会过来的知识分子开始把他们的视野从自己的书斋投向四野八荒。

除了大环境和音乐学家们的努力之外，还有一个助因也起了很大的作用，这就是 1953 年 4 月举行的“第一届全国民间音乐舞蹈会演”。为了准备会演，各个省、市、自治区都各自举行了本地区的大规模会演。此后，各种各样的“文艺调演”“文艺会演”“音乐周”，成了中华人民共和国文艺界的特殊景观和最重要的活动。这些活动，是由政府文化部门层层选拔、组织的专业、业余的文艺演出。这个“选拔”的终点是北京、是中央。多年来，对于一个地方的文艺团体来说，能够“进京”参加会演，不啻是对这一团体政治、艺术的双重肯定；对一个民间艺人和一个民间艺术社团来说，则更是一个难得的殊荣。当然，在以往的整个中国历史中，也曾有过“暖风熏得游人醉，直把杭州作汴州”的醉生梦死和虚假繁荣，但一般来讲，“歌舞升平”与“太平盛世”还是连在一起的。而无论从哪一方面说，20 世纪 50 年代，都是中华人民共和国难忘的青春期、上升期。尤其是“推陈出新”“百花齐放，百家争鸣”“古为今用，洋为中用”等一系列方针政策的提出，不但充分反映出新政权在政治上的自信和大度，也的确在中国的文艺舞台上创造出了一个历史上从未有过的繁荣景象。以普通劳动者为政治基础的工农政权及其上层建筑的确立，与当时世界上发达国家文化界、知识界流行的“波普（大众）文化”思潮同步，使许多过去从未被舆论重视的民间艺术堂而皇之地走进了艺术的殿堂，也使一些在过去动荡的社会环境中穷困潦倒的民间艺术家有了一个登堂入室的机会。有趣的是，唯一对这种“盛况”感到尴尬的，应该说是中国年轻的音乐学界。现在说来可能让人几乎难以置信，目前《中国音乐词典》和民族音乐教科书上的许多“乐种”名称，诸如什么“江南丝竹”、什么“河北吹歌”等，其中有许多是当时为了各类“音乐会演”印节目单的实际需要而仓促起的名字。为这些“乐种”命名的人，绝大部分不是经过专业训练的音乐学家，而是这些节目的演奏者或地方的文化干部、部门领导；为这些“乐种”命名的过程，也大都不具备学术气氛和科学命名应有的严肃性。因为大多数民间艺术在原生态时都没有一个正式的名字，所以，许多“乐种”名称，如在民间被称为“音乐会”“乐会”的“冀中管乐”，在民间被称为“细乐”“水会”的“西安鼓乐”等，也大抵是地方的音乐工作者和个别音乐学家基于 20 世纪 50 年代的眼界和研究水准命名的。几十年过去了，这些名称中的大部分在今天看来都不同程度地存在着一个相同的问题，即在当初命名时没有考虑到其他地区同类音乐的存在，更不可能站在“中国传统音乐”的高度来全盘考虑乐种的本质、分类，以及乐种与乐种间的关系问题。有一些连“命名”都谈不上，只是一个人随便一叫，旁人便也跟着叫，时间长了，也便成了“正式”的名称。这就像过去给小孩起名字，一般只有大户人家和知识分子才会为孩子的命名再三斟酌，而既无衣食，又无文化的穷苦人家，大都只能“见物命名”，随口称之。一个一直被家人和同伴叫作“狗子”的放牛娃只有当他有幸进入学堂时，才可能从皱着眉头的先生那里临时讨个“学名”。问题是：当原来的“狗子”长大成人，甚至走出家门、走出国门之后，学堂先生当年随口起的名字便名满天下，“名正言顺”地助“狗子”成了正果。而一个地方乐种一旦超越地域性的影响，成为音乐学院教科书和音乐词典中的一个条目时，当年那个“先生”命名时的随意性，便可能给以后严肃的学术研究带来混乱。

二、杨荫浏与查阜西

“文艺会演”带来的文艺热潮和“太平盛世”的祥和环境，虽然为音乐学的研究提供了前所未有的丰富物件和材料，但对于从广阔地平线的沉沉雾霭中蓦然出现的中国传统音乐这头巨象来说，中国音乐学的研究队伍，还是太年轻、太弱小了。20 世纪 50 年代称得上“音乐学家”的人，在中国还寥寥可数。那时的音乐学研究，也基本上是对“木”与“雀”的分析，而不是对“林”与“禽”的概括。杨荫浏、查阜西等人 1952—1953 年对“智化寺京音乐”的“发现”及研究，便是当时中国音乐学研究中的一个突出代表。

首先应该指出的是，所谓对智化寺音乐的“发现”，完全与“哥伦布发现新大陆”一样，仅仅指的是主流社会与强势文化对非主流社会与弱势文化的“发现”。就像在哥伦布“发现”美洲之前千百年，美洲的原住民便已经世世代代生活于斯一样，在北京的音乐界与知识界听到智化寺的笙管之声时，智化寺的艺僧们也已经在北京东城的一条叫作禄米仓的小胡同里吹打了几个世纪了。而且，这条不宽的胡同与这座破败的寺院距杨荫浏先生后半生居住、生活的地方顶多只有5公里，距这位中国音乐学界的泰斗去世的朝阳医院的直线距离则无论如何都到不了1公里！人们不禁要问：假如说是浩瀚的大洋阻碍了哥伦布对美洲的“发现”，那么，除了社会原因以外，又是什么原因使中国的音乐学家们一直到20世纪50年代才蓦然回首，重新“发现”早已响在耳畔的智化寺音乐呢?

我们知道，一个学科的开创者与学术带头人本身的素质，在很大程度上决定了这一学科初期的风貌与未来的命运。但是，中国音乐文化的复杂和多样，却使任何一个音乐学家的视野和教育背景在它的庞大体系面前都会显得有所欠缺，即使是号称“学贯中西”的音乐“全才”杨荫浏与有着丰富经历与深厚文化教养的查阜西也不例外。中国文化，素有南北之分，雅俗之别，即地域文化与阶级（阶层）文化的种种藩篱，音乐文化尤甚。早在唐代，一位名叫道宣的律宗和尚便曾用八个字概括了辽阔的中华大地上民间音乐无与伦比的丰富性和巨大的差异性：“地分郑卫，声亦参差。”他还说过：“神州一境，声类既各不同。”由于方言及风俗的巨大差异，在中国，一个出身北方农家的文学家可能一辈子也听不懂一段弹词开篇；而另一个生长于江南琵琶世家的音乐国手，也可能一辈子不知道北方民间流行的“管子”是一种什么乐器。社会阶层和受教育程度所造成的巨大鸿沟，更使某种“俗文化”有可能永远难达知识分子的青睐。杨荫浏与查阜西都是南方人，一个生于江南名城无锡，一个生于湖南省的永顺。两个人都是幼时即受到当地民间音乐和文人音乐的熏陶，稍长又都接受了现代的新式教育。两个人的古文、英文都好，一个精于江南丝竹和昆曲，一个善古琴。1949年之前，两个人的职业一个是大学教授，一个是航空公司的高级职员。两个人都属于那类“新旧交替”时期的精英人物，属于那种受过新式教育的传统文人或有着深厚古典传统的新知识分子。在音乐领域，两个人应该说都是既有理论，又有实践。但另一方面，两个人也都是 1949 年之后才开始长期生活在北京，以前一直没有机会接触中国北方的民间音乐。这样的一种个人背景，再加上 20 世纪 50 年代在知识分子当中普遍存在的一种真诚的自我改造意识，即努力向工农学习、向民间学习的意识，便决定了他们对“突然”出现于他们面前的“智化寺京音乐”的态度。

三、北京有个智化寺

智化寺，是北京数百所寺庙中的一座。《明宪宗实录》载：“成化十七年以前，京城内外敕赐寺观至六百三十九所，后复增建，以至西山等处相望不绝。自古佛寺之多，未有过于此时者。”一直到 1949 年中华人民共和国成立之初，北京佛寺之多，仍居全国之首，而其中如潭柘寺、卧佛寺、碧云寺、法源寺、戒台寺等古刹名寺更是历史久远，影响深广，声播域外。与这些名寺古刹相比，智化寺不但“年轻”，而且“力弱”。智化寺的为人所知，是在 20 世纪 30 年代以后。它的出名，主要靠两件事：第一，是 20 世纪 30 年代“中国营造学社”对智化寺建筑艺术进行的考察；第二，是 20 世纪 50 年代中国艺术研究院音乐研究所（当时称“中央音乐学院古代音乐研究室”）对智化寺音乐的考察。因此可以这样说，智化寺的扬名，实赖于一批受过西方式教育、有着强烈的民族意识和传统文化修养的知识分子的关注。

“中国营造学社”对智化寺建筑的调查，前后持续了三年。在中国古建筑领域号称“南刘北梁”的刘敦桢和梁思成，都领导和参与了对智化寺建筑艺术的调查。遗憾的是，刘敦桢对智化寺建筑的“发现”，也比应该

“发现”的时间晚了一步：在他迈进智化寺大门之前不到一年，智化寺万佛阁和智化殿顶部的两块精美绝伦的明代藻井，便已被“独具慧眼”的美国纳尔逊博物馆和费城艺术博物馆从该寺住持普远手中买走，直到今天，仍在大洋彼岸向世人默默昭示着中华的文明与无知、光荣与耻辱。一直到半个多世纪之后，即1987年1月北京佛乐团出访欧洲，在德国、法国、瑞士等国成功地演奏了“智化寺京音乐”之后，才让那些过去只心仪于中国古代空间艺术的西方人，领略了中国古代时间艺术的美妙；同时，也才以迟迟赢得的国际赞誉，使国人对半个世纪前国宝流失的复杂心情得到些许抚慰。

令人欣慰的是，对智化寺京音乐的“发现”虽然比对智化寺建筑的“发现”还晚了几十年，但这个“发现”，中国人总算走在了洋人的前头。1987年使洋人吃惊赞叹的情景在1952年底首先发生在中国音乐学家们面前。那时，古琴家查阜西从对佛学颇有研究的音乐理论家潘怀素处得知智化寺音乐的资讯并立即前往考察，艺僧们的穷困潦倒和精湛技艺之间的巨大反差给查阜西留下了深刻的印象。随后，艺僧们被请到中央音乐学院表演，几乎所有的音乐界上层人士，不论是自幼学习西方音乐的“洋专家”，“琴棋书画”样样精通的儒雅的老派文人，还是解放区来的文化干部，都没有想到这些艺僧——吹鼓手，会肩负着中国古老音乐文化的遗绪。因为在此之前，这些世世代代以在民间“应酬”佛事为生的艺僧们，与上层社会及社会的主流文化隔着十万八千里。在佛门清修僧的眼里，他们是些不修行、不持戒、不问佛法大意，只知“赶经忏”敛财的“假和尚”，甚至被某些正统的僧人骂为“经忏鬼”“佛门败类”；在文人音乐家的眼里，他们是“下九流”，是没有文化的、不能登大雅之堂的吹鼓手；在自幼学习西方音乐的“洋专家”眼里，他们是土得掉渣儿的、连音都吹“不准”的匠人；在主张唯物论的人眼里，他们是宣传封建迷信的、与各种“反动会道门”联系密切的旧社会的残渣余孽。但是，他们毕竟赶上了一个百年难遇的好时代，用佛教的话来讲，叫作“殊胜因缘”。还是那个在20世纪30年代拆卖智化寺的百年古树和精美建筑的普远和尚，1953年2月10日被请进了北京文联，与其他的十几位艺僧一起，为丁西林、吴晗、老舍、叶恭绰、赵树理、周叔迦、巨赞法师等150名北京文化艺术界的知名人士演奏了智化寺京音乐。而那个在他之前把敦煌卷子卖到外国去的王道士，却正在被国人唾骂，并永世不得翻身。

这陌生的、神奇的音乐，使音乐学家们耳目一新、激动不已。僧人们翻出了一本清康熙三十三年（1694）的手抄本乐谱，更让音乐学家们热血沸腾。党不是让我们向人民学习，向民间学习吗？这些在旧社会被人歧视、在当下仍然贫困的“贫下中僧”们，不正是我们应该学习的人吗？谁能想象在寺庙——这个“封建迷信的”“落后愚昧的”地方，会保存着古老的文化呢？于是，一直“高高在上”（笔者指的是航空公司的工作）的查阜西夜不能寐，奋笔疾书，写了一篇热情洋溢的文章——《写给智化寺僧人的信》，为智化寺音乐的本质、内涵、历史价值与现实意义定下了高昂的调子。随后，杨荫浏迈进了智化寺的大门。也许因为在两年半以前杨荫浏便接触了“河北定县子位村吹歌会”的管乐，也许是西方基督教文化的熏陶给了他更多的学术的严谨性，所以，杨荫浏的研究显得要冷静得多。他们的研究成果，集中在当时以油印本形式印刷，注明“本书系初步资料，仅供参考”字样的两本“采访记录”——《智化寺京音乐》中。

四、20世纪50年代的研究成果

名为《智化寺京音乐》的两本“采访记录”，共分三个部分。第一册是“中央音乐学院中国古代音乐研究室采访记录第一号与第五号”，即《智化寺京音乐》(一)(二)，第二册是“中央音乐学院中国古代音乐研究室采访记录第二十一号”，即《智化寺京音乐》(三)。在第一册的第一页，杨荫浏便先打出了一块“盾牌”。他说：“统治阶级所设立的寺院里面的僧人，并不等于统治阶级自己；他们是为统治阶级所雇佣、所使唤的。这些不属于禅门的僧人，他们的宗教信仰，向来被禅门所看不起。他们与人民较为接近，他们有更多的生活，因之他们能保存民间较丰富的音乐。”几年前，一个海外的音乐学家曾用遗憾的口吻谈及杨先生《中国古代音乐史稿》中有一些带着鲜明时代色彩的政治术语，认为这影响了这本传世之作的学术价值。当时，在场的中国学者们竭力强调杨先生的“苦衷”，竭力强调在当时的中国使用这种方法，即往严肃的学术思考中掺“政治沙子”的方法的必要性，竭力强调说一些违心话是当时的中国学者为了得到学术生命的延续而普遍付出的代价。但实际上，问题的实质却远比这些“解释”复杂得多、深刻得多。某些学者当时这样做可能是为了达到学术目的而有意在政治上“曲意逢迎”，但更多的学者当时这样做恐怕并非出自如此“实用”的考虑。实际上，就像现在谁都不能不承认《中国古代音乐史稿》奠基性的学术价值一样，谁也都无法怀疑杨先生在这些学术著作中所表露出政治观点时的真诚。要知道，那一代的大多数中国学者，当时的的确确是在自觉自愿地“洗脑”，自觉自愿地用当时流行的意识形态指导自己的学术工作。应该说，他们往自己的学术思考中“掺沙子”，绝不是“资产阶级知识分子‘打着红旗反红旗’”的“伎俩”，而是一种发自内心的政治冲动。没有人强迫或建议杨荫浏把“民歌”和“民间音乐”放在每一章的最前面阐述，也没有人让他在他的著作中得出一个“统治阶级痛恨民歌”的结论。杨先生之所以如此，是中国那一代知识分子从“五四”便开始的、充满痛苦与自虐心理的思想历程的必然结果；是从 20 世纪刚刚开始便喊出“劳工神圣”的精英们在“工人阶级当家做主”之后在文化上的合乎逻辑的结论。“天下皆醉我独醒”的大智者和思想上的大勇士不是没有，但的确是太少了。为了一个崇高的目的牺牲生命和事业已属不易，但要保持自己完全独立的、不受任何社会思潮影响的思考和表达思考的方式似乎更难，尤其是当这个社会刚从一个腐败的社会脱胎出来的时候。一个独立思考的个体生命在拒绝一个社会的意识形态的同时，还要拒绝这个社会的话语系统才行，而一旦失去了共同的话语，思想家将如何把自己的思想表达给他人呢？失语，是思想者的悲哀，也是任何一个话语系统中保持自己的独立思考和独立表达方式所必须付出的巨大代价。而只有了解到这一代人尤其是这一代知识分子心灵扭曲的“真诚性”，才能真正认识 20 世纪这场悲剧的深刻性。

在《智化寺京音乐》(一）中，杨荫浏考察了“智化寺的历史及其音乐传统”“擅长京音乐的僧人”“曲调”“乐谱”“宫调问题”“乐器”“音律矛盾问题在近代合奏乐器之间逐渐加深”“音律矛盾之解决途径”“管乐器及云锣的奏法”“绝对音高”“曲牌名称”等问题，对智化寺京音乐进行了历史及音乐形态学的初步研究。他调查了十九个僧人的基本状况，分析了当时见到的四种乐谱，着重研究了智化寺京音乐所用的宫调和乐器。他特别指出：智化寺的笙“还是北宋‘大乐’所用的笙的旧制”。“民间一般流行的笙，大都有十三簧；河南流行的方笙有十四簧；保定‘吹歌会’中虽然有自己点的所谓‘全字笙’，但十七管中，有二管无簧不用，实际只用到十五簧。现在我们所遇见的乐队，实际应用十七簧的，还只有智化寺的乐队，这是可以注意的。”他还特别以此为例批驳了日本音乐学家田边尚雄“今日中国所行者备十三簧，四管不用簧”的成说。对智化寺的九孔管，杨荫浏也指出：“现在一般流行的管，都是前七孔、后一孔，共八孔。但宋陈旸《乐书》（1099）讲到筚篥，却曾说：‘其大者九窍’，而且又加注：‘今教坊所用，前七孔，后二孔……’现在智化寺的管九孔，确是北宋教坊筚篥的遗制。”杨荫浏在面对这些珍贵的古代文化的“活化石”，面对这些被外国“权威”

轻易否定了的文化遗存时，并没有像他的一些同行一样过于激动，而依然保持了他学者的冷静和深入的思考。使他比他的许多同事对日后的音乐史研究有更多影响的原因之一——他对中国古代音乐史深入而广博的知识，使他在研究“音律矛盾问题在近代合奏乐器之间逐渐加深”的课题时，得出了这样非但不够“热情”，反而略带“遗憾”的结论：智化寺笙是从宋笙“倒退一步”的产物，“它继承了唐宋间的巢笙，而忘记连它原有的两个义管一同保存下来；因之，它虽然可以翻调，但无论如何，决不能翻全十二调”。而他对智化寺笛与云锣的音乐形态学研究，也使他得出了唐宋之后，尤其是“明代宣宗（1426—1435）以后，有着连一接二的外患，直接对于人民的生活，间接对于民间音乐艺术的发展，都起着不利的影响”的结论。

在这本“采访记录”中，还有署名查夷平（即查阜西）的三份“参考资料”。其一是“据北平研究院出版许道龄编”《北平庙宇通检》查出的“智化寺著录”；其二是查夷平的“访闻杂录”，谈谱本及艺僧的情况；其三即他那封热情洋溢的《写给智化寺僧的信》。在“信”中，查阜西诚恳地说：“看到了你们的乐器和乐谱，听到了你们的乐调和乐音，我在（疑是‘才’字）十分惭愧地感到：反而是你们这些过去被人视为‘下贱僧徒’的苦人们才能拿出证据，去驳倒所谓日本的‘中国音乐史世界权威’的鬼话！才能否定他所肯定的‘中国音乐史家’所供给他的材料；才能替祖国的这种光荣传统理直（原文如此），也就是说，祖国的这种光荣传统，是寄托在或蕴藏在过去的劳苦群众或‘下贱僧徒’身上！”他并且断定“这套音乐，最晚也和北宋的鼓吹教坊有关”。他还断定智化寺四调中的“接调”，“分明是梁、隋间的‘碣石调’，经唐宋后讹变成‘歇指调’，到了你们的时代又音讹为‘结之’或‘皆止’”，“同样也很显明，‘月调’是唐代的‘越调’”。在信的最后，查阜西热诚地祝僧人们“有着光明的前途”。这册中还有署名简其华、王迪、杨荫浏的《智化寺京音乐》（二），主要是一份录音记录和绘制精细的乐器图。

从 1953 年 1 月 1—4 日杨荫浏第一次采访智化寺艺僧，2 月 9—12 日做录音采访后，在这一年的 3 月至 4 月，杨荫浏又写出了《智化寺京音乐》（三），在这篇“采访记录”中，杨荫浏继续考察了“智化寺京音乐”的乐队排列，为艺僧们使用的音乐术语和符号做了说明，探讨了“‘阿口’是什么”和“从原始谱到口授谱”的问题，对照了《雁过南楼》的原始谱和口授谱，还记录了《雁过南楼》实际演奏的管子谱。他还对智化寺法器的运用及其与四调的关系、转调问题、几个谱字的认识问题做了进一步的研究。至此，这个起码长达四个月的音乐学调查和研究便告一段落了。这次考察的成果是丰富的，影响是深远的。似乎可以这样说，这是近代中国音乐学家们有组织地进行的第一次较大规模的学术考察，它为三年之后（1956 年 4 月 25 日—1956 年 7 月 7 日）以杨荫浏为首的中国音乐学家对湖南民族民间音乐的大规模普查探索出一些可贵的经验。假如真能照这样做下去的话，也许用不了几十年，中国传统音乐这头“巨象”的全貌，就会被中国的音乐学家们“摸”得差不多了。

五、“定格”与“四大集成”

遗憾的是，从 20 世纪 60 年代开始，中国音乐学与中国其他所有学术活动一样被天灾人祸和政治的狂飙拦腰斩断了。对于自 20 世纪 60 年代中期至 70 年代末期这长达十几年的文化空白和文化“定格”，人们在痛定思痛之后，逐渐有了比较理智的认识。一方面，谁都不能不承认这十几年的损失是巨大的，尤其是对于中国知识分子个人而言。在人类的历史上，十几年当然只是短短的一瞬，但对于一个人的学术生命来说，却几乎等于一半的时间，若这十几年正好赶上一个人创造与思考的黄金时期，这损失就更难估量。另一方面，对那场“浩劫”之于中国文化危害程度的估计，却一直因为感情因素的影响而不够冷静和理智。曾有一些海外的学人，错误地以为“文革”之后中国的传统文化遭到了“毁灭性”的打击，从而认为中国传统文化在中国内地已经“中断”“断根”，中国传统文化研究的中心也因此而转移到了海外。持这种观点的人，对中国传统文化的生命力和知识分子的精神力量未免有些估计不足。君不见，在秦火之后，便是汉代经学的大发展；在“三武一宗”的每一次“法难”之后，便是佛教的大发展。我曾在一篇批评台湾某位朋友对中国传统文化不够了解、对大陆知识分子不够尊重的文章[①]中指出：“大陆虽然有过包括‘文化大革命’在内的种种动荡，传统文化遭到过严重的损失。但是，中华文化的血脉却从没有断绝……如果我们不带任何偏见的话，我们应该承认：中华文明的根在大陆；生活在大陆的华夏子孙和知识分子们，曾为传承、保护、发扬中华传统文化付出了巨大的努力。……大陆所谓的‘文化断层’并没有像过去彼岸宣传的那样‘伤筋动骨’，套用一句《红楼梦》中的话，是‘瘦死的骆驼比马大’。假如考虑到大陆的知识分子在抢救、挖掘、研究中国传统文化时曾面对的种种困难的话，海外的同行们更应该善待这些来之不易的学术成果。”

的确如此，只有从来不深入民间，尤其是不深入远离城市的偏远山村，只在自己的书斋里作俯视状的学者，才会对中国民间至今尚存的活活泼泼的传统文化一无所知，才会断言大陆的传统文化和传统精神已经“断裂”。就中国音乐学来讲，自20世纪70年代末以来，得到了前所未有的发展。尤其是对传统音乐的收集和整理工作，更是规模空前、成果赫赫。从1979年起相继开始的、被誉为“中国民族音乐文化新长城”的系统工程——

---

① 田青：《〈醒世梵音〉中的不谐和音——兼论两岸如何携手共同弘扬中华传统文化》，《佛教文化》1997年第3期。

“四大集成”（包括《中国民间歌曲集成》《中国曲艺音乐集成》《中国戏曲音乐集成》《中国民族民间器乐曲集成》），不但可以说是20世纪对中国传统音乐最大规模的一次普查和整理，甚至也可以说是中国有史以来最大的一次文化搜集和整理的工程。“四大集成”由文化部和中国音乐家协会直接领导，分别按三十一个省（含台湾）、自治区、直辖市立卷。为了开展工作，从中央到地方，各级政府的文化部门都建立了相应的专职机构，总共在全国动员了数万名文化干部和其他有关人员参与工作。十年来，“四大集成”的工作极大地扩展了中国音乐学家们的视野，许许多多过去不为人知或人们知之甚少的音乐品种、音乐样式、音乐形态和数不清的至今鲜活的传统乐曲、传统民歌浩浩荡荡地走进了音乐学的殿堂。人们公认的杨荫浏先生最出色的学生和继任者黄翔鹏在20世纪90年代初发表了《〈中国民间歌曲集成〉是文化史上的千秋大业》一文，在回顾了中国历史上“几次文化大整理的高潮”后，他热情洋溢地称：“只有这第四次歌曲总集的出现，才真正体现出民族音调的丰富多彩与万紫千红！”这位始终未退尽艺术家气质的学者激动地说：“作为一个中国传统音乐的研究者，我自己更是深深地感谢全国从中央到地方兢兢业业地参加民歌集成的采集、编辑的广大音乐工作者们……由于他们的工作，使得穷个人一生也绝难探得一瓢一掬的中国民歌海洋，已如史书一般摊开着，展现在每一个愿意从中学习者的眼前。”“如果没有这种搜集、整理与保存工作，许多传统民歌珍宝即将永世不为人知了。厥功至伟，高如青天！”①

的确可以这样说，“四大集成”的工作是功在当代、利在千秋的伟业，它使中国的音乐学家们在浩叹中国民族民间音乐的“丰富多彩与万紫千红”的同时，得以看到了以往中国民族音乐理论中的不足之处和错误之处；得

① 黄翔鹏：《〈中国民间歌曲集成〉是文化史上的千秋大业》，《人民音乐》1992年第4期。

以站在一个前所未有的高度、以前所未有的视野重新审视中国民族民间音乐这头“巨象”。这是新一代中国音乐学家们的福气。当中国北方（从东北到华北、西北）各省的《中国民族民间器乐曲集成》陆续编辑完成并陆续出版之后（如陕西卷、山东卷等），人们终于发现，智化寺京音乐并不是一个“孤儿”，并不是独立的、独一无二的、与其他地区的民族民间音乐相隔绝的文化现象和艺术品种，也不是唯一保存了古代音乐文化、目前仍然使用着古老的乐器和乐律的音乐形式。它是至今仍然活跃在中国北方广大农村并在当地农民生活中起着重大作用的北方笙管乐的一个支系；它与五台山佛乐、晋北道乐、“山西八大套”、西安鼓乐、河北各地的“音乐会”、东北三省的鼓吹乐血肉相连并同属于一个元体系。它们不但有着大致相同的乐器、乐律、风格和演奏方式，也有许多共同拥有的乐曲和传承方式。到目前为止，中国的音乐学家们还没有给这样一个庞大、古老，包括许多既有共性又有个性的“支乐种”，丰富多彩、千姿百态、有着广泛群众基础和极强生命力的音乐体系正式命名，但这头“巨象”伟岸雄壮的身躯，已全部暴露在人们面前了。应该指出的是，在让人们打开蒙眼的白翳“看”到“巨象”全貌的过程中，除了参与“四大集成”工作的成千上万中国基层的音乐工作者们和一直孜孜不倦地将考察、研究民族民间音乐作为自己学术生命的中国音乐学家们的努力之外，一个痴恋着中国传统音乐的英国音乐学家也起了重要的作用。

六、一个与中国农民实行“三同”的英国音乐学家

这位英国人叫钟思第（Stephen Jones），毕业于剑桥大学中文系，是一位专业的小提琴家。他自 20 世纪 80 年代中期来华学习中文和中国音乐后，便对中国传统音乐产生了浓厚的兴趣。他曾多次自费来华考察各地的

民间音乐。他对中国传统音乐的“痴迷”程度，甚至使专门研究中国传统音乐的中国同行们都感到吃惊。他喜欢中国北方的农民，喜欢他们的音乐和他们的生活，每次下乡，他都自觉自愿地与农民实行“三同”——同吃、同住、同劳动（演奏）。甚至在他回到伦敦的家中时，他仍然坚持给每一个到他家里来的客人放他最喜欢的那盘农村娃娃唱工尺谱的录影，也不管人家喜欢还是不喜欢。20 世纪 90 年代，他争取到英中文化协会的资助，与中国艺术研究院音乐研究所正式合作，对华北的笙管乐——“音乐会”进行了较详尽、认真的普查。他与该所的音乐学家乔建中、薛艺兵、张振涛等人组成一个普查小组，深入农村，实地采访。仅 1993 年 7 月至 1994 年 5 月间，便行程逾万里，调查音乐会近 50 家，采访了许多民间艺人，普查范围包括河北省保定地区的雄县、安新县、高阳县、涞水县、新城县（今高碑店市）、徐水县、易县、定兴县，廊坊地区的永清县、霸州市、文安县、安次县、固安县、大城县，沧州地区的任丘市、河间市，北京的大兴县、通县，天津的静海县等 67 个乡、镇、自然村。他们在其后发表的《冀中、京、津地区民间“音乐会”普查实录》[①] 中称：

> 通过这次普查，我们对冀中“音乐会”的文化价值有了进一步的认识。“音乐会”所保留的音乐传统和民俗传统，至少在以下几个方面引起我们的关注：
>
> （一）乐器：“音乐会”传统中使用的主要应律乐器，是十七簧笙（有木斗、铜斗两种），虽然现有的大多数笙已非全簧，但许多老乐师们依然以原有谱字说明各根笙苗的音位。这使音乐会成为全国罕见的

---

① 乔建中、薛艺兵、[英] 钟思第、张振涛：《冀中、京、津地区民间“音乐会”普查实录》，载《中国音乐年鉴》1994、1995、1996 卷。

> 至今保留着宋传十七管满字全簧笙的乐种。……特别是九孔管子的普遍存在和仍见使用，是与唐、宋典籍中记载的形制相一致。许多“音乐会”的打击乐器也都是百年以上的器物。
>
> （二）乐谱：我们在普查中所见到的工尺谱本有60余种……大部分属明清两代的工尺谱，有些则保留着宋代俗字谱的记写方式。
>
> （三）曲目：“音乐会”演奏的曲牌，大部分与唐、宋词曲以及元、明、清以来的戏曲曲牌、民间小令的曲名一致。

我们不知道杨荫浏与查阜西两位先生如果在世并看到他们学生的学生有如此丰厚的成果时该怎样高兴。这些年轻的音乐学家们的发现告诉我们：与智化寺京音乐相类似的音乐在中国北方的广大农村有着极普遍的存在，和智化寺所保存的珍贵古乐器、古乐谱类似的古乐器、古乐谱在民间也依然能找到不少。面对中国传统文化如此惊人的生命力和显而易见的大量存在，面对我们自己的无知和浅陋，我们真不知道该怎样表达我们的慨叹。他们的所见所闻也告诉我们，黄河真的不会断流，即使是百年大旱，也只能把它迫入地下。

他们的普查是在“四大集成”的基础上更深入、更细致、更“专业”的田野工作，因此为音乐学家们利用新的材料来重新思考历史的一些疑问创造了条件。在这次普查之后，钟思第写出了他的博士论文《中国民间乐社》，张振涛写出了他的博士论文《传统笙管音位的乐学研究》。这两篇重要的学术著作一个填补了欧洲汉学和音乐学对中国传统音乐研究的空白，堪称“开山之作”；一个廓清了许多音乐史的疑问，使中国音乐学界对中国传统音乐的认识往前推进了一大步。张振涛根据这次普查中对许多民间艺人的采访，纠正了许多过去错误的结论。比如，他“根据今日民间笙师普遍惯用的指法法则”纠正了过去杨荫浏先生的理论，指出十九簧笙定律标准“并不是以黄钟律所在的位置来定的，而是以笙上的‘宫管’的所在位置来定八度分组的”①。他还将田野工作和古籍结合起来，对宋代笙转调的问题做了新的解释。对杨先生关于智化寺十七簧笙的研究，他也进行了研究和比较。对当时艺僧们的错误，杨先生曾有怀疑，但是，“在当时的条件下，十七簧笙只有智化寺独家所有，所以无法校勘……理论上应该如此的，实践上未必这样”。比如关于“亚一”“靠凡”这两个谱字，“原智化寺艺僧所说指法原为1（勾）、17（尖亚凡），相距减四度，有误。杨先生认为应该用16（亚乙）、17（尖亚凡）两管”。根据普查中大量民间艺人所提供的材料，证明了“杨先生的判断正确”。而“智化寺艺僧与音乐会笙师的相合指法大同小异”②。对当初查阜西先生断定智化寺四调中的“接调”“分明是梁、隋间的‘碣石调’，经唐宋后讹变成‘歇指调’，到了你们的时代又音讹为‘结之’或‘皆止’”的论述，他们亦在实践中有了新的发现。在民间艺人们的方言中，“隔字调”的“隔”与“隔壁”的“隔”发音都为“jie”，因此，“接调”“皆指调”其实即传统典籍中的“鬲指”，“就是在曲笛上，把最后那个孔打开，把它当作筒音，一下子就差别了一个大二度。还用原来的指法吹”③。而“这与音乐会乐师用管子指法的解释，是一致的”。

面对似乎突然重现在人们面前的这头传统音乐“巨象”，面对着几十本从不同村庄的犄角旮旯里拿到太阳下的旧谱本，面对着一代代“谙熟乐谱”“娴熟演奏”、具有“固定音高概念”和“完整的结构感”并“粗通典籍”的“高文化品格”④的农民乐师，无论是来自伦敦还是来自北京的音乐

① 张振涛：《宋代三种笙制（和笙、巢笙、竽笙）及管苗音位的设置原则》，《中国音乐学》1995年第4期。

② 张振涛：《十七管“满簧全字”笙》，《中国音乐学》1996年第2期。

③ 黄翔鹏：《民间器乐曲实例分析与宫调定性》，《中国音乐学》1995年第3期。

④ 这些形容词均来自张振涛《民间乐师研究报告——冀京津笙管乐种研究之二》一文“乐师素质的高文化品位”一节的小标题，《中国音乐学》1998年第1期。

学家们都深深感到一种触动，都深深感到中华文明的博大深厚和无与伦比的生命力。同时，他们也深深体味到中国农村“同宗村社的文化背景对传统文化的保护作用”有多么大。一个个从“文革”“扫四旧”的烈火中抢救出古老乐谱后，将其或封在泥墙里或藏在木箱的夹层里秘密保存至今的农民，一个个利用“贫下中农”甚至村干部的身份将祖祖辈辈传下来的图龙大鼓、雕花管子、嵌龙铙钹或涂以红油或写以“革命口号”，从而将其保存至今的民间乐师[①]，不但是历史的创造者，而且是中华文明血脉的载体；他们讲述给音乐学家们听的，也绝不仅仅是他们的谱字、宫调，而是一个古老民族传统文化在昨天、今天和明天的全部故事，是一部大书，一部用工尺谱写成的、悠长而厚重的历史。

七、摸象的“瞎子”们，努力呀

中英联合小组对冀中、京、津农村“音乐会”的音乐普查活动，是 20 世纪 60 年代、70 年代文化“定格”后的重新“启动”，是从 1956 年杨荫浏率队普查湖南民族民间音乐之后，第一次由受过专业训练的音乐学家对一个地区有组织进行的有一定规模的音乐普查，其意义实际上远远超过了普查本身。这种借助国外友好团体的经费资助，由中外音乐学家联合进行的文化活动，不但是解决中国音乐学家的成熟期恰逢政府文化经费的收缩期这一尴尬问题的途径之一，更重要的是，它还反映了改革开放后的中国将中国传统文化视为世界文化与人类文明的一部分的新思路、新境界。人们有理由相信，那个把民歌的原始录音与乐器的测音报告都当成“国家机

① 此实例均见张振涛《民间乐师研究报告——冀京津笙管乐种研究之二》中“同宗村社的文化背景对传统文化的保护作用”一节，《中国音乐学》1998 年第 1 期。

密”的时代永远过去了；人们更有理由相信，只要有一定的经费支持，一大批成熟了的中国音乐学家们肯定会做出无愧于他们的师长、无愧于中国古老文明的更大成绩。

但是，“瞎子摸象”的故事却没有完全结束，一直到现在，中国还没有一部用新视角、新材料、新方法全面论述中国传统音乐的专著问世，也还没有一个音乐学家把中国北方这个庞大的笙管乐系统梳理清楚。虽然几乎所有民间“音乐会”的口碑资料都将其传承联系到佛乐、道乐，但中国的宗教音乐与宫廷音乐、民间音乐究竟是什么关系？这头横亘在整个中国北方的“巨象”的共同祖先究竟在哪里？即使对智化寺京音乐，也还有许多问题没有搞清，比如智化寺京音乐本身的来源问题。迄今为止，除了猜测以外，还找不到任何证据支持目前所谓王振把宫廷音乐带到了智化寺的说法，也更难想象这个太监的家庙便是几乎所有中国北方农村都有的民间笙管乐的共同的渊源。中国音乐学家们的任务是繁重的，仅仅将这些有着紧密关系和许多共同之处的“支乐种”放到一起进行一下比较研究，便是一个极大的工程：智化寺京音乐与冀中笙管乐，冀中笙管乐与“山西八大套”，“山西八大套”与“西安鼓乐”……也许，在即将到来的 21 世纪，中国的音乐学会因为这些深入的比较研究而有一个长足的进步；而新一代的音乐学家们的运气也许会比他们的“祖师爷”——杨荫浏更好。不管怎样，无限眷恋着中国传统音乐这头“巨象”的“瞎子”们，会像智化寺的艺僧和河北农村的农民乐师眷恋着大地、生命与音乐一样，继续着他们“摸象”的工作。

1998 年 2 月 6 日

（原载《中央音乐学院学报》1998 年第 2 期）

我国宗教音乐研究概述

中国是一个以汉民族为主体的多民族国家。汉族是一个注重实践理性精神的民族。因此，中国从没有过统一的宗教，更没有过国教。在中国的绝大部分历史和绝大部分地区中，宗教与政权是分离的。在中国历史上，从没有过宗教战争。

正由于中国主体文化的非宗教性和包容性，所以，世界三大宗教——佛教、基督教（天主教）、伊斯兰教在中国均有流行。此外，以中国道家思想为核心的“土生土长”的道教及各少数民族的自然宗教，也始终流行在各自的信徒中。

中国的主体文化虽然不是宗教性文化，但在其深层结构中，却存在着深刻广泛的宗教影响。宗教音乐，是中国传统音乐的重要组成部分，对中国宗教音乐的研究，亦是中国音乐学的重要内容。

一、佛教音乐的研究

佛教音乐，作为弘法的舟楫，历来为高僧大德所重；作为珍贵的民族文化遗产，亦被海内外音乐学者视为瑰宝。20 世纪对中国佛教音乐的研究，经历了大约三个阶段。

（一）从起步到第一个高潮

第一阶段是音乐学界极个别的有识之士，“发现”和“初识”佛教音乐的阶段。由于长期以来传统的佛教音乐，或传承于佛门内部，或流播于社会下层，素不被上层社会人士所重视。尤其是活动在民间的艺僧们，虽身怀绝技，但在佛门内外，一贯被视为“吹鼓手”。所以，20 世纪初以刘天华为代表的音乐学家对佛乐的关注，在当时是一种富于远见卓识的行为，是对当时轻视、漠视佛教音乐的社会氛围的一个挑战。刘天华在 20 世纪 30 年代初所记录的《佛乐谱》，是中国音乐家把佛教音乐列入研究范畴的一个标志。但其后中国的大规模内乱外患，使这一刚刚开始的工作停顿了将近 20 年。

第二阶段是从 40 年代末到 50 年代末。1947 年，在原晋绥解放区文联音乐部工作的解放区音乐工作者亚欣对山西五台山的佛教音乐开始进行初步的收集工作。由于当时正值战争年代，又没有录音设备，所以，此次涉及五台山青庙、黄庙及“八大套”等传统佛曲的记谱工作，就显得格外珍贵。

50 年代中后期，佛教音乐的采集、整理工作开始形成规模并进入了第一个高潮。各地的音乐工作者以极大的热情投入了对佛教音乐的探索。不但收集、整理、记录了一大批佛教音乐的原始素材，并试图超越记录的阶段而从宗教学、社会学的角度对宗教音乐进行稍深一层的考察。这一时期最具影响的研究成果是潘怀素、杨荫浏、查阜西对北京智化寺京音乐的考察和研究。他们的研究和宣传不但使这一古老但被湮没多年、濒临灭绝的音乐瑰宝得以光扬中外，得到世人的重视、赞叹，而且对全国的音乐学界造成了一个巨大的震动，使许多音乐工作者从此知道，在庙宇高墙之内，还有如此珍贵动听的音乐。可以这样说，以杨荫浏为代表的中国第一代民族音乐理论家对北京智化寺京音乐的整理和研究，真正开创了佛教音乐研究的学术范围，带动了一大批音乐工作者投身到这一工作中来。有关智化寺京音乐研究的主要成果，有“中央音乐学院中国古代音乐研究室”的采访记录第一号①、第五号②、第二十一号③。有潘怀素以“思白”的笔名发表的《略谈智化寺的京音乐》④《京音乐的历史性与艺术性》⑤等。除智化寺京音乐外，杨荫浏还曾于1956年带队赴湖南省进行音乐普查，对湖南省的佛教音乐进行了较系统的收集和整理，并撰写了《佛教禅宗水陆中所用的音乐》⑥《宗教音乐·湖南音乐普查报告附录》⑦。其中《佛教禅宗水陆中所用的音乐》一文对“水陆”音乐的演唱及演奏形式、“水陆”中音乐材料的来源等诸多问题进行了考察，并记录了《香赞》《三宝赞》等禅门佛曲20多首谱例。

在这些知名学者的带动下，各地的音乐工作者纷纷投入到这项工作并陆续出现了一批成果，如中国音协成都分会编辑的《寺院音乐》⑧一书在1955年铅印出版。书中汇集了峨眉山寺庙音乐中“焰口”“梵呗”“禅门课诵”等曲谱104首（其中有重复），五台山佛教音乐中“青庙”“黄庙”等唱诵、吹腔207首（其中有重复）及“八大套”的全部曲牌。这是迄今为止收集佛教曲数目最多、规模最大的一本谱集，可视为这一阶段佛乐研究工作的代表。此外，还有《陕北葭榆民俗宗教音乐散编》⑨《沈阳地区梵乐

---

① 杨荫浏、查阜西：《智化寺京音乐》（一），中央音乐学院中国古代音乐研究室1953年油印本。

② 简其华、王迪、杨荫浏：《智化寺京音乐》（二），中央音乐学院中国古代音乐研究室1953年油印本。

③ 杨荫浏：《智化寺京音乐》（三），中央音乐学院中国古代音乐研究室1953年油印本。

④ 思白（潘怀素）：《略谈智化寺的京音乐》，《光明日报》1957年2月23日。

⑤ 思白（潘怀素）：《京音乐的历史性与艺术性》，《现代佛学》1954年第6期。

⑥ 杨荫浏：《佛教禅宗水陆中所用的音乐》，民族音乐研究所1956年油印本。

⑦ 杨荫浏：《湖南音乐普查报告·附录之一宗教音乐》，民族音乐研究所1958年油印，音乐出版社1960年版。

⑧ 亚欣、刘世富、巫选文、王兵林、熊冀华、邱仲彭收集整理。

⑨ 音协西安分会编，何钧、樊昭明、李石根收集整理，1959年油印。

的初探》[①]《沈阳小万寿寺梵乐的初步材料（东北地区民间音乐采访记录之一）》[②]等地方性佛教音乐的收集整理工作的成果出现。

这一阶段，是佛教音乐研究的第一个高潮，其特点是：

1. 由专业音乐工作者用民族音乐学的传统方法（主要是“田野工作”式的方法，包括记谱、记词、社会调查、乐器的绘图测量等）进行工作。由于技术条件的限制，一般是只记谱，没有录音。

2. 由于大部分音乐工作者对佛教的教义、仪轨等缺乏了解，所以，这一阶段的研究工作仅仅是初步的尝试，没有能把“佛教”与“音乐”结合起来研究。大量唱词中存在讹字、错字，在释文中亦存在对佛教的隔膜和误解。

3. 由于50年代政治相对稳定，大部分音乐工作者能够用历史的、客观的角度去观察佛教音乐，强调佛教音乐的“人民性”，试图将佛教音乐纳入“民间音乐”的范畴。

4. 由于缺乏对佛教的全面考察，而仅将被研究的对象视为“地区性”“地域性”的文化，在研究者的眼里，只有某地的“佛教音乐”，而无“中国佛教音乐”的概念。

（二）从禁区到热点

从60年代初到70年代末，佛教音乐的研究工作进入了停顿状态。由于“左”的思想影响，“佛教音乐”被音乐工作者视为禁区，不敢问津。“文化大革命”更对佛教与文化造成严重的摧残，曾一度繁荣的佛教音乐研究成为被批判的对象。

---

① 凌其阵:《沈阳地区梵乐的初探》，载《民族音乐研究论文集》，音乐出版社1957年版，第69—74页。

② 章达祥传谱，凌其阵整理，中央音乐学院民族音乐研究所编印，1957年油印本。

第三阶段从80年代开始，中断了20年的佛教音乐研究开始复苏。1977年9月，湖南省文学艺术工作室音乐组就以“内部资料”的方式重新翻印了1956年《湖南音乐调查报告》中的“宗教音乐”部分。与此同时，山西省的音乐工作者，推出了《山西民间器乐曲集·五台山寺庙音乐》[①]。其后，全国各地陆续出现了一大批以“选”“集”为名的佛曲资料，如《禅门赞集》[②]《咸阳地区民间歌曲集成·宗教歌曲》[③]《江苏宗教歌曲选》[④]等。尤其是随着《中国民歌集成》和《中国民族民间器乐曲集成》编辑工作的展开，全国各省、市、自治区几乎都在收集民歌和民间器乐曲的过程中收集了大量的宗教音乐，许多地区编辑、整理和出版了本地区宗教音乐的专集，为深入进行研究奠定了基础。

在恢复采风工作的同时，一些音乐理论工作者开始恢复正常的学术工作。陈家滨的《五台山寺庙音乐初探》[⑤]是80年代佛教音乐研究高潮中第一篇公开发表的研究文章，文章从形态学的角度初步分析了五台山佛教音乐，提出两个有价值的判断：一是以保存寺院中的【望江南】曲牌为例，认为“有可能就是唐代的原曲”；二是一反过去学术界认为佛教音乐“剽窃”了民间音乐的传统说法，认为五台山佛教音乐是“源”，而山西“八大套”是“流”，反映了音乐理论家求实的精神和勇气。田青的《佛教音乐的华化》[⑥]则是第一篇超越“地区性”的“民间音乐”视角，把中国佛教音乐作为一个整体文化现象进行历史考察的文章。文章反驳了以往学术界认为中国佛教音乐“土生土长”的观点，并将纵向考察与横向比较相结合，提出了唐

---

① 山西音协、山西省文化局编，家滨、建昌记录整理，1980年油印。

② 黄新光、王亨春记谱整理，1983年湖南油印。

③ 咸阳地区文化局民间音乐编委会编，1981年油印。

④ 中国民歌集成《江苏卷》编委会编。

⑤ 陈家滨:《五台山寺庙音乐初探》,《音乐研究》1981年第2期。

⑥ 田青:《佛教音乐的华化》,《世界宗教研究》1985年第3期。

代佛曲至今仍存的观点。胡耀的《我国佛教音乐调查述要》[①]把他早期研究的地方视角范围予以扩展，对我国佛教音乐中的法事音乐做了扼要的叙述，并用统计学的方法对常用的赞呗进行了音乐形态的分析。这一阶段还出现了将中国佛教音乐与外国宗教音乐进行比较研究的文章，充分反映了我国音乐工作者对佛教音乐整体把握力和认识程度的提高，这类文章有管建华和兰光明的《“慢惮”音乐及其与“奥加农”之比较》[②]、田青的《中国音乐的线性思维》[③]，前者从记谱法及音乐形态诸方面将四川成都宝光寺“焰口”音乐中的“慢惮”与欧洲天主教音乐中的“奥加农”进行比较，试图探索早期音乐中的一些问题。后者则从美学的角度，比较了天主教（基督教）和佛教（及道、儒）思想对欧洲音乐和中国音乐的不同影响。同时，对地方性佛教音乐的研究仍在进行，并有了进一步的发展，这方面的文章如：邢野《呼和浩特地区喇嘛教音乐考》[④]、尼树仁《大相国寺音乐的构成》[⑤]、郝毅《拉卜楞寺院藏文谱》[⑥]、韩军《五台山佛教音乐》[⑦]、韩军《五台山佛教音乐的宫调系统》[⑧]、刘劼《佛道教音乐在陕西民俗中》[⑨]等。对佛教音乐的纵向考察亦有较深入的进展，研究者用历史学的方法探索了佛教音乐起源及发展中的问题。这方面的文章如：谢立新《中国佛教音乐之初》[⑩]、林培安

---

① 胡耀:《我国佛教音乐调查述要》,《音乐研究》1986 年第 1 期。

② 管建华、兰光明:《“慢惮”音乐及其与“奥加农”之比较》,《音乐探索》1985 年第 1 期。

③ 田青:《中国音乐的线性思维》,《中国音乐学》1986 年第 4 期。

④ 邢野:《呼和浩特地区喇嘛教音乐考》,《音乐研究》1986 年第 1 期。

⑤ 尼树仁:《大相国寺音乐的构成》,《中国音乐》1986 年第 4 期。

⑥ 郝毅:《拉卜楞寺院藏文谱》,《人民音乐》1989 年第 6 期。

⑦ 韩军:《五台山佛教音乐》,《中国音乐》1990 年第 1 期。

⑧ 韩军:《五台山佛教音乐的宫调系统》,《音乐舞蹈》1990 年第 1 期。

⑨ 刘劼:《佛道教音乐在陕西民俗中》,《音乐探索》1990 年第 1 期。

⑩ 谢立新:《中国佛教音乐之初》,《艺苑》1988 年第 1 期。

《梵呗窥源 佛曲辨宗》[①]、赵一德《云冈佛籁洞与北朝文化》[②]、高德祥与吕殿生《敦煌石窟壁画中的吹奏乐器》[③]、常嗣新《云冈第十二窟乐器演奏伎乐天的初步研究》[④]。

这一阶段佛教音乐研究的特点是：

1. 对佛教音乐进行全方位、多角度的考察已经开始，研究者从史学、音乐形态学、考古学、民族学、民俗学等多种学科入手进行研究，使佛教音乐的研究有了全新的面貌。

2. 充分运用现代技术手段，对佛教音乐录音、录像，其中一部分录音、录像制品已投入流通。上海音乐学院与上海市佛协联合录制的法事音乐录像带和"中国音像大百科"录制的"中国佛教音乐系列"录音带，是这方面的代表。从 1987 年至今，"中国音像大百科"版的佛乐系列磁带已出版《津沽梵音》《五台山佛乐》《潮州佛乐》《天宁寺唱诵》《九华山水陆》《云南佛乐》等多套，受到普遍的欢迎。

3. 佛教音乐的研究已具备"学科"的性质，出现了以佛教音乐为专业方向的研究生、以佛教音乐为研究对象的硕士论文，出现了少数以研究佛教音乐为研究方向的专业研究人员，召开了以佛教音乐为主题的国际学术会议。

4. 在抢救、整理、研究的同时，许多专业音乐工作者和佛教界人士，共同组建了一些佛乐团。最早成立的北京佛乐团（1986 年组建），曾出访北欧和新加坡，使"北京智化寺"的名声远播海外。而技艺高超的五台山佛乐团（1989 年组建）在出访香港地区和英国的演出中，更备受赞誉，佛

① 林培安：《梵呗窥源 佛曲辨宗》，《音乐艺术》1989 年第 3 期。
② 赵一德：《云冈佛籁洞与北朝文化》，《文史哲》1989 年第 2 期。
③ 高德祥、吕殿生：《敦煌石窟壁画中的吹奏乐器》，《乐府新声》1989 年第 4 期。
④ 常嗣新：《云冈第十二窟乐器演奏伎乐天的初步研究》，《音乐舞蹈》1990 年第 1 期。

教音乐迈出国门，走向了世界。

5. 出现了音乐专家与佛教界人士、国内学者与国外学者相结合的可喜现象。这趋势预示了佛教音乐的研究将向更深更广的范围发展。1989 年 3 月在香港召开了“第一届佛教音乐国际研讨会”，出席此次会议的国内外学者共 27 人，发表论文 25 篇，是有史以来第一次有关佛教音乐研究的国际盛会。会上发表的论文有：

法国巴黎大学陈文溪教授《越南佛教音乐与东南亚佛教音乐的比较研究》、法国巴黎人类博物馆民族音乐学系主任 Mirelle Helffer《西藏 dbyangs：口述传统与乐谱》、法国巴黎大学音乐系讲师皮卡尔《普庵咒的研究》、美国普林斯顿大学宗教系讲师 Raoul Birnbanm《唐代佛教徒观想体验中的声音与音乐》、美国加州大学宗教系主任黎惠伦《古代中国的佛教与娱乐》、美国田纳西州大学宗教系副教授 Miriam Evering《中国朝暮课诵的传统》、香港中文大学名誉教授饶宗颐《从〈经呗导师集〉第一种“帝释天乐人般庶歌呗”联想到的若干问题》、香港法住学会会长霍韬晦《原始佛教对音乐的态度》、香港中文大学宗教系讲师徐佩明《焰口施食科仪结构研究》、香港浸会学院音乐系讲师叶明媚《古琴音乐与佛教音乐美学思想研究》、香港民族音乐学会黎健《广府粤乐与佛乐的相互影响》。

中国内地有周绍良《有关明代〈诸佛世尊如来菩萨尊者名称歌曲〉》、刘健昌《五台山佛教音乐研究》、尼树仁《大相国寺音乐概要》、袁静芳《中国佛教京音乐中堂曲研究》、钟光全《浅论佛教音乐的民族风格及地方色彩》、苏巧筝《潮州庙堂鼓乐》、林培安《丛林度化观水陆》、胡耀《梵呗音律学》、王小盾《佛教呗赞音乐与敦煌讲唱辞中平、侧、断读音符》、张生录《天津佛教音乐与民间音乐之关系》、何昌林《对祭祀艺术的历史地位与文化价值的再认识》、田青《从〈金瓶梅〉看明代佛曲》，这些文章从不同的侧面探讨了中国佛教音乐这一古老文化的内涵与性质，代表了当前国际佛教音乐研究的水平。

6. 佛教音乐的研究愈来愈受到国家有关部门的重视。随着国家改革开放的深化和宗教政策、文化政策的全面落实，宗教和文化的领导部门对佛教音乐的研究给予了大力支持。1986 年 10 月，《中国民族民间器乐曲集成》全国主编会议特邀田青为各省“集成”主编做了题为“佛教音乐的收集、整理、研究的方法”的专题报告，正式要求各省在“集成”编辑工作中全面收集佛教音乐。1987 年 9 月，“集成”全国编辑部与文化部、宗教局联合在湖北襄樊召开了“全国宗教音乐编辑会议”，研究有关宗教音乐的收集、整理、编辑的问题，文化部、宗教局的领导和有关专家及各省“集成”的主编们参加了会议，会议除交流了一批学术论文和讨论了宗教音乐编辑工作中的一些问题外，最后决定将宗教音乐收入器乐曲集成。目前，部分省卷已编完，这部浩大工程全部完工后，全国范围内的佛教音乐收集工作必将取得前所未有的丰富成果。

第三阶段的高潮，是原定于 1990 年 6 月 1 日到 7 日在北京召开的“中国佛教道教音乐周”。这个由中国艺术研究院、中国佛教协会、中国道教研究会联合主办的音乐周，共集中全国佛、道教乐团十余个，其中佛教乐团有北京佛乐团、天津佛乐团、五台山佛乐团、辽宁千山佛乐团、常州天宁寺佛乐团、九江能仁寺佛乐团、重庆罗汉寺佛乐团、甘肃拉卜楞寺佛乐团、潮州开元寺佛乐团等。虽然音乐周因故未能公开举行，但如此众多的佛乐团齐集京华，在业务观摩中交流会演了大量曲目，充分显示了中国佛教音乐的丰富多彩，说明在党的宗教、文化政策的指引下，全国佛教界人士与音乐界人士近十年来的佛教音乐研究取得了巨大成果。

进入 90 年代，佛教音乐的研究欣欣向荣，一批已具有一定基础和经验的佛教音乐专家在佛教文化研究机构的统筹下，初步形成了一支佛教音乐研究的专业化队伍。1992 年，由中国佛教文化研究所和中国艺术研究院组建了“汉传佛教常用唱诵规范谱本”编辑小组，小组聘请国内的诸方大德为顾问，田青任主编，经过三年的努力，已将《朝暮课诵规范谱本》编辑完成，并有配合音谱同步的录音带出版。

1993年，上海音乐出版社以中英文对照的形式出版了田青主编的《中国佛教音乐选萃》，该书是第一本以五线谱记谱的，包括天津、五台山、潮州、重庆、九华山等地的佛乐谱集。

与对传统佛曲的研究同步，一些新创作的佛教音乐也开始出现，从1993年5月到1994年5月，创作、排练了整整一年，由姚盛昌、田青、黄幼伟等策划、创作，天津歌舞剧院管弦乐团演出的我国第一部反映佛教内容的大型交响音乐史诗《东方慧光》在京、津两地公演，被新闻界誉为“中国的《弥赛亚》”，标志着中国现代佛乐已走上一条立足传统、面向世界的新路。

90年代以后对佛教音乐的研究也取得了空前的成果，这一时期的佛教音乐论文无论是从数量上还是质量上都有很大进展，论文数量是80年代的两倍还多。在地方性佛乐研究上，藏传佛教音乐日益引起学者们的关注，这方面的论文主要有：才让当周《拉卜楞寺道得尔乐队及其乐谱》①、万玛多吉《拉卜楞寺佛殿乐沿革试析》②、旦木秋《藏族宗教仪式中的迎宾曲》③、钟忠《嘉戎藏族地区宗教寺院“钦姆”音乐》④、扎西达杰《藏传佛教乐谱体系》⑤、赵星《试论藏传佛教的形成发展及对蒙古族民歌舞艺术等的影

① 才让当周：《拉卜楞寺道得尔乐队及其乐谱》，《中国音乐》1990年第2期。

② 万玛多吉：《拉卜楞寺佛殿乐沿革试析》，《西藏研究》1990年第3期。

③ 旦木秋：《藏族宗教仪式中的迎宾曲》，《中国音乐》1990年第3期。

④ 钟忠：《嘉戎藏族地区宗教寺院“钦姆”音乐》，《中国音乐》1990年第3期。

⑤ 扎西达杰：《藏传佛教乐谱体系》，《中国音乐》1993年第1期。

响》[①]、付修林《康巴藏族寺庙音乐管窥》[②]、田联韬《藏族宗教音乐初探》[③]、格曲《西藏的宗教音乐》[④]、白曲《初探喇嘛嘛尼音乐》[⑤]、旦木秋《藏传佛教中的六字真言"嘛呢"及嘛呢调》[⑥]、田联韬《藏传佛教乐舞"羌姆"音乐考察》[⑦]、呼格吉乐图《内蒙古藏传佛教乐曲考》[⑧]、田小军《呼和浩特地区藏传喇嘛教音乐》[⑨]、嘉雍群培《藏族宗教乐舞的形成及发展》[⑩]、边多《综论藏传佛教嘎尔羌姆音乐》[⑪]等。这些论文从不同的方面对藏传佛教音乐的发展历史、记谱方式、地区特征、流传地域、运用场合、使用乐器等进行了考察。如扎西达杰的论文对藏传佛教音乐的乐谱体系进行了详细的论述，该文在藏族古乐谱研究方面取得突破性进展，影响很大；白曲对藏族的喇嘛嘛尼说唱曲调予以详细的说明；边多先生系从事包括宗教音乐在内的西藏民间音乐艺术研究的专业工作者，他在对西藏各地近千座寺院进行了实地考察并获得大量第一手资料的基础上，就有关藏传佛教嘎尔羌姆艺术的形成与发展、内容与形式、种类与特色等诸多方面，进行了较为详尽的阐述，成果显著。

90 年代以后，国内学者有关汉地佛教音乐方面的论文也有很多，在各种刊物发表的有将近百篇。田青、袁静芳等人在北方佛曲及京音乐的研究

---

① 赵星：《试论藏传佛教的形成发展及对蒙古族民歌舞艺术等的影响》，《中国音乐学》1994 年第 2 期。

② 付修林：《康巴藏族寺庙音乐管窥》，《西藏艺术研究》1994 年第 1 期。

③ 田联韬：《藏族宗教音乐初探》，《中央音乐学院学报》1996 年第 1 期。

④ 格曲：《西藏的宗教音乐》，《音乐研究》1996 年第 1 期。

⑤ 白曲：《初探喇嘛嘛尼音乐》，《西藏艺术研究》1996 年第 3 期。

⑥ 旦木秋：《藏传佛教中的六字真言"嘛呢"及嘛呢调》，《中国音乐》1997 年第 3 期。

⑦ 田联韬：《藏传佛教乐舞"羌姆"音乐考察》，《中国音乐学》2000 年第 4 期。

⑧ 呼格吉乐图：《内蒙古藏传佛教乐曲考》，《交响》2000 年第 4 期。

⑨ 田小军：《呼和浩特地区藏传喇嘛教音乐》，《音乐探索》2000 年第 4 期。

⑩ 嘉雍群培：《藏族宗教乐舞的形成及发展》，《中国音乐学》2000 年第 4 期。

⑪ 边多：《综论藏传佛教嘎尔羌姆音乐》，载《2000 年佛学研究论文集》，佛光文化事业有限公司 2000 年版。

上取得很大进展，如袁静芳《中国佛教京音乐中堂曲研究》[①]一文对京音乐中堂曲的乐队编制、曲式结构、十三套曲等进行了考察，她的另一篇文章《中国北方佛曲“十大韵”》[②]对北方佛教在佛前赞颂与道场拜忏时常用的十首词牌、曲牌进行了研究；田青有关这方面的论文有《北京佛乐》[③]《世纪末的回眸：智化寺音乐与中国音乐学》[④]《“京音乐”与“怯音乐”——北京佛教音乐中的“都市派”和“农村派”》[⑤]《杨荫浏与中国宗教音乐》[⑥]等；广东的陈天国、苏妙筝利用自己的家学优势，配合潮州开元寺的释慧原法师共同对开元寺的禅和板佛乐进行收集、记录、整理，出版了《潮州禅和板佛乐》，陈天国还发表了《潮州禅和板佛乐的整理及其记谱中的一些问题》[⑦]《潮州禅和板佛乐考源》[⑧]等一系列文章，集中探讨了广东禅和板佛乐的情况；杨民康《中国境内南传上座部佛教课诵仪式音乐研究》[⑨]及《论中国南传佛教音乐的文化圈和文化丛特征》[⑩]则集中研究了云南上座部佛教音乐的特点，并提出了南传佛教音乐文化丛和文化圈的概念，认为佛教音乐因素是这一文化圈的“母系文化”，而云南当地各民族的民间音乐则是其“父系文化”，两者结合，构成了一个以纯宗教的佛教诵经音乐为核心、以另一类具备宗教性特点的佛教音乐为基础层次和以礼俗性音乐为外围的层次分明的佛教音乐文化丛，具有较强的独立性和自在意义。

---

① 袁静芳：《中国佛教京音乐中堂曲研究》，《中国音乐学》1993 年第 1 期。

② 袁静芳：《中国北方佛曲“十大韵”》，《音乐艺术》2000 年第 4 期。

③ 田青：《北京佛乐 · 前言》，中国音像大百科 1995 年版。

④ 田青：《世纪末回眸：智化寺音乐与中国音乐学》，《中央音乐学院学报》1998 年第 2 期。

⑤ 田青：《“京音乐”与“怯音乐”——北京佛教音乐中的“都市派”和“农村派”》，载捷克布拉格《磬》东亚音乐研讨会论文，1999 年 9 月。

⑥ 田青：《杨荫浏与中国宗教音乐》，《音乐研究》2000 年第 1 期。

⑦ 陈天国：《潮州禅和板佛乐的整理及其记谱中的一些问题》，《星海音乐学院学报》1994 年第 Z1 期。

⑧ 陈天国：《潮州禅和板佛乐考源》，《星海音乐学院学报》1994 年第 Z2 期。

⑨ 杨民康：《中国境内南传上座部佛教课诵仪式音乐研究》，《中央音乐学院学报》1999 年第 3 期。

⑩ 杨民康：《论中国南传佛教音乐的文化圈和文化丛特征》，《中国音乐学》1999 年第 4 期。

另外，在佛教音乐的功能方面，释昭慧《从非乐思想到音声佛事》[①]通过分析音乐在佛教中的重要作用，指出现在的“当务之急是培养教内的音乐人才——不但要培植优良的作曲家，也要培植卓越的指挥家、声乐家与器乐家。此外，还须辅助成立历经严格训练的、高水准的合唱团”；田青《中国佛教法事中的音乐是为神还是为人》[②]一文讨论了佛教音乐“娱神”和“娱人”的关系，认为在大部分佛教法事中，或者说在某一法事的大部分音乐中，音乐的功能主要是“娱神”（更确切地说是“通神”），而“娱人”只不过是第二位的、附属的功能；吴立民《论声明与修行的关系（上、下）——佛教音乐之道》[③]集中论述了佛教之乐道与证道修持之间的密切关系。

20 世纪末，在台湾召开了两次由我国海峡两岸暨香港、澳门地区及日韩等国学者参加的国际佛教音乐研讨会，将佛教音乐的研究再次推向高潮。在 1998 年台北举行的“中国佛教音乐学术研讨会”上发表的论文有韩军《五台山佛经讽诵中的音乐特质及其与经文形式之关系》《五台山佛教音乐史略》、田青《禅与中国音乐》、高雅俐《佛教音乐传统与佛教音乐》、新堀智朝《以艺术的眼光探讨宗教教化》、林谷芳《从形式到实质的转化——台湾佛教音乐的发展与检讨》、陈慧珊《佛光山梵呗源流与中国佛教音乐的关系》、叶明媚《琴道与禅道关系之探讨》、田联韬《北京雍和宫〈金刚驱魔神舞〉音乐考察》、凌海成《佛教音乐的美学思想》等；2000 年，台湾佛光山召开了第二次有关佛教音乐的学术会议，在此次召开的佛教音乐学术研讨会上发表的论文有吴立民《中国佛教音乐梵呗的形式与发展》、田青《魏晋南北朝的佛教音乐》、杨民康《中国南传佛教乐器、法器及器乐音乐

---

① 释昭慧：《从非乐思想到音声佛事》，《中央音乐学院学报》1993 年第 4 期、1994 年第 1 期。

② 田青：《中国佛教法事中的音乐是为神还是为人》，《音乐艺术》1995 年第 3 期。

③ 吴立民：《论声明与修行的关系（上、下）——佛教音乐之道》，《法音》2000 年第 2—3 期。

的考察研究》、边多《综论藏传佛教嘎尔羌姆音乐》、张文《云南剑川白族阿吒力佛教音乐》、王小盾《佛教音乐在日本的流传》、郭玉茹《浅谈瑜伽焰口——从佛光山瑜伽焰口法会说起》、梁蝉缨《佛教音乐观——佛乐功能与修行之关系》、蔡灿煌《从民族音乐的理论与方法——谈中国佛教音乐中念诵的采谱与分析》、陈慧珊《福州佛教音乐鼓山调在闽南地区以及台湾之流传》、宋锡球《佛教音乐之美学的接近》、叶明媚《琴禅的美学特征和审美内涵》、林谷芳《禅乐何在——禅与艺术的一点思索》、林仁昱《敦煌本五台山曲子之演艺探究》、高雅俐《佛教音声概念与音乐修行》、中西和夫《日本净土教仪礼的音乐特性——受容与创造的轨迹》、镰田茂雄《唐代梵呗的流行》、洪润植《韩国佛教音乐和仪式的发展》、金应起《韩国佛教音乐“梵呗”形式与展望》、林范勋《韩国现代佛教音乐》等 20 篇。

台湾佛光山所召开的这两次有关佛教音乐的叙述研讨会，对推动中国佛教音乐研究的深入开展起到了很大的作用。

二、基督教音乐与少数民族宗教音乐研究

（一）基督教（天主教）音乐的研究

与在中国有着悠久历史的佛、道音乐相比，基督教音乐的研究在中国起步较晚。正如许多研究者所指出的那样，由于意识形态原因所造成的基督教与西方文化的关系以及中国基督教音乐的现状等课题的空白，是中国音乐学领域内一个存在已久的问题。

20 世纪二三十年代，当时中国最大的教会组织“中华基督教会”发起倡议，呼吁各教会通力合作，共同编辑出版一本“联合新圣歌集”，并成立了“联合圣歌委员会”，杨荫浏成为圣歌编辑工作的主力，他不但翻译修订了歌词 207 首，还作曲 15 首，作词 7 首，并撰写了《普天颂赞》数字谱

（简谱）“序”。1936年5月，《普天颂赞》由“上海广学会”出版，这是中国第一本“表现中国全体基督徒教会赞美与最高尚的热诚”的圣歌集。在大约三年的编辑过程中，杨荫浏陆续将自己的心得和研究写成文章，多数发表在刘廷芳主编、由燕京大学宗教学院出版的月刊《真理与生命》[①]中。比如，在该刊第9卷第1期发表的《圣歌的翻译》一文中，杨荫浏从“格律的需要”出发，在比较了“西方文字的特性”和“中国文字的特性”之后，提出“须考虑的几种格律”。他积前后共六年研究、编辑赞美诗的经验，终于敢断然认为“在写度唱的诗歌时，应用绝对自由的新体诗，是完全不可能了”。他所提出的“须考虑”的问题，在现在的人们看来，可能过于细琐或根本不成问题，但在当时，却无不是从实践中得出的、在多少次失败的基础上摸索出的珍贵经验教训。比如他通过多少次的试验，才总结出译配词、曲的一般规律：强声地位不可用虚字，不可将词句的句读与旋律的句读错开，并主张以《中原音韵》为本，将原来的21韵归为18韵，等等，这些不但是当时中国音乐学重要的学术成果，而且作为《普天颂赞》编辑工作的指导思想，在整个编辑工作中得到了全面的贯彻。

《真理与生命》当时还发表了其他一些有关圣乐选编的文章，此后很长一段时间内国内有关基督教音乐研究的文章或著作可以说是凤毛麟角。80年代以后，刘奇在国内的音乐学刊物上率先发表了两篇文章，《中国古

① 《真理与生命》所载杨荫浏有关基督教音乐的文章有：《圣歌委员会第二次总结报告》1932年第7卷第2期；《中国信徒对于选择圣歌的文字观》，与费佩德合著，1934年第8卷第1期；《圣歌探讨之初步》，1934年第8卷第1期；《中国信徒对于配合圣歌音乐上的主张》，1934年第8卷第1期；《中国信徒对于圣歌中几个称谓词的主张》，与刘廷芳合著，1934年第8卷第3期；《西文的音乐特性》，1934年第8卷第7期；《圣歌的翻译》，1935年第9卷第1、3期；《关于〈普天颂赞〉集》，1935年第9卷第8期；《基督教的圣歌略史》，1936年第10卷第3期；《〈普天颂赞〉里的圣歌产生年代表》，1936年第10卷第3期；《圣乐的欣赏》，与费佩德合译，1936年第10卷第5、7期；《圣歌音调史》，1936年第10卷第5期，1937年第11卷第1期。

代传入的基督教会音乐探寻》[①]一文中，作者认为仅根据《大秦景教三威蒙度赞》就认定西洋音乐在唐代就传入我国的说法是值得商榷的，他指出："1294 年后西方天主教音乐才开始传入我国，这是中国最早传入的西方基督教音乐。如果说西洋音乐的初入中国是由传教士带来的，那么应首推元代，而非唐代或明代。"同时又认为基督教真正在中国扎下根子，是在鸦片战争以后。西方基督教会音乐真正在中国流传开来也是在鸦片战争以后。1988 年，刘奇又发表了《李提摩太夫妇与〈小诗谱〉》[②]一文，探讨了《小诗谱》的编辑出版、李提摩太夫妇与《小诗谱》的关系、《小诗谱》的特点作用等，认为"严格说，《小诗谱》的作者应是李提摩太夫人，而非李提摩太本人"。并且指出，《小诗谱》是用作者创造的、一种独特的工尺谱体系编成的视唱教材。它既糅合了中国传统的工尺谱，又借鉴了近代西方的基本乐理，且将两者做了粗略的比较，这在近代中国音乐史上是有一定历史意义的。

1991 年，由《中国音乐学》编辑部和中国艺术研究院音乐研究所外国音乐研究室举办的"第五届音乐理论读书研讨会"专门讨论了基督教音乐研究的问题。参加会议的有北京、上海、西安、天津、昆明等地的二十多位音乐学家。会议的中心议题是："西方音乐与基督教"，燕京神学院教授杨周怀做了题为《基督教音乐》的报告，许多学者就中心议题做了发言。《中国音乐学》1991 年第 3 期刊登了这次研讨会的三篇文章，其中李应华《对"基督教与西方音乐文化问题"的重新思考》、韩锺恩《关于宗教与音乐关系研究的"取域"与"定位"》、蔡良玉《探讨基督教对西方音乐的影响——第五届音乐理论读书研讨会综述》，都从不同角度、不同层面探讨了

① 刘奇：《中国古代传入的基督教会音乐探寻》，《音乐艺术》1987 年第 1 期。

② 刘奇：《李提摩太夫妇与〈小诗谱〉》，《音乐研究》1988 年第 1 期。

西方基督教音乐文化的问题。李应华指出“多年以来，在西方音乐史研究和教学中，有一个显而易见又未曾触及的现象，就是对‘基督教与西方文化之间的关系’的回避”，并提出了几个“可以重新思考并进行深入的研究”的问题，这包括中世纪与文艺复兴的关系及对中世纪、文艺复兴的评价问题；关于巴赫和贝多芬各自与宗教的关系问题；浪漫主义的倾向问题，以及李斯特、瓦格纳、布鲁克的宗教信仰等问题。韩锺恩认为，宗教包括两种不同的系统——信仰系统和知识系统，并提倡宗教音乐的研究进入“全文化论域”，建立“大文化研究系统”。蔡良玉的文章是对这次会议的一个综述。她概括了与会者的一个共识：“若要宏观地、深入地认识西方文明的社会和历史，就必须研究基督教；同样，若要真正认识西方音乐的历史，也不能不研究基督教。”

几十年来对西方基督教音乐的研究一直是一个空白，直到 90 年代才引起人们的注意，这方面的文章主要有周凯模《死与生的思考，爱与善的颂歌——基督教安魂曲的艺术风格和思想内涵》①、高士杰《基督教与西方音乐文化问题的若干思考》②、杨周怀《基督教音乐漫谈》③、周小静《李斯特的宗教音乐创作》④、丁方《音乐之翅与神灵之形》⑤、高士杰《基督教精神与西方艺术音乐传统》⑥、刘智强《欧洲中世纪的宗教音乐》⑦等。高士杰《基督教与西方音乐文化问题的若干思考》一文指出，“西方音乐”即“它特指

① 周凯模：《死与生的思考，爱与善的颂歌——基督教安魂曲的艺术风格和思想内涵》，上海音乐学院硕士课程毕业论文，后改名为《“安息经”中的彼岸观念及其音乐风格演变——兼谈宗教音乐文化研究》，发表在《天津音乐学院学报》1991 年第 3 期。

② 高士杰：《基督教与西方音乐文化问题的若干思考》，《中国音乐学》1994 年第 3 期。

③ 杨周怀：《基督教音乐漫谈》，载《基督教文化评论》（第 5 辑），贵州人民出版社 1997 年版。

④ 周小静：《李斯特的宗教音乐创作》，《中国音乐学》1998 年第 1 期。

⑤ 丁方：《音乐之翅与神灵之形》，载《丁方文集》，燕山出版社 1998 年版。

⑥ 高士杰：《基督教精神与西方艺术音乐传统》，《中国音乐学》1998 年第 3 期。

⑦ 刘智强：《欧洲中世纪的宗教音乐》，《文史杂志》2000 年第 6 期。

以基督教文明为基质发展起来的‘艺术音乐’”。这种对西方音乐的界定，应强调两点：1.“以基督教文明为基质”，是指在基督教文明土壤上或基督教文化传统中发展起来的音乐文化，而并非仅指基督教的宗教音乐；2.“艺术音乐”，是指专业作曲家创造出来的音乐艺术，不包括各民族传统的民间音乐文化。作者从“形”和“神”两个方面考察了基督教在西方音乐文化的历史进程中所起的作用和影响。他还认为，基督教精神对西方音乐的影响大体上说有如下两种途径：1.音乐作品在题材和体裁方面和基督教相联系；2.音乐创造中，在价值观念、心理意向上和基督教精神的内在联系。杨周怀《基督教音乐漫谈》则对基督教音乐的发展历史、对西方音乐的推动作用、音乐特点等做了梳理。周小静《李斯特的宗教音乐创作》一文洋洋洒洒近两万字，非常细致地分析了李斯特的主要宗教音乐作品，如清唱剧《圣伊丽莎白传奇》《基督》、弥撒曲《匈牙利加冕弥撒》以及为独唱、合唱管风琴（或钢琴）而作的《苦路》等，并总结出李斯特宗教音乐的写作特点为：1.将宗教的内省、沉思与世俗的舞台戏剧性、矛盾冲突相结合；2.将天主教传统的圣咏曲调和现代和声手法相结合；3.将庄严的宗教音乐气质与民间音乐生动的旋律、节奏特性相结合；4.将歌剧式的分段结构和交响化的逻辑发展手段（主导动机）以及对称结构相结合；5.将文艺复兴纯净的合唱风格和浪漫主义的辉煌音响（管弦乐）相结合。刘智强《欧洲中世纪的宗教音乐》主要介绍了欧洲中世纪宗教音乐的发展历程，指出格里高利圣咏和其他所有的方言圣咏是16世纪以前大部分西方音乐的源泉和灵感；基督教会中大部分圣咏源自中世纪，自那以后不断咏唱，留存至今；基督教圣咏记谱法开创了欧洲音乐记谱的历史，为复调音乐的形成和最终确立提供了前提和保障；中世纪“礼拜剧”直接来源于圣咏歌调，它是清唱剧的前身。

中国基督教音乐的研究，相对于对西方基督教音乐的研究来说就更显薄弱。在这个领域，杨民康的研究比较引人注目。他的《云南怒江傈僳族地区的基督教音乐文化》[①]一文，概述了中国云南少数民族——怒江傈僳族地区基督教音乐的情况，为研究基督教文化在中国的传播、演变、民族化及研究有中国特色的基督教音乐提供了一个珍贵的实例。文章首先介绍了傈僳族文字和有特性的简谱谱式在傈僳族地区的传播和发展，然后介绍了傈僳文赞美诗的种类、特征和源流，最后介绍了傈僳族教徒的音乐生活。他随后发表了《云南少数民族基督教音乐文化初探》[②]，则进一步深入探讨了基督教文化在云南传播过程中与固有文化的关系问题，指出基督教音乐对基督教在云南少数民族地区的传播，发挥了重要的推动作用，教会原有音乐与当地少数民族音乐既有抵触又有吸收，为了适应新的环境，教会发展了一种既有来自西方的传统基督教音乐，又吸收使用当地民间音乐的新的基督教音乐文化。杨周怀《杨荫浏先生在中国基督教赞美诗的翻译、编曲、作曲及作词方面所做的贡献》[③]则主要回顾了杨荫浏先生对中国基督教赞美诗的贡献。

近年来，中国汉族及少数民族地区基督教音乐的存在及历史，已引起许多学者的兴趣和关注，相信今后在这个领域内，将会有一些好的文章出现。

（二）少数民族宗教音乐研究

对于少数民族宗教音乐的研究，直到近年来才有了较大发展，其中较突出的是对萨满教音乐的研究。1986 年 7 月，在黑龙江召开的“中国少数

---

① 杨民康：《云南怒江傈僳族地区的基督教音乐文化》，《中央音乐学院学报》1991 年第 4 期。

② 杨民康：《云南少数民族基督教音乐文化初探》，《中国音乐学》1990 年第 4 期。

③ 杨周怀：《杨荫浏先生在中国基督教赞美诗的翻译、编曲、作曲及作词方面所作的贡献》，《中国音乐学》1999 年第 4 期。

民族音乐（游牧、渔猎民族音乐和少数民族音乐生活与音乐教育专题）学术讨论会第二届年会”上，对回族音乐和萨满教音乐的讨论曾形成了一个不大不小的高潮，与会者对古代“巫”乐舞的各种遗存进行了探讨，其中涉及北方各民族的萨满跳神，白马藏人的原始歌舞，纳西族的代表东巴舞、“热美蹉”歌舞，土家族的傩坛祭祀乐舞等内容。与会的学者们还通过对“清宫廷音乐与满族萨满跳神音乐的关系”的探讨来“寻觅满族音乐的芳踪”，并在比较研究之后，提出了“清宫祭天与坤宁宫祭神中音乐，是满族萨满跳神音乐的孑遗”的观点。与会者一致认为少数民族原始宗教和原始信仰活动的主持者，大都是本民族内的名歌手，他们集宗教、巫术与民间音乐于一身，既是编制者，又是传播者。与会的学者还对国外学者所谓“由于伊斯兰教的教义和禁规，伊斯兰教不存在宗教音乐”的观点提出质疑，认为在中国回族的宗教活动中存在着宗教音乐，一些现今收集到的回族宗教音乐，实际上是“阿拉伯音乐与回族民间音乐相结合的产物”。

《民族艺林》1992 年第 1 期发表的伊斯哈尔・阿里・马炳元《中国伊斯兰音乐遗存及其演变》，亦认为中国伊斯兰音乐在其传播和发展过程中，一方面继承保留了阿拉伯伊斯兰宗教音乐的特点，另一方面也糅入了中国民间音调。采用群众熟悉和感兴趣的民间曲调填词演唱，既可以被当地人所喜爱和接受，又可以起到宣传教义的效果。

同年，《民族艺林》第 1 期中，李廷禄《古朴丰厚的伊斯兰文化遗产——“经堂歌”漫议》[①]，也认为经堂歌曲是伊斯兰文化与华夏文化相结合的产物，是中国穆斯林所独创的。而刘金明《回族民间歌曲与伊斯兰教》[②]，则探讨了回族民歌与伊斯兰教的关系，认为回族民歌在语言、旋

① 李廷禄:《古朴丰厚的伊斯兰文化遗产——“经堂歌”漫议》,《民族艺林》1992 年第 1 期。

② 刘金明:《回族民间歌曲与伊斯兰教》,《民族艺林》1992 年第 1 期。

律、格式等方面都不同程度受到伊斯兰教的影响，在音域上“以单旋律为主”“以声乐为音乐的主体”，而旋律则“多具装饰性”。

新疆民族民间音乐，可以说是受到伊斯兰音乐影响最大的地方音乐。沙金的《新疆维吾尔族宗教音乐》[①]一文，概括地介绍了维吾尔族的宗教音乐，并将其分为五种类型：1. 一般性的宗教音乐；2. 萨玛音乐；3. 麦达音乐；4. 阿希克音乐；5. 巴克西音乐。这些文章，逐渐改变了音乐学界过去所持有的“伊斯兰教无音乐”的错误观念，开创了伊斯兰教音乐研究的新领域。

关于巫教音乐的研究，在少数民族宗教音乐研究中始终占有最重要的地位，邓光华《土家族傩坛巫教音乐研究报告》[②]，对当地的巫教音乐从历史地理背景、音乐形态及分类、民俗风情特征以及研究价值等方面做了全面的论述，作者认为“贵州土家族傩坛活动中，至今残留着许多原始宗教与傩仪歌舞的痕迹”。在 1988 年召开的中国传统音乐学会第五届年会和中国少数民族音乐学会第三届年会上，亦有少量有关少数民族宗教音乐研究的文章，如刘琼芳《试谈德宏地区傣族宗教音乐与人民生活的关系》一文，对傣族保留至今的有浓厚原始色彩的宗教音乐如“拜社勐”（祭保护神）、“戛买海”（跳柳神）、“喊黄唤”（招魂调）、“胡派”（念魂调）等品种的内容、形式、运用场合等做了介绍，并论述了小乘佛教传入后对原有宗教音乐的重要影响和支配作用，文中介绍了若干鲜为外人所知的宗教音乐品种，有助于人们对边陲之地宗教音乐状态的了解。李安明《白族丧礼歌曲〈歌蓼莪之三章〉初探》从“保存的客观条件”“自身的保存价值”“音乐的古老特征”三方面论证了白族的一首丧礼歌曲很可能是《诗经》中古代音乐的

---

① 沙金：《新疆维吾尔族宗教音乐》，《中国音乐》1992 年第 1 期。
② 邓光华：《土家族傩坛巫教音乐研究报告》，《中国音乐学》1988 年第 3 期。

遗存，是一个大胆的命题。孙鸿钧《清王朝发祥地新宾满族单鼓音乐考》对满族一个宗教祭祀音乐品种的由来、演变、表现形式、音乐特征等方面，做了初步的介绍。

1989 年正式发表的论文有周耘的《荆楚遗风——湖北跳丧初探》①，该文对湖北“跳丧”神乐的源头、音乐形态、审美特征等方面进行了探讨，初步研究了这种与原始图腾、原始宗教有关的、带有“超度”性质的古风歌舞。

此外，对“傩戏”的研究也有不少论文发表，如顾朴光《试论傩堂戏与宗教之关系》②、郭思九《傩戏的产生与古代傩文化》③、柯琳《傩戏音乐的“活化石”意义》④、刘必强《黔东南傩戏的表演》⑤、曲六乙《中国傩戏与日本能乐的比较——兼议东方传统戏剧的特征》⑥、王廷信《祭仪剧：中国民间戏剧的重要形式》⑦等。顾文肯定“傩堂戏渊源于古代驱鬼逐疫的傩祭活动”，并叙述了傩堂戏的传说与搬演，傩堂的组织、传承及内坛、外坛的情况。柯琳的文章通过分析傩戏的特点，进而指出：傩戏中保留了早期原始社会生活的痕迹，具有中华民族音乐历史的“活化石”意义。而广西出版的《民族艺术》，自 1992 年起，开设了“傩戏学研究专栏”，陆续发表了一系列包括音乐舞蹈在内的傩文化研究的文章，使傩戏研究保持着一股令人欣慰的势头。

对于藏族宗教音乐的研究，1990 年出现了一些专论，在《中国音乐

---

① 周耘：《荆楚遗风——湖北跳丧初探》，《黄钟》1989 年第 1 期。

② 顾朴光：《试论傩堂戏与宗教之关系》，《贵州民族学院学报》1989 年第 3 期。

③ 郭思九：《傩戏的产生与古代傩文化》，《民族艺术》1989 年第 4 期。

④ 柯琳：《傩戏音乐的“活化石”意义》，《音乐研究》1991 年第 3 期。

⑤ 刘必强：《黔东南傩戏的表演》，《贵州文史丛刊》1996 年第 1 期。

⑥ 曲六乙：《中国傩戏与日本能乐的比较——兼议东方传统戏剧的特征》，《民族艺术》1996 年第 3 期。

⑦ 王廷信：《祭仪剧：中国民间戏剧的重要形式》，《山西师范大学学报》1996 年第 4 期。

学》1990 年第 3 期上，中国少数民族音乐学会和四川阿坝藏族羌族自治州群众艺术馆联合举办专栏，其中有钟忠的《嘉戎藏族地区宗教寺院“钦姆”音乐》、旦木秋的《藏族宗教仪式中的迎宾曲》，与《中国音乐》1990 年第 2 期上发表的才让当周的《拉卜楞寺道得尔乐队及其乐谱》等文，给人一种藏族宗教音乐研究即将全面展开的印象。

1991 年，在少数民族宗教音乐研究领域里出现了一件可喜的事：这一年的 10 月，在思茅—西双版纳，云南省民族艺术研究所、《器乐曲集成・云南卷》编辑部等单位联合召开了“云南省首届宗教音乐研讨会”，这是全国第一次召开省级有关宗教音乐的专题学术会议。会上，数十名代表提交了论文，并邀请省内外有关专家蔡家琪、费师逊、田青做了专题报告。会上提交论文所涉及的范围较广，除去佛、道音乐外，绝大部分的内容系少数民族宗教音乐。其中有：《中甸县藏传佛教音乐考释》（和佳庚、吴学源）、《景洪县嘎洒乡曼洒佛寺升祜巴仪式调查》（曾安秀）、《剑川佛教音乐初探》（张文）、《景谷小乘佛教音乐活动简介》（邵金山）、《师宗瑶族受戒音乐调查》（黄宗堂）、《镇沅县拉祜族（苦聪人）麦祭活动纪实》（何盛永）、《中甸纳西族东巴音乐浅析》（和佳庚）、《罗平县布依族原始宗教音乐初探》（张亚森）、《克木人原始宗教及其音乐调查》（杨力）、《勐海县拉祜族“叫魂调”和“哭丧调”》（居少云）、《基诺族大鼓调与祖先崇拜》（杨荣）、《元阳傣族原始宗教音乐》（杨保清）、《绿春哈尼族原始宗教音乐》（兰明红）、《西双版纳哈尼族（爱尼人）原始宗教音乐调查》（李安明、黄富）、《彝族祭祀活动中的“放羊调”与“十二属相”小议》（袁登学）、《白族信奉本主祭祀活动调查》（杨明高）、《纳西族东巴音乐文化简述》（和力民）等。

这批论文从不同侧面，不同角度，全景式地勾画出了云南省宗教音乐研究的状况。其中有些论文材料翔实、丰富，反映了云南省音乐工作者长期深入生活、扎根基层、孜孜以求的精神和丰厚的科研成果。但有些文章尚停留在初步的、表层的描述上，略显单薄，学术深度不够，尚需深入地研究。

有关萨满音乐的研究一直是少数民族宗教音乐研究中的一个重点，80年代以后已经有二十多篇这方面的论文。其中成绩最大的是石光伟和刘桂腾两人的早期合作，对萨满音乐的研究起到了开拓性的作用。刘桂腾陆续发表了十多篇关于萨满教音乐的论文，他的《萨满教与满洲跳神音乐的形成及其流变》① 一文认为，满洲跳神音乐萌生于萨满教仪式，而非一般参与性音乐。文章分别论述了“作为满洲萨满教仪典的‘跳神’”“作为满、汉祭祀——娱乐活动的单鼓”“作为满、汉妇孺之戏的太平鼓”三部分内容。刘桂腾还在1999年出版了《满族萨满乐器研究》② 一书，分四部分详细介绍了满族萨满教所用的各种乐器及其功能、历史和象征意义。他认为，乐器及其所演奏的器乐是满族萨满祭祀的重要表现手段和与神灵沟通的媒介，它们从形与声上构筑了萨满仪典的“物质”框架。这些乐器同时充当了祭器的角色。满族萨满乐器的形制及其配置模式实际上是“万物有灵观”的物化形式。

乌兰杰在《蒙古萨满教歌舞概述》③ 中，简要论述了蒙古萨满教祭祀中歌与舞的功能作用，认为萨满教歌舞是蒙古萨满宗教活动的主题部分，它除了具有宗教功能外，还兼有人神同享的世俗性特点。石光伟《满族萨满歌舞的根基与传承说》④，通过长期实地考察、采风所得到的满族萨满的史料和实录，探索了满族萨满歌舞的历史源流，说明满族萨满歌舞是中华民族传统文化的重要组成部分，也是以往满族社会生活的一个重要内容。冯

① 刘桂腾：《萨满教与满洲跳神音乐的形成及其流变》，《音乐研究》1992年第3期。

② 刘桂腾：《满族萨满乐器研究》，辽宁民族出版社1999年版。

③ 乌兰杰：《蒙古萨满教歌舞概述》，《中国音乐学》1992年第3期。

④ 石光伟：《满族萨满歌舞的根基与传承说》，《满族研究》1992年第3期。

伯阳《文化人类学视野中的满族萨满音乐——对萨满音乐的价值判断》[1]则从萨满音乐的源流、构成要素、发生机制、本质等四个方面论述了萨满音乐的文化特征。傅彦滨、傅翠屏合写的《满·通古斯语族四民族萨满歌曲属性辨析》[2]主要考察了满·通古斯语族的满族、鄂温克族、鄂伦春族及赫哲族的萨满歌曲的情况。作者认为，在萨满主持的祭祀仪式中和跳神中，都用本民族的语言、萨满舞蹈和萨满歌曲来传递各种“天神”“图腾神”和“祖先神”的各种信息，表达各种思想、崇拜和赞美自己民族的神灵。四民族都把萨满原始宗教作为本民族生活、民族精神、民族性格等方面的主要根基。萨满歌曲的属性也与其民族属性息息相关。

周凯模《少数民族宗教乐舞与宗法文化》[3]《民族宗教乐舞与神话哲学》[4]《民族宗教乐舞与原始科技》[5]则是从整体上对少数民族宗教乐舞进行了考察。她于 1992 年出版了《祭舞神乐——宗教与音乐舞蹈》[6]一书，以云南少数民族的宗教歌舞为例，分析了宗教乐舞与神话哲学、原始科技、自然经济、宗法文化、礼法乐教及生死礼俗的关系。

中国是一个多民族的国家，拥有 56 个民族，而在大多数少数民族的文化中，宗教文化又占有极重要的地位。中国的少数民族宗教音乐蕴藏量极为丰富，是中国各民族传统文化中非常重要、非常宝贵的内容。与少数民族宗教音乐在少数民族人民生活中所占的地位相比，对少数民族宗教音乐的研究还很不够。但是，随着社会的发展、文化的进步，当越来越多的音

---

① 冯伯阳：《文化人类学视野中的满族萨满音乐——对萨满音乐的价值判断》，《音乐研究》1997 年第 2 期。

② 傅彦滨、傅翠屏：《满·通古斯语族四民族萨满歌曲属性辨析》，《中国音乐》1999 年第 1 期。

③ 周凯模：《少数民族宗教乐舞与宗法文化》，《音乐研究》1991 年第 4 期。

④ 周凯模：《民族宗教乐舞与神话哲学》，《民族艺术》2000 年第 3 期。

⑤ 周凯模：《民族宗教乐舞与原始科技》，《民族艺术》2000 年第 4 期。

⑥ 周凯模：《祭舞神乐——宗教与音乐舞蹈》，云南人民出版社 1992 年版。

乐学家开始关注这一领域时，中国少数民族宗教音乐的研究一定会走向深入与繁荣。

（原载《中国宗教音乐》，宗教文化出版社 1997 年版）

“京音乐”与“怯音乐”

——北京佛教音乐中的“都市派”和“农村派”

在中国，汉传佛教的法事音乐大致有两个系统：一个是在庙内举行，全部由出家人主持完成，不用乐器，只用法器的“禅门佛事”；一个是在施主家里举行，由“应酬僧”或民间“吹鼓手”主持完成，用法器也用乐器的“应门佛事”。

在北京，“应门佛事”又分为两派：一个是以东城智化寺音乐为代表的“京音乐”（意思是“京城的、都市的音乐”）；一个是主要流行在北京郊区农村的所谓“怯音乐”（意思是“土的、乡下的音乐”）。因为“怯”（qie）本来是都市人对农村人、外地人说话口音的贬称，所以，实际上只存在着自称“京音乐”的流派，而主要流行在郊区农村的佛教音乐家们不同意、不使用，甚至反感“怯音乐”的称谓。那么，这两个流派是否真的存在？如果存在，它们之间又是什么关系呢？为了弄清这个问题，我们可以将智化寺音乐与在北京郊区影响最大的京西海淀“张广泉乐社”的音乐做一番比较。

我们的比较可以从以下几个方面进行：乐器及编制、乐曲及法事内容、乐人及传承方式。

一、乐器及编制

智化寺与张广泉乐社在乐队编制方面几乎完全相同，其基本编制都是以"笙管笛"加"铛铬鼓"，即笙、管、笛这三种吹管乐器再加上云锣和铛子、铬子、鼓等打击乐器，而且其主奏乐器都是管子。根据中央音乐学院中国古代音乐研究室所编《智化寺京音乐（一）（二）》[①]载，在1953年，智化寺乐队的编制是：

管二、笙二、笛二、云锣二、鼓一、铛子一、铙一、钹一、铬子一（小镲）。

张广泉乐社的编制有着较大的机动性和灵活性，他们根据主家的要求而随时调整乐队的编制和大小，从最少的5个人到较多的15个人，以单数递增。最普通的一种编制是7个人。7人的乐队编制和排列形式（坐乐及行乐）：

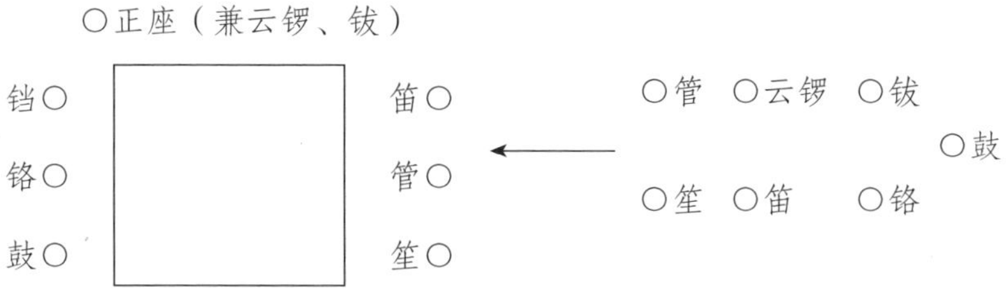

15个人的行乐队列如下：

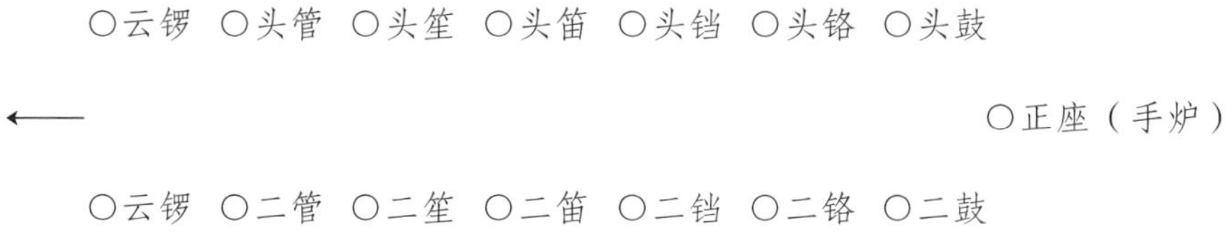

此外，这两个乐队的打击乐器一般还会有引磬和吊钟（挂在鼓架上的

① 杨荫浏等：《智化寺京音乐（一）（二）》，中央音乐学院中国古代音乐研究室，1953年油印本。

小忏钟）。两个乐队的区别是智化寺的编制比较固定，不但“笙管笛”各为两支，云锣和法器也都是两架；而张广泉乐社的编制则不固定，完全根据主家的需要，一般来说，以“笙管笛”各一支，云锣也只用一架的形式为主。这或许与他们各自服务的物件和地区不同有关。在城里，常常会有些大户人家，这些人家在邀办佛事时，希望乐队要有一定的规模甚至邀请两个或多个乐队同时演奏，借此显示主家的财势地位。而张广泉乐社所服务的群体，一般是郊区的普通农民，所以，7 人的编制，即“正座”（主法者，俗称“大帽”）加“笙管笛”“铛铬鼓”的编制，最适合普通人家的需要而且一点也不影响对乐曲的表现。当然，乐队最少的编制是 5 个人，再少就不行了。5 人的编制没有笛，从此可知，在佛教乐队中“铛铬鼓”的重要性甚至超过了“笙管笛”，而在管乐器中，管的地位和作用最高，被称为乐队的“领袖”。5 人坐乐及行乐的排列如下：

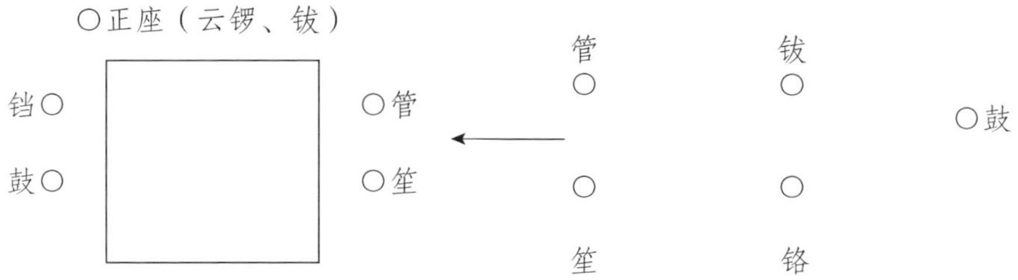

“京音乐”与“怯音乐”的唯一不同，便是前者用小管，后者用大管。智化寺所用管通高 178mm，外径 17mm，内径 10—13mm，筒音为 f；张广泉乐社一般用的管通高 345mm，外径 35mm，内径 10—13mm，筒音为 d；大管与小管的质地、工艺、构造，甚至内径等均基本相同，只是通高及外径尺寸不同。而这种不同，则使两者的音色、音量产生了差异。小管的音量较小，音色细腻、柔和，适合演奏典雅、幽静的乐曲，而大管则音色雄厚、高亢，音量较大，适合在户外广场演出。

至于其他的乐器，如笛、笙及铛、铬、鼓、钹、云锣等，无论形制还是演奏法，则完全相同。

二、乐曲及法事内容

智化寺的艺僧与张广泉乐社的吹鼓手们所做的法事内容亦基本相同，都主要是应主家的要求，为主家超度亡灵，祈福求安。其主要的法事，也都是“放焰口”，即按《救拔焰口饿鬼陀罗尼经》救赎亡灵。他们所放的“焰口”，也都属于“音乐焰口”，有别于由清修僧所做的“禅焰口”[①]。在“放焰口”的过程中，他们都会在吟诵经文的间隙里演奏乐曲。他们所演奏的乐曲也大多相同，但智化寺保持了更多的套曲，而张广泉乐社则以演奏“只曲”（单独的乐曲）为主，即使演奏套曲，也经常有所删节。比如智化寺所演奏的《锦堂月套曲》，包括《锦堂月》《水晶堂》《锦翠屏》《金字经》《五声佛》《撼动山》。而张广泉乐社常常不演奏前三首乐曲，只演奏后三首乐曲，即“金、五、山”[②]。

应该说，智化寺所保存的佛乐更符合古代佛乐的全貌。而张广泉乐社则更多地吸收了民间的东西和当代的音乐。在民间法事中，张广泉乐社的音乐家们常常会在法事的间隙中应听众的要求演奏一些群众喜爱的民间乐曲甚至流行音乐，使超度亡灵的“丧事”带上了一种欢乐的色彩。这不仅仅是因为在传统的中国人看来，死人的“丧事”与婚嫁的“喜事”一样，都是人生必不可少的组成部分，而且，与婚嫁一样，死亡也意味着新生命

① 不用乐器，只用法器，即不用笙、管、笛和云锣，只用敲击乐器铛、铬、鼓、钹、木鱼、引磬的焰口称为“禅焰口”，用乐器的焰口称为“音乐焰口”。

② 民间艺人称《金字经》《五声佛》《撼动山》这三首经常连续演奏的乐曲为“金、五、山”。

的开始。所以，在中国，丧事与婚嫁的喜事合称为“红白喜事”，嫁娶是“红喜”，死人是“白喜”。这其实很符合佛教“轮回”的思想。

三、乐人及传承方式

智化寺是北京数百所寺庙中的一座。《明宪宗实录》载：“成化十七年以前，京城内外敕赐寺观至六百三十九所，后复增建，以至西山等处相望不绝。自古佛寺之多，未有过于此时者。”一直到 1949 年中华人民共和国成立之初，北京佛寺之多，仍居全国之首，而其中如潭柘寺、卧佛寺、碧云寺、法源寺、戒台寺等古刹名寺，更是历史久远，影响深广，声播域外。与这些名寺古刹相比，智化寺不但“年轻”，而且“力弱”。智化寺的为人所知，是在 20 世纪 30 年代以后。它的出名，主要靠两件事：第一，是 30 年代“中国营造学社”对智化寺建筑艺术进行的考察；第二，是 20 世纪 50 年代中国艺术研究院音乐研究所（当时称“中央音乐学院古代音乐研究室”）对智化寺音乐的考察。

1953 年，能演奏智化寺音乐的艺僧还有 19 人，其中最大的，当时已 86 岁。据说，智化寺招收和训练门徒有着严格的规律，他们只收 12 岁以下的小孩子。小孩子入寺后，必须经过整整 7 年的严格训练，要求在一条很窄的板凳上练习吹奏和敲击，其中还经常受到体罚，最后要求达到这样的标准——能够连续四五个小时在冰天雪地或赤日炎炎中演奏吟诵而仍然字正腔圆、音调正确。

张广泉乐社收徒则没有严格的标准，有从小招收的徒弟，也有不同年纪的学徒，事实上，只要是爱好佛乐且有一点基础的人，都有可能在张广泉的周围学习佛乐。张广泉为人侠义，家中常常有许多“闲人”，甚至一些身处社会最下层的残疾人也在他家和他的音乐中找到一种慰藉。他奉行一种“我有饭吃，大家都有饭吃”的生活方式和“众生平等”的佛门教诲，所以，他去世后，这些在他生前受过他善待的残疾人至今仍然经常到他的坟前祭奠致哀，表现了一种不同寻常的感情。

近百年来，佛教音乐曾受到了空前的冲击。有着各种政治观点的“革新派”们，在把中国推向现代化的同时，都不约而同地把这些古老的文化遗产视为铲除的目标。从1909年清政府颁布《废庙兴学令》开始，中国佛教便急速衰落，1952年，当一些音乐学家重新“发现”智化寺京音乐时，北京的艺僧们已濒临绝境。其后音乐学家们的高度重视和短暂的集中研究，使智化寺京音乐一度名声大振。但50年代开始的政治运动很快使这一学术高潮成为昙花一现。尤其是“文革”的冲击，更给中国佛乐带来了灾难。但是，长期以来，智化寺的艺僧们不但为佛教音乐的保存和发展贡献了他们的聪明才智，也以他们的精湛技艺维持了寺庙的生计。同时，以张广泉乐社为代表的民间吹鼓手们，也一直活跃在社会下层，即使在“文革”中，也没有完全断绝，始终处在地下活动的状态。“文革”结束之后，北京的佛教音乐才重见天日。不论是智化寺还是张广泉乐社，都重新恢复了生机。1986年，在一些有识之士的努力下，以仍在世的老艺僧们为主，成立了北京佛教音乐团。1987年，该团应邀赴德、法、瑞士等国访问；1989年，该团应邀赴新加坡访问；1996年，参加德国国际宗教音乐节，今年9月10日将赴比利时和捷克参加国际音乐节。目前的北京佛教乐团已将智化寺和张广泉乐社的传统都继承了下来。

（原文宣读于捷克布拉格“亚洲音乐研讨会”，1999年9月）

杨荫浏与中国宗教音乐

一、道教音乐——启蒙、阿炳、青城山

中国音乐学的一代宗师杨荫浏，在中国音乐学的许多领域进行了开创性的工作。宗教音乐，即其中一个重要领域。在20世纪的差不多一半的时间里，宗教音乐在中国曾经是一个禁区。而今天，当越来越多的中国音乐学家认同完整的中国传统音乐除民间音乐、宫廷音乐、文人音乐外，还必须包括宗教音乐的时候，人们会更加怀念杨荫浏当年筚路蓝缕、开辟草莱的工作。

杨荫浏与宗教音乐的渊源是相当深远的，实际上，杨荫浏的音乐启蒙和最早接触的中国传统音乐便是宗教音乐。杨荫浏自己在《杨荫浏小传》中写道："1906年起，开始向道教音乐学得箫、笛和笙的吹奏技术。"[①] 华蔚芳、伍雍谊编写的《杨荫浏评传》则写得更为详尽："杨荫浏自幼喜爱音乐。他的启蒙老师是一位小道士。原来，在他六七岁时，邻居中有一位名颖泉的小道士，是有一定音乐修养的道教乐手。他与其兄荫溥一道，每

① 《杨荫浏小传》，载《杨荫浏（纪念集）》，台北社团法人中国民族音乐学会1992年版，第99页。

天放学回家，就向颖泉学习演奏箫、笛、笙和胡琴，并抄录工尺谱本民间器乐曲。几年间，学到了不少民间乐曲。11 岁时，因颖泉转到城外道院工作，音乐学习中断。后来有一班道士来他家做法事，兄弟俩就向他们请教乐器演奏技术，道士们推荐同伙中技艺最好的阿炳（华彦钧）教他们。这样，杨荫浏又向阿炳学习弹奏琵琶和三弦。”① 一直到 1911 年，因其父不愿自己的儿子经常和道家吹鼓手们厮混，又希望儿子对音乐的爱好可以让他不淘气，才让他拜无锡“天韵社”的昆曲名家吴畹卿为师，学习昆曲。

似乎可以这样说，中国的道教音乐和天才的道教音乐家阿炳，给了杨荫浏以终生的影响。不仅仅杨荫浏对中国民间乐器的掌握及对中国民间音乐炽热的感情来自道教音乐家的传授和熏染，他日后对民间音乐搜集、整理、研究的学术工作，也在此时打下了感性基础。杨荫浏后来公开出版的《十番锣鼓》《苏南吹打曲》的音乐，其实在他幼时即已种在心中。1979 年夏，他在为中国艺术研究院的研究生授课时说：“我初对音乐发生兴趣，是在六七岁时结识了颖泉道士，受到他的感染而后逐渐浓厚起来的。他教我吹笛、吹箫、拉二胡、吹笙，每天晚上都同他泡在一起。我学的大都是曲牌，后来才知道这些曲牌实际上就是‘十番锣鼓’音乐。此外，还有‘江南丝竹’的传统曲目如《三六》《中花六板》等。”② 江南的道教音乐和受道教影响的丝竹乐曲，构成了杨荫浏音乐修养的深层基础，在他后来的几乎所有研究中，都可以看到这个文化背景的影响和作用。阿炳在杨荫浏的一生中也有着突出重要的地位。在他十二三岁时，颖泉离开无锡后，杨荫浏有幸和阿炳学习了约一年的时间。道士身份的盲人音乐家阿炳，恐怕不仅

---

① 杨荫浏:《杨荫浏小传》，载《杨荫浏（纪念集）》，台北社团法人中国民族音乐学会 1992 年版，第 118 页。

② 杨荫浏:《最后的课》，载《杨荫浏（纪念集）》，台北社团法人中国民族音乐学会 1992 年版，第 60 页。

仅教会了杨荫浏琵琶和三弦。这位埋没在民间的天才，这位有着极强个性并带有传奇色彩的民间艺人，这位历尽人间的苦难却奉献给人类以不朽旋律的大师，这位看不见世界但却以其心血凝成的作品使世界变得更加光明的盲人，不会不在一个聪颖、敏感的少年心中留下永难磨灭的烙印和深刻的、尽管有时是潜在的影响。在少年时代能遇到阿炳这样的人物并有一年的时间沾其恩泽、沐其雨露、从其耳提面授，是杨荫浏的福气。也许，杨荫浏后半生所表现出的对音乐“人民性”的执着，在他与始终生活在社会底层却浑身散发着音乐之光的阿炳接触之时便已经萌生了。中华人民共和国成立后对马克思主义的学习，只不过使他出自内心的、更多的是感性的认识进一步理论化而已。另一方面，如果阿炳没有这次与杨荫浏的结缘，世人可能至今也不知道在20世纪的前半叶、在中国无锡一条窄窄的石子路上，曾日日走过一个小名叫“阿炳”的瞎子；更不会知道如今已脍炙人口并已成为中国传统音乐经典的名曲《二泉映月》。因为，在中国历史上，谁也说不清有多少像阿炳一样的民间音乐家默默地生来、又默默地死去了；谁也说不清有多少像《二泉映月》一样深刻美丽的乐曲曾经回荡在穷乡僻壤间，却最终消失在青山绿水中了。“曲终人不见，江上数峰青。”在中国漫长的封建社会里，也许只有宫廷与寺庙道观才能够长期成为音乐家的恩主，能够为民间音乐家的专业化和音乐才华的积淀、升腾提供起码的物质条件，并使中国的传统音乐脉脉相延。当少年杨荫浏与穷道士阿炳相遇的那一刻，已在中国流传了千百年的道教音乐终于找到了一个可以将其绚烂的音乐之花公之于众、播之于外、垂之于永久的人；而未来的中国音乐学的奠基人与开创者之一的杨荫浏，也在那一刻注定了终生与宗教音乐有斩不断的关联。

杨荫浏对道教音乐有意识的搜集、整理工作始于1937年。这一年，杨荫浏“回无锡度假，经道家友人阚献之、朱勤甫、邬俊峰、惠胡泉、王云坡等协助，搜集苏南民间音乐数十本进行研究，采集各家之所长，整理成《梵音谱》《锣鼓谱》两种手稿。……之后，此谱即成为无锡一带道家通用的曲谱”[①]。从道家中来，到道家中去，这两本乐谱的搜集、整理，是杨荫浏在进行了基督教赞美诗集《普天颂赞》的工作之后进行的。看来，对于作为音乐学家的杨荫浏来讲，宗教的信仰丝毫也没有影响他的学术兴趣。

杨荫浏第一次对全真派道教唱诵的系统搜集，起于一次繁忙工作中间难得的闲暇。“1942 年暑假，应基督教会邀请，赴四川青城山避暑，住常道观，从一青年道士采录到道教音乐九阕。据云该道士能唱诵有音调的赞歌百余阕。词见《道藏辑要·全真正韵》一书，音调全凭口授。后因观主阻拦，未能采录更多。”[②] 在青城山，杨荫浏第一次听到道教全真派的宫观唱诵，而在此之前，无论是颖泉还是阿炳，都属“正一道”，即民间所谓的“火居道”。与“火居道”以为老百姓做法事为目的、民间气息浓郁的音乐不同，全真派的课诵音乐更具历史性和宗教性，其中大部分音乐渊源甚古且传承有自。从青城山的道教课诵竟然使其时早已成为基督徒的杨荫浏诗兴大发，于一天之内连写了三首他并不常写的古体诗来看，青城山与全真派的道曲的确使杨荫浏耳目一新，焕发了他无尽的想象和激情。这三首七言绝句和诗前的小序，均作于 1942 年 8 月 12 日。[③]

《青城山圆明宫前闻鸟鸣》八月十二日

三十一年七月二十六日在青城山圆明宫前林间散步，闻四下鸟鸣，自谐音律。时作六上，时作六五，时作六尺，时作工六，大都两音反

①② 华蔚芳:《杨荫浏年表》，载《杨荫浏（纪念集）》，台北社团法人中国民族音乐学会 1992 年版，第 109 页。

③ 《杨荫浏手迹 · 心声》，载《杨荫浏（纪念集）》，台北社团法人中国民族音乐学会 1992 年版，第 88—90 页。

复，倾之复改其他两音。转瞬而五音毕备。其上音相当于婴D音，林间诸鸟，相互应和，同度鸣声，高低均不谋而合。八月七日又闻较为复杂之鸣声，反复作六五五六，工工尺上两乐语，两乐语之结音，相隔五度俨然成前后之应答。昔者伶伦听凤凰之音以定律吕，后人指为神话而忽之。闻此，乃知非无可能。

朝霞未敛鸟初歌，羽徵商宫酬应和。
何必昆仑裁竹律，青城山曲凤凰多。

《听常道观早晚鼓声》八月十二日

道士云鼓调系曲传风云雷雨之神情。

风云雷雨急声催，海震山摇天地危。
暮暮朝朝传鼙鼓，千呼未醒劫余灰。

《听常道观早晚坛功课》八月十二日

观中早晚坛功课，唱颂赞歌，不用丝竹伴奏，唯以鼓钟鱼磬等器为节。词与节奏，均见《道藏辑要》中《全真正韵》一书。音调不见于书，全凭口授。有《白鹤飞》《步虚韵》《青华引》等歌，约百余阕。

钟鼓鱼磬又重闻，梵唱清幽响入云。
白鹤步虚青华引，自来正韵数全真。

鸟声、鼓声、歌声，青城山的大自然与人文环境使杨荫浏像孩子一样充满着强烈的好奇心，也引发了他对历史探寻的无限热情。从他亲耳听到的鸟鸣的旋律化现象，他想到被当时的“疑古派”们斥为妄谈的伶伦作律的“神话”并非没有可能。而与神秘的鸟鸣交融在一起、“梵唱清幽响入云”的道教钟磬之声，也许已经在这位年轻的音乐家心里埋下了日后对中国古代音乐史加以认真梳理的愿望。这段短暂而奇特的生活经历，给了杨荫浏深刻、强烈的印象，也始终活跃在杨荫浏的记忆里。那个使他当时未能完成记谱工作的道观住持，杨荫浏则终生也没有原谅。1961 年，杨荫浏在其《如何对待我国的宗教音乐》一文中提到道教音乐时，再一次表达了他当时的遗憾和不悦："记得，约在 1942 年的夏天，我在四川青城山天师洞的常道观，曾听到道士们在一次法事中唱的许多宗教歌曲，其中有少数歌曲的音乐相当朴素活泼，有着民间生活气息。后来借到他们题为《全真正韵》的歌词集一翻，发现一百几十首歌词中间，有相当数量的歌词是用诗的形式和［调笑令］等词牌的形式写成的。在感觉唐诗、宋词的音乐缺乏材料的时候，我觉得应该把他们的全部歌曲记写下来，以备参考。可是事与愿违！我仅仅找到了一位唱得比较好的青年道士，和他会见了两次，刚刚记下了开头十来个满含宗教情调的曲调，那位势利贪财的道观住持，为了取媚几百个有钱有势的施主，为了安排招待、收房金、记客饭账等事务，把那个青年道士调度得忙碌不堪，而且对他进行了警告，不许他再来和我接近了！"①

一直到 20 世纪后半叶，杨荫浏才得以出版《瞎子阿炳曲集》②《苏南吹打曲》③和《十番锣鼓》④，以此回报在其幼年时道士阿炳及江南道教音乐所给予他的一切。令人百感交集的是，出于众所周知的原因，从出版《苏南吹打曲》到出版《十番锣鼓》之间竟隔了近三十年的时间！

---

① 杨荫浏：《如何对待我国的宗教音乐》，《文汇报》1961 年 5 月 10 日。

② 与曹安和、储师竹合编，上海万叶书店 1952 年版，音乐出版社 1954 年第 2 版，更名为《阿炳曲集》。

③ 与曹安和合编，音乐出版社 1957 年版，1982 年重印时改名《苏南十番鼓曲》。

④ 人民音乐出版社 1980 年出版，系整理 20 世纪 30 年代所记录之旧谱。

二、基督教音乐——郝路义及《普天颂赞》

杨荫浏本人是基督徒。他之所以成为基督徒，与另一个对他的一生起着重要影响的人有关。这个人，是一个有着虔诚宗教信仰与良好音乐修养的美国女传教士，叫 Louise Strong Hammond，中文名字是郝路义。奇妙的是，杨荫浏认识阿炳与郝路义这两个注定要在他生命中出现的引路人，几乎就在同一年。

那一年，杨荫浏 12 岁，正是开智萌志、像海绵一样吸取知识与思想的年纪。多年之后，当在中国终于不再因为一个人仅仅“与西方资产阶级人士有关系”便对其构成危险的时候，杨荫浏对他的学生们承认 ：“十二岁那年，遇到美国传教士郝路义，她很喜欢我，教我学英语和外国音乐。我曾称为‘干妈’。”她请人给他上视唱课，她自己则教他演奏风琴和作曲。实际上，即使从最唯物主义的观点来判断，杨荫浏日后的成功与作为也已经在他十二三岁时注定了。换句话说，假如日后这个无锡的少年没有出息的话，那他实在是辜负了命运对他特别的眷顾。在中国老一代的音乐家中，我不知道还有谁有他这样的福气，在对音乐最感兴趣、最敏感的少年时期，不但衣食无忧，且同时遇到两个老师：一个是东方的道士，老子的弟子；一个是西方的传教士，基督的门徒。一个将老祖宗一代一代传下来的、将东方的伟大思想和民间文化糅为一体的道乐精华传之以薪；一个远涉重洋，将人类有史以来最成功的文明成果遗之于堂！历史的神秘之链让阿炳与杨荫浏连接在一起，而上帝则派来了郝路义。也许，在阿炳教杨家这位小少爷弹琵琶、三弦的背后，并没有什么别的动机，但郝路义发现这个聪颖的中国少年的时候，却的确怀着巨大的期望。“上帝遴选了你”，这很可能是郝路义不止一次对杨荫浏说过的话。杨荫浏清楚地知道 ：“她是想把我培养成宗教音乐家。”[①]应该说，郝路义的这个愿望是在某种程度上实现了。在她的影响下，杨荫浏约于1920年加入基督教，成为中华圣公会教徒，并最终为中国基督教音乐的发展做出了巨大的贡献。

基督教传入中国后，许多原来流行于西方基督教会的赞美诗曾传入中国，在中国各地的基督教会中使用。一些外国传教士也从很早便开始尝试编辑出版一些适合中国教徒使用的赞美诗集和乐谱。英国伦敦福音会传教士马礼逊（Robert Morrison，1782—1834）于1818年所编的《养心神诗》，与在华天主教会强调以拉丁文歌唱不同，开创了以汉文歌唱赞美诗的先例。此后，各种各样的赞美诗集在中国各地、各教派陆续出现，有些还有相当大的影响。如1872年由布劳盖（H. Blodget，1825—1903）和富善（Ch. Goodrich）所编辑出版的《颂主诗歌》，就被称为“内容丰赡影响广泛”[②]。同年由狄就列编辑出版的《圣诗谱》，亦有一定影响。为了吸引更多的中国教徒，一些传教士还曾先后致力于基督教音乐中国化的尝试。李提摩太夫妇于1883年编辑出版的《小诗谱》，虽然主要是一本为了训练中国教徒唱颂赞美诗的工尺谱视唱教材，但已收录若干中国曲调。李提摩太还曾将他所记录的中国佛曲曲调编配赞美诗。1883年，山西霍州人、英国新教内地会牧师席胜魔创作的《我们这次聚会有个缘故》，是中国人创作的第一首中国的赞美诗曲调。[③]但是，到了20世纪初，随着基督教的发展和中国社会的急剧变化，原有的赞美诗集已不能满足教徒们的需要，编辑出版一本通用的、实用的、能全面满足所有中国基督徒宗教生活需要的赞美诗集的工作，便显得越来越迫切、越来越重要了。

1928年，时在宜兴中学担任训育的杨荫浏被举为中华圣公会统一赞

---

① 《最后的课》，载《杨荫浏（纪念集）》，台北社团法人中国民族音乐学会1992年版，第59—60页。

② 冯文慈：《中外音乐交流史》，湖南教育出版社1998年版，第254页。

③ 陶亚兵：《中西音乐交流史稿》，中国大百科全书出版社1994年版，第175页。

美诗委员会委员，参与编辑圣公会赞美诗集的工作。起初，他的任务只是修改 20 首译诗。后来，他发现他所修改的这 20 首译诗以及其他诗作虽然“词句流利，译意贴切 ”，但不合格律，不适于歌唱。看来，真正编辑一本高水平的赞美诗集的工作并没有当初想象的那样简单。[①] 于是，在这一年的秋天，他辞去教职，应基督教圣公会之聘，为编辑新的赞美诗集开始了专职工作。他先赴南京后至杭州，经过两三年的努力，辑成《颂主诗集》一册，于 1931 年编辑完成并由圣公会内部印发全国各地圣公会征求意见。与此同时，中国基督教的另一教派美以美会也在为编辑一本新的赞美诗集而工作。在这种情况下，中国最大的教会组织中华基督教会发起倡仪，呼吁各教会通力合作，共同编辑出版一本“联合新圣歌集”，并通函全国各地多数公会，征求意见。在各公会相继表示同意后，由“六公会”组成的“联合圣歌委员会”宣告成立。这个委员会共有 32 名委员，其中包括“六公会”的代表、中国基督教的元老、耆宿和在宗教音乐方面有专长的重要人物，如沈子高、李抱忱、范天祥、刘廷芳、郝路义等，年轻的杨荫浏也被选为委员。1931 年 9 月，编辑委员会召开第一次会议，“合六公会必要之圣歌……其后都经通过，无问题的采纳。其余的圣歌，各就其本身价值，逐一讨论，或选或否，均经公决定夺”[②]。这次会议，共开了 10 天，在这次会议上，通过了关于此次中国基督教有史以来规模最大的编辑工作“理想与目的”的理论阐述：

> 本委员会之目的，为欲产生一足以表现中国全体基督徒教会赞美与最高尚的热诚之诗本。希望藉着属灵的思想，文字之趣致，与音乐

---

① 杨荫浏:《圣歌的翻译》，载《真理与生命》第 9 卷第 1 期，燕京大学宗教学院 1935 年版，第 35—42 页。

② 《普天颂赞》线谱本“序言”，载《普天颂赞》，上海广学会 1936 年版，第 3 页。

> 之标准，在各教会中，增高中文圣歌之质。故所产生之诗本，务期适于唤起各种基督徒团体礼拜时之虔敬心，务必包含一切时节，与教会生活各方面之所需要之诗，所包含之诗，务期使教会以内之男女老幼，不分教育程度，皆能了解，且在可能范围以内，使教会以外之人，亦易于了解。[①]

同时，所有委员还一致通过了选曲与编辑时“广涵的原则”，决定“凡合作六团体所选为必要之诗”，应尽量采纳；而各团体之间，“应相互谅解各公会之需要”。在这次会上，还决定了其他一些如“‘阿门’之应用”“对于上帝之称谓”、对上帝的“第二位人身代词之应用”“中国乐调之拣选 ”等问题。其中如第 25 项决定“中国乐调之拣选”，便明确指出“请音乐支委员会对于中文创作诗之音调，加以特别注意，在拣选中国乐调时，极力注意尽量拣选庄严之音调”[②]。也就是在这次会议上，经全体委员通过，杨荫浏被选为书记（总干事），负责编委会的所有常务工作。也许在此之前，六公会的大部分代表还不太熟悉这位年轻的中学教员，但经过这一阶段的工作，所有的委员们似乎都对杨荫浏的学识、能力、工作态度与音乐才能有了深刻的印象，所以才一致同意委以大任。

从此，杨荫浏实际上成了圣歌编辑工作的主力，不但所有委员、所有教会对圣歌集的意见、要求都要汇总到杨荫浏这里，而且委员会所选定的所有圣歌从歌词的修饰到音调的审定，绝大部分都要经过杨荫浏的斟酌。他不但翻译修订了歌词 207 首，还作曲 15 首，作词 7 首，并撰写了《普天颂赞》数字谱（简谱）“序”。这位当时刚过而立之年的音乐家，以其虔

---

① 《普天颂赞》线谱本“序言”，载《普天颂赞》，上海广学会 1936 年版，第 3 页。

② 杨荫浏：《联合圣歌委员会第二次总会报告书》，载《真理与生命》第 7 卷第 2 期，燕京大学宗教学院 1933 年版。

诚的态度、严谨的作风、强烈的责任心、过人的才华和精力，与编辑委员会的同仁一道，经过整整3年的努力，终于在1935年3月完成全部编辑工作。1936年5月，中国第一本“表现中国全体基督徒教会赞美与最高尚的热诚”的《普天颂赞》由广学会出版了。该赞美诗集出版后，不但在当年举行的“国际圣经展览会”上获得版式优良奖，而且深得全国基督徒的欢迎，1936年3月初版后，10月便印刷了第2版。到1947年，11年间，《普天颂赞》的各种谱本共印销了三十七万八千本！这个数字，不仅对于三四十年代的出版业来说是一个天文数字，即使是对今天的出版业来说，也令人瞠目结舌。[①]《普天颂赞》的问世，无论对于其后几十年中国基督教徒的宗教生活，还是对中国基督教音乐的发展，乃至对世界基督教音乐的丰富，都有着不可低估的影响。

该谱本取得如此骄人的成绩是有充分的道理的。正如杨荫浏本人在《普天颂赞》数字谱“序”中写道：“在灵感上，在文字上，在音乐的美致上，这本书自有它特殊的价值。它是多人艰苦工程的产品，是过去中国圣歌的结晶。它一方面具有西方最好圣歌的背景，另一方面包含国化创作的因素。被委派担任编订此书的委员会，曾比较多少译本，考虑容纳多少批评；在多少严格的原则之下，作增进的努力。”杨荫浏还简要地指出这本赞美诗集的三个特点：“一、大多数圣歌，都是许多教会大团体所熟悉的。二、全书包含十分之一以上最好的中文创作圣歌，八分之一中国调子。三、书末附有颂歌，及崇拜乐章，特别有圣餐乐章。”[②]的确，这本谱集除了收录包括帕莱斯特里那、巴赫、亨德尔、海顿、贝多芬、古诺等西方著名音乐家所创作的基督教歌曲及其他西方基督教常用的圣歌474首，来自日本

---

① 《普天颂赞》线谱本1947年版所附“《普天颂赞》版次销数”。

② 《普天颂赞》数字谱（简谱）“序”，上海广学会1936年版，第3页。

的 2 首外，还有 72 首中国化的曲调（其中 62 首词是中国人创作的，10 首配以译词）。其中，歌词的创作“有二首是古代的作品：一首是《大秦景教三威蒙度赞》，是敦煌石室中发掘出来的版本；一首是清初天主教司铎吴渔山先生的作品，见于吴先生的《墨井集》”。音调方面，杨荫浏特别指出有 5 首“来源比较古一点的”，第 414 首“古琴调《阳关三叠》，相传为唐代诗家王维的作品”；第 13 首第 1 调“古琴调《极乐吟》，相传为唐代诗家白乐天的作品”；第 350 首《满江红》、第 56 首《如梦令》，是词调 ；第 30 首“是仄起吟诗的调子”[①]。

在这个具有总结性质的“序”中，杨荫浏还以“圣歌译述的原则”为题，介绍了编辑工作所遵循的几条重要原则。除提出“词义的接近原文”“文致的自然与美丽”“用字的浅显简易”外，特别强调“句读分割，合于音乐的顿挫”“实字虚字，合于音乐的强弱”“谐韵”“平仄谐和”。这后四条，应该说是杨荫浏心血的结晶，也是他从事此项事业最深刻、最有意义的体会。在大约三年的编辑过程中，杨荫浏陆续将自己的心得和研究写成文章，多数发表在刘廷芳主编、由燕京大学宗教学院出版的月刊《真理与生命》上。[②] 比如，在该刊第 9 卷第 1 期发表的《圣歌的翻译》一文中，杨荫浏从“格律的需要”出发，在比较了“西方文字的特性”和“中国文字的特性”之后，提出“须考虑的几种格律”。他积前后共六年研究、编辑赞美诗的经验，终于敢断然认为“在写度唱的诗歌时，应用绝对自由的新体诗，是完全不可能了”。他所提出的“须考虑”的问题，在现在的人们看来，可能过于细琐或根本不成问题，但在当时，却无不是从实践中得出的、在多少次失败的基础上摸索出的珍贵经验教训。比如他通过多少次的试验，

① 杨荫浏:《普天颂赞》线谱本“序”，上海广学会 1936 年版，第 4—5 页。

② 《真理与生命》所载杨荫浏有关基督教音乐的文章有很多，如《圣歌音调史》，1936 年第 10 卷第 5 期、1937 年第 11 卷第 1 期。

才总结出译配词、曲的一般规律：强声地位不可用虚字，不可将词句的句逗与旋律的句读错开，并主张以《中原音韵》为本，将原来 21 韵改为 18 韵，等等，不但都是当时中国音乐学重要的学术成果，而且作为《普天颂赞》编辑工作的指导思想，在整个编辑工作中得到了全面的贯彻。从实践中归纳出理论，反过来又以其指导实践，杨荫浏在 20 世纪 60 年代所认真学习的毛泽东名著《实践论》中提倡的方法，他其实在中年时便已经实行并取得成果了。

杨荫浏在 20 世纪中叶，曾诚恳地做过自我批评，对自己曾“宣传宗教唯心思想”的错误有过公开的否定。但在改革开放之后，他终于又以“原《普天颂赞》编委”“教会音乐专家”的身份被聘为中国基督教协会所属“中国基督教圣诗委员会”的“顾问”，对 1983 年出版的、目前在中国基督徒中被广泛使用的《赞美诗新编》的编辑出版，做出了卓越贡献。[①] 应该指出的是，无论是这本用以替代经过“文革”的浩劫后已很难找到的《普天颂赞》的《赞美诗新编》，还是以后将在中国出现的更“新 ”的赞美诗集，只要它是为中国基督徒使用的，它就绝无可能越过《普天颂赞》而另起炉灶。在某种意义上说，《普天颂赞》的工作不但是空前的，也是很难超越的。因为，虽然历史在进步，人类的几乎所有领域都在发展，但是，像 20 世纪 30 年代时那样对编辑一本圣歌集投入如此多的人力、物力、时间，而且，还那样认真、那样一丝不苟，且集合那样多的一流人才，恐怕是不可能的了。

---

① 《赞美诗新编》序言，中国基督教协会 1983 年版，第 6 页。

三、佛教音乐——从智化寺“京音乐”到湖南“水陆”

假如说道家音乐是杨荫浏的启蒙文化，基督教音乐是杨荫浏的本职工作的话，那么，佛教音乐对这位中国音乐学的泰斗来说，则更多的是作为音乐学研究的对象而存在的。虽然远在 1942 年，杨荫浏就曾声明：“非但庙堂的雅乐是国乐，燕乐也是国乐；非但儒教所曾加以特殊崇拜的音乐是国乐，未受适当注意的佛道二教的音乐也是国乐；非但汉族的音乐是国乐，满、蒙、回、藏以及苗、彝、瑶、僮等族的音乐也是国乐。”[①] 但在 1953 年初他参与北京智化寺“京音乐”的研究之前，我们找不到充分的材料说明杨荫浏在此之前曾真正接触过佛教音乐。

笔者在《世纪末回眸：智化寺音乐与中国音乐学》[②] 一文中，曾对当时的音乐学界突然“发现”智化寺音乐的背景提了这样一个问题：“所谓对智化寺音乐的‘发现’，完全与‘哥伦布发现新大陆’一样，仅仅指的是主流社会与强势文化对非主流社会与弱势文化的‘发现’。就像在哥伦布‘发现’美洲之前千百年，美洲的原住民便已经世世代代生活于斯一样，在北京的音乐界与知识界听到智化寺的笙管之声时，智化寺的艺僧们，也已经在北京东城的一条叫作禄米仓的小胡同里吹打了几个世纪了。而且，这条不宽的胡同与这座破败的寺院距杨荫浏先生后半生居住、生活的地方顶多只有 5 公里，距这位中国音乐学界的泰斗去世的朝阳医院的直线距离则无论如何都到不了一公里！人们不禁要问：假如说是浩瀚的大洋阻碍了哥伦布对美洲的‘发现’，那么，除了社会原因以外，又是什么原因使中国的音乐学家们一直到 20 世纪 50 年代才蓦然回首，重新‘发现’早已响在耳畔

---

① 《赞美诗新编》序言，中国基督教协会 1983 年版，第 6 页。

② 《中央音乐学院学报》1998 年第 2 期。

的智化寺音乐呢?”

笔者认为,“一个学科的开创者与学术带头人本身的素质,在很大程度上决定了这一学科初期的风貌与未来的命运。但是,中国音乐文化的复杂和多样,却使任何一个音乐学家的视野和教育背景在它的庞大体系面前都会显得有所欠缺,即使是号称‘学贯中西’的音乐‘全才’杨荫浏与有着丰富经历与深厚文化教养的查阜西[①]也不例外。中国文化,素有南北之分,雅俗之别,即地域文化与阶级(阶层)文化的种种藩篱,音乐文化尤甚。早在唐代,一位名叫道宣的律宗和尚便曾用八个字概括了辽阔的中华大地上民间音乐的无与伦比的丰富性和巨大的差异性:‘地分郑卫,声亦参差。’他还说过:‘神州一境,声类既各不同。’由于方言及风俗的巨大差异,在中国,一个出身北方农家的文学家可能一辈子也听不懂一段弹词开篇;而另一个生长于江南琵琶世家的音乐国手,也可能一辈子不知道北方民间流行的‘管子’是一种什么乐器。社会阶层和受教育程度所造成的巨大鸿沟,更使某种‘俗文化’有可能永远难达知识分子的青眼”[②]。的确,虽然在中国民间的俗文化中,从来就有“佛道不分家”的说法和现实,但对于生长在江南水乡,从小受到道教音乐和“江南丝竹”熏陶的杨荫浏来说,却可能一直无缘接近中国北方“笙管乐”形式的佛教音乐。

1953年4月,在北京举行了“第一届全国民间音乐舞蹈会演”。这个中华人民共和国成立之后最盛大的音乐活动,对当时的音乐生活有着很大的震动并在其后很长一段时间里持续产生着影响。就是在这样的时候,中国的音乐学家们“发现”了在智化寺的艺僧们那里,还保留着古代的音乐。

在激动中难免会夹带感情与情绪。比杨荫浏早一步踏进智化寺山门的

---

① 查阜西(1895—1976),又名夷平,古琴家,曾先于杨荫浏接触智化寺音乐。

② 田青:《世纪末回眸:智化寺音乐与中国音乐学》,《中央音乐学院学报》1998年第2期。

古琴家查阜西，便曾奋笔疾书，写了一篇热情洋溢的文章：《写给智化寺僧人的信》，为智化寺音乐的本质、内涵、历史价值与现实意义定下了高昂的调子。在信中，查阜西诚恳地说："看到了你们的乐器和乐谱，听到了你们的乐调和乐音，我才十分惭愧地感到：反而是你们这些过去被人视为'下贱僧徒'的苦人们才能拿出证据，去驳倒所谓日本是'中国音乐史世界权威'的鬼话！才能否定他所肯定的'中国音乐史家'所供给他的材料；才能替祖国的这种光荣传统理直（原文如此），也就是说，祖国的这种光荣传统，是寄托在或蕴藏在过去的劳苦群众或'下贱僧徒'身上！"并且他断定"这套音乐，最晚也和北宋的鼓吹教坊有关"。他还断定智化寺四调中的"接调""分明是梁、隋间的'碣石调'，经唐宋后讹变成'歇指调'，到了你们的时代又音讹为'结之'或'皆止'"，"同样也很显明，'月调'是唐代的'越调'"。随后，刚刚被文化部任命为中央音乐学院民族音乐研究所副所长的杨荫浏也带着助手走进了智化寺。也许是由于所受到的学术训练不同，也许是由于杨荫浏深厚的道教音乐和基督教音乐的背景，与查阜西比起来，杨荫浏的头脑显然要冷静得多。

其后的研究成果，集中在当时以油印本形式印刷，注明"本书系初步资料，仅供参考"的两本"采访记录"——《智化寺京音乐》中。杨荫浏说："统治阶级所设立的寺院里面的僧人，并不等于统治阶级自己；……他们与人民较为接近，他们有更多的生活，因之他们能保存民间较丰富的音乐。"

在《智化寺京音乐》（一）中，杨荫浏考察了"智化寺的历史及其音乐传统""擅长京音乐的僧人""曲调""乐谱""宫调问题""乐器""音律矛盾问题在近代合奏乐器间之逐渐加深""音律矛盾之解决途径""管乐器及云锣的奏法""绝对音高""曲牌名称"等问题，对智化寺京音乐进行了历史及音乐形态学的初步研究。他调查了十九个僧人的基本状况，分析了当时见到的四种乐谱，着重研究了智化寺京音乐所用的宫调和乐器。

杨荫浏对智化寺音乐的相对冷静，可能也与他个人的审美情趣有关。与他从小接触的、活泼的、生动的、与民间音乐有着更紧密关联和更近似风格的道教音乐不同，智化寺音乐显得过于沉闷。他在 1961 年的一篇文章中曾这样形容智化寺音乐："因为演奏者大多数是与劳动人民有着一定距离的和尚，演奏的场合又常常是在寺院里或在人家进行的法事中，所以其所表达的情调是比较平静而且略带沉闷的气氛，其慢板的加花变奏部分，流于老一套的固定形式，演奏者用惯了老一套的音乐语汇，摆脱不开，奏这一曲的慢板和奏另一曲的慢板，味道差不多少，各个曲牌，缺少鲜明的特点，给人以一般化、千篇一律之感。"①

他再一次接触佛教音乐是在 1956 年。这一年的 4—7 月，杨荫浏率领由民族音乐研究所和湖南省文化局联合组成的采访队，对湖南民间音乐进行了一次普遍调查，采访了 44 个县，"这项工作，在中国历史上，任何时代，都未曾有人做过。所以，可以说，这是中国有史以来第一次对本国音乐在一省范围以内，所做的普遍调查；……这在全世界中间，也还比较是一项独特的新创的工作"②。的确如此，与一般来讲由个别或少数音乐学家进行的"田野工作"不同，由政府文化部门组织的、对一个省（其面积接近英国）大规模的音乐调查，在当时的世界上也是罕见的，在中国的历史上，也仅有那一次。对于佛教音乐来说，这也是有史以来第一次全面的调查。在民族音乐研究所 1958 年 12 月油印的《湖南音乐普查报告·附录之一宗教音乐》和 1960 年由音乐出版社正式出版的采访报告《湖南音乐普查报告》一书中所记录的这次有关宗教音乐的采访结果，涉及佛教音乐

---

① 杨荫浏：《如何对待我国的宗教音乐》，《文汇报》1961 年 5 月 10 日第 3 版。

② 杨荫浏：《湖南音乐采访队的普遍调查工作》，载《杨荫浏音乐论文选集》，上海文艺出版社 1986 年版，第 262 页。

（包括禅门音乐、应门音乐和民间佛曲）、道教音乐、师教（巫教）音乐、儒教音乐等四个方面。仅就佛教音乐中的禅门音乐来说，就分别对“课诵中的音乐”“焰口中的音乐”“水陆中的音乐”进行了较详尽的访问和现场录音。而“朝暮课诵”“焰口”与“水陆法会”，是汉传佛教应用音乐的三个最重要的场合。杨荫浏当时采访的一些僧尼，如博明、隐莲、少康、寿嵩、禅照等，都对佛教音乐有着较深入、全面的了解。比如其中的博明，至今被称为湖南佛教界的“三杰”之一。杨荫浏在调查中不但通过他们了解并详细记录了湖南佛教音乐的基本情况，还亲自记词记谱，使这本调查报告具有长久的学术价值。

在湖南的音乐普查中涉及的道教音乐、师教（巫教）音乐及少量所谓“儒教音乐”，都在“普查报告”中有较详细的记录。在结束了这次音乐普查之后，杨荫浏似乎再也没有时间和机会接触和研究宗教音乐了。他的工作重心渐渐过渡到《中国古代音乐史稿》的撰写上去了。因此，这次音乐普查，为杨荫浏宗教音乐的实践与研究画上了一个完整的句号，使他对目前中国的“三大宗教”——佛教、道教、基督教的音乐研究，都有所涉及并有所成就。而对中国当代音乐学的建设而言，这次音乐普查，则有着十分重要的、超越了一个湖南省也超越了宗教音乐本身的意义。它不但为当时刚刚正式起步的中国音乐学树立了一个“田野工作”的示范，也为20世纪70年代末开始的《中国民歌集成》和《中国民族民间器乐曲集成》的全国范围内的搜集、整理、编撰工作，提供了一个高质量的、可操作性极强的样板。

四十多年过去了，当作为杨荫浏先生最后一个研究生的笔者对中国各地的佛教音乐进行了长达十几年的调查、采访、研究之后，今天再回过头来看杨荫浏当年的调查报告，仍然觉得这个报告已经涵盖了中国佛教音乐几乎全部的内容。后人所能做的，只不过是对他的成果“拾遗、补漏、纠偏”，使其更加全面、深入、如实而已。这就像他的名著《中国古代音乐史稿》，虽然有许多人会不断地发现它的“毛病”，不断地对它的某个方面进行修正和“超越”，但是，只要是在中国古代音乐史的领域里，无论任何人的任何进步，都不可能脱离杨荫浏所提供的框架与基础而完成。

四、《如何对待我国的宗教音乐》——杨荫浏后半生的宗教音乐观

任何一个中国学者的思想都不会在中华人民共和国成立后的几十年中没有丝毫改变，杨荫浏也不例外。被宗教音乐引进音乐殿堂并一生与宗教音乐有着难解之缘的杨荫浏，在其后半生如何看待宗教音乐，是一个有趣同时也值得认真研究的问题。杨荫浏自己对这个问题做过一次难得的、全面的阐述。

1961 年 5 月 10 日,《文汇报》第 3 版以头条位置通栏标题发表了杨荫浏的重要文章《如何对待我国的宗教音乐》。一个全国性的大报以差不多一整版的篇幅发表这样一篇对绝大多数读者来说内容过于生僻的署名文章，无论在当时还是现在看来，似乎都有点令人难以置信。这一年，是所谓“三年自然灾害”的第二年。1961 年 1 月，中国共产党的八届九中全会在北京召开。从 1958 年开始的“大跃进”，就是在这次会议上画上了句号。全会和在为召开这次全会所举行的中央工作会议要求全党恢复实事求是、调查研究的作风，纠正错误，调整政策。在经济领域实行“调整、巩固、充实、提高”政策的同时，文教领域也在孕育着调整和比较宽松、比较实事求是的气氛。就在杨荫浏这篇文章发表后大约一个月，中央政治局批准发布试行在聂荣臻主持下制定的《关于自然科学研究机构当前工作的十四条意见》(简称“科学十四条”)。这样的一种政治形势和气氛，无疑是杨荫浏这篇文章得以发表的重要背景。

这篇文章出现的直接原因，则是1960年“民族音乐研究班”[①]集体编写《民族音乐概论》时，就如何对待我国的宗教音乐问题发生的一场辩论。一些人在“左倾”政治思潮的影响下，从“阶级斗争”的观点出发，认为“民间音乐都是好的，宫廷音乐和宗教音乐都是坏的”[②]。但是，这场争论当时并没有结果。正如杨荫浏在此文中所说的那样，“赞成宗教音乐的理由既不充分，反对的理由也不充分。在我们的争论中间，一时得不出结论。这正反映了宗教音乐在阶级关系上的复杂性，使我们不可能简单用几句话来解决它”。为了进一步阐述自己的观点，经过认真的思考，杨荫浏发表了这篇在当时应该说是最客观、最深刻，同时也最符合当时被推崇为“无产阶级的思想武器”的辩证唯物论和历史唯物论的文章。我们有理由认为杨荫浏发表这篇文章的目的，是希望在“要有鲜明的阶级性”的前提下，为我国历史上宗教音乐存在的合理性提供理论依据。换句话说，就是要为宗教音乐在中国音乐学中（请注意！是“在中国音乐学中”，而不是“在现实的音乐生活中”）争得一席之地。在文章的一开始，杨荫浏首先要人们注意到宗教音乐问题的复杂性。他说：“我们研究民族音乐，要实事求是，要有鲜明的阶级性。为了要达到这一目的，我们要采取细致分析的态度……因为民间音乐，虽然主要是优秀的，但其中也还有一部分糟粕，应该予以批判；宫廷音乐和宗教音乐，虽然就其应用的阶级目的而言，主要是坏的，但其中特别是曲调的部分，却还含有一部分精华，应该特别把它剔选出来，以之归还人民。”“要是笼统地想，因为宗教是不好的，所以宗教音乐一定也全是不好的。那就太简单了。”在强调了宗教音乐问题的复杂性之后，杨荫

---

① “民族音乐研究班”由中央音乐学院中国音乐研究所举办，其成员来自全国各音乐、艺术院校的师生及其他单位的音乐工作者和中国音乐研究所的研究人员共60人。《民族音乐概论》初稿即由该班全体人员撰写。

② 杨荫浏:《如何对待我国的宗教音乐》,《文汇报》1961年5月10日第3版。

浏着重提出了要区分什么是宗教音乐，什么是民间音乐的问题。他指出两种错误的倾向："有些人把含有宗教内容的音乐视为宗教音乐，而把宗教中使用的民间音乐，视为民间音乐，不再在不同生活环境中不同的表演风格上加以区别。有些人把凡是寺庙里曾经用过的音乐都视为宗教音乐，不再从曲调内容和创作的来源上加以区别。"在批评了这两种错误倾向后，杨荫浏大声疾呼要对我国的民族音乐进行细致、深入的研究。他说：在"有了比较深入的研究之后，我们也许渐渐能比较有把握地说，这是宗教的，那是民间的。……今天我们还不敢说已经区别清楚。当我们否定宗教音乐的时候，仍有连其中的民间音乐部分一股脑否定掉的危险"。

杨荫浏为宗教音乐争取一席之地的理论，是分为三个层次的：第一，强调宗教音乐与民间音乐的联系，强调不能因否定宗教音乐而殃及民间音乐。这在当时的政治气氛中，与其说是最有效的策略和最能使大多数人接受的理论，不如说是当时唯一可能存在的思想方法。第二，在祭起"民间音乐"这面大旗之后，进一步提出："寺院音乐中非但有许多民间音乐可以供我们采用，即使某些在今天不能直接采用的东西，也还有一部分价值。"在当时，假如说强调宗教音乐因为与民间音乐有联系而应该有活命机会的第一层理论还比较容易被接受的话，那么，提出"非民间音乐"也还有"一部分的价值"，则不但需要更大的理论勇气，也需要更翔实、更学术化的论证。为此，杨荫浏在"对一些例子的初步分析"中，以北京智化寺音乐、湖南佛教寺庙中的唱诵曲和青城山的道曲为例，详细论证了即使是宗教性较强的东西，"也都有可以供我们参考和学习之处"。对于智化寺音乐，他虽然认为"其所表达的情调是比较平静而且略带沉闷的气氛……味道差不多少，各个曲牌，缺少鲜明的特点，给人以一般化、千篇一律之感"，但他仍然认为可以从中学到很多东西，比如"它的慢板乐曲中复调音乐的运用，配器上各种乐器性能的突出，套曲的组成方法，各种乐器上的演奏技术，和更多保存着民间音乐的演奏风格的快板曲调部分”。也许是为了说服对方，他提出了一个相当危险的口号“用我们的看法去选择，用我们的理解去演奏”。当然，这种非常可能将“原汤原汁”的传统文化“歪曲”的理论在现在的音乐学家中不会不遭到反对。更何况，我们今天虽然无法肯定地为杨荫浏所说的“我们”划分一个准确的内涵和外延，但按照当时写文章的一般规律和流行的语言习惯来解释，这个“我们”不一定仅仅指的是“音乐学家”甚至“音乐工作者”，同时也还可能是指“我们无产阶级”。

对于寺庙内宗教内部的唱诵音乐，杨荫浏无可奈何地承认这些音乐虽然从理论上说，仍然是来自民间，但“经过长期的歌唱，加进了许多结合了宗教的崇拜生活而逐渐产生出来、累积起来的那些含有宗教情调的音乐语汇，而且达到了定型化的程度，那就根本上变了质，而一般说来，是无可救药了”。这种认识，可能是杨荫浏对争论对方观点的妥协，也可能就是他本人当时的真诚的想法。笔者在《智化寺音乐与中国音乐学》[①]一文中曾经说过这样一番话：“几年前，一个海外的音乐学家曾用遗憾的口吻谈及杨先生《中国古代音乐史稿》中有一些带着鲜明时代色彩的政治术语，认为这影响了这本传世之作的学术价值。”当时，在场的中国学者们竭力强调杨先生的“苦衷”，竭力强调在当时的中国使用这种方法，即往严肃的学术思考中掺“政治沙子”的方法的必要性，竭力强调说一些违心话是当时的中国学者为了得到学术生命的延续而普遍付出的代价。但实际上，问题的实质却远比这些“解释”复杂得多、深刻得多。某些学者当时这样做可能是为了达到学术目的而有意在政治上“曲意逢迎”，但更多的学者当时这样做恐怕并非出自如此“实用”的考虑。实际上，就像现在谁都不能不承认《中国古代音乐史稿》奠基性的学术价值一样，谁也都无法怀疑杨先生在

① 田青：《智化寺音乐与中国音乐学》，《中央音乐学院学报》1998年第2期。

这些学术著作中所表露出政治观点时的真诚。要知道，那一代的大多数中国学者，当时的的确确是在自觉自愿地“洗脑”，自觉自愿地用当时流行的意识形态指导自己的学术工作。应该说，他们往自己的学术思考中“掺沙子”，绝不是“资产阶级知识分子‘打着红旗反红旗’”的“伎俩”，而是一种发自内心的政治冲动。没有人强迫或建议杨荫浏把“民歌”和“民间音乐”放在每一章的最前面阐述，也没有人让他在他的著作中得出一个“统治阶级痛恨民歌”的结论。杨先生之所以如此，是中国那一代知识分子从“五四”便开始的、充满痛苦与自虐心理的思想历程的必然结果；是从20世纪刚刚开始便喊出“劳工神圣”的精英们在“工人阶级当家做主”之后在文化上的合乎逻辑的结论。……而只有了解到这一代人尤其是这一代知识分子心灵扭曲的“真诚性”，才能真正认识20世纪这场悲剧的深刻性。

无论如何，杨荫浏在“反右”“大跃进”已经结束而“社会主义教育运动”“文革”尚未开始的这一段中华人民共和国成立以来相对来说较为宽松的政治环境中，得到了一个充分表达自己观点、为中国宗教音乐争取合法地位的机会。他甚至以“充分的理由”阐述了自己在这个问题上的第三层观点：即使对于“我们无产阶级”来说是“无可救药”了的“坏东西”，作为一个音乐学家，也还是“记录下来比不记录下来好”。为了说明自己的论点，他举出了三个理由：第一，因为宗教音乐的有些曲调同时也在民间音乐中存在，“从而证明：即使专用于宗教内部的宗教仪式歌曲，其曲调还是来自民间……这至少可以帮助我们更加确定劳动人民对于音乐的创作权”。第二，“其中《赞》《偈》《白》的歌词符合于词牌、诗体、四六骈文等格律……我们至少可以从节奏、调式、曲调的大体结构等方面得到一些知识。利用这些知识去研究非宗教音乐”。第三，“那些梵文译音的歌曲，可能出自印度”，因此，“存此线索”，则不但可以“在将来研究印度音乐和中国音乐的关系问题以及佛教音乐和中国民间音乐的关系问题时，我们至少有所依据，较易分清是非”；而且，更重要的是，在西方资产阶级学者的“文化西来说”面前，“我们保存这类材料，将会从有助于将来划清佛教音乐的国籍问题，达到纠正由佛教音乐外来说而至于夸大中国全部音乐文化中外来影响的偏向的目的”。

为争取宗教音乐的“研究权”，亏得杨荫浏能找出这么多的理由！当然，这些“理由”，在现在的音乐学家们看来也许有点多余、有点滑稽。但在当时，我相信所有从心里信仰马克思主义同时也是从心里热爱中国传统文化的中国人在读到这篇文章时，都会在激动与会心的感受中赞同杨荫浏的观点并由衷地赞叹他理论的完美与论据的充足。

在这篇文章中，杨荫浏还分析了我国宗教音乐的特点。他将中国的宗教音乐与西方的基督教音乐做比较后，认为与欧美有许多大音乐家参与基督教音乐的创作不同，中国宗教音乐的最大特点是利用民间的现成音乐。他指出中国宗教音乐有“双重作用”：“对内，是直接为宗教生活服务；对外，是吸引人民群众去迷信宗教，间接为宗教服务。”他还进一步分析了这种“对外”的音乐会逐渐转化为“对内”的音乐，而且用当时最“时髦”的、来自毛泽东著作的哲学语言说：这“是一个由量变到质变的过程”。他还强调中国的宗教音乐数量比基督教音乐要少，他估计中国的佛道教音乐大约只有几百曲，而“西洋的宗教音乐，则光基督教的赞美诗一项，大家知道的就有几十万曲之多”。在又一次强调宗教音乐“掠夺人民创造的成果，占为己有，从而投人民所好，引诱人民去相信宗教”的同时，还相当深刻地指出了问题的另外一面：“宗教音乐的发展是在经常受着广大人民美学观点的支配。”在文章的最后，这位中国音乐学的奠基人这样说：“若我们能用毛泽东思想武装自己，加强无产阶级的鉴别能力，则我们在对宗教音乐的研究中，必然能做到既不至于受到宗教毒素的侵蚀，又不至于让宗教音乐中某些有用的东西从我们手中轻易溜掉。”

1962 年，杨荫浏还在《古代歌曲》上发表过《从封建统治阶级歪曲民间音乐谈到如何对待宫廷音乐和宗教音乐的问题》一文，其中的主要观点与他在《中国古代音乐史稿》中始终贯彻的观点相同，在说明宗教音乐与民间音乐有联系的同时，更多地强调了阶级斗争的理论。以后，随着中国政治形势的发展和他自己工作重心的转移，杨荫浏几乎不再谈这个越来越敏感的问题了。至于在“史无前例”的“无产阶级文化大革命”中，杨荫浏如何解释他早年的宗教活动以及他当时“如何看待我国的宗教音乐”，我们没有可供引用的公开材料。

我们可以确知的是，“文革”对宗教及宗教音乐的冲击与破坏，使杨荫浏在其晚年对宗教音乐的研究持一种极其悲观的态度。他在“文革”期间所见到、所听到的所有事情，都使他深信在中国辽阔的土地上，已经不存在任何宗教活动，因此也就没有可能再对宗教音乐进行调查与研究了。1982 年，笔者考入中国艺术研究院研究生部，成为杨荫浏先生生前所招的最后一个研究生。当笔者向先生汇报自己想以中国佛教音乐为题作自己的学位论文时，先生不同意，他说：“你想研究佛教音乐，那就只能去香港、台湾了！”

我们在赞美中国传统文化的伟大、丰富和源远流长时，常常忘却中国传统文化另一个更值得赞美、惊诧的特质——它的无与伦比的、无论怎样估计也不会过分的生命力。我们在清算对中国传统文化造成惨痛破坏的那段历史时，也常常忽略问题的另一面——无论是秦火，还是“文革”，都不能摧毁中国传统文化的生命。杨先生的晚年，已无法再做“田野工作”，被迫蜗居在东直门外的寓所里。他没有想到，就在他告别这个世界之后不久，那曾经给了他最初的音乐启蒙并几乎伴随他一生的中国宗教音乐，又像野火过后的春草一样再生了！ 1989 年春，笔者第一次将五台山佛乐团带到香港的沙田大会堂；1998 年，笔者以“中国佛教音乐的历史与现状”为题在台湾的几个大学和佛学院做了系列演讲。近几年来，中国的佛教乐团频频出现在世界许多国家的音乐节和音乐厅里，高扬佛曲、低吟梵呗，使中国传统音乐中的这朵奇葩香传域外。也就是在台湾的一次演讲中，笔者针对某些朋友认为中国传统文化已在大陆中断的误解说："我充分理解朋友们这种担忧的善意和产生这种担忧的理由，但是，我还是希望一切真正热爱中国传统文化的人们不要低估中国传统文化的生命力和在中国民间深入的程度，更不要低估千千万万普普通通的中国老百姓保护、承继传统文化的热情和能力。"

在这篇文章的最后，我想用先生逝世时我填的一阕《雨霖铃》作为结束，兼以此纪念先生百年诞辰：

《雨霖铃》

春归巷陌，却闻仙逝，月沉星落！十番鼓儿呜咽，筝哭瑟痛，哀凝金钹。只盼耳提面授，竟长辞莲座。泪尽矣，举目高天，乐史煌煌如碑立。

等身著作称巨擘，弄八音，常顾管弦错。古今融会中西，制律管，荀卿惭涩。更寻旧曲，应换白石一声欣诺。百年后，风吹桃李，乐坛青青色。

（原载《音乐研究》2000 年第 1 期）

科学　宗教　艺术
——人类三种不同的认知方式

首先我应该声明，我不懂科学（在本文中所讲的“科学”全指自然科学）。在中学阶段，我的数理化成绩一直是班上最差的。只有在初一“几何”课的第一堂课上，老师问：“我们今天开始上一门新课，叫‘几何’。谁知道‘几何’是什么意思？”我当时举手回答：“‘几何’就是‘多少’。”老师大悦，当堂便封我为几何课代表。但是，一个月之后，我的课代表便被撤掉了，因为老师和我自己都发现我无论对抽象的“多少”还是对具体的“多少”都缺乏清晰明确的概念，也缺乏探求的热情。但是，我不懂科学，却丝毫也不妨碍我被培养成一个科学至上主义者。我们这一代人，从小就生活在以唯物主义为官方意识形态的社会里和教育体制下，我在30岁之前，几乎没有动摇过对科学的信仰，也从没有接触过任何宗教。20世纪80年代初我对宗教艺术领域的探索和研究，开始将大部分时间和精力放在搜集、抢救、整理中国佛教音乐的工作上。老实说，我当初研究中国佛教音乐的初衷，只是希图在寺庙的高墙里找到活着的古代音乐，为我在音乐学院担负的“中国古代音乐史”课程找一点音响资料。但是，随着研究的深入，我逐渐进入一个对我及其大部分同代人都很陌生的世界。近20年后，我对中国传统艺术的瑰宝——中国佛教音乐多少有了一点了解，同时，对科学、宗教、音乐的看法，也有了相当大的改变。在这篇“命题作文”中，我想谈两个问题：一、科学不能代替宗教；二、科学不能统治艺术。一句话，科学、宗教、艺术是人类认知世界的三种不同方式，各有其存在价值，彼此不可替代。

宗教与艺术——当科学还没有开始的时候

今天，当人类出于各种野心与目的发射到太空去的数百颗飞行器正像苍蝇一样绕着地球轨道飞行的时候，这个小小星球上的环境与资源却一天比一天恶化并接近枯竭。同时，当现代大城市中一个普通“白领”的生活品质因科学技术的进步而超过中世纪一个帝王的想象时，这个世界上的大多数人却比以往任何时代的人们更感到困惑、苦闷和不满足。

实际上，从有了人类的那一天起，人类便同时开始了两种不同方向的探索：一种向外，探索物质与宇宙；一种向内，探索内心与自身。问题是，在人类的物质文明与自然科学已高度发达的今天，越来越多的人却发现，了解人类自己比了解物质与自然更加困难。一个物理学家可以掌握核裂变的技术，一个遗传学家假如法律允许而且本人愿意的话，可以“克隆”任何动物甚至他本人，但他们却无法使自己在任何时候都不感到孤独和烦恼，更无法使自己变了心的妻子回心转意。对大多数现代人而言，是登天易，明心难。

早在科学出现之前，宗教与艺术就都已经出现了。与科学一样，宗教与艺术都是人类想象力的空前发明。假如说人类发明艺术主要是为了表达和交流的话，那么，人类发明宗教则除了追求永恒而外，还有一个非常现实的目的——认识自然并征服自然。

很多人忘记或忽略了这一点。他们说，宗教是统治者麻醉、毒害人民的“鸦片”，是为封建统治者服务的“工具”，所有宗教的教义都是“骗人的鬼话”，把宗教视为“科学的敌人”。其实，在宗教产生之初，即原始宗教阶段，大部分原始宗教的内容和形式都属于当时社会生产力的一部分；即使用现代唯物主义的观点来考察，只要你不带任何偏见的话，也会理解当时人们的祷告、礼拜、歌舞、献祭乃至命令、恐吓、呼风唤雨，无非是为了让自然听命于人类的意志和愿望。无论是狩猎部落出发前模拟猎物的歌舞，还是农耕民族播种前祭拜大地的仪礼，都是当时生产手段或生产技术的一部分。只是在其后漫长的岁月中，这些人类初始阶段混沌不分的意识形态和生产技术才逐渐发展成两种截然不同的形态——科学与宗教。

应该指出的是，这种混沌不分首先不是因为宗教与科学都还不成熟，而是因为人类本身还不成熟。即使在今天，很多人仍然希望用宗教来处理科学问题，用科学来处理宗教问题。其实，宗教与科学都会面临自己的盲点和局限，某个农耕民族某次求雨的舞蹈没有招致降雨现象的发生，其实就像某个科学家某次科学试验没有得到他所希望的结果一样不值得大惊小怪，更不能以此否定宗教与科学本身。同理，原始部落巫医的咒语与现代大医院中昂贵的现代医疗器械同样都有成功和失误，也同样是“治病不治命”。

还有一点是现代那些崇尚科学而贬低宗教的人常常忘记的，这就是宗教是许多科学的直接的源头。早期天文学的一切成果，其实都源于人们的一种“迷信”——即相信人类的命运与“天象”、与天体运行的规律有关。如果没有这种“迷信”和宗教意识的巨大推动力的话，任何两眼与地面平行的动物都不会有足够的耐心和兴趣仰着头一夜一夜地看那些让人眼花缭乱的星星。化学的发展，也与道士们对“长生不老”的执着追求和他们的“炼丹术”有着密切的关系。如果不是这些“迷信”的道士们一代一代地把精力抛掷在他们的炼丹炉前的话，那么，我们现在就不可能把火药写在小学课本上的“四大发明”中。

其二，宗教与艺术都是人类对生命肯定的一种方式。有些人认为宗教鼓励人避世、遁世，是消极地对待生命，甚至否定生命，否定今生，只希求来世。其实，这是一种误解。从本质上说，宗教是人类探寻生命根本意义的最大努力。拿佛教来说，“了生死”——即参究生与死的本质，主张通过修行最终从生死轮回中解脱，不但不是对生命的否定，而且是对生命无限的追求和对另一种更高形式的生命的肯定。人们常常忘记，死亡也是生命的一部分，是生命的另外一种状态。对生死问题的洞彻和消解，是宗教对人类尊严和濒危心理的重大贡献。

艺术也同样是人类对生命的讴歌、阐释和体味。古今中外的哲人们，都把艺术当成对生命最好的体味。孔子曾说过：“兴于诗，立于礼，成于乐”①，把音乐当成人生最终的追求和修养的最高阶段。他还曾在音乐中忘却自己的存在，把生命与音乐彻底“合二为一”了。“子在齐闻韶，三月不知肉味”的故事可谓家喻户晓，但其意义却远远超过对孔子审美状态的特殊性与音乐魅力普遍性的解释，也非“善”与“美”的统一所能概括。音乐是生命的张扬和辐射，是唯一与生命“同质同构”的艺术形态。

日本著名禅学大师铃木大拙在谈及深受中国文化影响的日本文化时说：

> 无论给艺术下什么样的定义，一切艺术都可以说是从对生的意义的体味中生发出来的，或者说生的神秘深深地进入了一切艺术的构成之中。因此，当艺术以深远的、创造性的态度表现这些神秘的时候，它会激荡起我们深层次的存在。这时的艺术，是鬼斧神工。最伟大的艺术，无论绘画、音乐、雕刻、诗，都带有一种确定的性质，就是带

---

① （清）刘宝楠：《论语正义》，中华书局 1957 年版，第 160 页。

> 有一些接近于神的工作的东西。真正的艺术家，至少那些达到了他们创造活动的高潮的艺术家，在其高潮的瞬间，变成了创作的上帝的代理人。如果把艺术家生活中这个最高潮的瞬间用禅的语言表达，那就是对悟的体验。[①]

的确，艺术的本质，是探索生命力的极限。凡是看过乐山大佛，看过西斯廷教堂的穹顶画，看过刻在一根头发上的《赤壁赋》，听到过伟大的演奏家演奏的巴赫的管风琴、李斯特的钢琴、帕格尼尼的小提琴的人，都会理解什么叫"鬼斧神工"，也都会慨叹人类自身的伟大，慨叹人类生命力的伟大；体味到艺术的神秘、庄严和与天地鬼神相通的伟力。

德国心理学家鲁道夫·阿恩海姆说："……我们必须认识到，那推动我们自己的情感活力的力，与那些作用于整个宇宙的普遍的力，实际上是同一种力。只有这样去看问题，我们才能意识到自身在整个宇宙中的地位，以及这个整体的内在的统一。"[②] 他所谓的"那推动我们自己的情感活力的力"，其实就是我们的生命力，而"作用于整个宇宙的普遍的力"，则只能用宗教来解释。

其三，宗教与艺术都曾激发了人们超越物质生活的勇气并满足了人类的灵性生活和精神生活。

在当代影响深远的近代高僧弘一大师出家之后，他的学生丰子恺曾撰文纪念他。丰子恺在文章中说：

> 我以为人的生活，可以分为三层：一是物质生活，二是精神生活，

---

① ［日］铃木大拙:《禅和日本文化》，载《铃木大拙全集》第 11 卷，日本岩波书店 1970 年版，第 118 页。

② 转引自曾田力《音乐——生命的沉醉》，北京大学出版社 1994 年版，第 180 页。

> 三是灵魂生活。物质生活就是衣食。精神生活就是学术文艺。灵魂生活就是宗教。“人生”就是这样的一个三层楼。懒得（或无力）走楼梯的，就住在第一层，……抱这样的人生观的人，在世间占大多数。其次，高兴（或有力）走楼梯的，就爬上二层楼去玩玩，或者久居在里头。这就是专心学术文艺的人。……还有一种人，“人生欲”很强，脚力很大，对二层楼还不满足，就再走楼梯，爬上三层楼去。这就是宗教徒了。他们做人很认真，满足了“物质欲”还不够，满足了“精神欲”还不够，必须探求人生的究竟。他们以为财产子孙都是身外之物，学术文艺都是暂时的美景，连自己的身体也都是虚幻的存在。他们不肯做本能的奴隶，必须追究灵魂的来源，宇宙的根本，这才能满足他们的“人生欲”。①

正因为如此，许多人才会在物质生活得到充分满足之后，仍然会觉得空虚、失落，甚至痛苦。“少年不识愁滋味，为赋新词强说愁”的背后，还有着更深刻的道理。在现代发达国家，这一点表现得尤其突出，越来越多的对富裕生活不满的男男女女都希望能在艺术与宗教中找到迷失于物欲中的自己。当然，与更依赖物质条件的艺术不同，宗教对处于任何物质条件下的人们都有着同样的吸引力和同样的作用。

艺术，是人类伟大的发明。它是一种语言，是一种唯一超越了民族、地域、时间而使全人类相通的语言，甚至也是唯一可能超越人类本身而与天地同和、与宇宙相交的语言。从两千年前中国哲人提出“大乐与天地同和”的伟大哲学命题，到飞往太空执行外星生命探索使命的太空船中装载的录有莫扎特及古琴曲《流水》等音乐的金唱片，以及无数各种不同宗教

---

① 丰子恺:《我与弘一法师》，载中国佛教协会编《弘一法师》，文物出版社 1984 年版，第 252 页。

的信徒至今在口中喃喃唱祷的传自远古的神秘咒语，不都反映了人类在探索自身与宇宙的不懈的努力中，始终本能地把音乐作为最直接、最重要的媒介和手段吗?

宗教，也是人类伟大的发明。而且，它仅在人类社会存在，是人与其他动物最重要的区别之一。随着科学的发展，动物学家不断地发现人类以外的动物世界有语言、有情爱、有分工合作、有社会关系、有使用简单工具的能力（这些都曾是过去一些人划定的人与其他动物的界线）。与人类比较起来，它们当然显得很粗糙，不过它们毕竟有。但是，动物没有宗教，一丝一毫也没有。动物没有对“灵性生活”“精神生活”的追求与向往，不被“我来自何处，将去向何方”的问题困扰，没有渴望“终极真理”的冲动与热情，不探寻生命的意义与死的本质，没有己身必死的意识。宗教是一种文化，在这个星球上，只有人类才有文化，只有人类才能创造文明。

我们必须承认，宗教及宗教现象是一个极复杂的社会现象。也许，在人类社会中，再也没有任何一个别的问题像宗教问题这样使人类分为泾渭分明的两部分了。一类人坚信，一类人坚斥。信者以为真理，斥者以为欺骗。这两类人互不理解的程度，有时甚至超过了人与动物之间的隔膜。只有极少数的杰出人士超越了唯物论与唯心论的对立，超越了“宗教”与“世俗”的对立。我相当欣赏英国历史学家汤因比与日本哲学家池田大作以下的这段对话：

> 汤因比：我很赞同您的见解。唯物论和唯心论都是片面地对存在做了不能令人满意的解释。物质是不能用精神论彻底理解的，精神也不可能用物质论来理解。只有把两者作为一个统一体来看待，才能既理解物质又理解精神。不过，在这种精神肉体的统一体的两个侧面，不能还原为智力能够理解的单一个体，所以我们很难理解这两者是不

可分的。

池田大作：我也是这样想。为了说明精神与肉体的这种状态，佛法中描述了“色心不二”这个生命观。这里所说的“色”，是指用物理、化学为主的科学方法掌握的、属于生命的物质一面的肉体。所谓“心”，是指用物理、化学方法无法掌握的、生命的种种作用。这其中当然包括唯心论者一直在思索和考察的理性、悟性这种精神活动和欲望等。

……如上所述，从整个生命的角度来考察生命自身的状态，这是佛法“色心不二”的原理。若从这种生命观来分析，可以说唯物论是以科学的方法探究“色法”的世界；唯心论则是在探究“心法”世界。①

的确，唯物论与唯心论都是人类认识世界的工具，也都为人类的文明史做出了贡献。人类自古以来的两个方向的探索培育了人类的这两种认识论。因此，你不能用唯物论去认识“心”，也不能用唯心论去解释物。在科学面前，未知世界永远比已知世界要大，因为科学知道得越多，也便同时发现更多的新问题。而科学解释不了的东西，恰恰便是宗教的世界。

三种不同的认知方式

科学、宗教、艺术是三种平行存在的人类认识世界、掌握世界、改造世界的工具。这三者不仅出自同一源头，而且就像人的视觉、听觉、触觉一样各司其职、并行不悖，没有高下之分、尊卑之别，既不互相排斥，也不能互相替代。人们常说“真善美”是人类追求的最高目标——宗教追求

---

① 《展望二十一世纪——汤因比与池田大作对话录》，国际文化出版公司 1985 年版，第 15 页。

的是“善”、科学追求的是“真”、艺术追求的是“美”。其实，这三者本来同是人类的三个触角，实在没有理由互相排斥和诋毁。古往今来，一切伟大的宗教教义都同具真与美，一切伟大的艺术作品都包含着善与真，而一切伟大的科学发现也都和善与美相关联、相包容。当天文学家惊叹于宏观世界的秩序和宇宙星辰的壮美时，现代物理学家和生物学家们却正在为放大了几百倍的分子和细胞的彩色照片所倾倒。人们有一段时间常常谈论“异化”的问题，岂不知，人类真正的“异化”，便是从把“真善美”分裂、把宗教、科学、艺术分裂开始的。

在人类历史上，宗教与艺术不但都曾发挥过巨大的作用，推动了历史和人类社会的前进，而且对人类的整个精神世界产生过巨大的影响。如果说是基督教的文明奠定了现代社会的形式包括现代科技的进步的话，那么，其他宗教则在人类的历史上创造过多种文明和多种社会形式。鲁迅在谈及“中华民族的脊梁”时，也不忘提出“舍身求法的和尚”。的确，纵观整部人类史，再也没有任何一种别的力量曾促使人类做出像宗教行为这么可歌可泣、这么惊天地泣鬼神的举动的了。在宗教感情的驱动下，人们不但可以从素食、独身这些在一般人看来很难做到的“苦行”及再也不能更简单的生活中得到悟性和乐趣，而且可以毫不犹豫地舍生忘死，直至做出令一般人不可思议的壮举。玄奘的西游与鉴真的东渡，无论在其志向的高远上、在其困难的程度上，还是在其对人类的巨大影响上，都堪称人类历史上最伟大的长征。

在佛教、道教的影响下，中国的艺术家在追求生命永恒的过程中，曾创造了永恒的艺术。换句话说，正是由于人们相信“灵魂不灭”，正是由于厌倦今生和向往来世，人们才会在艺术领域根本摒弃急功近利的行为，怀着极大的热情和毅力去创造如敦煌、云冈、龙门那些在今生不可能看到结果的伟大作品。以敦煌、云冈、龙门为代表的中国佛教石窟艺术是中国传统文化的瑰宝，是中国的骄傲，也是全人类共同的珍贵文化遗产。石窟寺，原是佛教徒修行的场所，是在特定的自然环境中开凿在崖壁上的寺院。佛教徒在石窟寺中修行、膜拜、讲经、作法、生活，为了崇拜、观想和法事的需要，佛教徒们在石窟寺中用塑（雕）像、立塔、壁画等形式重现佛陀的法身，图释佛陀的形迹和教诲，表现佛教徒对佛陀的景仰和崇拜之情。为了最终摆脱生死轮回，求得彻底的解脱，一代又一代的佛教徒们，怀着虔诚的宗教信念，炽热的宗教情感，以超人的毅力，完全抛弃了一切世俗的名利思想和急功近利的行为，一凿一斧地在崖畔石壁上雕塑着佛的慈容和三千大千世界的众生相。今天，当我们面对这些信仰之力与艺术天才的双重创造时，我们依然被其中所蕴含、体现的博大胸襟、慈悲情怀和庄严、宁静、超然、平和的思想之光所笼罩、所折服。这种超越时空的、永恒的艺术魅力，的确来源于宗教的力量，来源于对来世的企盼和信念。

多年前，我曾与几位朋友小聚。席间，一位知名的中年作家在酒酣耳热之时对在座的几位女士说：“假如现在来了一只老虎，你们可以跑、可以叫、可以哭，但我们不行，我们男人只能去打虎。”众女士点头称是，纷纷为打虎的英雄干杯。这时候，我说：“打虎固然英雄，但还不难，真正难的是舍身饲虎。”于是，我给他们讲了佛本生中“太子舍身饲虎”的故事。太子因担心母死，无奶的小虎们被饿死，纵身跳下悬崖，心甘情愿地用自己的肉身去饲养其他生命，这是多么大的慈悲啊！太子舍身，除了“无缘大慈，同体大悲”，即对一切生命、一切有情的悲心之外，没有任何功利，没有任何其他的目的。而且，他的悲心超越了人类而遍及众生，这是何等伟大的情怀啊！打虎需要勇气和力气，但舍身饲虎却需要更多更多的东西。故事讲完，满座唏嘘，连那位作家也受到了极大的触动和震撼。

艺术的作用也表现在人的精神领域并与宗教的力量类似。我在多年前的一篇文章中曾写过这样一段文字：

看过英国影片《冰海沉船》的观众大概都记得这样一个镜头：当冰冷的海水即将吞没巨大的“泰坦尼克”号的时候，在风浪的喧嚣与人们绝望的哭号声中，几个忠诚的乐手站在倾斜的甲板上，沉着、庄重而又一丝不苟地继续着演奏。他们忘却了死神的临近，放弃了求生的努力，坚守在自己的岗位上。那虔敬高尚的音乐，是“泰坦尼克”号的祷歌，是众多生灵的安魂曲，也是使他们得以在死亡面前保持尊严与勇气的精神支柱。

乐手们的坚毅和导演的匠心固然值得钦佩，而音乐在此时此刻所起的作用，也值得人们深思。

音乐从诞生以来，它便是人类生活中的挚友。桑间上，人们用歌声寻找着爱情；队前伍后，人们用歌声统一着步伐。共同劳作时，“杭育”之声不断；冲锋陷阵处，金鼓之声齐鸣。在人类历史上，有过多少关于人和音乐的传说啊！伯牙与子期凭音乐的共鸣而肝胆相照；司马相如与卓文君因音乐的媒介而永缔佳缘。智慧的张良，靠一支洞箫、四面楚歌，瓦解了项羽的亲兵；大胆的孔明，用一张古琴、两扇城门，吓退了司马懿的大军。放眼域外，故事也不少。从阿波罗到缪斯，从酒神酣醉的高歌到《牧神午后》的短笛。过去，人们曾大谈十字军东征时，一个宫廷歌手怎样靠歌声找到了英王理查德一世；现在，人们又津津乐道伟大的爱因斯坦如何在小提琴优美的旋律中，寻觅着“相对论”的钥匙……[①]

与宗教和艺术不同，科学的作用主要是对物质世界的掌握。人类对科学的态度，在近二三百年里起了巨大的变化。在 18 世纪之前，科学还没有

---

① 田青:《音乐，生活中的挚友》，载《历史的性别》，解放军文艺出版社 2000 年版，第 57 页。

进入大部分人的普通生活，还只是一小部分科学家和知识分子探索物质领域中未知世界的智力活动。在科学发展的早期阶段，不但一般民众不知科学为何物，科学家和科学发现还常常遭到来自保守势力的残酷压迫和攻击。从 19 世纪开始，情况起了变化，科学发明和科学成果不但如此迅速地改变了人类的生活，更极大地改变了人们对科学的态度。随着大工业与资本主义生产方式的普及，科学逐渐成为人类改造自然与改善生活品质的主要手段。20 世纪是科学获得空前发展的时期，也是人类生活自人类诞生以来进步最显著的时期。现代人今天所享受的高品质的生活，大部分靠的是科学技术的力量。当人类的足印因科学的伟力踏上月球、迈入太空时，当人类通过掌握核裂变技术从而掌握了足以使地球毁灭千百次的能量时，当如果法律允许人类可以“克隆”自身时，人类不但得到了自尊心的空前满足，也不知不觉把对科学的依赖变成了一种信仰并逐渐代替了宗教。换句话说，当人们认为科学是万能的并把一切幸福都归结于它时，科学便与“上帝”一样成了人类的崇拜物件。不同的是，科学的力量和它带给人的福祸是可以在现世证实的，它的所有福祉灾害都那么明确、那么实际、那么巨大、那么不容置疑。

汤因比在谈到面对传统宗教衰落的现代西方人时说：“在因此造成的精神空虚里，他们以一位女神代替了上帝的崇拜。那摧毁西方基督教世界的对于旧神灵的不信任感和厌恶感使这位女神交了好运。这位女神不是圣母，而是技术；人们对新神灵崇拜得五体投地——技术被神话，不是西方人有意的选择，而是因为宗教与自然一样厌恶空虚。技术与技术专家因而成了晚近西方世界的罗马女神和恺撒。”①

① [英] 阿诺德 · 汤因比:《一个历史学家的宗教观》，晏可佳、张龙华译，四川人民出版社 1990 年版，第 251 页。

不同的是，当西方人已经率先把技术与技术专家视为“罗马女神和恺撒”时，我国的先进知识分子们却还在为争取“德先生”与“赛先生”在中国社会的一席之地而奋争。由于整个中国近代史中的屈辱都与国势的衰败分不开，而“中央之国”的雄风不再又都与政治腐败和科技落后、经济落后有关，因此，在现代大部分中国人尤其是进步知识分子的眼里，走科学与民主的路是拯救古老国家的唯一途径。“五四”的进步意义，很大程度上表现为科学思想的民族启蒙。应该说，整个20世纪是科学观念在中国生根、成长的世纪。“文革”前后对知识分子政治上的歧视虽然造成了人们对科学价值的暂时怀疑，但随后开始的极大地改变了中国面貌的改革开放，却在更大范围、以更大的力度让人们亲眼见到了哪怕是“初级阶段”的政治宽松与科技进步也会带来的明显的社会进步。现在，“科学是第一生产力”的口号无疑已经成为全民族的共识。我们这一代中国人，已经从小就被教育成不同程度的科学至上主义者。

于是，在正在享受科学进步所造成的“初步繁荣”的中国人的语境里，“科学”——这个似乎具有无限威力与魔力的名词，也便逐渐成了“正确”“进步”“至高无上”的同义词。而科学的否定式，比如“不科学”“不够科学”，也自然成了代替“错误”“落后”甚至“反动”等概念的贬义词。在科学成功的巨大光环里，人们忽略了这样一个事实：科学所取得的成功，绝大部分都是在物质世界里。迄今为止，科学对人类精神领域的影响和探索，还根本无法和其在物质世界所取得的成就相比。但是，对科学的进步充满自豪与憧憬的人们还是不知不觉地把科学的胜利扩大了，扩大到了几乎一切领域。许多人以为有了科学，人类便有了光明的前景。但是，这个新的“宗教”却不能也不具备针对“人心”的能力。对人类精神领域的困惑与痛苦，对人类社会普遍存在的道德沦丧及由于对物质的渴求不能满足而产生的诸多严重的社会问题，科学仍然束手无策。原有宗教在满足人类信仰与心灵的需求、支撑社会的道德结构及对社会不满情绪的化解等许多方面，至今依然有着重要的现实意义。

人们不但用科学代替了宗教，甚至还在不知不觉地试图用科学来阉割艺术的本质。

艺术不是科学

的确，这是一句“废话”。说“艺术不是科学”，就等于说“A 不是 B”“张三不是李四”“窝头不是馒头”。但是，无论是在实际生活中还是在艺术领域里，对这个原本不应该有任何疑问的简单判断，却存在着许多不同的认识。比如，在 2000 年夏季举行的“第九届全国青年歌手电视大奖赛”中，有一个歌手叫李琼，她的与众不同的歌声便曾经引起了争议。

少部分非歌唱专业的评委认为李琼的歌唱有鲜明的个性和较强的感染力，给她打了较高的分。而占评委大多数的歌唱专业出身的评委却不约而同地给她打了较低的分。一些歌唱家评委在回答观众提问时和在非正式谈话中对李琼最终未能进入决赛做了解释，其中最重要的理由，便是认为李琼的唱法“不科学”、是“大本嗓”，并强调“人的生理构造（声带）是相同的，所以，只能有一种正确的唱法、科学的唱法，这就好比这间屋子，只有一个门，什么人都只能从这一个门中出去”。

看起来，有必要请这些先生们再看一下 1999 年新版《辞海》中关于“艺术”与“科学”的权威性解释。

艺术：

人类以情感和想象为特性的把握世界的一种特殊方式。即通过审美创造活动再现现实和表现情感理想……具体说，它是人们现实生活和精神世界的形象反映，也是艺术家知觉、情感、理想、意念综合心理活动的有机产物。……

科学：

运用范畴、定理、定律等思维形式反映现实世界各种现象的本质和规律的知识体系。社会意识形态之一。按研究对象的不同，可分为自然科学、社会科学和思维科学，以及总括和贯穿于三个领域的哲学和数学。……

虽然这个“权威”性解释本身尚有可斟酌之处，但它起码正确阐述了艺术与科学是两回事。但奇怪的是，现代人在实际生活中，却常常不知不觉地或将艺术混同于科学，或将“科学”置于艺术之上，把“科学”与“科学性”视为神圣的、至高无上的、统领一切的“君王”甚至“上帝”，而把艺术当成了从属于“科学”的奴婢。现在，所谓“科学的唱法”成了中国整个声乐界最高的追求，一些声乐教师对一位首次登门的年轻歌手最常说的一句话是：“你的唱法不科学，要改方法！”而当一位歌者批评另一位歌者的唱法“不科学”时，实际上等于说：“你现在的歌唱方法是错误的！”

那么，人们不禁要问：在“歌唱”——这种人类最本质、最古老的感情表达方式与艺术形式中，“正确”与“错误”究竟是什么意思？衡量艺术的最高标准是“科学”与“正确”吗？而人们又是从什么时候开始把“科学”置于艺术之上的？人们为什么要如此夸大艺术中“科学性”的地位甚至不惜用“科学性”来阉割艺术的灵魂与本质——创造性和个性呢？

实际上，正是对科学的崇敬在改变着人们对艺术本质的认识。在科学主义的号召、近代民族屈辱史的鞭策及振兴祖国的伟大理想的激励下，用科学来改造“落后”的中国民族乐器、用西洋大乐队的形式来组建中国新的“民族乐队”和创建“科学的民族唱法”成为50年来中国音乐界共同奋斗的目标。

经过长达半个世纪的不懈努力，除了乐器改革由于种种原因而陷入一个尴尬境地外，后两个目标可以说是基本上达到了。在声乐领域，经过“科学化”了的“民族唱法”不但与西洋歌剧唱法（所谓美声唱法）和“通俗唱法”三足鼎立，成为当前中国音乐生活中重要的艺术品种，而且基本形成了自己独特的、相对成熟的教学体系并在艺术实践、艺术教育等方面取得了有目共睹的成绩。

但是，正是在成功之后，人们才发现问题的另外一面。这就是我在“第九届全国青年歌手电视大奖赛”上所指出的民族唱法存在着“千人一声”的问题。大家都还记得，在“科学”还不发达的20世纪五六十年代，王昆、郭兰英、马玉涛等歌唱家的声音都有自己鲜明的特点。即使只有广播没有电视，人们也能很轻松地将他们区别开。个性化与地方特点的鲜明，是农业社会的必然，也是那个时代共同的审美要求。从20世纪六七十年代开始，我们的社会开始进入工业化社会，应时代的要求，在科学主义的无声的影响下，声乐界开始探索所谓“科学唱法”并大量培养适应群众此时审美需求的歌唱家。在一些杰出的声乐教育家的努力下，一种借鉴西洋歌剧唱法并在某种程度上保留了民族风格的唱法与音色逐渐形成了。由于用这种方法培养出来的歌手受到一个时代的肯定和欢迎，也由于这种“科学唱法”的教学的确具有可操作性和可重复性，所以，这种唱法和用这种方法培养出来的歌手便逐渐取代了五六十年代那些来自民间的、具有鲜明的地方风格与个性色彩的唱法和被称为“大本嗓”的民间歌手，建立了在民族声乐教学领域与实践领域的绝对统治地位。

本来，找到一条具有普遍性的声乐教学法是一件好事，受到群众的欢迎也是一件好事，但任何艺术流派一旦成为“显学”，一旦成为“一统天下”，便也脱不掉“物极必反”的规律，开始让人们感到了厌倦。于是，面对“大奖赛”上许多音色几乎一模一样的歌手，李琼因为唱法“不科学”而被淘汰便自然引起了争议和深层的思考。

我在回答“大奖赛”监审组的提问时曾试图解释产生这种现象的原因，我把个性歌手的沉寂与“罐头歌手”的批量生产归结于一个时代的共同审美需求和生产方式的改变：“王昆的时代，中国处在农业社会，农业社会的审美特点就是个性化、地域化，与民间有着深厚的联系。现在这些歌手，是工业社会的产物，是音乐学院的产品。工业社会所推崇的，是科学化、规范化。而科学化、规范化的结果，就是我们具备了批量生产大量歌手的能力，但却抹杀了个性。”的确，群众的审美需求是随着经济的发展、社会的发展而变化的，今天，当我们国家的工业化还没有完全完成的时候，我们已经提前进入到追求个性、崇尚自然、讲究多元化的资讯化社会了。那么，“第三次浪潮”后的时代除了与“第二次浪潮”的工业化社会以大为美、追求“科学性”和“规范化”不同，要求多元化和个性化之外，还有什么特点呢？对科学的反省应该说是重要的内容。

现在，越来越多的人认识到艺术与科学是不一样的，科学不能代替艺术。科学是建立在理性之上的，而艺术始终是感性的产物。科学讲求唯一正确，100 个科学家做一道数学题只能有一个答案；但艺术没有标准答案，对同一主题，100 个艺术家会创作出 100 个不同的艺术作品。一个新的科学试验的成果被承认，必须有可重复性，即必须所有人能够在同样条件下得出同样结果。在科技指导下的大工业生产，也一定要求标准化与统一规格。但艺术不能标准化，艺术必须有个性。在科学领域中强调的可重复性恰恰是艺术的天敌。艺术追求的就是创造性，就是个性、就是与众不同。贝多芬之所以是贝多芬，就在于他与莫扎特不同；同理，莫扎特之所以是莫扎特，也在于他与贝多芬不同。所谓“科学”唱法“就好比这间屋子，只有一个门，什么人都只能从这一个门中出去”的话，完全违背了艺术的本质。在艺术领域，只有那些不想从一个门出去，只有那些想得出方法并敢于从窗户、烟囱、地道，甚至掀了屋顶出去的人，才可能成为大艺术家。

人们在清楚了这个问题之后，才能进一步探讨艺术与科学是什么关系、科学性在艺术实践中究竟应该占有什么地位、在艺术中什么更重要，是“创造性”还是“科学性”等一系列问题。首先，说艺术与科学不同绝不意味着否定科学的伟大意义与价值，这就好比说骆驼与马不同不意味着否定马一样。其次，主张在艺术中创造性与个性更重要也绝不意味着排斥在艺术领域里应有的科学性。我想强调的只是在艺术领域里不能把“科学性”置于艺术本质之上，不能以“科学性”作为衡量艺术水准、艺术价值的最高标准，更不能用“规范化”“标准化”的大工业生产方式制造艺术家和艺术品。对于现代人而言，科学绝不仅仅是一种“结果”，它更是一种精神、一种态度。我百分之百地推崇并服膺科学精神，即推崇并服膺一种理性的、自由的、不以任何“权威”的论定为结论的、实事求是的探求精神，但我却不会对任何科技成果本身顶礼膜拜。人们应该认识到，科学的本质是自由的、不断发展的，是反权威的，任何将“科学”本身权威化、固定化、神圣化的做法，本身便是反科学的。

应该承认，我们目前的艺术理论、艺术教学、艺术实践已经落后于时代的发展和公众审美观念的改变，一部分听众对当前声乐领域里“千人一声”现象的不满及对一个普通歌手未能进入决赛的质疑，就反映了大众审美观念的提高和进步。那么，在艺术实践中，科学究竟应该站在什么位置才更合适呢？我个人认为，科学在艺术实践中的地位应该和科学在竞技体育中的地位一样。众所周知，在当代竞技体育中，现代科技起着非常大的作用。比如在第 27 届悉尼奥运会上，应用了高新科技的游泳衣便因为提高了运动成绩而大出风头。但是，创造运动成绩的最根本的条件，归根结底还是运动员的体能、技巧、训练等。科技对体育事业的促进，永远只是辅助性的、次要的。而且，在不同的体育项目里，科技影响成绩的能力有很大不同，在某些专案——比如最具吸引力和普及的项目足球、篮球中，科技影响成绩的成分就更微乎其微。最重要的是，在体育界，即使是在最能表现出科技影响的项目里，人们比的也是运动员的综合素质和他达到的结果，而不是“科学性”。没有一个裁判会在解释他为什么给一位运动员打低分的原因时说：“他的方法不科学。”

在艺术领域，要不要讲“科学性”呢？要不要提倡更多地采用先进的科技手段呢？当然要。我希望我们的声乐教育家能更多、更深入地研究人的生理结构、心理机制，找到更有普适性的教学方法和更好的发声方法；我希望每一个学习声乐的人将来都能在练习歌唱时在某种先进的仪器上看到自己声带的振动频谱和共鸣区的位置图。但我更相信，即使你今天就使用了 22 世纪的科技手段，你的歌声也不一定能感动我。艺术最终是人与人的交流，是感情的交流，是主观的感受，有时候甚至还是“没有道理”的。没有情、没有创造、没有个性的艺术，即使全部用科学包装起来，仍然是三流的艺术。而且，我相信，科学不是万能的，尤其在涉及人类自身，涉及人的情感、精神、信仰、美感时就更显得尴尬。声带毕竟不是普通的乐器。而人们所说的共鸣位置（不管是“颅腔共鸣”还是“胸腔共鸣”），就像中医的“穴位”“经络”至今无法用科学证明一样，你明明感觉到了它的存在，但在解剖刀下恐怕也只是一个挤满了神经、血管、脑髓、肌肉、肠胃等非共鸣体的腔体，而科学不是早就告诉我们只有气体的震动才能引起共鸣吗？对所有建立在人类“感觉”上的东西——从气功的“气”感到歌唱时的“位置”感，都只能靠练习者在教师的指导下自己去体会，你永远无法靠什么“科学”的手段、别人的体会来代替自己的体会，也不能把自己的“感觉”像导电一样传递给他者，这就叫“如人饮水，冷暖自知”。重要的是，歌唱艺术是一个包括歌唱技巧（发声方法只是其中一项）、歌曲内容的理解与表现、舞台表演、情感控制等许多因素的综合性艺术，只注重发声方法的训练而忽视其他艺术因素的学习与表现是我们当前声乐教学中普遍存在的问题。艺术不是科学，更不仅仅是技术，我们的艺术院校培养的应该是艺术家，而不是“技术员”。

21 世纪，是人类对科学反省的世纪。这种反省，一方面表现在对科学给人类带来的负面影响的反思上（诸如环境污染、大规模杀伤性武器等），一方面表现在如何重新定位科学的地位上。美国著名物理学家、诺贝尔奖获得者理查德·费曼曾在一次演讲中坦陈：“当我年轻的时候，我认为科学会有利于每个人。科学显然很有用，也是很有益的。在第二次世界大战中，我参与了原子弹的制造工作。科学的发展导致了原子弹的产生，这显然是一个具有极其严肃意味的事件：它代表着对人类的毁灭。”[①] 我认为，科学只是人类探求外部世界与物质规律的一种手段，人类应该牢牢把握科学的方向，更不能让科学成为人类的宗教，成为控制人类思想与进行艺术活动的君王。一句话，它只是“运用范畴、定理、定律等思维形式反映现实世界各种现象的本质和规律的思想体系”，是“社会意识形态之一”。在艺术领域里，只有摆脱对科学的崇拜，复归艺术的本质，主张个性与多元化，提倡“与众不同”，艺术才能获得真正的发展。要建立多元化的审美观，在艺术领域提倡一种宽容精神、一种相容并蓄的态度、一种百花齐放的局面。尤其要给予那些根植于传统、来自民间的艺术形式、“草根派”艺术家以应

---

① [美] 理查德·费曼：《你干吗在乎别人怎么想？》，李沉简、徐杨译，中国社会科学出版社 1999 年版，第 212 页。

有的尊重、地位和在媒体上亮相的机会。不要用“不科学”作为否定某种艺术形式、艺术品种、艺术作品、艺术家的口实，也不要用“科学”作为艺术中正常的流派之争的商标和盾牌。

我主张在努力发展科学的同时反省科学，在长期忘却与批判宗教之后重新认识宗教，在坚守艺术个性化与多元化本质的基础上鼓励自由的创造。让我们用科学探求物质及外界，用宗教平衡内心和社会，用艺术陶冶精神、提升生活——这便是我的科学观和人文观。

（原载《我的人文观》，江苏人民出版社 2001 年版）

中国佛教法事中的音乐是为神还是为人

法事，也叫佛事，从根本上讲，一切佛之教化，均为佛事。《维摩诘经·入不二法门品》曰："于娑婆世界，施作佛事"，鸠摩罗什注曰："佛事谓化众生。"但是一般习惯，则把佛忌、祈祷、超度、追荐等佛教仪式称为佛事。在中国民间，法事、佛事、法会、做道场等词，基本上是一个概念。近年来，历史悠久、风格独特的中国佛教音乐，吸引了众研究者的目光。随着研究的深入，人们对音乐在中国佛教法事中的作用，有了更深入的了解。但是，当人们看到在中国佛教法事音乐中存在着大量民间乐曲的时候，常常只看到佛教为了弘法而使用民间音乐的一面，认为佛教音乐的目的，主要是为了"娱人"。这固然有一定的道理，但是，人们常常忽略事情的另一面，也是我认为更重要的一面，即在大部分佛教法事中，或者说在某一法事的大部分音乐中，音乐的功能主要是"娱神"，更确切地说，是"通神"。而"娱人"只不过是第二位的、附属的功能。

我在多年佛教音乐的田野工作中，发现了一个非常有趣的现象：当某一法事有乐器伴奏的时候，常常不是按音乐界的惯例，由歌者根据伴奏乐器提供的确定的调高来决定自己的音高，而是在领唱单独开始后，伴奏者临时根据歌者（维那[①]）的音高，迅速找到相应（有时是相近）的调高来伴

---

① 维那，僧职名，寺院三纲之一，管众僧庶务，主掌僧众威仪进退纲纪，法事赞呗时起腔引众。

奏。这种表面上看似乎违背了音乐规律的现象，在佛教法事中，不但不是个别现象，而且似乎普遍存在，这就很值得我们认真思考了。我对这一现象的认识，也经历了一个很长的过程。

1989 年夏，我到潮州开元寺录制《潮州佛乐》音乐磁带。当时，参加录制工作的有开元寺退休老方丈、佛乐大师慧原法师和他的弟子们以及担任乐队伴奏的几个居士。录制工作一开始，我便发现，无论是慧原法师担任维那起腔，还是他的弟子传然尼师担任维那起腔；也无论演唱、演奏的是“禅和板”，还是“香花板”，担任乐队伴奏的几个居士总是等维那起腔后，才根据维那起腔的音高，笛子摸索着找孔位定调，二胡摸索着找把位定调，就连扬琴，也要先在弦上试敲几个音后，才找到所需要的调，然后伴奏。虽然这个乐队都是老手，他们又经常在一起为信徒做法事，这一过程仍需要大约 5 至 15 秒的时间。也就是说，在乐队进入后的第一个 5 至 15 秒钟内，乐队所发出的只是噪声！而且，当偶尔维那所起的腔恰好是在“两个琴键之间”的时候，那么，这首曲子的歌声便从始至终与乐队不在一个调上，也许恰好差半个调，也许只差一二十个音分。这时候，二胡这类无品位弦乐器靠挪动千斤的方法还可以勉强“靠”上那个调，但笛子这类筒音固定的管乐器，便很难单靠“口风”技巧而完全合调。那时候，我还是刚刚接触潮州佛乐，也是第一次接触这种现象，对于任何一个被西方音乐教育模式训练出来的耳朵而言，这都是难以忍受的，更何况当时要录制的音带，是为了正式出版。

因此，我便要求唱诵的出家人按照乐器所提供的调高来起腔。但是，对于这样一个对所有音乐家来说都是“天经地义”的方式，他们却很不习惯。慧原法师告诉我，他们一直都是按他们固有的方式演唱、演奏的。我当时根本没有意识到这个方式是他们独特的音乐文化的一部分，更没有深究其中的宗教意义，反而自以为是地认为不是他们的乐队“水平有问题”，便是歌者和伴奏者缺少合作的经验。恰巧，由于慧原法师一直有一个观点，认为潮州“梵呗初无管弦伴奏之事，至清末始有以小唢呐和之者，既而渐益他器。至民国初年，器乐庞杂，锐利雄烈，以至混蔽呗音，喧宾夺主，殊为不妥”。主张“采取器乐曲与赞呗分录之法，一为恢复古制，二为词意清晰”。[①] 所以，我和慧原法师便商定把尼师的唱赞和乐队的伴奏分开录制。于是，《中国音像大百科 · 潮州佛乐》的四盒磁带便这样录成了：每一盒磁带的开始和结尾，都录一首佛教的纯器乐曲；而中间部分的唱诵部分，则不要伴奏，只用清唱。

从 1989 年夏录完《潮州佛乐》回到北京，到 1991 年 2 月，我得到了整整一年半的时间可以不工作而完全用来思考。就在这段时间里，有一天我忽然隐隐意识到，我可能在录音时犯了一个错误，但这还不是“悟”。一直到 1995 年的春天，我在湖南南岳录制《南岳焰口》的时候，我才彻底了悟这个问题。

“放焰口”，即“瑜伽焰口施食”，是中国民间最为常见的佛教法事，一般简称“焰口”。唐代，此法传入中国，并随密宗的流传而盛行一时。此后，以向饿鬼施食为主要内容的仪式“放焰口”，在中国兴衰迭变，至清时，基本上以“天机焰口”和“华山焰口”两种版本最为流行。“焰口”又分为“音乐焰口”和“禅焰口”，前者有乐器伴奏，后者则只用法器[②]。因明清之后，全国各大丛林[③]通行江浙一带的“天宁腔”和“宝华腔”，而江浙一带流行“禅焰口”，所以，目前全国各地的大丛林均以“禅焰口”为主，只有少数地方的少数寺院和民间流行“音乐焰口”。“音乐焰口”主要流行在我国以笙管乐为民间器乐主要形式的北方广大地区，在南方，湖南

---

① 《潮州市佛教志 · 潮州开元寺志》下册，广东省佛教协会 1992 年版，第 883 页。

② 法器，在佛、道教仪式、法会中所使用的钟、磬、木鱼、引磬等物。

③ 丛林，指僧众较多的寺院。《大智度论》卷三：“僧伽，秦言众。……譬如大树丛聚，是名为林……僧聚处得名丛林。”

南岳的“音乐焰口”是颇有特色的。1956 年，著名的音乐学家杨荫浏曾率队到湖南进行音乐调查，并撰写了《佛教禅宗水陆中所用的音乐》(1956 年 6 月 1 日民族音乐研究所油印)、《湖南音乐普查报告 · 附录之一宗教音乐》(1958 年民族音乐研究所油印，1960 年音乐出版社正式出版)，第一次向音乐界介绍了湖南的法事音乐。1992 年，我率“中国佛教音乐团”赴南岳参加“南岳庙会”，在祝圣寺听到一台“音乐焰口”，便与祝圣寺当家惟正法师相约，待条件成熟后，我即来此录音。世事无常，一直到了 1995 年的春天，我才得以实现到南岳录音的计划。因为准备得比较充分，又得到湖南佛协和南岳佛协的大力支持，参加录音的人员全部是南岳最好的，其中仅担任湖南佛协副会长的老出家人就有三位，宝昙 (云锣)、惟正 (鼓)、慈茕 (木鱼)。担任维那的怀园，伴奏的华涛 (笛)、大富 (笛)、瑞珊 (二胡)、法光 (二胡) 及唱诵的怀恒 (兼铛)、脱尘 (兼铬)、寂尘、怀聪、演明、大岳、耀祥等人，则是当地中青年僧尼中的佼佼者。

录音一开始，我便又遇到了同样的现象：维那起腔之前，所有的乐器都不定调。待维那起腔之后，唱诵的僧众接腔的同时，笛子和二胡才试探着进入。与潮州的情况一样，乐器进入后的第一个 5 至 15 秒内，乐师们忙着寻找合适的调高，直到“搭调”为止。开始后的头两首曲子，由于维那和乐师都还没有找到感觉，歌声与笛声始终相差几乎半个调，而二胡虽然在按音时与歌声一致，但在空弦音时，则明显露出破绽。这一次，我没有再自以为是，而是尊重他们的习惯，耐心等待他们找到一致的感觉。这一次的录音和在潮州相比顺利得多了。录音结束后，我和几位法师还讨论了许多问题，颇有收获。

经过多年的考查和研究，从对潮州和南岳“音乐焰口”的相同伴奏方式的思考入手，我对佛教法事中音乐的作用，有了进一步的认识。

我的初步结论如下：

1. 在潮州、南岳的“音乐焰口”中，从来都是由维那（金刚上师[①]）起腔，僧众（包括乐师）接腔。这和全国广大地区的“禅焰口”是一样的，是一个普遍规律。至于音乐伴奏在佛教法事中出现的时间问题，则很难确定。仅就目前存在的“音乐焰口”而言，我同意慧原法师的看法，只能出现在明、清之后。因为他们所使用的乐器，基本上是近代的乐器，也没有严格的规定。但是，我们知道，在唐之后，“焰口”曾一度失传，至元代才重新复兴。而唐代的“焰口”是否使用乐器，则缺少更多的资料。

2. 瑜伽焰口，原为密宗仪规。主持者为金刚上师，北方俗称“大帽儿”，在法事中具有至高无上的地位。金刚上师例由德高望重的“戒和尚”担任，佛教徒认为佛力加持后，可以呼神唤鬼，威力无比。因此，他的声音（包括音高）便是法音，不容怀疑和动摇。乐师只能在金刚上师起腔后向他的声音靠拢。与这一宗教观念和宗教信仰相比，一二十个音分的差别，无论如何是微不足道的。

3. 所以，我认为在佛教法事中，音乐绝对是从属于宗教的。认为音乐在佛教法事中的作用主要是“娱人”的观点，缺少对佛教法事音乐的实际而深入的了解。

我对这一问题的认识过程，使我得到了一个宝贵的教训，即在田野工作中，要充分尊重此文化载体——本地艺术家的意愿、习惯、表达方式，千万不要把自己的文化背景和主观意念强加给别人。要时时记住：在深广浩瀚的中国文化面前，我们永远是小学生。

（原载《音乐艺术》1995 年第 3 期，后收入《净土天音：田青音乐学研究文集》，

山东文艺出版社 2002 年版）

---

① 金刚上师，俗称在密宗仪式中主法的和尚。上师，即“阿舍梨”；“金刚”，梵文 Vajra 的意译，金中最刚之意，是上师的形容词。

慈悲如一　普度无二

——佛教“瑜伽焰口”和道教的“铁罐施食”

记得在20世纪80年代初，我正随中国音乐学泰斗杨荫浏先生读研究生。那一年，为了考察中国宗教音乐，我对冀、晋、陕、甘、青的众多寺庙道观进行了参访。在那次考察中，一位道人对我说过的一句话令我至今难忘。当时，他独自在陕西咸阳农村一座简陋的窑洞中修行。窑洞正面的壁上，贴满了他用约一寸宽三寸长的红纸条做的“牌位”，每张“牌位”上都恭敬地写着一位神灵的名字。我诧异地发现，在那些名字中，除了“玉皇大帝”和诸位天尊外，还有许多诸如“释迦牟尼佛”“观音菩萨”等佛教崇拜的对象。当我向他讨教时，他微笑着说：“大佛不灭道，大道不灭佛。”

这十个字，让我对从书本上得到的有关“三教论衡”的知识产生了新的体会。历史上，主要发生在知识阶层和宗教上层的有关儒、释、道的辩论、斗争，也曾发展为类似“三武一宗”灭佛这样的惨烈事件，但主流却是以融合、共存为主。而在今天的民间，儒、释、道融合与和平相处的程度已经超出了大部分人的想象，以至一些西方的宗教学者得出了“中国没有严格意义上的宗教”的结论。当然，今天中国民间的宗教现象，本来就是历史上斗争与融合之后的结果，但中国人在宗教问题上所表现出的宽容、恢宏、大度，却在整个人类信仰史上彰显出鲜明的人性与智慧。

佛、道两家在艺术上互相学习、借鉴、启发以至相通、相同之处甚多，仅以中国民间最常见的法事——佛教的“瑜伽焰口”和道教的“铁罐施食”为例，即可见一斑。

在目前的中国，瑜伽焰口分为“禅焰口”和“音乐焰口”两类，前者是寺庙中出家人的模式，只用法器，不用乐器；后者则是“经忏和尚”或居士们所为，不但用法器，也大量使用音乐和乐器，在中国北方流行的音乐焰口都以笙、管、笛为主奏乐器。

焰口的关键是“施食”，即借助神佛的法力施给所有的“饿鬼”以甘露和净米，解其苦厄。道教的“铁罐施食”法事，即借鉴佛教“瑜伽焰口”的内容、方法、形式而形成的道教法事。从思想上，道教施食法事与佛教“轮回”“众生平等”的观念一致，也是从“慈悲”的思想出发，用“施食”的方式表达对所有逝去亡灵的关爱。两部法事的基本结构亦大致相同，都是先用法力请来神佛、菩萨、天尊，然后打开地狱之门放出各类鬼魂，施食并开导，使其归依，然后送鬼送神，皆大欢喜。在作法之前，要先准备，音乐焰口与铁罐施食都要先奏乐，创造气氛，然后请主法的宗教职业者上场。在瑜伽焰口中主法者称“金刚上师”，在铁罐施食中主法者是“高功”。

金刚上师的法力主要来自咒语、手印和法器。咒语来自佛经，是经中未经翻译的部分，据说是佛的原始声音，因此具有莫大的法力。手印也是从古印度传来的神秘法术的重要内容，是施法者用双手构成的各种手的图形姿态。由于手印是动态的过程，因此在艺术家的眼中是一种特殊的、有着具体意义的象征性的手舞。金刚上师的法器有金刚杵、金刚铃、香手炉、净瓶等。高功在铁罐施食的法事中也要持咒、结手印。有趣的是道教的咒语既有从佛教中来的“唵吽吒”之类，还有一些自造的“奇字”，如左边是“口”字旁，右边分别加上“生”“天”“而”“去”，组成“唑”“吠”“咞”“呿”等。道教法事中不但借用了来自佛教的手印，还加上道教传统的符箓等，可谓土洋结合、中西合璧。

瑜伽焰口整个过程可为三大部分：

1. 准备及结坛城：先由斋主请金刚上师登宝座，上师拈香；众僧依次唱颂“云来集菩萨摩诃萨”“香云盖菩萨摩诃萨”“登宝座菩萨摩诃萨”；上师登座后，“五方结界”，迎请东、西、南、北、中五方佛，用意想结一坛城；结观音禅定印，颂观音偈；念《大悲咒》；洒净水；念“点净真言”“加持铃杵真言”将“佛力”加持至法器上；念《十二因缘咒》等。

2. 破地狱、施食，召请诸孤魂“来食甘露味”：先结“遣魔印”“伏魔印”等，再唱《香花请》，迎请诸佛菩萨；结“奉食印”，供养三宝；然后结“破地狱印”，“一心召请”各类孤魂等众；结“召罪印”“摧罪印”“破定业印”，为诸孤魂消除罪孽；再结“开咽喉印”，打开孤魂咽喉，使饿鬼离苦。再颂诸佛名号，令诸孤魂皈依三宝，结“发菩提心印”“三昧耶印”“光明如来印”等，为孤魂祈福；结“普供养印”，以水、米供养一切众生。

3. 送鬼：念《尊胜咒》，次结“圆满奉送印”，送所请诸佛菩萨、六道四生各归其所。念《金刚百字咒》《回向偈》，下堂。

铁罐施食也分为三部分：

1. 高功绕坛、上香之后，高功拜座升台，仰启诸神诸仙降临斋筵，唱“东华引”“三清宫”，请玉清、上清、太清及各位天尊、真人、天界地狱的各类文武职官来临法会。

2. 高功念咒破狱，将众鬼招至。在这法事的中心部分，高功不但要对丰都城中十八层地狱的饿鬼发出召请，还要一一开导。这部分的内容与形式，与佛教瑜伽焰口中的“一心召请”如出一辙，但也有自己的特色，如吟唱著名的《叹骷髅》。值得注意的是，就像“一心召请”托名苏轼所作一样，这段《叹骷髅》被称为是庄子的作品。

3. 也许是由于中国人比印度人更讲究吃的缘故，在铁罐施食中，中国的道士要专门念《五厨经》，高功书讳，取东、西、南、北、中五方之气烹调法食，以使天下九州所有孤魂野鬼遍沾甘露法食，逍遥快乐。最后，高功向所有孤魂野鬼传戒，以免再堕地狱。道教的十戒，也是在佛教“三皈五戒”的基础上丰富改变的，即除了佛教五戒中的“杀”“盗”“淫”之外，又吸收了儒家的“孝”与“忠”，再加上“不嗔凶恶”“不诈善”“不骄傲”及“不二奉”等戒。在众鬼魂都“三皈依”（佛教“三皈依”是皈依佛、法、僧；道教的是皈依道、经、师）之后，送众魂升天而去。

中土初闻焰口，是在唐武后时。当时于阗（今新疆和田）僧人实叉难陀在洛阳、长安两地译出《华严经》《楞伽经》等多种经卷，其中属于密部的有《观世音菩萨秘密藏神咒经》等四部。实叉难陀所译《救面然饿鬼陀罗尼神咒经》是焰口最早的本子。后来，不空三藏又根据同一原本译出《救拔焰口饿鬼陀罗尼经》。主要是由于不空的影响，为饿鬼施食遂成为修密法者每日必行的功课。来唐求法的日本僧人曾从中国带回有关施食饿鬼的仪轨，空海在其所著《秘藏记》中，曾解释施食饿鬼法中的“五如来义”，安然在其《八家秘录》中亦有《施饿鬼法》，由于他们的努力，密宗此法在日本一直有所阐释和传承。但是，由于“会昌法难”和五代十国的连年战乱，随着密教在中国的失传，施食密法曾在中国一度失传。宋代，一些有心的高僧大德曾努力恢复施食一法，但因缘未和，未能得其全貌。一直到元代，由于藏传佛教的流行，密教也开始复兴。出自元人之笔的《瑜伽集要焰口施食仪》其内容顺序与不空所译大致相同。明代，天机禅师编成比较简明的《修习瑜伽集要施食坛仪》，流行后被称为“天机焰口”。后来，莲池袾宏及清代宝华山德基等又略加整理，即所谓“华山焰口”。目前寺院所用，基本上是“天机焰口”和“华山焰口”。

由于早期道教主要是在下层群众中流传，又因为早期道教（天师道、五斗米道）从产生初期就与农民起义联系在一起，战乱的历史环境与较低层次的文化背景都使它不可能更多地顾及宗教仪典的规范性和音乐性。因此，直到三国之后，道教徒才在佛教梵呗的启发下创作、制定自己的音乐。《山堂肆考》引《异苑记》云："陈思王游鱼山……为神仙之声，道士效之，作步虚声。"在佛教的影响下，道教逐步建立了自己的一套仪礼规范，建立了自己的一套祈祷、礼拜、诵经等完整的科仪戒律。

在道教音乐的创立过程中，北魏寇谦之与刘宋陆修静可称为奠基之人。神瑞二年（415），寇谦之托言太上老君授予"天师"之位，并赐以《云中音诵新科之戒》20 卷，改革天师道，制定乐章诵诫新法。在南方，大约五十年之后，陆修静参照儒家礼法，整理甄别道教经典仪范，除集"三洞经"一千余卷，奠定了"道藏"的基础外，还编撰斋戒仪范一百余卷，初步制定了道教仪式与道教音乐的使用规范。

从梵呗到"步虚"，反映了中国的道教徒一种开放性的思维和善于学习、善于借鉴的品质。"道士效之"中的这个"效"字，并不是简单的模仿和照搬，也不仅仅是某种形式上的借鉴。它更多地反映了道教从一开始便特别突出的包容性。当中国早期的道教徒正在思考某种可以增加教团的凝聚力和宗教活动的仪式感和神秘性的方法时，已经在宗教活动的仪式化和教团的组织化方面先走了一步的佛教，便自然成了道家效法的对象。换句话说，道教的"拿过来"，一方面是借鉴，一方面也是包容。道教的"铁罐施食"仪是在"瑜伽焰口"之后出现的，在明清时逐渐流行，目前所流行的本子，有成都二仙庵的木刻本。

虽然，"瑜伽焰口"与"铁罐施食"在内容与结构上大体一致，在宗教目的与主导思想上亦基本相同，但是，其最大的不同就是音乐。在"瑜伽焰口"中，僧人们咏唱的是正统的梵呗；在"铁罐施食"中，道士们歌吟的是地道的经韵。由于篇幅所限，只能留待之后的文章再谈了。

（原载《传统艺术》（台湾）2004 年第 1 期）

梵呗——人间佛教的弘法之舟

星云大师早在宜兰弘法时期，便开始组织梵呗歌咏团，以音声为佛事。20 世纪七八十年代以来，佛光山在星云大师的倡导下，以“人间佛教”精神为宗旨，进一步将传统梵呗舞台化、艺术化、世界化，使这古老的弘法之舟乘风破浪，驶进了现代社会的各个角落，驶进了世界许多大都会的音乐殿堂。据不完全统计，从 1979 年 10 月至今，佛光山梵呗团在世界各地的正式演出就有数十场之多，“法水长流五大洲”的理想，在嘹亮警心的梵呗声中得到了实现。

古之大德，将梵呗称为“弘法之舟楫”，其原因正如先儒所说，是因为“仁言不如仁声之入人深也”[①]。纵观历史，从天竺梵呗到中国后的华化，到今天汉传佛教唱诵音乐的舞台化、艺术化、世界化，中国佛教梵呗所走过的道路，实际上体现了佛教中国化、人间化的理想和实践。

中国佛教音乐的发展，实际上一直沿着三条线平行而进：

1. 天竺梵呗—中国梵呗—唱念—朝暮课诵与法事音乐。

2. 东晋唱导—唐宋俗讲—明清宝卷—弹词—曲艺及民间佛曲。

3. 于阗佛曲—梁武帝正乐—唐宋燕乐大曲—元明曲牌—佛教器乐曲。

---

① （汉）赵岐注:《孟子 · 卷十三 · 尽心章句上》,《四部丛刊》宋大字本，第 107 页。

这三条线中，除第三条线是器乐曲外，其余两条线中梵呗都是重要内容。

一、梵呗与课诵

（一）朝暮课诵

朝暮课诵，亦称“早晚课”“二课”，是佛教徒每日必修的功课，也是汉传佛教仪规中最基本、最普遍的法事活动。早晨僧徒上殿所唱诵的是早课，傍晚上殿所唱诵的内容叫晚课。

课诵俗称“唱念”，说明其中包括“唱”和“念”两部分。（唐）义净的《南海寄归内法传》与（唐）玄奘的《大唐西域记》一样，是研究印度古代史的珍贵资料。在《南海寄归内法传》中，义净不但极言印度佛教音乐之盛，称“西国礼教，盛传赞叹”，而且详细记录了当时佛教徒在印度奉诵佛经时先赞（先唱赞）、次文（其次念诵经文）、后回向发愿这种“三启”仪制和“唱”“念”这两种形式。而这两种形式，到了唐代，则被称为“梵音”与“转读”。[①] 这两种形式，自古至今，一脉相承。

所谓梵音，也就是“梵呗”。从天竺传入中国后，首先有一个华化的过程。曹植，这位据说曾“七步成诗”的才子，不但在中国佛教初肇的年代传播了来自天竺的佛教音乐，还曾经在3世纪初创造了第一批汉语演唱的“梵呗”，“撰文制音，传为后式”，而“梵声显世，始于此焉”，极大地影响了包括日本、韩国在内的整个汉传佛教地区。对“传声则三千有余，在契则四十有二”这句话，学者们有不同的理解。笔者认为，“四十二契”的含

① （梁）慧皎《高僧传》卷13，日本《大正新修大藏经》第50册，第2059部，第164页。“然天竺方俗，凡歌咏法言，皆称为呗。至于此土，咏经则称为转读，歌赞则号为梵音。”

义是指四十二首曲调，甚至是四十二首乐谱。[①] 但四十二这个数位，在佛教中有着特殊的重要性。传入中国的第一部经书，便是《四十二章经》。而《清凉山志·金璧峰传》记载明洪武年间金璧峰所创造之佛教音乐时，也同样提到四十二这个数位："师（指金璧峰）尝创华严佛事，梵音清雅，四十二奏，盛行于世。"这所谓的"四十二奏"，当然也可能指四十二首曲调，但另一种可能是与"华严字母"有关。所谓"华严字母"，亦称"悉昙"，即梵文四十二个字母。现在流传的佛教歌曲《华严字母》，也叫《悉昙颂》，便是用一个基本曲调，每一个字母唱一遍。金璧峰的所谓"四十二奏"，很有可能即是唱"华严字母"，因为《清凉山志》已清楚言明他的音乐是在"华严佛事"中使用的。

慧皎《高僧传》中提到曹植所创的梵呗中，有《太子颂》和《及睒颂》。所谓《太子颂》，估计与吴支谦所译的《太子瑞应本起经》有关，宣讲的是古印度释迦族太子乔达摩·悉达多修道成为觉者的故事，因为中国佛曲的一个主要内容和形式，也就是我在前面所说的中国佛教音乐三条线中重要的一条，便是用说唱来表现佛教故事。而《及睒颂》中的"及睒"，估计是"悉昙"二字的另一种译法。如果是这样的话，那么，这四十二"契"，就有可能也指的是四十二个梵文字母。根据慧皎的记载我们可以知道，到了梁代的时候，还有曹植作品的遗绪。慧皎曾认定梁代仍然流传的"皇皇顾惟"一曲，"盖其风烈也"，就是曹植的作品。

---

① 向达《唐代俗讲考》推论"契"是 Gatha 的对音，是"歌"的意思，引申其意为"偈颂"。周一良《读〈唐代俗讲考〉》："六朝时讲经之前，都讲先转读……读时分若干'契'。""似乎契又不仅是经里的节段，还有音乐上的意义，各契互不相同。"
关德栋《〈读唐代俗讲考〉的商榷》："所谓一'契'，实在是指一个'歌赞'而已。"
田青《佛教音乐的华化》（载《世界宗教研究》1985 年第 3 期）：曹植的"契"很可能就是《汉书·艺文志》所说的"声曲折"。现存宗教音乐典籍中有实例可证的如日本《大正新修大藏经》第 2712 部，《鱼山声明集》，第 2713 部《鱼山私钞》，藏传佛教中的"央移谱"和道教中的"步虚谱"。
向达、周一良、关德栋文均见周绍良、白化文编《敦煌变文论文录》，上海古籍出版社 1982 年版。

宋时，朝暮课诵中的一些重要内容已集撰而成。如现行早课中“上来现前清净众，讽诵楞严秘密咒”等十二句“回向偈”，为宋僧真歇清了（1088—1151）所作。其后“阿弥陀佛身金色，相好光明无等伦”等八句，为择瑛所撰。晚课中的《礼佛大忏悔文》和其后的《蒙山施食》，则是宋代僧人不动所撰。蒙山位于四川雅州，是不动修行的地方。他认为奉诵和忏悔后，应该利及幽冥，所以根据《三十五佛名礼忏文》整理成文，前增五十三佛，尾码法界藏身阿弥陀佛和普贤十大愿偈，共成一百零八顶礼，以表愿断一百零八烦恼之意。然后根据密教经典，集成施食仪文，共十二段。晚课中“一心皈命，极乐世界”等“小净土文”，则为宋遵式（即慈云忏主，964—1032）所作。晚课最后的两首偈：《警策大众偈》和《普贤警众偈》，从北宋崇宁二年（1103）僧宗赜所辑的《禅苑清规》卷二《念诵》开始，就将此二偈合在一起，一直传唱至今。《警策大众偈》出自《出曜经》，经中说佛陀因见三条大鱼被惊涛浸灌，流入浅水，各自挣脱逃命。于是，佛陀便口诵一偈：“是日已过，命亦随减。如少水鱼，斯有何乐？”早课中每逢朔望加念的《祝韦驮》和《韦驮赞》，因“韦将军”的传说初载于（唐）道宣（596—667）所撰的《感通录》，所以估计形成赞呗并进入“早晚课”中，应当在唐后或宋时。

明清之时，朝暮课诵逐渐定型，并成为所有丛林必修的功课。在（明）通容（1593—1661）《丛林两序须知》、莲池（1535—1615）《云栖同住规约》、（清）仪润《百丈清规证义记》等律论疏证中，均有对僧徒朝暮课诵的规定。近代流传的朝暮课诵本，大同小异，以苏州《灵岩山念诵仪规》和常州天宁寺《禅门日诵》为多。这两个课本，都是在清代开始流行的。明清以来，由于经济的原因，江浙一带的寺庙得到了迅速的发展。在出现大量以“应赴佛事”为生的“应酬僧”的同时，丛林唱念亦有了新的发展和变化。以常州天宁寺、宁波天童寺为代表的“禅腔”和以宝华山为代表的“律腔”唱诵风格得以确立。一直到民国时期，在以上三个寺庙学习过唱念的和尚在全国任何一所寺庙中，仍然会得到尊敬并有望得到“维那”的职位。

常州天宁寺始建于唐永徽（650—655）年间，初仅“筑室十余楹”。唐天复年间（901—904）正式建寺，名为天福寺，后改名万寿崇宁寺。北宋政和元年（1111）皇帝诏命为“天宁寺”。该寺占地一百三十多亩，寺僧最多时达八百余众。天宁寺与镇江金山寺、扬州高旻寺、宁波天童寺并称禅宗东南四大丛林，禅宗临济一脉，后逐渐形成禅净双修，显密兼行、以修禅为主的寺院。在近代，该寺的唱念被公认为禅宗“唱念”的“正宗”，一直到现在，在几乎所有汉传佛教地区，从我国内地到香港和台湾，甚至新加坡、马来西亚等地的禅宗寺院，仍奉常州天宁寺的唱念为楷模。所谓“禅腔”，亦名“平腔”，行腔以体现“禅味”为宗旨，发声沉稳平和，曲调进行流畅，节奏宽阔而不拖沓，字词准确清晰，反对轻飘、油滑的风格，更不能在唱词之外乱加衬字、衬词。所谓南京宝华山的“律腔”，曲调以平质朴实为其特色，但基本旋律与禅腔近似。由于佛光山开山星云大师的传承，佛光山的梵呗，应该属于“禅腔”一类。

佛教音乐人间化的一个结果，是庙堂音乐的民间化和去“神秘性”。明清时，蓬勃发展的戏曲音乐和民间音乐通过与“应酬僧”的频繁接触而对整个佛教唱念产生了影响。比如，昆曲音乐的勃兴便深刻影响了中国佛教徒的唱念风格，以至目前汉传佛教大丛林的唱念从旋律到发声方法都可以看到昆曲的影子。民间音乐在佛曲中也有大量的运用，经研究，常州天宁寺所唱《稽首皈依雄》的曲调就是江西民歌《斑鸠调》，[①] 在中国佛教的法事音乐中，民间音乐的运用则更为普遍。

---

① 金文达：《佛教音乐的传入及其对中国音乐的影响》，《中央音乐学院学报》1992 年第 1 期。

（二）“五会念佛”

梵呗中有一个特殊的品种，就是称念佛名，即所谓“引声念佛”。因为修持的需要，净土宗最讲究念佛。慧远在其所编《念佛三昧诗集》的序中明确提出“又诸三昧，其名甚众，功高易进，念佛为先”，并创莲社，率众念佛。在他之后，对净土宗念佛之道有特殊贡献的是被称为“神鸾”“鸾菩萨”的昙鸾。昙鸾是雁门人，家近五台山。他曾研读大藏经，但“恨其词义深密，难以开悟”[①]，又感于“命惟危脆，不定其常”，便专门跑到江南去找道教大师陶弘景以求“长生之法”。在他携其求得的十卷仙经归北途中，在洛阳遇到被尊为地论师相州北派之祖的菩提流支。菩提流支送他一部《观无量寿经》，他阅后认定是解脱生死的“大仙方”，于是尽焚仙经，专修净土，隐于山西石壁玄中寺，聚徒念佛，并著有《无量寿经优婆提舍愿生偈注》《略论安乐净土义》《赞阿弥陀佛偈》等。虽然昙鸾当时念佛的行仪如何已不可考，但透过他在《赞阿弥陀佛偈》中的诗句，或可窥见一斑：

诸来无量菩萨众，为植德本致谦恭。或奏音乐或叹佛，或颂佛慧照世间。或以天华衣供养，或睹净土兴等愿。如是圣众悉现前，蒙入梵声授佛记。

复有自然妙伎乐，法音清和悦心神。哀婉雅亮超十方，故我稽首清净乐。

清风时时吹宝树，出五音声宫商和。微妙雅曲自然成，故我顶礼清净熏。[②]

① （唐）道宣:《高僧传二集》卷 7，金陵刻经处光绪原木板别印。

② 《续藏经 · 礼忏部 · 赞阿弥陀佛偈》，日本《大正新修大藏经》第 47 册，第 1978 部。

通过这些诗句，我们可以想见昙鸾的念佛与音乐的密切关系：在他们念佛的过程中，可能有独立的器乐演奏（“或奏音乐或叹佛”），念佛的曲调既优雅、和谐（“法音清和悦心神”“出五音声宫商和”），又有着丰富的表现力和感染力（“哀婉雅亮超十方”），在这些诗句中，昙鸾还特别强调音乐的“自然”性（“复有自然妙伎乐”“微妙雅曲自然成”），为我们追索当时中国佛教徒的美学观和音乐创作手法提供了想象的线索。

被称为莲宗二祖的善导大师，据说也曾在大自然的音声中获得灵感，他曾经在长安闻浐水声而悟，明白这来自大自然的音声“可教念佛”，于是立五会教，广行教化，三年后，满长安皆受其教。与昙鸾一样，他当时所传授的念佛之法虽亦不可确考，但他也曾留下《愿往生净土法事赞》二卷，其诗曰：

> 咸然奏天乐，畅发和雅音。歌叹最胜尊，供养弥陀佛。愿共诸众生，往生安乐国。

善导还曾撰《般舟三昧行道往生赞》一卷，其中有这样的句子：

> 与诸菩萨尘沙众，遍满虚空来供养。或散衣华变成盖，或奏音乐变成云。或散香华奏天乐，复现神变满虚空。光光相照供养佛，异口同音赞极乐。

从他的诗句中我们可以推测当时的念佛大概是有器乐伴奏的，因为“咸然奏天乐”的目的，无非是“歌叹最胜尊”。而这些美丽的、像彩云一样飘逸、和香花一起遍满虚空的音乐，也是为了“异口同音赞极乐”。善导的诗句极具想象力和画面感，因为他同时还是一位著名的佛教美术家和佛教雕塑家。他曾以他在长安所得的布施书写《阿弥陀经》数万卷，又画《净土变相》三百余壁。在近代新疆高昌遗址的考古工作中，曾发现有“愿生比丘善导愿写”题字的《阿弥陀经》残片。他还曾奉旨督造洛阳龙门奉先寺大卢舍那佛像，这座宏伟的雕像不但当时是佛教东传以来规模最大的石佛龛，而且至今仍然是中国佛教文化的瑰宝。

“五会念佛”的真正成熟，应该说是在莲宗三祖承远与四祖法照之时。尤其是法照，有“五会法师”之称。据说，当初法照在庐山修念佛三昧，一次，他在入定时神游安乐国，看到一个佛的侍者身穿又破又脏的衣服，他很诧异，但佛说：“这是衡山承远。”法照出定后即赴南岳衡山，在深山岩谷间找到承远，与定中所见一模一样。于是，法照礼承远为师，得其所传。后来，法照又在僧堂的食钵中看到五色祥云，云中有五台山文殊菩萨道场，于是，他发愿到五台山礼拜，自称在竹林寺得到文殊菩萨真传，遂在五台山广授五会念佛之法，影响甚大。据说，他在山西并州教“五会念佛”法，聚众念佛，声音居然被吹送到了陕西长安。唐代宗在宫中听到了，派人去太原，果然是法照和弟子们在念佛。这些传说即便都是神话，也从另一个侧面反映了法照“五会念佛”的巨大社会影响。

法照的“五会念佛”据法照自己的著作来看，应当是来自衡山承远。法照在他的《叹五会妙音赞》中曾明确指出：“泠泠五会出衡山，隐隐如今遍五天。五众咸言皆利乐，末法仍留五百年。”在一些僧传佛史中，有法照在五台山竹林寺得文殊菩萨传授的记载，他的《叹五会妙音赞》中亦有影射：“弥陀五会响雄雄，智者传来五浊中”；“智者慈悲传五会，意在将传灭五烧。”后人认为：“所谓智者，即指大智文殊菩萨也。大乘菩萨，以文殊为智慧第一，故称智者。”[1]

---

① 《五会新声念佛谱 · 缘起》，台湾财团法人佛陀教育基金会 1985 年版，第 10 页。

被称为“莲宗五祖”的少康（卒于805年），7岁出家灵山寺，唐德宗贞元元年初，至洛阳白马寺读净土宗善导大师《西方导化文》，始信净土教义。据说，他曾在长安善导影堂内祈愿见善导真像，发愿念佛，善导果然于空中化现，对他说：“汝依吾施设，利乐众生。”少康遂南至江陵果愿寺，一个僧人对他说：“汝欲化人，当往新定。”少康到此地后，人无识者，于是进城乞食，得钱后则诱导儿童念佛，每念一声“阿弥陀佛”便付一钱，后念者日众，便念十声付一钱，“如是一年，无少长贵贱，见师者皆称‘阿弥陀佛’，念佛之声，盈满道路”①。这样一位独出心裁的宗教宣传家，又颇通艺术之道，深知民间音乐的妙用。《宋高僧传》本传中说：“康所述偈赞，皆附会郑卫之声，变体而作。非哀非乐，不怨不怒，得处中曲韵。譬犹善医，以饧蜜涂逆口之药，诱婴儿之入口耳。”所谓“附会郑卫之声，变体而作”是说少康所作偈颂赞呗的曲调与民间音乐有着密切的关系，同时又有着艺术上的再创造，类似现代作曲家在民间音乐基础上加以改编、提高，使之专业化的作曲方法。而“非哀非乐，不怨不怒，得处中曲韵”的叙述，则是对少康作品的极高赞誉，称其作品的风格既不哀伤过分，又不高兴过分，平和而清净，达到了佛教音乐最高的美学品位。少康又“喜赓声念佛”。赓者，续也。“所谓赓声者，歌声相续如贯珠也”②，擅长以一种绵延相续之声念佛。少康出名后，在乌龙山建净土道场，筑坛三级，每至午夜，则率徒众绕坛行道，唱赞二十四契。每逢斋日，则聚徒三千余人，高唱“阿弥陀佛”，他的徒众称与他相向面对唱佛号时，见“有佛从其口出，一声一佛，若连珠状”③。

莲宗念佛，分“理观念佛”和“真声念佛”两种，又分慧远派、善导

---

① （宋）志磐：《佛祖统纪》卷26上，日本《大正新修大藏经》第49册，第2035部。

②③ 金文达：《佛教音乐的传入及其对中国音乐的影响》，《中央音乐学院学报》1992年第1期。

派、慈愍派（慈愍三藏慧日）三派，所谓“理观念佛”，即以观想西方佛国妙音为主。而“真声念佛”，即指二祖之后的“五会念佛”法。但经会昌法难的严酷打击之后，在盛唐时盛极一时的“五会念佛”法也失传了，据1931年编成《五会新声念佛谱》的释观本称：唐代之后，只有清代苏州画禅寺僧人成注一人曾有过“四会念佛”的实践。画禅寺原名狮林寺，清高宗巡幸时赐名画禅寺。据说，成注：“日率众四会唱佛名，往往烛跋香尽，众一一退散而师佛声仍不绝也。一日方持佛名，木鱼坠地，忽有省，自是信口说偈。若夙习者，每见居士问法，辄曰娑婆苦，盍从我西方去乎？”① 而现代中国佛教界大力提倡五会念佛法，并身体力行，希冀此法重振的大德，当推在香港编辑《五会新声念佛谱》的释观本和潮州开元寺方丈释慧原。

法照的“五会念佛”，属于“真声念佛”，与庐山慧远倡导的“理观念佛”不尽相同。所谓“五会”，实际上指速度、节奏不同的五种旋律，按照由慢渐快的次第娓娓唱来。释观本编《五会新声念佛谱》中，有用简谱记录的“五会念佛”新谱。释观本，现代僧人，其生平资料尚缺，只知曾在香港“港坚道二十六号”创念佛会，署名“莲宗学人释观本识于镜海莲华峰下”。据其自述，在编辑此书前，曾有二十多年念佛的经验，“佛七不知经几十百次”，以下为观本此书中的部分文字：

> 吾于念佛，实习已二十多年。佛七不知经几十百次。初时入班随众，主七者难钳槌妙密，每支香内，总有几个昏沉。一七期内，隐隐便生厌倦。更细细审察自己，虽振刷精神，不敢放逸。但这点精神，总不及群居终日，言不及义时来得起劲。后来领众熏修，得闻古人五

① 金文达：《佛教音乐的传入及其对中国音乐的影响》，《中央音乐学院学报》1992年第1期。

会真声念佛，遂变转方针，成念佛谱。历十余年之心血，经不计次数之改良，受不计次数阻力，乃至今日。虽不曾显着什么效果，而每年冬期四十九天佛七，能如法者，人人皆挺起脊梁，绵绵密密，贯彻到底。即暂来随喜者，一七二七，亦从不落昏沉厌倦等弊。更有一奇，余曩年承社友之招，就港坚道二十六号创念佛社。其邻近襁抱婴孩，闻声来集，欢喜踊跃者，不下十余家。每晨功课念佛时，此辈小莲友，牵裾联袂，止于户外，来听佛号，无有失时。容端视直，肃穆无哗，大似齐郊闻韶之景象。余因是重有感焉。《大无量寿经》云："自然妙声，随其所应，莫不闻者。"又曰："称其所闻，欢喜无量。"儿童心地至净，佛声称其所闻，故生欢喜。此理至堪寻味也。

观本根据自己多年的经验，在兼善学校李镇西先生的帮助下，"圆成学校式乐谱"，即当今在中国流行的"简谱"。观本仿效四祖法照的"五会念佛"法，也将念佛的旋律根据不同的速度、节奏分为五段：第一会"六字两音佛号"系"仿莲宗四祖五会念佛之第一会'平上声缓念'的遗意"，用4/4 拍，并注明"引声缓念，句数多少随意"；第二会"六字七音佛号"仍然是 4/4 拍，但速度略有加快，仿法照的"非缓非急念"；第三会"四字七音佛号"速度明显渐快，注明"次第渐急念"；第四会"四字二十音佛号"速度更快，一字一音，要求"快板分班轮流念，句数多少随意"，遂成连绵起伏、浩浩荡荡、波澜壮阔的"海潮音"；第五会"收板引声佛号"只有一句，突然放慢，结束在悠长、舒缓的节奏中，有余音袅袅之意。

佛光山的梵呗演出中，亦有称念佛名，其中由慢到渐快再到快的次第，完全符合"五会念佛"的精神。

二、法事音乐

（一）瑜伽焰口

除课诵外，汉传佛教所做的各种法事，也是梵呗应用的重要场合。

瑜伽焰口，是中国最为常见的一种佛事。“焰口”是《救拔焰口饿鬼陀罗尼经》中饿鬼的名字，经中说：佛的弟子阿难夜半入定，时见一饿鬼，名叫“焰口”，鬼对阿难说：“却后三日汝命将尽，生饿鬼中。”阿难大怖，疾告于佛。佛即授阿难“陀罗尼”（即咒）及施法之仪，言修此法可免饿鬼之苦，福寿增长。此法于唐时传入中国，“焰口”与“放焰口”遂成为此法事仪轨的俗称。

放焰口之前先要搭一座“焰口台”，上置佛像（太子像，即初生时的释迦牟尼一手指天，一手指地之塑像）、香炉、净水瓶等法器。僧人均为单数（5、7、9、11……），“金刚上师”坐其上（如西式饭桌之主人席），其余僧人分坐两侧。法事一般在日落时开始，大约四五个小时结束。整个法事可视为三大部分：

1. 准备及结坛城。

2. 破地狱、施食，召请诸孤魂“来食甘露味”。

3. 送鬼。

不空所译《瑜伽集要救阿难陀罗尼焰口仪轨经》的内容顺序如下：

> 一、破地狱真言，二、召饿鬼真言，三、召罪真言，四、摧罪真言，五、定业真言，六、忏悔真言，七、施甘露真言，八、开咽喉真言，九、七如来名，十、发菩提心真言，十一、三昧耶戒真言，十二、施食真言，十三、乳海真言，十四、普供养真言，十五、奉送真言。

主要是由于不空的影响，为饿鬼施食遂成为修密法者每日必行的功课。来唐求法的日本僧人曾从中国带回有关施食饿鬼的仪轨，空海在其所著《秘藏记》中，曾解释施食饿鬼法中的“五如来义”，安然在其《八家秘录》中亦有《施饿鬼法》，由于他们的努力，密宗此法在日本一直有所阐释和传承。但是，由于“会昌法难”和五代十国的连年战乱，随着密教在中国的失传，施食密法也在中国一度失传了。

宋代，一些有心的高僧大德曾努力恢复施食一法，但因缘未和，未能得其全貌。在遵式《金园集》中有“施食正名”“施食法”“施食文”“施食观想”等篇，但不是佛事仪轨，仅是录取经中部分真言，比附天台宗的“观想”理论而已。其他一些宋代有关施食的著作，也不甚分明。一直到元代，由于藏传佛教的流行，密教也开始复兴。大藏经中有《瑜伽集要焰口施食仪》一卷，无译者名，但从真言译音之所用字考证，可知出自元人之笔。此部仪轨的内容顺序与不空《瑜伽集要救阿难陀罗尼焰口仪轨经》大致相同，只是前面增加了“三皈依”“大轮明王咒”“转法轮菩萨咒”“三十五佛”“普贤行愿偈”“运心供养”“三宝施食”“入观音定”，然后才“破地狱”。在后面增加了“尊胜真言”“六趣偈”“发愿回向偈”“吉祥偈”“金刚萨埵百字明”“十类孤魂文”“三皈依赞”。从此，瑜伽施食之法才得以复兴。

明代，由于诸家传承各异，所以存在着多种繁简不同的版本。为了梳理芜杂，许多大德进行了努力。首先，天机禅师根据明代流行的《瑜伽焰口施食科仪》编成比较简明的《修习瑜伽集要施食坛仪》，流行后被称为“天机焰口”。后来，莲池袾宏在其基础上略加修订，成《瑜伽集要施食仪轨》。清康熙三十二年（1693），宝华山德基又根据袾宏本略加整理，名为《瑜伽焰口施食集要》，即所谓“华山焰口”。目前我国寺院所用，基本上是“天机焰口”和“华山焰口”。除了所用经本不同外，当代寺庙还根据用不用乐器伴奏而将其分为“禅焰口”和“音乐焰口”两种。“禅焰口”只用木鱼、铛子等法器，不用乐器；而“音乐焰口”则有乐器伴奏，如北京著名的智化寺“京音乐”、潮州开元寺“禅和板”、五台山佛乐等。

焰口的语言极为精美，颇富文学性，其中著名的“一心召请”，不愧为大手笔，世传为大诗人苏东坡所作。虽然此说不可确考，但其一定经过一流文人润色，则毫无疑问。最了不起的是，这一段不仅文辞华美、对仗讲究、艺术性极高，其思想性，也堪称中国文学史上的巅峰之作。在施食者眼中，从“累朝帝王”到“饥寒丐者”，一律平等，了无分别，都得以享受“甘露法食”，都是佛教超度哀怜的物件。其境界之高迈、艺术气魄之博大，大概只有贝多芬的《第九交响乐》方可媲美。下面就是这段名辞，先是“三上香”，然后便从“累朝帝主，历代侯王”开始“召请”，其中有将帅、文官，有儒、释、道，有商人、战士，有孕妇、产妇，有美女、乞丐。为了节约文字，每一段最后相同的文字“惟愿承三宝力，仗秘密言，今夜此时，来临法会，受此无遮甘露法食”都以“云云”二字代替，这也是一般焰口本的通例。这一段，有唱有白，“唱”有曲调，如泣如诉；“白”有韵味，如吟如诵：

一心召请，金乌似箭，玉兔如梭。想骨肉以分离，睹音容而何在？初爇名香，初申召请，（某氏灵魂）惟愿承三宝力，仗秘密言，今夜此时，来临法会，受此无遮甘露法食。

一心召请，远观山有色，近听水无声。春去花还在，人来鸟不惊。二爇名香，二申召请，（某氏灵魂）惟愿承三宝力，仗秘密言，今夜此时，来临法会，受此无遮甘露法食。

一心召请，浮生如梦，幻质匪坚。不凭我佛之慈，曷遂超生之路。三爇名香，三申召请，（某氏灵魂）惟愿承三宝力，仗秘密言，今夜此时，来临法会，受此无遮甘露法食。

一心召请，累朝帝主，历代侯王。九重殿阙高居，万里山河独据。（白）西来战舰，千年王气俄收；北去銮舆，五国冤声未断。呜呼，杜鹃叫落桃花月，血染枝头夜正长。如是前王后伯之流，一类孤魂等众，（云云）[①]。

一心召请，筑坛拜将，建节封侯。力移金鼎千钧，身作长城万里。（白）霜寒豹帐，徒勤汗马之劳；风息狼烟，空负攀龙之望。呜呼，将军战马今何在，野草闲花满地愁。如是英雄将帅之流，一类孤魂等众，（云云）。

一心召请，五陵才俊，百郡贤良。三年清节为官，一片丹心报主。（白）南州北县，久离桑梓之乡；海角天涯，远丧蓬莱之岛。呜呼，官贶萧萧随逝水，离魂杳杳隔阳关。如是文臣宰辅之流，一类孤魂等众，（云云）。

一心召请，黉门才子，白屋书生。探花足步文林，射策身游棘院。（白）萤灯飞散，三年徒用工夫；铁砚磨穿，十载谩施辛苦。呜呼，七尺红罗书姓字，一抔黄土盖文章。如是文人举子之流，一类孤魂等众，（云云）。

一心召请，出尘上士，飞锡高僧。精修五戒净人，梵行比丘等众。（白）黄花翠竹，空谈秘密真诠；白牯黧奴，徒演苦空妙偈。呜呼，经窗冷浸三更月，禅室虚明半夜灯。如是缁衣释子之流，一类觉灵等众，（云云）。

一心召请，黄冠野客。羽服仙流，桃源洞里修真，阆苑洲前养性。

---

① 以下每段结束句“惟愿承三宝力，仗秘密言，今夜此时，来临法会，受此无遮甘露法食”皆用“云云”替代。

（白）三花九炼，天曹未许标名；四大无常，地府难容转限。呜呼，琳观霜寒丹灶冷，醮坛风惨杏花稀。如是玄门道士之流，一类遐灵等众，（云云）。

一心召请，江湖羁旅，南北经商。图财万里游行，积货千金贸易。（白）风霜不测，身膏鱼腹之中；途路难防，命丧羊肠之险。呜呼，滞魄北随云暗暗，客魂东逐水悠悠。如是他乡客旅之流，一类孤魂等众，（云云）。

一心召请，戎衣战士，临阵健儿。红旗影里争雄，白刃丛中敌命。（白）鼓金初振，霎时腹破肠穿；胜败才分，遍地肢伤首碎。呜呼，漠漠黄沙闻鬼哭，茫茫白骨少人收。如是阵亡兵卒之流，一类孤魂等众，（云云）。

一心召请，怀孕十月，坐草三朝。初欣鸾凤和鸣，次望熊罴叶梦。（白）奉恭欲唱，吉凶只在片时；璋瓦未分，母子皆归长夜。呜呼，花正开时遭急雨，月当明处覆乌云。如是血湖产难之流，一类孤魂等众，（云云）。

一心召请，戎夷蛮狄，喑哑盲聋，勤劳失命佣奴，妒忌伤身婢妾。（白）轻欺三宝，罪愆积若河沙；忤逆双亲，凶恶浮于宇宙。呜呼，长夜漫漫何日晓，幽关隐隐不知春。如是冥顽悖逆之流，一类孤魂等众，（云云）。

一心召请，宫帏美女，闺阁佳人。胭脂画面争妍，龙麝熏衣竞俏。（白）云收雨歇，魂消金谷之园；月缺花残，肠断马嵬之驿。呜呼，昔日风流都不见，绿杨芳草骷髅寒。如是裙钗妇女之流，一类孤魂等众，（云云）。

一心召请，饥寒丐者，刑戮囚人。遇水火以伤身，逢虎狼而失命。（白）悬梁服毒，千年怨气沉沉；雷击崖崩，一点惊魂漾漾。呜呼，暮雨青烟寒鹊噪，秋风黄叶乱鸦飞。如是伤亡横死之流，一类孤魂等众，（云云）。

一心召请，法界六道，十类孤魂，面然所统，薜荔多众，尘沙种类，依草附木，魑魅魍魉，滞魄孤魂，自他先亡，家亲眷属等众。（云云）。

上来召到，诸鬼神等，至心合掌，俯伏低头。勿得语笑喧哗，切忌粗心大胆。威仪整齐，动止安详。听我金刚上师，一一宣扬……①

在“一心召请”之后，要唱一首著名的梵呗《稽首皈依雄》，然后，便是施食。施食的同时要唱【挂金锁】，其词义与“一心召请”相类似，文采亦可观：

近代先朝，帝主尊荣位；勋戚侯王，玉叶金枝贵。宰执中宫，彩女嫔妃类；梦断华胥，来受甘露味。

国士朝臣，经纬匡时世；牧化黎民，未遂忠良志。失宠怀忧，谪降边邦地；恋国游魂，来受甘露味。

武将戎臣，统领三军队；结阵交锋，锣鼓喧天地。北战南征，失陷沙场内；为国忘躯，来受甘露味。

学古穷今，锦绣文章士；映雪偷光，苦志寒窗内。命运蹉跎，金榜无名字；郁郁幽魂，来受甘露味。

割爱辞亲，早入空门内；访道寻师，只为超生死。暑往寒来，不觉无常至；返照回光，来受甘露味。

羽服黄冠，早法修真志；炼药烧丹，养性还元气。苦行劳神，指

① 《瑜伽焰口》，江苏常州天宁寺光绪三十四年刻本，第 43—48 页。

望登仙位；莫恋形魂，来受甘露味。

孝子贤孙，义勇忠良志；烈女贞妻，视死如归去。仗节忘躯，千古留英气；耿耿灵魂，来受甘露味。

女道尼流，身住黄金地；鸾凤缘空，不染人间事。未了无为，流浪虚生死；清净幽魂，来受甘露味。

地理天文，医药阴阳类；卜卦占龟，风鉴并星士。报吉谈凶，难免无常对；舍伪归真，来受甘露味。

坐贾行商，种种经营辈；艺术多能，贸易求财利。背井离乡，死在他方地；旅梦悠悠，来受甘露味。

犯法遭刑，牢狱长幽系；负命谋财，债主冤家类。恶疾天灾，冻死饥亡辈；速离黄泉，来受甘露味。

饮血茹毛，生长蛮夷地；负债偿劳，婢妾并奴隶。喑哑盲聋，残疾无依怙；受苦冤魂，来受甘露味。

忤逆爹娘，怨黩天和地；谤佛欺僧，毁像焚经偈。邪见深沉，苦报无边际；十恶狂魂，来受甘露味。

这两大段洋洋洒洒的排比，上穷碧落、下尽黄泉，以极其透彻犀利的语言，概括了人生无常但最终归于平等的过程。从思想上说，这些典雅的词句完全囊括了佛教的基本思想，从“有生皆苦”的“苦谛”，到“众生平等”的等观，在佛教思想的观照下，无论是帝王，还是丐者，其实无分贵贱；无论是辉煌事业，还是耀眼才华，最终都将烟消云散。它告诫沉迷在人生种种幻象中的听者，看透“色不异空，空不异色；色即是空，空即是色”的道理，认清人生的种种追求与诱惑，不过是“如梦幻泡影，如露亦如电”。从艺术上说，这两大段“分节歌”式的唱段，铿铿锵锵，浩浩荡荡，气息绵长，气魄雄浑，用词准确简练，对仗工整妥帖，可以称得上是以雅辞述深思的典范之作。

（二）水陆法会

水陆法会，又称水陆道场，简称水陆，是汉传佛教所有佛事中规模最大、时间最长、人数最多、气魄最宏伟的佛事。在中国民间，就像人们习惯在“焰口”二字前加一个“放”字，用“放焰口”作为瑜伽焰口施食仪轨的俗称一样，人们常常在“水陆”二字前也加一个“打”字，用“打水陆”来称呼这种规模宏大的佛事。

假如说瑜伽焰口的流行是仰赖外来密宗高僧译授的话，那么，水陆法会的流行，则不但是中国佛教徒的创造，其出现的时间，也比瑜伽焰口更早。据说，水陆的创立始于梁武帝。（宋）宗鉴《释门正统》卷四说：“所谓水陆者，因梁武帝梦一神僧告曰：‘六道四生，受苦无量，何不作水陆普济群灵？’帝因志公之劝，搜寻贝叶，早夜披览。及详阿难遇面然鬼王建立平等斛食之意，用制仪文。遂于润州金山寺修设。帝躬临地席，命僧祐禅师宣文。”梁武帝与宝志和尚共创水陆法会的传说，在中国民间流传甚广。一本清代印行的名为《梁武帝问志公禅师因果文》的小册子完整地记载了这个故事。据说梁武帝的夫人郗氏皇后因“心不信善，造业深重”，所以死后沦为一条蟒蛇。一日，梁武帝见蟒蛇盘旋殿下，口吐人言，自云“妾今不是别怪，乃是主宫中郗氏遭贬”，希望梁武帝“悯念昔日夫妇之情，施恩救拔”。梁武帝求教于宝志，宝志说：“若要救拔超度，然当我主发心，合宫斋戒，大办斋供，延请五百高僧，启建道场，称扬佛法。我皇亲自礼拜，检寻藏典，礼忏诵经，求哀忏悔，毕竟出离苦海，超生天界也。”于是，梁武帝召集“圣僧检寻藏典，宣出大藏灵文十卷，号曰《梁皇宝忏》”。梁武帝的《梁皇宝忏》，就是水陆法会的雏形，后与唐代密教的冥道无遮大斋结合，逐步发展为后世的水陆法会。

梁武帝初办水陆，一说是在天监四年（505），一说是在天监七年（508）（前者根据《佛祖统纪》，后者根据《事物纪原》）。武帝之后，战乱频仍，水陆之事，人员众多，耗资巨大，遂难实行，故不见记载。一直到唐咸亨（670—674）中，西京法海寺道营从吴僧义济处得到水陆本，才能再兴法会。但是，由于“传久失真，渐至芜杂”，东湖志磐法师曾进行过重要订正，有《水陆新仪》流行。[①] 此后，水陆似乎又曾大行其道。“江淮两浙、川、广、福建，水陆佛事今古盛行。或保平安而不设水陆，则人以为不善；追资尊长而不设水陆，则人以为不孝；济拔卑幼而不设水陆，则人以为不慈。由是富者独立营办，贫者共财修设。”[②] 其中由富者独自兴办的称“独姓水陆”，而大家“共财修设”的称“众姓水陆”。宋元丰七、八年间（1084—1085），佛印和尚在金山寺曾应海贾之请举办规模宏大的法会，影响颇巨，以至后人将“金山水陆”视为水陆之极。元祐八年（1093），苏东坡为其亡妻王氏设水陆道场，其时，王氏已故28年。[③] 此次道场相当隆重，苏东坡专门礼请法云寺的法涌禅师及其弟子共建法会，并著有《水陆法像赞》十六首，褒扬水陆，所以后世又有“眉山水陆”之称谓。苏东坡在此赞的“引”中说：

> 盖闻净名之钵，属餍万口；宝积之盖，遍覆十方。若知法界，本造于心，则虽凡夫，皆具此理。昔在梁武皇帝，始作水陆道场。以十六名，尽三千界。用狭而施博，事约而理详。后生莫知，随世增广。若使一二而悉数，虽至千万而靡周。惟我蜀人，颇存古法。观其像设，

---

① 《水陆仪轨会本》卷4，台北善导寺佛经流通处，第2页。

② （宋）宗赜：《水陆缘起》，转引自中国佛教协会编《中国佛教》第二册，知识出版社1982年版，第384页。

③ 东坡词《江城子》有题曰：“乙卯正月二十日夜记梦”，起句即为“十年生死两茫茫，不思量，自难忘”。按乙卯为宋熙宁八年（1075），上推十年，即1065年，距元祐八年（1093），已28年矣！

犹有典刑。虔召请于三时，分上下者八位。但能起一念于慈悲之上，自然抚四海于俯仰之间。轼敬发愿心，具严绘事，而大檀越张侯敦礼，乐闻其事，共结胜缘……

从这篇序中，苏东坡的这十六首赞，分别赞颂了“上八位”和“下八位”共十六幅水陆画像。这十六幅水陆画所画内容为：

“上八位”：一切常住佛陀耶众、一切常住达摩耶众、一切常住僧伽耶众、一切常住大菩萨众、一切常住大辟支迦众、一切常住大阿罗汉众、一切五通神仙众、一切护法龙神众。

“下八位”：一切官僚吏从众、一切天众、一切阿修罗众、一切人众、一切地狱众、一切饿鬼众、一切畜生众、一切六道外者众。

这些画赞虽然赞颂的是画中之像，但却以义理的阐发为主，充满着佛法的精神。比如第一首便开宗明义，以画中所绘之佛既是“佛”，又非“佛”的实例，生动地阐释了“实相者即是非相”“是名佛法，即非佛法”“佛自现前，如日之中”的理念：

谓此是佛，
是事理障；
谓此非佛，
是断灭相。
事理既融，
断灭亦空。
佛自现前，

如日之中。[①]

除江浙而外，四川与水陆的关系似乎特别密切，苏东坡已说“惟我蜀人，颇存古法。观其像设，犹有典刑”，而他对水陆的提倡和赞扬，更加深了四川与水陆的因缘。元代四川学者痴庵祖觉在眉州中岩寺所修《水陆斋仪》，亦在四川流行。

元代，水陆法会达到了历史上最大的规模，如元延祐三年（1316）朝廷在金山寺设水陆大会，命江南教、禅、律三宗诸师讲法，参加僧众达一千五百人。至治二年（1322）的金山法会，规模更大，正印禅师《金山大会归上堂》说：“金山大会，诚非小缘。山僧得与四十一善知识、一千五百比丘僧同入如来大光明藏，各说不二法门，共扬第一义谛。”[②] 其间参加僧众超过一千五百人。由于广泛的社会需要，明代的云栖袾宏又对水陆法会的仪轨进行了增补并在杭州刻印发行。明代水陆仪轨，原分南北两派，南宋志磐的《水陆新仪》称“南水陆”；所谓的“金山水陆”称“北水陆”。云栖袾宏根据志磐的“南水陆”增补为《法界圣凡水陆胜会修斋仪轨》六卷。这个仪轨本，在以往仪轨的基础上增加了一些内容，仅就水陆画而言，苏东坡时水陆画有上下各八位共十六位，到了云栖袾宏时，则增加到上十位、下十四位。其中“除下末四位随时损益，上下定位共二十”[③]。但是，云栖袾宏的刊本，只有表白仪文部分，其他“临时一切节目，多系口传”，有“唯著仪文，而作法未详”之弊。而且，随着佛教的日益民间化，在普及的过程中必然出现一些失真、混杂的现象。为了纠正这些“苟简讹误之处”，清代的真寂仪润又在云栖袾宏的基础上分门别类，汇述水陆作法

① 《苏东坡全集》上册，中国书店 1986 年版，第 659—661 页。

② 中国佛教协会编:《中国佛教》第 2 册，知识出版社 1982 年版，第 384 页。

③ 《水陆仪轨会本》卷 4，台北善导寺佛经流通处，第 75 页。

规则，撰成《法界圣凡水陆普度大斋胜会仪轨会本》六卷。近代水陆仪轨，即以此会本为圭臬。清同治年间，咫观亦根据云栖袾宏集的底本增补论述，成《法界圣凡水陆大斋普利道场性相通论》九卷，略称《鹳园水陆通论》。他还著有《水陆道场法轮宝忏》十卷。现行水陆，多以以上诸本汇集而成，以扬州藏经院刻本为宗，名《水陆仪轨会本》。经近代僧人广陵法裕编辑整理过的《水陆仪轨会本》分为四卷：

> 第一卷在印光撰“重刻水陆序”、法裕撰“水陆大意纶贯”和“凡例”之后，有“启坛结界”“发符悬幡”“奉请上堂”“奉供上堂”。第二卷有“告赦仪则”“诵地藏经上供”“奉请下堂”“说幽冥戒”四部分。第三卷包括“礼水忏上供”“奉供下堂”“上圆满供”“烧圆满香”“送判宣疏”“收疏规则”“送圣法仪”。第四卷完全是从实用角度出发，为了既弥补“唯著仪文，而作法未详”之弊，又将“前后杂文另为一册，以便书记香灯之便，而免亵慢经咒之愆”。这些作法时所必需的专门知识包括“堂司门”“铺设门”“经忏门”“香灯门”“鼓钹门”“纸扎门”“纸张门”“斋攻门”“供事门”“杂务门”“用具门”“书记门”及“附录《云栖竹窗随笔》一则”“重订水陆画式引”“《水陆法像赞》并引”。

中国佛教的梵呗，在中国佛教的发展流布中经历了一个由梵而华、由神秘而人间、由多样而规范的过程。但明清以来，随着佛教的衰微，梵呗也逐渐失去往日的光彩。幸运的是，近年来，佛教界的有识之士充分认识到梵呗的重要性，海峡两岸不约而同地将梵呗视为弘法的利器并不约而同地尝试将梵呗推向国际舞台，在梵呗艺术化、舞台化、国际化方面做了大量的工作。1999 年 9 月，在比利时国际音乐节上佛光山梵呗团和北京佛教音乐团的不期而遇，同台演出，就是一个生动的例子。我相信，随着“人间佛教”理念的不断深入，中国梵呗——这朵佛教艺术的绚丽之花，也一定能绽放得更加灿烂。

2001 年 12 月 29 日于台北普门寺

（原载台湾 2002 年佛学研究论文集《人间佛教》，佛光山文教基金会 2002 年）

琴心与佛心

一

常感慨古人遣词造句的用意之深和凝练之美，比如用“琴心剑胆”四字誉人，就觉得简直夸人夸到了天上！倘若一个人同时具备这样两种似乎截然相反的素质——内心与感情含蓄、沉静、丰富、流动，识见与胆魄又坚毅、冷峻、忠勇、锐利；内里潺潺如歌，外表剑气如虹。你想：这样一个人的人格魅力将如何抵挡？

当然，如此内柔外酷的人实在太少了。我心中够得上这四字的，只有嵇康。每每想到他放下琴和笔就光着身子跑到老树下抡圆了胳臂打铁，就不免搓掌慨叹，艳羡不已！更何况，他的风度和形象居然还轩昂到这样的程度：站在那里“岩岩若孤松独立”；醉到摇摇晃晃了，还“傀俄若玉山之将崩”！

但，这样一个人居然未能全生。

实际上，人生中还有比“琴心剑胆”更高的层次，那就是“佛心慧眼”。什么是“佛心”呢？大乘佛教认为，佛心就是觉悟之心，自性之心，而人心本自清明。《观无量寿经》中说：“佛心者，大慈悲是。”因此，用最浅显的方式理解“佛心”，就是同情心，就是对他人、对众生的悲悯之心。慧眼当然是智慧之眼。佛教有“五眼”之说，除了专为凡胎配置的“肉眼”外，还有“天眼”“慧眼”“法眼”和“佛眼”。天眼本是色界天人之眼，可以超越空间和物质的限制，看到肉眼看不到的东西，它是修行中的一个阶段，能通过禅定达到，即民间所谓的“开天眼”。“慧眼”则不同，所谓“若有所见，不名慧眼”，光看到，不是慧眼，还要在“看到”的同时照见真空无相之理。通俗地说，天眼虽然可以隔山隔水，但“看山是山，看水是水”；慧眼则看的是山水皆空，看的是山水的本真。

假如嵇康和“竹林七贤”能达到这样的境界，那该多好！

二

“琴心”和“佛心”却是能转化的。古之大德，称通音声为小悟；更有许多“善根”之人，可以通过琴声悟道。白居易有一首诗《好听琴》，便是他闻乐知空、听琴悟道的夫子自道。诗曰：

本性好丝桐，
尘机闻即空。
一声来耳里，
万事离心中。

能“一声来耳里，万事离心中”，是音乐的功能殊胜，也是白居易的“耳根利”。也许，大部分人都没有白居易这么高的悟性，但总都有过在舒缓、平静的乐声中感到心灵安适的经历吧？而孟郊的《听琴》诗，则结合他多年修道的经历，感慨万分地吟咏道：

学道三十年，
未免忧死生。
闻弹一夜中，
会尽天地情。

在这里，音乐的功效已超出了人们的期待和想象。对他而言，三十年的参修，都不如这一夜听琴的收获。在琴声中，他领悟了天地之间的至理真情，参透了生死大事。对他而言，听琴即是修行，琴心就是佛心。

有的人可能会感到奇怪，为什么磨砖不能做镜，但弹琴、听琴却能悟道？其实，音乐与修行、音乐与禅，有许多一致的地方。[①]宋人成玉就认为“攻琴如参禅”，明人李贽也说过“声音之道可与禅通”。佛教把一种透彻的智慧称为“般若”，这种建立在“缘起性空”的理论基础上，超越了世俗认识与事物表象，直接达到事物的本来面目、把握诸法真如实际的智慧，可以称作“超越的智慧”。这种智慧的运用过程和达到的结果是不可言说的。与此相似，一些真正被音乐打动的人常常在音乐中体会到某种超理性的东西，但是他却无法准确地用语言将此感受传达给他人。那种在乐声中“怦然心动”、似有所得的感觉，极像禅宗所说的“顿悟”——在刹那间豁然贯通、洞若观火。人们在此时从音乐中体味到的东西，也类似“般若”——它穿透了事物周围的一切，也穿透了事物的表象，直达事物的本质，直接洞悉生命的真实意义和世界的本来面目。

---

① 田青：《禅与中国音乐》，载《净土天音：田青音乐学研究文集》，山东文艺出版社 2002 年版，第 175 页。

三

虽然我们常说中国传统文化的基础是儒、释、道三家，虽然我们许多人都知道“蜀僧抱绿绮，西下峨嵋峰”的著名诗句，但在琴乐传统中，却极少反映佛教内容的琴曲，真正流传于世的，似乎只有《普庵咒》(亦名《释谈章》)一曲，这不能不说是一个遗憾。

《枯木禅琴谱》中有一首琴曲叫作《那罗法曲》，北京琴人余青欣 2003 年将此谱打谱演奏，并录制了 CD，这可能是自清光绪十八年（1892）该琴谱出版后除编著者本人外古琴界第一次演奏此曲。该曲是《枯木禅琴谱》的编著者释空尘根据他所听到的藏传佛教梵呗创作的。他在该曲后记中写道：“戊子秋，访友京都，闲步旃檀寺，听喇嘛齐歌梵呗，声音清和。询之左右，知其为《那罗法曲》之遗音。翌午，携琴复往，乞其反之，而后抚弦和之，得谱成曲。”从中得知该曲创作于 1888 年，地点是北京的旃檀寺。

对曲作者，我们知之甚少。仅从该琴谱的作者自序和数篇序言、题词中知其大概：作曲者是个僧人，法名空尘，法号云闲，吴县人，曾在虎丘出家。他自幼酷爱琴艺，“自序”中说：“余幼耽操缦”，曾“遍访名师”。他的老师不简单，竟包括了儒、释、道三家，其中有启蒙老师菩提院的牧村长老，有道士赵逸峰，还有被他称为“夫子”的芜城丁绥安和淮山乔子衡。他跟这几位老师学琴三十多年，只学熟了几首曲子。老师们相继去世后，他“于是携琴访道，历燕、齐、楚、越，凡善琴者必谒之”。他在游学中对所有琴家所奏皆“一一聆纳，递加审按”。在多年的参访后，他终于开悟，明确了音乐和禅一样，如“庄生所诏，意之所随，不可以言传。盖节奏板拍可以传授，取音用意，各随人心”。

他在家乡学琴三十余年，离乡游学行脚二十余年，再次回乡时，已经五六十岁了。此时，他已卓然成家，禅琴同入化境。佛门内外，同仰其尊，缁素皆以“公”称之。竹禅法师说他：“云闲上人，深悟琴学三昧，其住世行道，得教外别传之旨”，并题字“以琴说法”赠之。德辉法师说他“知公操缦卅年，合琴与禅为一致，则所发之音，所定之曲必有超出声尘之外者矣”。他的同乡朱兆蓉有诗曰：

瓶钵生涯三十年，
故乡旧雨尚依然。（上人离乡已廿余载矣，今年慈航旋里憩小园流连弥夕）
芭蕉短幅王摩诘，
落叶长安贾浪仙。（琴书而外亦娴诗画）
道悟法雷冬自响，
禅参智月晦尤圆。
平生雅趣饶泉石，
松下横琴一拂弦。

在他的旧友看来，他不但像王维、贾岛一样热爱自然，多才多艺，“琴书而外亦娴诗画”，且道法圆融。从诗中我们不但知道了一点他的生平（出家三十余年，离乡二十余载），知道了他在“旧雨”眼中的形象，更仿佛看到了一幅高僧松下弹琴的古画。在琴谱诸序中，老友朱敏文称他因为“遍参江浙诸名山、穷岩、邃谷栖真者久之”，所以才“佛法仙心归胸下”。从朋友们的序文看，释空尘的演奏生涯除在苏杭外，还曾在上海、北京的雅集之中。在他演奏的盛期，他和几位同好“月必一晤，晤则琴歌竟日”，在江南的烟雨中，不知留下了多少他空灵飞动的琴声。

释空尘不但自己是琴僧，而且也在琴谱中尽量钩沉昔日琴僧的资料。他说：“继梵僧居月善琴，继以颖师、聪师、维公、义公，咸以琴理喻禅，见于旧简者不可以数计。”在他辑录的《历代圣贤名录》中，作为佛教徒的琴家和其所作琴曲计有：

僧觉道（列墨子后，张子房前）：作《鹤鸣九皋》。

王摩诘（列李白后，韩昌黎前）：作《春江送别》。

僧智和（列郭楚望后，董庭兰前）：作《释谈》《清夜闻钟》《松下观涛》

苏东坡：作《四乐吟》《思君操》。

僧义海（苏东坡后）：作《瑶天笙鹤》《双清吟》。

僧省涓：作《石上流泉》《白云操》。

《枯木禅琴谱》共八卷，第一卷为“凡例”“琴德论”“音声论”“指法纪略”“辨音十六则”“上弦法”“调弦法”“抚弦转调歌”等；第二卷有“制琴曲要略”“历代圣贤著曲名录”“左右手指法”“幸存琴谱”。从第三卷到第八卷，均为释空尘所谓“所操廿余曲及自着数曲”，他“省题析义，去杂除繁，体会吟猱，注意指法”，列为卷三“宫音”五曲，卷四“商角音”七曲，卷五“徵羽音”六曲，卷七“外调”三曲，均以宫调分卷。而卷八中的七曲无分调别，当为空尘和尚所创作。卷八中曲目为《独鹤与飞》《云水吟》《怀古曲》《那罗法曲》《枯木吟》《思贤操》《莲社引》。仅从曲名看，就可知其中尚有佛家内容者，如《莲社引》即为吟咏净土大师之曲。我们似乎可以这样说，因为有了《枯木禅琴谱》，有了释空尘，有了《那罗法曲》《莲社引》等琴曲，中国的古琴艺术可彰显佛家之影响，填补三足鼎立之中国传统文化在琴艺中的欠缺了。

四

我曾经多次说过，一个研究中国传统文化却不懂中国宗教的学者，不能称其为中国传统文化学者；同样，一个只有“琴心”而没有“佛心”的音乐家，也不可能达到传统中国音乐的最高境界。在过去的百年里，中国从一个贫穷落后、任列强欺侮的国家逐渐变成一个当今最大的、最具发展潜力的国家。但是，在这一充满苦难与血泪的过程中，我们像一个接受“化疗”的患者一样，被迫将自己身上许多健康的细胞与可能的癌细胞一起杀死了！佛教与佛教文化，在很长一段时间里是被当成“封建主义”的东西而被排斥的，追求灵性、追求“佛心”，对现代大部分中国的音乐家来讲，是视野之外的事情。

但是，在人类的整个历史中，佛教不但曾推动了人类社会的前进，而且对人类的整个精神世界产生过巨大的影响，佛教传入中国后，深刻影响了中国人的思想、文化、艺术，甚至被王安石称为“成周三代之际，圣人多生儒中，两汉以下，圣人多出佛中”。在佛教影响下的中国的艺术家们曾在追求生命永恒的过程中创造了许多永恒的艺术。比如以敦煌、云冈、龙门为代表的中国佛教石窟艺术，不但是中国传统文化的瑰宝，是中国的骄傲，也是全人类共同的珍贵文化遗产。一直到今天，当我们面对这些信仰之力与艺术天才的双重创造时，我们依然会被其中所蕴含、体现的博大胸襟、慈悲情怀和庄严、宁静、超然、平和的思想之光所笼罩、所折服。没有佛教文化的中国文化是残缺的。

琴心是美，佛心却不仅仅是善，那也是美，是一种闪耀着慈悲情怀、般若智慧的旷世之美。

2003 年 5 月 18 日

（原载《中国文化》2010 年第 1 期）

书陈寅恪《书〈魏书萧衍传〉后》之后

国学大师陈寅恪的《金明馆丛稿初编》，在《书〈魏书萧衍传〉后》一文的开始，先生引了《魏书·萧衍传》中的一段话，在这段话里，“侯景之乱”的主角侯景“戏侮”被围困台城的萧衍说：“城中非无菜，但无酱（将）耳。”①

侯景原是被鲜卑族同化的羯族人，他“少而不羁，见惮乡里”，但因“骁勇有膂力，善骑射”遂成为东魏的武将，以残暴凶狠著称②。当时，被侯景围困台城的梁武帝及城中男女十几万人，甲士二万，只有粮四十万斛。围城后期，城内粮尽，军士煮弩、煮鼠、捕雀而食，连殿堂上的鸽子也被吃尽，即使屠马也杂以人肉，疾疫而死者大半。城中之将，只有羊侃、柳津、韦黯。而且，“津年老且疾，黯懦而无谋”③，真正能带兵打仗的“将”，只有羊侃一人。

陈寅恪在文中提出两个问题：“（一）侯景所言‘酱’‘菜’之解释。（二）造作此戏侮之语者，究出自何人？”

因为“酱”与“将”同声，所以，先生认为“可不必论”，这没有任何

---

① 陈寅恪：《金明馆丛稿初编》，生活·读书·新知三联书店2001年版，第230页。

② （唐）姚思廉：《梁书·列传第五十·侯景》卷56，中华书局1973年版，第833页。

③ （唐）李延寿：《南史·列传第五十三·羊侃》卷63，中华书局1975年版，第1545页。

问题。但他接着说："'菜'即指'兵卒'之'卒'而言。"遗憾的是，先生虽然提出了"菜为去声，卒为入声，何以同读?"的问题，却在解答这个问题之前，便先引出了侯景手下一个叫王伟的人。那么，王伟和侯景此语有何关系呢？先生的考证分三步走。

第一步：

引《南史·王伟传》证明王伟"其先略阳人""学通周易，雅高辞采"，曾代侯景为《报高澄书》，"其文甚美"。

引《北齐书·裴让之传》及《北史·李业兴传》等证明"当日北方文儒之士，语言多杂方音"。

结论："王伟家世既出略阳，其语言当不免杂有乡土之音。"

我们先不管这个结论是否牵强，因为陈先生在第一步结论后开始跳回去解答前面提出的"菜为去声，卒为入声，何以同读"的问题。

第二步的逻辑是：

引陆法言《切韵·序》中的一句话："秦陇则去声为入。"

"略阳正是秦陇地域。"

结论："王伟若用其家世乡土之音，则读'卒'为'菜'，固所当然也。"

接下来是第三步：

一、"侯景本非清流，自不能作此雅谑"；

二、"(王)伟为(侯)景之谋主"；

三、结论："'城中非无菜，但无酱耳'之言，其为(王)伟所造作，当无疑义。"

至此，全部考证结束，侯景被剥夺了这句俏皮话的"著作权"，先生"当无疑义"地将"著作权"判给了王伟。

但是，仔细推敲一下，先生的这"三段论"似乎缺少一些重要的环节。

我们先看第一步：

因为“当日北方文儒之士，语言多杂方音”和“王伟家世既出略阳”就判断“其语言当不免杂有乡土之音”，就有些不妥。因为此条件与此结论之间不存在必然的联系。这就像我们今天不能因为北京居民当中还有许多人普通话说不好而只因为你爷爷是甘肃人就判断你一定不会说普通话一样。

第二步的讨论则比较复杂。首先，先生只引了《切韵・序》中的一句话：“秦陇则去声为入”，而“略阳正是秦陇地域”，便断定王伟读“卒”为“菜”，似乎缺少必要的考证。因为根据音韵学的基本常识，汉语读音的对转是有条件的，决定一个字的读音，要考虑声、韵、调三部分。通俗地说，一个汉字有声母、有韵母、有声调，而“秦陇则去声为入”这句话，只谈了声调，没有涉及声母和韵母。

因为先生引《切韵》为证，所以我们可以不谈上古音而只谈中古音。在《广韵》中，“菜”为“仓代切”，属“十九代”；“卒”有三个读音：“子聿切”“仓没切”和“则骨切”，属“六术”。据当代音韵学家的考证，在中古音中，“菜”是清母、代韵、开口、去声、在蟹摄；“卒”是精母、没韵、合口、入声、在臻摄。[①]我们先看这两个字的辅音，虽然清母与精母相邻，但“菜”是 ts′ ，“卒”是 ts，前者次清吐气，后者全清不吐气。两个字的韵部一个在蟹摄，一个在臻摄，虽然也相邻，但韵母不同，“菜”为 Di，“卒”为ət，而且，“卒”是合口，有介音；“菜”是开口，无介音。如果说这样两个字可同读，恐怕要有更多更有力的考证才行。假如不考虑声母和韵母，不考虑母音，只是一律“去声为入”的话，那么《广韵》中去声六十韵，入声三十四韵中的所有汉字都可以“同读”了！这恐怕不是“秦陇”之人的方言，也根本不是中国话了。

再看先生最后的一步推理：因为“侯景本非清流，自不能作此雅谑

---

① 郭锡良：《汉字古音手册》，北京大学出版社 1986 年版，第 101、125 页。

（指读‘卒’为‘菜’）”，而“伟为景之谋主”，又有前面第一、二步的结论，便判断此嘲语为王伟所说，也实在荒唐。因为“城中非无菜，但无酱耳”这句话，恐怕根本不是什么“雅谑”。一介武夫侯景，只知道“菜”和“酱”都是吃的，而“酱”与“将”同音，便“造作”了这句“俏皮话”，可能根本没有先生考虑的这么复杂吧？一句普通的俗语，有一个“酱”“将”同音已经完全说清楚了，“戏侮”的目的也达到了，为什么非要将“菜”字和“卒”字拉扯到一起呢？在中国民间语言中，利用谐音的歇后语、俏皮话有很多，诸如“裁缝不带尺——存心不量（良）”“苍蝇进花园——装蜂（疯）”“草帽当锣敲——响（想）不起来”，等等，都是一句中用一个谐音，一个句子中同时用两个谐音的，尚不多见。另一方面，在当时，对侯景而言，“卒”的多少也不一定有什么重要。“一将当关，万户莫开”的话，除了形容关隘的险峻外，也隐含着别的意义。同理，“千金易得，一将难求”的话，也不是没有道理。也许，只有在“人民战争”的理论中，“卒”的意义才会格外重要吧。

先生的这篇文章首发在《中山大学学报》1958 年第 1 期。同样的内容，在《陈寅恪魏晋南北朝史讲演录》[①] 中的第十一章、第十二章里亦有所述。先生是一代宗师，以先生国学泰斗的功力，应该不会有小学层次的疏忽，更不应该用“当无疑义”的态度不经论证而“固所当然也”。但先生之所以被当代的学界所崇敬，不仅因其学问，而在于先生严谨的学风，更在于先生所提倡并身体力行的“独立之精神”与“自由之思想”。正因为笔者服膺先生此种精神，故不揣浅陋，以一己之愚见书于先生鸿文之后并候教于大方之家。

2003 年 5 月 7 日非典之时

① 万绳楠整理：《陈寅恪魏晋南北朝史讲演录》，黄山书社 1987 年版，第 191—199 页。

笔者附记：

拙文草就，颇有所感，附记于此：

1. 人无完人，金无足赤，大师亦然。对先贤，不可无敬师之心，不可有崇神之意。读圣贤书，仍需思考。

2. 瑕不掩瑜。山有名来毕竟高。大师偶有疏漏，仍为大师。

3. 大师尚可能有疏漏，况浅薄如吾辈乎？念此怵然而背有泠泠之汗矣！

2003 年 5 月 10 日又记

（原载《中国文化》2004 年第 1 期）

知识分子要学一点佛教

知识分子要学一点佛教、读一点佛书，这不仅仅因为宗教是人类文明的重要组成部分。佛教、道教与儒教[①]是中国古典文明与传统文化的三根支柱。不了解中国的佛教文化与道教文化便不可能真正了解中国传统文化。而是因为缺乏佛教知识会使我们的学者、作家、知识分子（有时候还是“大知识分子”）犯一些低级的、常识性的错误。

学界的人们都知道，胡适在他的《中国哲学史大纲》上卷出版后，认为自己不了解佛教文化与道教文化便无法继续写作下卷，遂专心致力于佛教史与禅宗思想的研究，编辑了《神会和尚遗集》、写出了《荷泽大师神会传》等著作。而范文澜在晚年专心读经并对自己在以往的著作中菲薄佛教颇有悔意的传说，也在学界有所流传。十多年前，一位资深的中国美术史家不耻下问，请我为他的一篇为褚遂良所书《大唐三藏圣教序》所作的释文提意见，他说：“我不懂佛教，怕有错误。”我看了一下，其中果然有误解的地方。比如“湿火宅之乾焰，共拔迷途；朗爱水之昏波，同臻彼岸”中的“爱”字，他按照世俗的理解将其释为“把爱的波浪撒满人间”之类的褒义，但明显与上下文的意思不符。一个“昏波”的“昏”字，已是明

① 关于“儒教”是否是宗教的问题，目前学界尚有争论。但我同意任继愈、李申等学者的看法。

显的贬义。但这位学者还是宁可牺牲文意的通顺，也要将“爱”字释为褒义。没有办法，我们现在的知识分子，大抵是在“五四”后的文化语境中成长起来的，一看到“爱”字，便本能地反应为“自由、平等、博爱”中的“爱”字甚或“爱情至上”的“爱”字。但实际上，在佛教的话语系统中，这个“爱”字，是梵文 Trsna 的意译，是与“三毒”——贪、嗔、痴连在一起的。《俱舍论》中解释为：“贪妙资具，淫爱现行，未广追求，此位名爱。”《人本欲生经》更明确注为：“爱为秽海，众恶归焉。”在佛教徒看来，“贪”“爱”是烦恼的根本，是解脱的障碍，所以要“朗”其“昏”后才能“同臻彼岸”。《大唐三藏圣教序》中的这个“爱”字，无论按照佛教的理念，还是按照原文的语气，都应该解释成负面的意义才对。

与此类似的因为缺乏宗教常识而对古籍和古人产生误解的例子还很多，我试举几例：

1997 年，山东画报社出版的《老照片》第二辑中，有孟凡明的《死亡的意义》一文，作者从弘一大师临终绝笔“悲欣交集”这四个字中，得出了这样的结论：“大师出家了，远离了尘世物质外壳的有形的禁锢，却似乎未能远离尘世内在情绪的无形追随。”作者认为：“凭弘一大师这样高山仰止般的修行，应该写下‘无悲无欣’一类的绝笔，或者什么都不写，留下一个干干净净的空白。”并从而断定弘一大师在“人生根本问题”上“其实并没有得到解决，至少，是没有得到根本的解决”。

其实，这也是一个误解。佛教话语系统中的“悲”字，不是常人所用的“悲伤”“悲哀”之意。佛家所说的“悲”，是梵文 Karuna，即“慈悲”的“悲”。隋僧慧远《大乘义章》释为：“爱怜名慈，恻怆为悲”，并说：“慈能与乐（给与欢乐），悲能拔苦（使其脱离苦难）。”而无论“爱怜”与“恻怆”，还是“与乐”与“拔苦”，指的都是对“众生”的怜悯与救助，而非指“悲”者自身的感伤之情。鸠摩罗什的名译《大智度论》明确指出：

"大慈与一切众生乐，大悲拔一切众生苦。"而大乘佛教所提倡的"无缘大慈，同体大悲"，则更强调了"慈"与"悲"的真实意义——对父母、子女、情人的爱是"有缘"之爱，是"爱"而不是"慈"；"无缘大慈"是普爱一切生命，包括与你"无缘"——表面看来与你没有任何关系的众生。同理，对旁人苦难的一般性同情也只是"悯"而不是"悲"，真正的"大悲心"是对众生苦难的"同体"般的感受，即"感同身受"地把别人的痛苦当成自己的痛苦。因此，弘一大师的绝笔绝不是"尘世内在情绪的无形追随"，更不是大师人生根本问题"其实并没有得到解决"的反映。恰恰相反，从佛教的观点看，在大师安详的涅槃像和"悲欣交集"的绝笔背后，恰好反映了大师在涅槃之时是"根本的解决"了人生的根本问题的。

至于"欣"字，佛教认为，人生的根本问题不过是生死二字。而"了生死"，即透彻地洞见生命中苦的原因和灭苦的方法并身体力行，则是解决人生根本问题的唯一途径。佛教著名的"三法印"讲："有漏（漏即烦恼）皆苦"，指明人生充满着烦恼，原因是众生不明白"诸行无常，诸法无我"的道理。而人生的六种"根本烦恼"（即贪、嗔、痴、疑、慢、恶见）不解脱，便会因"漏"而造"业（指人的一切身心活动，有身、语、意'三业'）"，复因"业"而生新的烦恼，如此轮回不已，永无休止。因此，佛陀教众生通过勤修"戒、定、慧"三学，明心见性，最终摆脱烦恼，了却生死。所以，在临终前能"欣欣然如赤子"，也是"根本的解决"了人生的根本问题的最好说明。一般人谈死色变，临终前大都苦苦挣扎，所以佛陀才总结出包括"死苦"在内的人生"八苦（指生、老、病、死、爱别离、怨憎会、所求不得、五取蕴）"。只有"根本的解决"了人生的根本问题的人，才能在临终时摆脱一切烦恼，才能有"欣欣然"的感受，才能写出"悲欣交集"这四个既深邃如海，又浅白如溪；既沉重如山，又清淡如远闻花香的字来。①

2000年第3期的《读书》上，有摩罗的《心常常因细腻而伟大》一文。文中提到两篇使作者感动的文字，一篇引用了赫尔岑回忆录中关于西伯利亚的居民夜间将食物与饮料放在窗台上以便于流放者取用的事并用作者“多么伟大的细心”的感叹作结。一篇提到在拉萨过年时“我”布施穷人的经过。当书中的“我”在“成排”的求乞者中“专挑看得顺眼的求乞者分，而那些看着不喜欢的人，就被跳过去了”的时候，一个“藏族大学生”将“我”拉到一边，“告诫‘我’不能这样有所遗漏，这样做会使那些落空的求乞者受到伤害”。于是，“对这一段文字惊叹不已”的作者在书旁批注道：“细腻的心灵。心常常因细腻而伟大。”

的确，西伯利亚的居民与那位“藏族大学生”的心灵是“细腻”的，但是，能做到这一切仅仅是因为他们的心灵“细腻”吗？也许，作者所谓的“细腻”不仅仅是与“粗糙”相对的“细腻”，还包含着其他的含义。但假如说将对流放者充满同情心的西伯利亚居民的行为归结为“伟大的细心”还说得过去的话，那么，将依佛教思想施舍的行为仅仅归结为“细腻的心灵”就无论如何显得不够准确了。当然，对任何一件事，作者都可以有自己独到的感受，也完全有权按自己的感受、以自己的语言习惯表示出来。问题是，对这里发生的行为起主要作用的东西根本与“粗”和“细”无关。一个比“我”和“藏族大学生”更“细腻”的心灵可能此时正在屋子里“细”数自己的财产而不愿施舍给穷人一文钱！施舍，是佛教“六度”（亦称“六波罗蜜”，梵文Şatpāramitā）之一。所谓“六度”，即六种从生死此岸“度”你到涅槃彼岸的方法。除“布施”“持戒”“忍辱”“禅定”外，

① 田青：《也谈“悲欣交集”》，原载《佛教文化》1997年第5期，后收入文集《历史的性别》，解放军文艺出版社2000年版。

还有“精进”和“智慧”(般若)。而“众生平等”与无“分别心”，则是任何一个对佛教有哪怕一点点“粗浅”了解的人都知道的佛教的基本思想。试想，一个将施财与人看成自己得到解脱之道的人，怎么会在“解脱”自己的同时钻进“我慢”(看不起人)的烦恼与错误中呢？而一个认为甚至一只猫或一条狗都与自己“平等”的人，怎么会有“顺眼”与“不顺眼”的分别心呢？在这里，我只能认为我们这位作者的“心灵”“细腻”得还不够，他实在不应该把佛教的慈悲观与平等观抛在自己的知识范畴之外，而只用“粗”“细”来概括在佛教思想熏陶下生活了一千多年的藏族同胞的行为方式。

昨天，也就是2001年第一天的晚上，我偶然打开电视机，看了一部名为《宇宙与人》的专题片。虽然我是从一半看起的，但我仍然认为这部专题片是我近年来看过的拍摄得最好的专题片。撰稿人与编导的名字我没有看到，但从解说词中所表现出的开阔视野、恢宏境界和博大而深刻的历史感以及相当不错的动画制作，却深深吸引了我。遗憾的是，就在我为编导的知识广博赞叹的时候，电视机里传出了这样一段解说词(大意)：“中国古代的两位高僧曾有过这样一个有名的关于风和云的争论，一位高僧说是风吹云动，一位高僧说既不是风动，也不是云动，是你自己心动。”此时此刻，我真是哭笑不得。六祖惠能关于“不是风动，不是幡动，仁者心动”的开示，应该说是最脍炙人口的公案，几乎尽人皆知，什么时候“幡动”变成了“云动”了呢？

应该说，把我推到电脑前坐下来写这篇文章的最后一掌便是这部专题片了。我实在不愿再看到一些优秀的知识分子在优秀的作品中暴露自己对佛教——这个曾深刻影响了中国知识分子两千年的重要文明的无知了。的确，我上面提到的两篇文章和一个专题片，都可以称得上是同类中的上品，文章是好文章，影片是好影片，问题只是出在与佛教有关的知识领域里。

说“瑕不掩瑜”可以，但说“问题严重”也行。因为，正是由于问题不是出在普通人身上，而是出在知识分子、作家、学者的身上，出在能写一手好文章、能拍出优秀影片的作家、编导身上，才显得格外严重。

严格说，一个研究中国传统文化却不懂中国宗教的学者，不能称其为中国传统文化学者。但中国现代的知识分子却绝大部分缺少这一课。在刚刚过去的上一个世纪里，中国从一个贫穷落后、任列强欺侮的国家经过百年的抗争逐渐站了起来，成了一个最有发展潜力的发展中国家。但是，在这一充满苦难与血泪的过程中，我们像一个接受“化疗”的患者一样，被迫将自己身上许多健康的细胞与可能的癌细胞一起杀死了！没有办法，当韶华已逝的中国传统文化遇到西方强势文化的挑战时，几乎所有善良而性急的中国人都本能地把中国衰弱的病根归罪于传统文化。从清政府在“维新派”影响下公布“废庙兴学令”开始，宗教和宗教文化便渐渐成了“迷信”和“落后”的代名词。五四运动的狂飙在冲击中国封建制度的同时，也强烈地摇撼了中国古老文明的社会基础。“史无前例”的“文化大革命”，更将宗教文化及一切与宗教有关的东西统统视为“横扫”的对象。当人们把孩子和洗澡水一起泼掉的时候，人们当时心中的那种崇高感使一切无知与轻率在其后都带上了一点苍凉。

实际上，在人类的整个历史中，宗教不但曾推动了人类社会的前进，而且对人类的整个精神世界产生过巨大的影响。如果说是基督教的文明奠定了现代社会的形式的话，那么，中国的宗教则在中国的历史上创造过许多伟大的文明。佛教自传入中国后，不但与中国固有文明逐渐融为一体，且深刻而广博地影响了中国所有的上层建筑乃至社会生活的方方面面，甚至被王安石称为“成周三代之际，圣人多生儒中，两汉以下，圣人多出佛中”。鲁迅在谈及“中华民族的脊梁”时，也不忘提出“舍身求法的和尚”。不要说哲学思想与社会生活了，仅在艺术领域里，在佛教影响下的中国的艺术家们便在追求生命永恒的过程中创造了许多永恒的艺术。以敦煌、云冈、龙门为代表的中国佛教石窟艺术是中国传统文化的瑰宝，是中国的骄傲，也是全人类共同的珍贵文化遗产。今天，当我们面对这些信仰之力与艺术天才的双重创造时，我们依然被其中所蕴含、体现的博大胸襟、慈悲情怀和庄严、宁静、超然、平和的思想之光所笼罩、所折服。

现代人对宗教的无知与漠视，是与对科学的崇拜同步的。人类对宗教与科学的态度，在近二三百年里起了巨大的变化。在18世纪之前，科学还没有进入大部分人的普通生活，还只是一小部分科学家和知识分子探索物质领域中未知世界的智力活动。在科学发展的早期阶段，不但一般民众不知科学为何物，科学家和科学发现还常常遭到来自保守势力的残酷压迫和攻击。从19世纪开始，情况起了变化，科学发明和科学成果不但如此迅速地改变了人类的生活，更极大地改变了人们对科学的态度。随着大工业与资本主义生产方式的普及，科学逐渐成为人类改造自然与改善生活质量的主要手段。20世纪是科学获得空前发展的时期，也是人类生活自人类诞生以来进步最显著的时期。目前，一个生活在大城市中的普通“白领”的生活质量和“享受”的程度，不但已远远超出了中世纪一个帝王的生活水平，甚至也超出了当时大多数人的想象。而这一切的取得，大部分靠的是科学技术的力量。当人类的足印因科学的伟力踏上月球、迈入太空时，当人类通过掌握核裂变技术从而掌握了足以使地球毁灭千百次的能量时，当如果法律允许人类甚至可以“克隆”自身时，人类不但得到了自尊心的空前满足，也不知不觉把对科学的依赖变成了一种信仰并逐渐代替了宗教。换句话说，当人们认为科学是万能的并把一切幸福都归结于它时，科学便与“上帝”一样成了人类的崇拜对象。

英国哲学家汤因比在谈到面对传统宗教衰落的现代西方人时说：“在因此造成的精神空虚里，他们以一位女神代替了上帝的崇拜。那摧毁西方基督教世界的对于旧神灵的不信任感和厌恶感使这位女神交了好运。这位女神不是圣母，而是技术；人们对新神灵崇拜得五体投地……技术被神话，不是西方人有意的选择，而是因为宗教与自然一样厌恶空虚。技术与技术专家因而成了晚近西方世界的罗马女神和恺撒。”①

不同的是，当西方人已经率先把技术与技术专家视为“罗马女神和恺撒”时，我国的先进知识分子们却还在为争取“德先生”与“赛先生”在中国社会的一席之地而奋争。“五四”之后，当现代大部分中国人尤其是进步知识分子认为走科学与民主的路是拯救古老国家的唯一途径的时候，宗教及宗教文化便不可能不逐渐远离了知识分子的视野和知识范畴。但是，随着社会的进步与发展，现在越来越多的人开始认识到科学与宗教一样不是万能的。在科学领域里，无论进步多么迅速，未知部分永远会大于已知部分。科学、宗教、艺术是人类面对自然的三种不同的、彼此无法替代的独立认知方式。宗教不仅仅曾在人类历史上起过巨大的作用，在现实生活中，宗教仍然还在起着巨大的作用。目前，世界上相信各种宗教的人数远超过信仰唯物论的人数。读一点佛书、学一点佛教，不仅对社会科学领域的知识分子有用，对自然科学领域的学者来说，也有好处。起码，一个曾在浩如烟海的佛教三藏中有所涉猎的人不会贸然拜倒在一个刚“出山”的什么“大师”的浅薄理论前。当 21 世纪的曙光终于照亮我们这个星球的时候，当各种各样的邪教已经打着宗教的旗号进入我们的社会生活的时候，我们的知识分子，难道还可以对宗教和宗教文化如此茫然、如此无知吗？

（原载《读书》2001 年第 4 期，发表时篇名为《面对“悲伤”总茫然》）

① ［英］阿诺德 · 汤因比：《一个历史学家的宗教观》，晏可佳、张龙华译，四川人民出版社 1990 年版，第 251 页。

二、净土天音

道乐述要

道教是产生于中国的宗教，其始可以溯源于远古的巫祝。道教奉为经典的老庄学说产生于楚文化，楚文化的核心也是“信鬼而好祠”。因此，“作歌乐鼓舞以乐诸神”便成为道教音乐的传统，而斋醮音乐，则成为崇祈禳重祭祀的道教音乐的主体。

早期道教的音乐史料较少。因为在中国，道家思想始终是与儒家思想互补并存的，又因为道教的产生，与佛教传入的刺激与启发有关，因此，道教音乐的形成便受到儒家礼乐观及佛教梵呗形式的许多影响。

东汉时的《太平经》，载有道教最早的音乐理论，从中可以看到儒家礼乐观的深刻烙印。经中说：“得乐人法者，人为其悦喜；得乐治法者，治为其平安；得乐天地法者，天地为其和。”认为音乐有悦人、治世、和天地的功用，这与儒家“声音之道，与政通矣”①“大乐与天地同和”②是完全一致的。由于早期道教主要在下层群众中流行，又因为早期道教（天师道与五斗米道）在产生初期就与农民起义连在一起，环境与历史背景都使它不可能更多地顾及宗教仪典的规范性与音乐性。因此，直到三国至南北朝时期，

---

① （宋）陈旸:《乐书》卷 9，清文渊阁四库全书本，第 33 页。

② （汉）郑玄注，（唐）孔颖达疏:《礼记注疏》，清嘉庆二十年南昌府府学重刊宋本十三经注疏本，第 923 页。

道教徒才在佛教梵呗的启发下开始创作制定自己的音乐。《山堂肆考》引《异苑记》云:“陈思王游鱼山……为神仙之声,道士效之,作步虚声。”曹植鱼山制梵事虽属神话,但道士仿效佛教音乐而建立道教音乐的可能性却是存在的。

在道教音乐的创立过程中,北魏寇谦之与刘宋陆修静,可被称为奠基之人。神瑞二年(415),嵩山道士寇谦之托言太上老君授予“天师”之位,并赐以《云中音诵新科之诫》二十卷,改革天师道,制定乐章诵诫新法。其《云中音诵》即《华夏颂》及《步虚声》。在南方,五十年之后,道士陆修静参照儒家礼法,整理甄别道教经典仪范,除集“三洞经”一千余卷,奠定了“道藏”的基础外,还编撰斋戒仪范一百余卷,初步制定了道教仪式与道教音乐的使用规范。他还曾制《升元步虚章》《灵宝步虚词》《步虚洞章》各一卷,对后世斋醮音乐影响甚大。

唐代,由于皇族为李姓而推崇尊李耳(老子)为教首的道教,道教常在与佛、儒争宠的斗争中得势,道曲因而大规模进入宫廷。朝廷每年依道法斋醮,皆用乐。天宝十年(751)玄宗曾召道士司马承祯制《玄真道曲》,工部侍郎贺知章曾制《紫清上圣道曲》,太常卿韦絛亦曾为太清宫落成而制《景云》《九真》《紫极》等曲。懿皇后亦曾命乐工敬约吹觱篥、弄道调,撰《道调子》。唐玄宗李隆基于开元二十四年(736),“升胡部于堂上……后又诏道调、法曲与胡部新声合作”(《新唐书·礼乐志》),为道教音乐与佛乐及外族音乐的互相借鉴、融合创造了条件。精于音乐的唐玄宗,还在天宝十年(751)“以至明之独览,断历代之传疑”“于内道场亲教诸道士《步虚》声韵”。一时间,宫廷内“妙协钧天,克谐仙唱”,竟成了道教音乐的天下。天宝三年,唐玄宗完成了他改佛为道的愿望,勒石太常,将许多流行宫廷的佛曲名改成道教名称,如《龟兹佛曲》改为《金华洞真》等,使道教音乐在形式下取得了空前的胜利。在唐南卓《羯鼓录》所载

“诸佛曲调”中，亦有《九仙道曲》《御制三元道曲》等。唐玄宗还亲制道曲《紫云回》《凌波仙》等，无疑促成了道教音乐的繁荣。在唐代，“道调”还作为燕乐二十八调的七宫之一，成为乐学的专用名词。

宋代，唐朝道曲中的《望瀛》《献仙音》等曲继续流行，并出现道藏中最早的道曲谱集《玉音法事》，载有《金阙步虚词》《玉清乐》《上清乐》《太清乐》等唐、宋道曲50首，且字下注有“声曲折”，为研究道曲之重要文献。此外，南宋留用光传授蒋叔舆编《无上黄箓大斋立成仪》中，则详细规定了斋醮时“高功”“都讲”唱、举、吟、颂的次第及内容。

明初，朝廷设“神乐观”，专司雅乐、道乐，以道童为乐舞生，并令道士冷谦制定雅乐（《明史·乐志》）。除京师外，道教名山或大丛林亦尊此制，其时武当山更有朝廷供养的乐舞生四百之众（明《大岳太和山志》）。明成祖时，朱棣在颁布佛曲的同时，还钦定道曲，颁布了《大明御制玄教乐章》，在十四首钦定乐曲旁，皆注有工尺谱，曲用南北曲，如《迎仙客》之属。万历三十五年（1607）入藏的《圣母孔雀明王经》则载有《一定金》《清江引》《十供养》等道曲名目，其中有《小采茶歌》，可见此时道教音乐已吸取民间音乐为供己用。清时，道调与民间音乐进一步相互影响、吸收、融合，道士在为民间举行法事活动时更大量使用民间音乐，以至与俗乐合流。清叶梦珠辑《阅世编》称当时道场“引商刻羽，合乐笙歌，竟同优戏”，可为佐证。

道曲与佛曲相比，前者与民间音乐的关系更为密切。现仍流传于我国许多省区的“道情”系艺术，就是道曲民间化、通俗化的最好例子。明朱权《太和正音谱》说：“道家所唱者，飞驭天表，游览太虚，俯视八纮，志在冲漠之上，寄傲宇宙之间，慨古感今，有乐道徜徉之情，故曰道情。”道情在宋时即有，初为大曲歌舞，后逐渐演化为说唱、戏曲等多种形式，构成一个繁衍于全国各地的道情家族。目前，全国道情类艺术九十种左右，如陕北道情、湖南渔鼓等。

近世道曲主要存“全真道”与“正一道”两大派。全真教道士一般用全国通用的《全真正韵》，因其具有统一性而称之为“十方韵”，全国各大宫观皆用此韵。同时，亦有与地方音乐关系密切的“地方韵”，如“崂山韵”等，则各具特色。正一教道士俗称“伙居道士”，因不出家，故与一般民众融为一体。正一派道士一般以为民间举办丧事等法事活动为主要职业。他们虽与民间吹鼓手保持一定距离和区别，但日久天长，大部分地区的道曲已与当地民间器乐水乳交融了。

醮坛所用法器，大抵借鉴佛教。如钟、磬、木鱼等。而为民间举办法事活动中的乐器，则以吹管乐器和打击乐器为主，个别地方亦有以弦乐入乐者。

（原载《中国音乐》1988 年第 4 期，发表时名为《佛、道音乐述要》）

宗教音乐研究 1987

我国音乐学研究的全部领域中，宗教音乐的研究恐怕是最薄弱的了。其实我国学者和音乐家对宗教音乐的关注开始得很早。假如从刘天华、杨荫浏、潘怀素诸先生算起，那么，这种关注距今已有半个世纪了。1947年，原在晋绥解放区文联音乐部工作的亚欣同志对山西五台山的佛教音乐开始进行了初步的收集工作。20 世纪 50 年代中后期，宗教音乐的采集、整理工作进入了一个高潮。各地音乐工作者不但收集整理了一大批宗教音乐，并试图超越纯记录的阶段而从宗教学、社会学的角度对宗教音乐进行深一层的考察。但由于条件的限制（除了政策的影响外，考察者本身的素质也有某种限制。大部分音乐工作者不懂宗教和大部分宗教人员不懂音乐是妨碍这一研究深入的主观原因），这一时期的研究仍基本停留在记谱——稍加介绍、说明的阶段。但不管怎样，这终归是开辟草莱，为后人的研究打下了基础。这一时期较重要材料有《寺院音乐》（中国音协成都分会编，1955 年铅印出版，亚欣、刘世富、巫选文、王兵林、熊冀华、邱仲彭收集整理）、《佛教禅宗水陆中所用的音乐》（杨荫浏，1956 年 6 月 19 日，油印稿）、《湖南音乐普查报告·附录之一宗教音乐》（杨荫浏，1958 年民族音乐研究所油印，1960 年音乐出版社正式出版）、《苏州道教艺术集》（中国舞蹈艺术研究会 1957 年油印）、《扬州道教音乐介绍》（扬州市人委文化处、扬州市文联编，1958 年油印)、《陕北葭榆民俗宗教音乐散编》(中国音乐家协会西安分会编、何钧、樊昭明、李石根收集整理，1959 年油印)等。

进入 60 年代，由于众所周知的原因，宗教音乐的研究陷入停顿。“文革”十年党的宗教政策被彻底破坏，宗教文化遭到摧残。80 年代，中断了二十多年的宗教音乐研究开始复苏，并酝酿着第二个高潮。这一时期的研究工作具有两个明显的特点，一是带有一种抢救的性质，二是开始把“宗教”与“音乐”结合为一个边缘学科进行研究。在此期间，首先恢复了中断多年的采风工作，出现了《山西民间器乐曲集·五台山寺庙音乐》(中国音乐家协会山西音协、山西省文化局音乐工作室编，家滨、建昌记录整理，1980 年油印)、《禅门赞集》(黄新光、王亨春记谱整理，1983 年湖南油印)、《咸阳地区民间歌曲集成·宗教音乐》(咸阳地区文化局民间音乐委员会编委会编，1981 年油印成)、《江苏宗教歌曲选》(中国民歌集成《江苏卷》编委会编)、《蚂蚱庵乐曲集》(抚宁县文化馆，1982 年油印)、《道教坛门音乐集成》(谷城县文化馆编印)等一批地区性宗教音乐的资料。尤其是随着《中国民歌集成》和《中国民间器乐曲集成》编辑工作的开展，全国各省、市、自治区几乎都收集了大量的宗教音乐，许多地区编辑了有关宗教音乐的专集，为深入进行研究创造了前所未有的好条件。

在恢复采风工作的同时，一些音乐理论工作者开始恢复正常的学术工作。陈家滨的《五台山寺庙音乐初探》(《音乐研究》1981 年第 2 期)是在宗教音乐研究中断二十多年后发表的第一篇研究文章，文章从音乐形态学的角度初步分析了作者所收集的五台山寺庙音乐，提出两个较有价值的判断：一是以保存在寺院中的【望江南】曲牌为例，认为“有可能就是唐代的原曲”；二是在分析五台山寺庙音乐与山西八大套同名乐曲之后，正确地断定“从器乐曲的角度看”，五台山寺庙音乐是“源”，而“八大套”是“流”。反映了作者求实的精神和科学的勇气。田青的《佛教音乐的华化》

(《世界宗教研究》1985 年第 3 期)，则是一篇超越“民间音乐”地域性，把中国佛教音乐作为一个整体文化现象进行纵向考察的文章。文章反驳了以往学术界关于中国佛教音乐系“土生土长”的观点，论述了佛教音乐自天竺经西域传入中国后逐渐华化以至大盛的历史，并结合史料及谱例，提出唐代佛曲至今仍存的设想。

管建华、兰光明《“慢憆”音乐与“奥加农”之比较》(《音乐探索》1985 年第 1 期)，是第一篇对中外宗教音乐进行比较研究的文章，作者从记谱法及音乐形态诸方面将四川成都宝光寺“焰口”音乐中的“慢憆”与欧洲天主教音乐中的“奥加农”进行比较，试图说明早期多声音乐的一些问题，虽然作者对宗教音乐的考察还有待深入，但这种比较的方法，却为宗教音乐的研究开了一条新路。

1986 年，公开发表的有关宗教音乐的文章较少，其中较重要的有胡耀《我国佛教音乐调查述要》、邢野《呼和浩特地区喇嘛教音乐考》(以上均见《音乐研究》1986 年第 1 期)、尼树仁《大相国寺音乐的构成》(《中国音乐》1986 年第 4 期)、刘明澜《道家音乐观与中国古琴音乐》(《音乐艺术》1986 年第 4 期)、詹仁中《胶东道曲概述》(《音乐学习与研究》1986 年第 2 期) 等。

胡耀的《我国佛教音乐调查述要》，是作者在近年来对佛教音乐广泛采访、深入研究的基础上公开发表的一篇介绍性文字。作者自 1981 年写出《台儿庄地区佛教音乐初探》(山东枣庄市艺术馆油印) 后，逐步扩大研究范围，试图对我国佛教音乐做一总体把握，用功甚勤。《述要》一文对我国佛教中的法事音乐、法事歌曲做了扼要的叙述，可视为一篇难得的佛教音乐的入门教材。该文用统计学的方法对梵呗进行了音乐形态的分析，将 9 首梵呗的音乐材料分析为 42 种乐汇，发现 9 首共用的乐汇占 9 首音乐曲总长度的 72%，从而证实了梵呗音乐风格的统一性。该文还对梵呗的曲式与总体结构、梵呗的音阶与调式、梵呗的节奏与旋法，以及法事歌曲、法器与点板等方面做了简明的分析介绍。该文无论在佛教知识方面还是在音乐分析方面，都超过了五六十年代本学科的研究水平，且是在大量掌握原始素材、实地考察的基础上有个性的研究结果。而本年发表在《中国音乐》第 1 期的《中国的佛教音乐》(王敏) 一文，则脱胎于 1958 年杨荫浏先生的《湖南音乐普查报告・附录之一宗教音乐》，不但没有任何新见且承袭了原文在宗教知识上的缺陷。这种将二十年前先辈的研究成果当成“冷饭”重炒一次的做法是不足取的。

邢野的《呼和浩特地区喇嘛教音乐考》介绍了呼和浩特地区喇嘛所用的乐器以及用途，并简单总结了喇嘛教音乐的特点及传承。该文虽稍欠理论深度，但却填补了我国宗教音乐研究领域中的一个空白。文中关于汉族民间鼓吹乐，尤其是五台山吹管乐对喇嘛教音乐影响的问题，以及内蒙古喇嘛教音乐与西藏音乐关系问题的提出是很有意义的，有助于我们把佛教音乐当成一个超地区性、超民族性的文化现象来考察。

尼树仁的《大相国寺音乐的构成》比作者以前发表的有关大相国寺音乐的文章前进了一步，作者分析了大相国寺器乐曲的构成指出它的几个来源：传统佛曲、民歌、民间器乐曲牌、戏曲音乐、道教音乐、古代音乐或宫廷音乐。在分析中，作者提出了一些谱例和曲目，具有一定的说服力。作者还就寺中所用古代乐器和读法与宋俗字谱相似的记谱法等理由，说明“大相国寺音乐是集中州古今音乐文化之大成，是祖国音乐宝库的珍贵遗产”。

詹仁中的《胶东道曲概述》也是作者近年来研究地方性道教音乐的一篇介绍性文字。作者以若干曲谱为例概述了“传统的胶东道曲”“祷神唱的胶东道曲”“度亡奏的胶东道曲”等三类道曲，并比较了北京白云观道士和胶东道士所唱“步虚”的相似性，提出了道教音乐由京都流向民间的可能途径。作者还以其亲自收集的一首乐曲《天下同》的三种不同演奏形式为例，说明胶东道士惯用的一种以丰富音乐表现力为目的的同宫系统变化主音的转调手法。

刘明澜的《道家音乐观与中国古琴音乐》是一篇美学文章，从三个方面论述了道家思想对中国古琴艺术的深刻影响。作者首先指出道家思想的核心是“以虚无为本”，而因为“大多数琴家都是历尽坎坷生不得志的文人”，“因此，他们便自觉或不自觉地接受了道家出世思想。他们的琴论和琴曲创作也或多或少地留下道家‘虚无’的痕迹”。作者把留存至今的六百五十多首琴曲分为三类，即“表现返归自然的理想”“表现无为寡欲的哲理”“表现齐物逍遥的精神”，无不与道家思想有关。作者还以大量篇幅论述了“以无声为美”“以自然为美”的道家思想在古琴艺术审美观念中的核心位置。该文虽不是直接论述宗教音乐的文章，道家也并不等于道教，但该文对宗教音乐的研究者如何从美学高度去把握宗教音乐，无疑有着启发性的意义。

而田青在他的《中国音乐的线性思维》(《中国音乐学》1986 年第 4 期）中则更直接地比较了天主教、基督教和佛教以及儒、道思想对欧洲音乐与中国音乐的不同影响。文章指出，东西方不同宗教的影响是造成东西方音乐思维方式不同的重要原因。

近年来，除了对佛教音乐、道教音乐的研究之外，不少学者还致力于一些民族宗教音乐或地方性宗教音乐的研究，如云南省“宋词乐调调查组”对“洞经音乐”的调查，以及东北音乐工作者对萨满教音乐的调查等，都是极有希望并具有开拓性的工作。我们期待着这方面的研究成果能尽快发表。

在近年来宗教音乐的抢救工作中，有的单位在领导的支持下，利用现代音像设备为宗教音乐录音录像，保存了珍贵的文化资料，为进一步的研究工作提供了很好的条件，引起了海内外宗教音乐爱好者的关注。如上海音乐学院的“民间音乐抢救小组”便录制了整套佛教法事音乐与道教斋醮音乐的录像带。假如研究工作能尽快跟上，使这批录像带充分发挥作用，则是一件“功德无量”的事。

著名的北京智化寺音乐的抢救工作因“北京佛教乐团”的成立而进展较快，一些原从事民族器乐演奏工作的专业音乐工作者为向世界介绍、发扬我国优秀的佛教文化，积极向智化寺老僧人学习“京音乐”的演奏技术，并在 1987 年成功地出访欧洲，是 1987 年我国宗教音乐领域中一件引人注目的事。

纵观近年来宗教音乐的研究工作，尚存在一些不足之处。如研究人员各自单兵为战又缺乏发表成果和交流的机会，在对一些全国性宗教音乐的研究中，存在着因不了解其他人的研究成果而进行大量重复性劳动的情况，浪费了有限的研究力量。尤其是海内外学者互相知之甚少，难以“声气相求”。如 1986 年 12 月在香港召开的“道教仪轨音乐研讨会”的资料，在内地很难觅到。在多年的“禁区”打开之后，也有少数同志把宗教音乐视为“冷门”，在“猎奇”思想的指导下，忽视科学研究应有的严谨态度，也影响了研究工作的正常开展。另一个值得注意的现象是，目前大部分的音乐工作者还仅仅把宗教音乐的研究局限在“民间音乐”收集工作的阶段，而难以从跨学科的角度深入进行研究。宗教音乐的研究是一个有很强的政策性的边缘学科，是一个蕴藏丰富，但对“采掘”条件要求甚高的“富矿”。目前，本学科的研究工作方兴未艾，极有可能在未来的一两年内兴起一个不大不小的热潮，但只有全体有志者同心协力，脚踏实地，克服急功近利的思想，才有可能取得较大成绩。

（原载《中国音乐年鉴》1987 卷，文化艺术出版社 1987 年版）

雅乐，还是佛乐？

——中国文化史上的一桩“冤案”

一提到中国的雅乐，稍有一点中国古文化常识的人都知道，这指的是中国古代的宫廷音乐，即所谓的“华夏正声”，是曾经极其显赫，极其重要、极其尊贵、至高无上、代表着帝王和社稷的音乐。“政与乐通”的中国封建社会，一个新登基的皇帝在改朝换代时要做的头一件大事，常常便是“正乐”——制定雅乐（主要是制定新辞）。当时的人们相信，只要礼乐一定，天下便平安无事了。从古至今，许多人都认为雅乐是成周三代的遗绪，是儒家文化的理想模式，是中国封建社会正统文化的代表。

但这其实是一桩“冤案”。实际上，自 6 世纪初以来，更确切地说，从 505 年开始，中国的雅乐便不再是儒家的正统，而成了佛家的正统，不再是“华夏正声”，而是华、梵佛乐的改头换面，对此，也许有许多人会大吃一惊。但这确是千真万确的史实，有白纸黑字的官史正典为证。

两个也许是中国历史上最有文化、最懂音乐的皇帝，是这件事的关键人物：变雅乐为佛乐的是梁武帝；掩盖了这一事实并使后人从此不明真相的是唐明皇。

先谈梁武帝萧衍。他除了是个在位四十九年之久的南朝皇帝之外，同时还是一个相当不错的作曲家和一个极虔诚的佛教徒。后两种身份，决定了他的作为。

在萧衍登基的时候，雅乐已历经兴衰之变，从周的初兴到春秋战国的“礼崩乐坏”，从西汉的复兴到三国两晋的混乱不堪。到齐时，更是“不备宫悬，不遍舞六代，逐所应须。即设悬，则非宫非轩，非判非特”，不成样子了。而“梁氏之初，乐缘齐旧”，战乱方平，百废待兴，也可以理解。但是，梁武帝虽是马上得的天下，却“本自儒生”。因此，宝座刚刚坐稳，便“思弘古乐”。于是“下诏访百僚”，希望手下的百官，能担负起制定礼乐的重任来。但是，不知道是因为百官都是“乐盲”，还是因为大家心里有数，知道梁武帝自己想露一手，反正“是时对乐者七十八家，浩荡其辞咸多引流略，皆言乐之宜改，不言改乐之法”，大放“假、大、空”的官话，唱高调而已。于是“帝既素善钟律，详悉旧事，遂自制定礼乐”，亲自出马了。

梁武帝的正乐，自天监元年（502）始，至天监四年（505）告一段落，“是时礼乐制度，粲然有序”了。在这几年中，梁武帝不但亲制了定律器“四通十二笛”，首先发明了旋相为宫的八十四调理论，而且根据沈约、萧子云等撰写的歌词，重定了四十九首雅乐，还改变了过去雅乐以十二个月的“月次”为顺序的演奏方法，而以宫、商、角、徵、羽五音为次序，并突出了“相和歌”“清商乐”等传统音乐的地位，增加了雅乐的可听性、可看性。但实际上，这一切都只是表面文章，不是梁武帝正乐的实质和目的。《隋书·音乐志》有一段十分重要的话，泄露了天机：武帝“……故即位之后，更造新声……以被弦管。帝既笃敬佛法，又制《善哉》《大乐》《大欢》《天道》《仙道》《神王》《龙王》《灭过恶》《除爱水》《断苦轮》等十篇，名为正乐，皆述佛法”[1]。

这段话不但告诉我们梁武帝作为佛乐作曲家曾创作了十篇佛曲，而且

---

① （唐）魏征等:《隋书·音乐志》，中华书局 1973 年版，第 2 册，第 305 页。

更重要的是用“名为正乐，皆述佛法”这八个字，概括了梁武帝整顿雅乐的真实目的和梁代雅乐的实质。

大家都知道，梁武帝是一个虔诚的佛教徒。他初信道教，即位后第三年（504）也就是他正乐结束前的头一年，正式宣布舍道归佛。其后，他不但四次舍身同泰寺而且亲著《大涅槃》《大品》《净名》《大集》诸经的“疏记”“问答”，且不吝巨资，修建爱敬、光宅、开善、同泰诸寺，并“日止一食，膳无鲜腴，惟豆羹粝饭而已”“五十外便断房室”一心向佛。他的“正乐”，应该视为他弘扬佛教的全部活动中重要的一部分。

梁武帝“正乐”的成果如何呢？《隋书・音乐志》所载梁雅乐曲名共49首，其中除礼仪曲如《俊雅》《皇雅》等外，可明显看出许多曲名有佛教含意，当为佛曲无疑。如《须弥山伎》《金轮幢伎》等即是。案“须弥山”为梵文Sumeru的音译，为一小世界的中心，山高八万四千由旬，山尊为“帝释天”，四山腰为“四天王天”，周围环以七香海、七金山，其外，更有咸海等。《须弥山伎》当为表现这一景观的乐舞。似表现法轮的《金轮幢伎》与《青紫鹿伎》《白鹿》等伎则含“佛徽”的意味，是象征佛教的常见标志。值得注意的是在这49首雅乐中，带“幢”字的曲名就有9首之多，除以上提到的外，还有《刺长追花幢伎》《青丝幢伎》《一伞花幢伎》《雷幢伎》《白兽幢伎》《猕猴幢伎》《啄木幢伎》《五案幢咒愿伎》等。案“幢”为梵文Dhvaja的意译，音译为“驮缚若”，为佛教法物，有多种质地及形状，如各种织物制成的幡幢、石刻的经幢等。此类乐舞，应该是地地道道的佛曲。

那么这些雅乐中的佛曲后来如何了呢？

梁被陈代。陈武帝定乐时，依太常卿周弘让所奏，承袭“宋、齐故事”，“是时并用梁乐，唯改七室舞辞”而已。

隋初开皇乐议时，黄门侍郎颜之推上言：“请冯（凭）梁国旧事。”隋高祖当时认为“梁乐亡国之音”，未肯采用。但开皇九年平陈之后，一则因为政治形势有了变化，天下已定；二是由于乐议长年不决；三是俘获了大量梁、陈的乐工、乐器，这才承认梁、陈旧乐为“华夏之声”，要求“以此为本，微更损益”来制定隋乐。

隋虽短命，但隋开皇所置“七部乐”及大业中炀帝所定“九部乐”，绝大部分被唐所继承，史称“隋唐燕乐”。唐武德初的“九部乐”及贞观十六年的“十部乐”与隋乐基本相同。

隋唐燕乐，是雅乐与宴享乐兼之的音乐，是中国封建社会音乐文化的最高峰。燕乐的研究者很多，却很少有人专门指出其中佛教音乐的极其重要的地位。但只要我们稍加分析，便可以得出燕乐中绝大部分是佛乐的结论。

先说清商乐。按郭茂倩在《乐府诗集》中的解释，清商乐即“江左所传中原旧曲……至于殿庭飨宴，则兼奏之”，基本上可视为梁武遗声。而其他少数民族或外来音乐，则大多出自佛教国家，其音乐不可能脱离佛教内容。如天竺乐，据史书载，表演时乐工着“绊帆袈装”，舞工着“朝露袈装”，身着僧装，其乐则可想而知。再看龟兹乐，龟兹亦称屈支，《大唐西域记》云“屈支国……文字取则印度，粗有改善，管弦伎乐，特善诸国”，其音乐在隋唐影响极大，“开皇中，其器大盛闾闬”。《旧唐书》中谈及唐燕乐时，明言“自《破阵乐》以下，皆擂大鼓”。龟兹乐即佛曲，这一点已为学者所知。而在唐人眼中，龟兹乐即佛乐的代称。如敦煌曲（伯三〇六五）《太子入山修道赞》云：“共奏天仙乐，龟兹韵宫商。”赞宁《高僧传·读诵篇》篇末之论也称天乐佛曲“或乐象龟兹，或开口菡萏”。燕乐龟兹部中有《十二时》一曲，在敦煌卷子中有多首《十二时》之曲辞，皆为劝人入佛行善之语，可知是佛曲无疑。而西凉伎，则标明有《于阗佛曲》，这是中国典籍中最早出现“佛曲”一词。其他如疏勒、康国、安国等，皆为佛教传入中国的中转站，与龟兹乐有着密切的关系。

综上所述，我们有理由认为，从梁雅乐到唐燕乐，其中大量音乐是佛教音乐。韩愈“街东街西讲佛经，撞钟吹螺闹宫庭”的诗句，看来并非夸张。既然如此，为什么后人却都以为雅乐与佛乐毫无关系呢？

这是因为唐明皇。唐明皇李隆基，在文武全才、尤善音律这点上与梁武帝非常相似。不同的是，由于唐皇族李姓，为了政治的需要，便尊相传亦为李姓的老子为祖先。虽然唐明皇也曾搞过“三教平衡”的把戏，并曾善待开元三大士，但他始终存在着以道为本和改佛为道的思想。《唐会要》卷卅三记载了佛乐在宫廷中失踪的谜底：“天宝十三载七月十日，太乐署供奉曲名及改诸乐名……《龟兹佛曲》改为《金华洞真》……《舍佛儿胡歌》改为《钦明引》……《俱伦仆》改为《宝伦》，《光色俱腾》改为《紫云腾》，《摩醯首罗》改为《归真》，《火罗鸽鸽盐》改为《白蛤盐》，《罗刹末罗》改为《合浦明珠》……《苏莫剌耶》改为《玉京春》，《阿个盘陀》改为《元昭庆》，《急龟兹佛曲》改为《急金华洞真》，《苏莫遮》改为《万宇清》，《舞仙鹤乞裟婆》改为《仙云升》……《帝释婆野娑》改为《九野欢》，《优婆师》改为《泛金波》……《捺利梵》改为《布阳春》，《苏禅师胡歌》改为《怀思引》……《苏剌耶》改为《未央年》，《吒钵罗》改为《芳林苑》，《达摩支》改为《泛兰丛》，《悉尔都》改为《琼台花》……《讫陵伽胡歌》改《来宾引》……《耶婆地胡歌》改为《静边引》，《婆罗门》改为《霓裳羽衣》……《思归达菩提儿》改为《洞灵章》……《俱摩尼佛》改《紫府洞真》……《婆伽儿》改为《流水芳菲》……”

为了使这一“改头换面”的工作永垂久远，唐明皇还命令将这些曲名“立石刊于太常寺”，以“颁示中外”。把215首乐曲的名字（其中改了58首）不厌其烦地刻在石碑上，是历史上极罕见的事情，也是后人从燕乐中再也找不到佛曲的谜底。当后人们从众多的唐人诗句中想象《霓裳羽衣曲》

的高雅美妙时，再也无法与佛教音乐联系在一起了。

也许是一种报应，唐玄宗改佛曲为道曲之后的第二年，便有安史之乱。“渔阳鼙鼓动地来，惊破霓裳羽衣曲”，而作为中国封建社会官方文化代表的雅乐，便也从此不可避免地没落下去了。

（原载《佛教文化》1995 年第 1 期）

《朝暮课诵规范谱本》前言

一、缘起

“此方真教体，清静在声闻。欲取三摩提，实以闻中入。”(《楞严经》)娑婆世界，声尘国土，然世尊即在声尘说法。古之大德，称通音声为小悟。天下沙门，皆以音声为佛事。

但音声之所以成为修行法门，“贵在声文两得。若惟声而不文，则道心无以得生；若惟文而不声，则俗情无以得入”[①]。可知“小悟”亦属不易。而且，由于课诵唱念之法，皆由师徒口口相传，无乐谱可依，所以长期以来，一直存在着“文”相同而“声”存异的现象。历代佛教界有识之士，莫不痛惜于此。唐道宣律师就曾感叹“地分郑卫，声亦参差”，“神州一境，声类既各不同”，并殷殷希望佛徒能做到“以声糅文”，达到“因声以从回向”的目的。当今寺院，窘况犹存。虽唱诵底本相同，但由于传承各异、方言有别，往往南腔北调，繁简、迟速、质文各随一方，以至每有外来僧人挂单或外地居士随喜佛事唱诵，随板行腔颇有困难。随着佛教事业的发

① （梁）慧皎：《高僧传 · 经师篇》，《高僧传初集》卷 15，第 4 册，金陵刻经处光绪十年版。

展，不少年轻僧人及居士团体、个人在学习唱念时，深感缺少一个既如法又当机，适合现代人视谱学唱的规范谱本。

1992年初，中国佛教文化研究所吴立民所长在“全国汉语系佛教教育工作座谈会”上提出统一佛教常用唱诵曲谱的问题，并建议将《佛教唱诵课程》列为汉语系佛学院特别是初级佛学院的必修课。这一建议，得到与会代表的一致赞同，赵朴初会长也给予积极支持。在赵朴初会长的关心下，由中国佛教文化研究所在全国范围内选聘了十位对佛教音乐有研究的佛教界、音乐界人士组成了《汉传佛教仪规唱诵规范谱本》编辑委员会，并由佛教界、音乐界领袖人物赵朴初、吕骥等担任名誉顾问，由佛教界、音乐界若干著名人士担任顾问。

该编委会在1992年5月成立后，决定先编辑《朝暮课诵规范谱本》。之后，编委们首先分别对北京、上海、天津、江苏、四川等地的著名寺院的朝暮课诵进行了录音、记谱和调查研究，并向精通唱诵的长老宿德请教。经数月的工作，在集中并比较、研究了大量录音、乐谱和资料的基础上，根据佛教界的现状和诸多高僧大德的意见，决定以江浙一带通行的唱诵风格为基础，以近代丛林公认的江苏常州天宁寺的唱腔为底本，吸取其他各派唱腔之长，用现代世界通用的五线谱为正谱，并附简谱及佛教传统法器符号，编辑谱本交佛教界征求意见并试用。为此，编委会成员两下江南，谒普陀、拜九华，遍访沪、杭、苏、宁、浙、皖、闽等地的名僧古刹，行程数千里，录音数十小时，历时一年，并在九华山佛学院试办唱诵培训班，经反复试唱审听，最后根据上海龙华寺和九华山佛学院、南普陀佛学院的录音，整理了此套乐谱。

二、溯源

朝暮课诵，亦称“早晚课”“二课”，是佛寺中每日必行的功课，也是汉传佛教仪规中最基本、最普遍的法事活动。

课诵俗称“唱念”，说明其中包含“唱”与“念”两部分。唐义净《南海寄归内法传》中，极言“西国礼教，盛传赞叹”之事，并记录了古印度佛徒讽诵佛经时先赞（唱赞）、次文（念经咒本文）、后回向发愿（或偈或文）这种“三启”仪制和“唱”“念”这两种形式。梁代慧皎《高僧传》中，把这两种形式称为“转读”与“梵音”（“然天竺方俗，凡歌咏法言，皆称为呗。至于此土，诵经则称为转读，歌赞则号为梵音”）。这两种基本形式，自古至今，从古印度到中国，皆一脉相承。

我国梵呗的创始人，佛典中一直认为是魏陈思王曹植（192—232），称他“深爱声律，属意经音。既通般遮之瑞响，又感鱼山之神制，于是删治《瑞应本起》，以为学者之宗”（慧皎《高僧传・经师篇》）。他所创《鱼山呗》（亦称《鱼山梵》）今已无存，但当今“俗佛仪”中的两首同曲异词的大赞《释迦大赞》（“菩萨下云中”）与《佛宝大赞》（“佛宝赞无穷”），内容皆出自《太子瑞应本起经》，似为鱼山遗绪。

3世纪至5世纪，是中国化唱诵勃兴之时，也是我国佛教念诵仪制的成型期。不但来华弘教的西方硕德屡有薪声传世，不少精通中原传统文化的华夏佛子，亦登堂入室、融汇中西、承先启后，为后世汉传佛教的唱念仪制奠定了基础。这期间，有“从《无量寿经》《中本起经》制成《菩萨连句梵呗》三契”，“又传《泥洹呗声》，清靡哀亮，一代模式”的康僧会；有“作胡呗三契、梵响凌云”，并传“高声梵呗”于弟子觅历的帛尸黎密多罗；有“作三契经，声彻里许，远近惊嗟”的帛法桥；有“特禀妙声，善于转读”，“裁制新声，梵响清美”，首创“六言梵呗”的支昙籥（他节取《超日明经》中的偈“大慈哀愍群生，为阴盖盲冥者。开天目使视睇，化未闻以道明。处世界如虚空，如莲花不着水。心清净超于彼，稽首礼无上尊”因每句六字，遂称为“六言梵呗”。其中后四句偈至今仍存，称为《处世梵》或《处世呗》)；有“独步齐初”“远近知名”“传古维摩一契，瑞应七言偈一契”的佛乐大家僧辩；也有“集京师善声沙门”，对传世梵呗首次进行全面整理的南齐竟陵文宣王萧子良。

假如说这些宏才大德为后世佛子们的唱诵提供了大量内容和范例的话，那么，道安与庐山慧远等人，则为中国佛教徒的唱念形式、场合，制定了仪轨。

道安（312—385）制定的“僧尼规范”，对后世影响极大，当视为后世各种法事活动的开端。其所制“三科法事”，一曰行香定座上经上讲之法（即讲经仪），二曰常日六时行道饮食唱时法（即课诵斋粥仪），三曰布萨使悔过法（即道场忏法仪）。其中“常日六时行道饮食唱时法”，应该是后世朝暮课诵的前身。

庐山慧远（334—416），为净土宗初祖，曾在东林寺创莲社，倡念佛号，开净土宗繁荣佛教艺术之先河。“昔佛法初传，于时斋集，止宣唱佛名，依文致礼”，“其后庐山释慧远，道业贞华，风才秀发。每至斋集，辄自升高座，躬为导首。广明三世因果，却辩一斋大意。后代传授，遂成永则”（慧皎《高僧传·唱导篇》)。之后，净土宗历代祖师、名僧，如善导（613—681）、承远（712—802）、少康（？—805）、法照（？—821）等，皆倡导唱念，身体力行。其中衡山承远与法照所创“五会念佛法”，不仅在当时即“泠泠五会出衡山，隐隐如今遍五天”，而且远播域外，至今仍存日本。敦煌所存残卷 P.2066 法照《净土五会念佛诵经观行仪》中，记载了中唐时集众唱念的次第：“众等诵《弥陀经》，了，即诵《宝鸟赞》。诵诸赞，了，发愿，具在赞后，即散。”“作道场时，先须口梵。梵了，启请。启请即发愿。了，即须诵《散花乐赞》。了，即‘四字念佛’三五十口。即诵《阿弥陀经》，众和。了，即‘五会念佛’。了，即诵《散花乐赞》。即至诚忏悔佛前，殷勤至心发愿，作清净梵唱。回礼，即散。”已有当今朝暮课诵的雏形。与法照同时的百丈禅师怀海，亦“有朝参暮请之礼，随石磬鱼为节度”[①]，可见禅、净二宗，皆有此举。

宋时，朝暮课诵中的一些重要内容，已集撰而成。如现行“早课”中“上来现前清净众，讽诵楞严秘密咒”等十二句“回向偈”，为宋僧真歇清了（1088—1151）所作。其后“阿弥陀佛身金色，相好光明无等伦”等八句“赞佛偈”，为择瑛所撰。“晚课”中的《蒙山施食》，为宋僧不动所撰。蒙山位于四川雅州，是不动修行处。他认为讽诵和忏悔之后，应该利及幽冥。所以依据密教经典，集成施食仪文。“晚课”中“一心皈命，极乐世界”等《小净土文》，为宋遵式（慈云忏主）（964—1032）作。“晚课”中《普贤警众偈》前四句“是日已过，命亦随减。如少水鱼，斯有何乐?”出自《出曜经》，系佛陀因见三条大鱼被惊涛浸灌，流入浅水，难脱厄难时所述偈句。其后四句“大众当勤精进，如救头然，但念无常，慎勿放逸”，与前四句合在一起的“警众偈”全文，也已见于北宋崇宁二年（1103）僧宗赜所辑的《禅苑清规》之中。“早课”中每逢朔望加念的《祝韦驮》和《韦驮赞》，因“韦将军”的传说初载于唐道宣《感通录》，所以，也只能形成于唐后。

明清之时，朝暮课诵已逐渐定型，并成为所有丛林必修的定课。在明通容（1593—1661）《丛林两序须知》、莲池（1535—1615）《云栖同住规约》、清仪润《百丈清规证义记》等律论疏证中，均有对僧徒朝暮课诵的规定。近代流传的朝暮课诵本，大同小异，以苏州《灵岩山寺念诵仪规》和

① （宋）赞宁:《大宋僧史略》(上卷)，日本《大正新修大藏经》第54册，第2126部，第10页。

常州天宁寺《禅门日诵》为多。目前我国内地各寺院通行的课诵本，一般为上海市佛教协会教务组编，1980 年出版的、由赵朴老题写书名的《佛教念诵集》。本规范谱本即以此为据。

三、唱诵须知

唱诵是威仪之一，必须严格、规范、统一、如法，才能达到以音声为佛事的目的。《法华经·方便品》中说："若使人作乐，击鼓吹角贝，箫笛琴箜篌，琵琶铙铜钹。如是众妙音，尽持以供佛。或以欢喜心，歌呗颂佛德。乃至一小音，皆已成佛道。"因此，北宋赞宁称其为"宫商佛法"。唱诵之人，必须时时记住此点。

佛教唱诵的行腔及韵味，与世俗唱法多有不同，在长期的实践中，佛教唱诵已形成了自己独特的美学观和对声音的要求。这种审美趣味，既有佛典的依据，又有历代高僧大德善知识们的提倡、总结。《长阿含经》云："有音声五种，清净乃名梵声。何等为五？一者其音正直，二者其音和雅，三者其音清澈，四者其音深满，五者周遍远闻。"慧皎在《高僧传·经师篇》中，提出了更细致的要求，即"壮而不猛，凝而不滞，弱而不野，刚而不悦，清而不扰，浊而不蔽"。与此类似，道世在《法苑珠林·呗赞》中，提出了"清而不弱，雄而不猛，流而不越，凝而不滞"的十六字要求。虽然二人用词不同，但总的来说，其美学的品位却是一致的，即都把清净、肃穆、和雅作为声音的标准。反对"淫音婉娈，娇哢颇繁"，"掩清音而希激楚，忽雅众而冒昏夫"的唱法。

因此，唱诵时应注意运腔平稳扎实，除起腔、收腔外的缓起慢落外，中间行腔时没有快慢与强弱的变更。吐字要求清晰而不露锋芒，行腔要求连绵而不拖沓。节奏明确，当行则行，当止则止，按谱行腔，字字如法。应做到“精音曲于内外之典，自合伎乐；施声响于显密之教，暗应弦管”[①]。

佛教唱诵传统法器点板符号如下：

大磬 ◎	将大磬捺住 ☽
引磬 ·	将引磬捺住 ❩
钟鼓合击 	大磬与引磬同击 ⊙
大磬与钟鼓同击 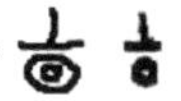	鼓重击 ○　鼓轻击 ⊡
钟 —	大磬与钟同敲 $\overline{◎}$

每当维那举腔前，先在压磬，表示唱诵即将开始，然后木鱼一响，维那始举腔。也有用引磬代替木鱼的。

一般唱赞时最常用的点板有三种，以《宝鼎赞》为例：

①唱　词：爇

法器谱：○　—　—

线　谱：

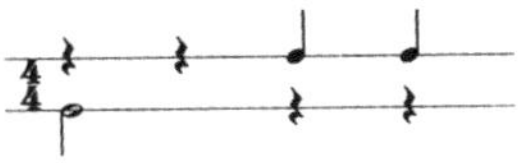

②唱　词：普　　　遍

法器谱：○　—　○　—

线　谱：

③唱　词：香

法器谱：○ — ○ — — | ○ — ○ — — ○ —

线　谱：☽　　◎

---

① ［日］凝然：《声明源流记》，日本《大正新修大藏经》第84册，第2720部。

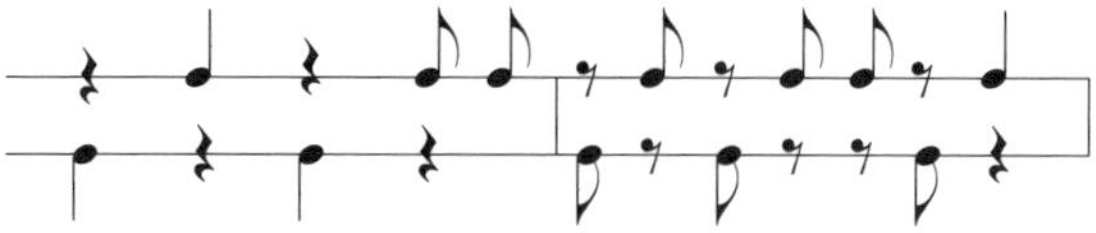

其中③ + ②的组合，即佛门俗称“过七星”。朝暮课诵中大部分赞，即由这三种节奏型配合。如“早课”中的《宝鼎赞》《韦驮赞》《回向赞》《念佛号》及“晚课”中的《伽蓝赞》《念佛号》等。此外，还有依词句一字一击的固定节奏，通常由引磬或木鱼击节，如“早课”的《观文发愿》《四生九有》《三皈依》及“晚课”的《普贤警众偈》等。还有一种不固定节奏，即无固定的节奏型，如《大忏悔文》前段的“八十八佛”，法器的敲击随每句字数多少而随时改变，只规定每一称佛号的“无”字、“佛”字由钟鼓合敲。而“早晚课”中所有“念”白的内容，如《楞严咒》《大悲咒》《十小咒》《心经》《阿弥陀经》《蒙山施食》等，大抵以木鱼击节，亦有用引磬者，皆一字一音，速度随念诵渐快渐慢。

古德唱诵，原有“雷音”一法，然久已不传。今之佛子，只求做到中规中矩、字正腔圆则可。

“梵音海潮音，胜彼世间音”，诚哉斯言。

1994 年夏

（原载田青主编《朝暮课诵规范谱本》，中国佛教文化研究所编，开明文教音像出版社 1995 年版）

《东方慧光》的历史意义和现实价值

中国佛教音乐，自古便是中国文化的一部分。它不但是弘法的舟楫，而且还是中华文明的伟大创造。在宫廷，自梁武帝始，佛教音乐便成为“雅乐”的重要内容；唐代，来源于佛教的“法曲”在高度发达的燕乐中独放异彩。在民间，从整个中国北方广泛流传的“笙管乐”，到江南的“十番鼓”、福建的“南音”、广东的“大锣鼓”，几乎无处没有佛教音乐的深刻影响。在历代《高僧传》中留名的许许多多艺僧“以音声为佛事”，对中国佛教与中国文化做出了双重贡献。

不幸的是，近两百年来，与中国佛教的衰败同步，中国传统的佛教音乐也失去了昔日的光彩。道宣律师当年“雕讹将绝，宗匠者希，昔演三千，今无一契”的慨叹，不幸变成了现实。但是，也就是在这二百年里，西方的基督教音乐却蓬勃发展，如日中天，最终演变成世俗的“西方古典音乐”而大行其世。基督教音乐之所以有如此巨大的发展，《弥赛亚》《大弥撒》之类作品之所以成为西方，乃至整个人类文化宝库中的经典，其外在的原因只有两个：其一是有大量如贝多芬、莫扎特、亨德尔等第一流的作曲家的参与创作，其二是采用了以近代大工业生产为基础发展起来的大管弦乐队。这不但使基督教音乐赢得了现代人的喜爱，成为超国界的世界性音乐，而且提高了音乐的档次，使其成为高层次的文化。与此相反，大部分中国佛教音乐却依然停留在寺庙的高墙之中，停留在民间音乐的演奏水准上。

“诸行无常”，佛教毕竟是最圆融的宗教；佛教文化，毕竟是最有生命力的文化。为了使中国佛教音乐走出庙堂，走出历史，走向世界，走进现代人的心田，佛教艺术专家和音乐家们，经历了近三年的艰苦努力，克服了各方面的困难，终于创作、排练、演出了大型交响音乐史诗《东方慧光》。在京津两地公演之后，佛教界的高僧大德和居士们欢喜赞叹，音乐界、新闻界的朋友们也高度评价这一作品，称它为“中国的《弥赛亚》”，称它的演出是“中国佛教界和音乐界的一件大事”。

那么，《东方慧光》的历史价值和现实意义在哪里呢?

第一，它是南北朝、隋、唐之后一千多年来一次较大规模的佛教音乐活动，也是中国近现代专业音乐家第一次集体创作的现代佛教音乐作品。

第二，这部音乐作品是中国第一部以西方音乐的最高形式——交响乐，来表现东方智慧的最高形式——佛教思想的音乐作品，是东西文化交流的一次成功尝试。它不但使中国传统佛教音乐脱胎换骨，在形式上得到空前发展，而且是中国佛教现代化的一个标志。它运用现代音乐思维和现代音乐技术手段“方便说法”，适应现代人的审美习惯和审美情趣，在弘法的同时培养了人们的高尚品位，给人们以美的享受，让人们在不知不觉中亲近佛法，陶冶情操，甚至明心见性。

第三，以往的中国佛教音乐或清净有余，气魄不足；或民间气息过浓，难以全面、深刻地表现佛教的深邃思想和宏大气魄。而《东方慧光》则着重表现大乘佛教慈悲普度、关心社会、关心人类终极幸福与世界和平的博大胸襟和勇猛精进的气概，重新塑造了中国佛教音乐的风格特征，使中国佛教音乐第一次具备了如乐山大佛、敦煌壁画一样恢宏的品质。

第四，以国际流行的高品位艺术形式讴歌东方智慧和大乘精神，有利于向世界弘扬佛法，弘扬中国传统文化，让更多的国际人士了解佛教和东方智慧，更方便地走上国际舞台，更主动地参与全人类整体文明的建设。

第五，内地佛教界经历了一场“文化大革命”之后，能够全凭民间的力量和志同道合的朋友们的努力，完成这样一个大作品并成功上演，本身便是殊胜因缘，是中国佛教和佛教文化圆融无碍、博大精深、生生不息的生动体现，也反映了内地各阶层人士一心向佛、一心向善的美好愿望。

第六，在科学技术高度发达而同时物欲横流的 20 世纪即将结束，被许多中外学者预言为“宗教世纪”的 21 世纪即将来临之际，《东方慧光》的出现，表达了越来越多的中国人对精神世界的追求与渴望。就像我在主持《东方慧光》在内地的每场演出时所常说的那样：“自从人类出现，便同时走着两条相反的路。一条向外——征服自然；一条向内——征服自己。而今天，当人类制造的太空探测器已飞往外空，同时许许多多普通家庭都充满了家用电器的时候，人们却发现，征服自己比征服自然更加困难。”《东方慧光》以其独特的艺术语言提醒人们：释迦牟尼的榜样和道路，无论在昨天、今天还是明天，都是我们永恒的火炬和希望。

最后还应该指出，“三九集团”独具慧眼，在经营工商业的同时，大力支持佛教业和文化事业，促成《东方慧光》在港公演，功德无量。

此次我虽然因故不能赴港主持音乐会，但我相信“梵音海潮音，胜彼世间音”，相信香港佛教界、音乐界的朋友们能理解创作者的苦心深意，会喜欢《东方慧光》。

祝《东方慧光》在港首演成功！

祝香港佛教界、音乐界的朋友们吉祥如意！

（原载《智慧与和平的声音》1995 年 9 月，香港）

《中国佛乐宝典》前言及内容简介

《中国佛乐宝典》前言

佛教传入中国，已有将近两千年的历史。在这漫长的岁月中，佛教曾和儒、道两家一起深刻、全面地影响了中国传统文化。但是，与佛教对中国传统文化的巨大影响相比，我们对佛教文化的研究却显得肤浅而苍白。拿佛教音乐来说，纵观中国历史，对佛教音乐较大规模的收集、整理、研究的工作，大概只有两三次，最早是南齐竟陵文宣王萧子良“集京师善声沙门于西邸”。其后，是梁武帝“名为正乐，皆述佛法”及他与宝志和尚收集经典和民间音乐而创制的“水陆法会”。此后，虽然佛教音乐在宫廷和民间都有长足的发展，在唐时甚至繁盛一时，但对佛教音乐有系统的整理，却一直到明清两代才得以继续。明成祖朱棣于永乐十五年（1417）颁布的御制《诸佛世尊如来菩萨尊者名称歌曲集》，有词无谱，虽标有曲牌，毕竟难以流行。而诸方大德在此时对用于修行和佛事的仪轨音乐却定制有功。遗憾的是，由于佛教民间化的潮流和梵呗的发音方法受到戏曲音乐的影响，在汉地佛教中，古已有之的“五明”中的“声明”，却没能像保存在藏传佛教及日本佛教中那样被完整地保存下来。也许，梁代慧皎所谓“金言有译，梵响无授”的话，本来便指的是“声明”的失传？不管怎样，在中国的佛殿庙堂中，本应“胜彼世间音”的“梵音海潮音”，已带有拂之难去的民间音乐的味道。近代，面对中国政治、经济、文化的全面衰落和西方列强的文化侵入，中国几乎所有的社会精英们，都把佛教音乐与一切传统文化一起当成中国落后、挨打的“替罪羊”。神州迭变，风雨沧桑，民族的独立并没有立刻带来民族文化的振兴。作为民族传统文化一部分的佛教音乐，当然也不可能得到应有的重视。

20 世纪 80 年代，中国的文化重建工作全面展开。1987 年，上海音像公司始有收集有恒久文化价值的音乐辑为“中国音像大百科”之念。是年，“大百科”负责人北上邀我担任《中国音像大百科·佛教音乐系列》主编。其后两年，该系列的第一批录音带相继问世。从 1992 年起，因故中断了两年的工作继续进行，至 1998 年，共 11 种 30 盒的传统佛教音乐的收集、录音、出版的工作告一段落，朴老欣然为这次全部录音带的合集出版题词：“中国佛乐宝典”，对“中国音像大百科”的工作和佛教音乐系列音带的录音、出版给以很高的评价。应该说，这套中国佛教音乐的录音带在大量充斥坊间的商业化的“佛乐”录音带中是绝无仅有的“原汤原汁”的传统佛乐的忠实记录。我们为了录制这些有代表性的传统佛乐，历时十余年，行程逾十万公里，多次访名刹，谒祖庙，跋山涉水。因此，这套录音具有极高的学术价值，它囊括了中国各地佛教音乐之精粹，既有历史悠久、典雅庄重、通行所有汉传佛教寺庙的庙堂唱诵，又有异彩纷呈、有着浓郁地方特色的佛事音乐。它兼顾南北，包容显密，涉及汉传、藏传、南传三个语系的佛教。其中唱念音乐，选录了自明清两代即以唱念闻名于世的常州天宁寺的朝暮课诵《天宁寺唱诵》；北方佛曲，精选了北方佛乐的中心五台山青、黄两庙的音乐《五台山佛乐》，以及近年来多次出国访问的天津佛乐团和北京佛乐团的《津沽梵音》《北京佛乐》；中国佛教法事中最常见的法事“瑜伽焰口”和最大的法事“水陆法会”，选了《重庆罗汉寺焰口》和《九华山水陆》为代表，因为前者是四川所谓的“内江板”，传承有自，风格独特，与众不同。后者则是由南京栖霞山的老维那主法，系江浙天宁、宝华一派佛事音乐的嫡传。而在《云南佛乐》中，则不但录制了南传佛教的唱念，更将剑川白族佛教中的“阿阇黎”音乐首次公布于众，使这一因处僻壤而得以保存至今的古老佛乐重见天日，对“汉密”在边疆民间的存在、流传，提供了一个音乐上的例证。同样，得到潮州开元寺老方丈慧原法师真传的比丘尼演唱的《潮州佛乐》和南岳僧众们唱奏的《三湘佛乐》，则无不是传承久远、地方特色鲜明的佛乐奇葩。本套佛乐精粹中唯一的一盘藏传佛教音乐《西藏天籁》，不但录制了扎什伦布寺喇嘛们的法会实况，而且还选录了拉萨郊区农牧民演唱的民间佛曲。

人们常把中华民族古老的文明比作一条长河，而这条永不枯竭、九曲回肠、浩浩荡荡的长河，却是由涓涓细流汇成的。当此套录音带终于结集出版的时候，有些曾将他们穷毕生精力方才学成的佛乐瑰宝毫无保留地奉献出来的老艺僧们却已先后谢世了。其中，我特别缅怀潮州开元寺方丈慧原长老和五台山佛乐团的了丛法师。慧原长老不但修持严谨，且对传统文化和佛教音乐有着精深缜密的修养和研究，他的圆寂，不仅仅是中国佛教和中国佛教音乐研究的巨大损失，对我个人来讲，也如同失去了一个至亲的长辈。他的慈悲与人格魅力，是我从一个“纯客观的研究者”变成一个佛教学者的关键因素。了丛法师是五台山佛乐团的司鼓，他平时的寡言与司鼓时的专注，给所有亲近过他或有幸聆听过五台山佛乐团演奏的人留下了深刻印象。我永远忘不了五台山佛乐团出访域外时，无论是在地铁里还是上下电梯，许多第一次看到他的洋人总要被他那罗汉一样奇倔古朴的相貌和平静的表情折服，常常会本能地对他表示礼敬。

他们不在了，但是，在中国传统文化灯灯相续的伟大“接力”中，他们是不朽的。他们每一个人都是一盏普照天地的佛灯，永远照耀、昭示着后人。他们是和《高僧传》中那些万古留名的唱导师们一样永垂史册的高僧，他们是与那些在中国音乐史上留名的音乐家们并肩而立的佛教艺术家。幸运的是，与宝志、文溆、少康、善导大师们不同，他们毕竟在这些录音带中永远留下了他们的声音。现代的科技手段和我们还不太晚的保护传统文化意识的觉醒，使我们在深深的遗憾里多少少了一点遗憾。为此，我永远感谢“中国音像大百科”的亲爱的同事们，你们保护、弘扬中华传统文化，厥功至伟，高如青天。他们的创意、信任和与之多年愉快的合作，也给了我一个难得的缘分，在我个人的生命中，留下了不可磨灭的印迹。

在《中国佛乐宝典》出版之际，我怀着无限的感激之情，馨香顶礼，愿西逝的慧原长老和了丛法师们乘愿再来！祝始终以菩萨心肠关心着佛乐抢救和弘扬工作的赵朴老健康长寿！祝历千年而不衰、逢盛世而再兴的中国佛教音乐响彻寰宇，永流人间！

1998 年 4 月 7 日于北京

（原载田青主编《中国佛乐宝典》，上海音像公司 1998 年版）

《北京佛乐》简介

佛教传入北京地区的时间较早，北京有谚曰：“先有潭柘，后有幽州。”潭柘寺始建于晋，原名嘉福寺，后数易其名，而终以“潭柘”名世。隋唐之时，佛教在北京地区发展迅速。隋僧静琬在北京西南石经山创云居寺，并开创了绵延千余年的刻经事业。唐代，幽州城内的悯忠寺（即今法源寺）、城北的弘业寺（即今西便门外之天宁寺）等相继肇建，可称为一时之盛。明时，北京佛寺之多达到了顶峰。《明宪宗实录》载：“成化十七年以前，京城内外敕赐寺观至六百三十九所。后复增建，以至西山等处相望不绝。自古佛寺之多，未有过于此时者。”一直到 1949 年，北京所存寺庙之多，仍居全国之首。

中国佛乐，自唐以前即分为南、北两派。北京，是北派佛乐的重镇。佛教乐器，在唐时以琵琶为主奏乐器，宋时以管、笛、笙加打击乐的乐队编制，不但成为北派佛乐的主流，而且传布于民间，流传至今世，成为当今中国北方广大地区民间器乐的主要形式。似乎可以这样讲，从中国的东北到西北，中间包括整个中原故地，其中所有曾被名以“辽南鼓乐”“冀中管乐”“晋北管乐”“西安鼓乐”等的汉民族民间器乐乐种，实际上全是一个大系统，其源头，即创自佛、兴于道的北方佛、道乐。

北京佛乐，即属于这一系统。自 20 世纪 50 年代始，北京佛乐即以“智化寺京音乐”最为著名。但实际上，所谓“京音乐”，系北京城区各寺庙为有别于外地之“怯音乐”而自诩的名号。它不仅存在于智化一寺，其他如东单之成寿寺、昭宁寺，朝阳门外之广济庵、水月庵、关帝庙，北新桥之九顶娘娘庙等，皆曾有“京音乐”的流传。50 年代初，以智化寺为代表的“京音乐”受到文化界、佛教界的重视之后，名声大显。“文革”结束后，继承 50 年代“北京京音乐研究会”的遗绪，于 1986 年组建了“北京佛教音乐团”，并多次出国访问演出，使中华民族的文化瑰宝——北京佛教音乐，振响在德国、法国、瑞士、新加坡等国的舞台上，赢得了国际音乐界人士的极高赞誉。本盒音带，即由北京佛教音乐团演奏。

北京佛乐保存了自唐宋至明清的大量古代音乐，在 50 年代时仍使用与宋代形制相同的十七簧笙和九孔管，并存有与宋代俗字谱大体一致的最早标记为清康熙三十三年（1694）的十余册古代乐谱。京音乐分只曲和套曲两类，只曲是单独演奏的曲牌，不能与别的曲牌相联，套曲则由多首曲牌联缀而成。套曲又分为两种，一种是在白天佛事中演奏的，由七八个曲牌组成的套曲，名“中堂曲”；一种是晚上放焰口时使用的，由十多个曲牌联成的套曲，名“料峭”。这些套曲中使用的曲牌，以金、元时期的曲牌为多，亦有少量来自唐、宋或明以后的曲牌。

本盒音带中，有两首系智化寺京音乐的传谱，【三皈赞】是“料峭”套曲中的一首曲牌，【垂丝钓】则属于“中堂曲”。其余部分，是属于京畿佛乐，其中《香赞》和《六句赞》皆脱胎于梵呗，系梵呗的器乐化。梵呗中的赞子，有六句和八句之分，《香赞》即八句赞，《六句赞》亦称“小赞”，只有六句词。这两首乐曲，现已脱离唱词单独演奏。【河西钹】系流传很广的打击乐曲牌，智化寺亦有传谱。

《三湘佛乐》简介

三湘故地，是楚文化的滥觞之处，自古至今，人文荟萃。虽非中原，但极重视“礼乐”二字，近代失传已久的祭孔礼乐，就曾重新求之于浏阳。

佛教正式传入湖南，以西晋泰始四年（268）为始。这一年，在长沙岳麓山建起了至今仍存的麓山寺。初为道教望地的南岳衡山，自梁天监年间（502—519）开始，逐渐辟为佛教道场，陆续兴建了南台寺、方魔寺。待天台宗三祖慧思（515—577）来衡山建般若寺（即今福严寺）之后，道教在南岳的优势便让位给佛教了。唐先天二年（713），禅宗七祖怀让至南岳般若寺，阐扬禅宗宗风，留下磨镜台等与著名公案有关的遗址。唐天宝元年（742），石头和尚希迁来南岳南台寺，开曹洞宗法门，禅风大盛，其后云门、法眼二宗俱出此门。

湖南的佛教音乐，因历史上佛教传统与音乐传统皆深厚而独享盛名。1956年，当时的民族音乐研究所赴湖南进行中华人民共和国成立以来首次以省为单位的音乐普查，著名音乐学家杨荫浏先生在率队普查后撰写了

《佛教禅宗水陆中所用的音乐》(1956年6月19日，油印）和《湖南音乐普查报告》中的“附录”《宗教音乐》，收集了大量佛曲。1983年8月，署俗名黄新光的湖南比丘道化，典助手王亨春二人，自费以“内部资料”的名义印刷了在当时最为详尽的谱集《禅门赞集》，为研究湖南佛乐提供了珍贵的资料。

湖南佛乐，有“禅门”与“应门”之分。所谓“禅门”，即指湖南各大寺庙中以修行为主的僧人们的唱诵及音乐，所谓“应门”之“应”，实为“应酬佛事”之意，专指在民间为百姓操办佛事的“应酬僧”们的音乐，因为这些人不一定是严格意义上的佛教徒，更不出家，实际上是以做“佛事”为职业的民间音乐家，因此，他们的音乐与当地的民间音乐的关系就更加密切。而所谓的“禅门”音乐，由于“应门”佛乐和地方音乐的影响，也与外省不尽相同，不可避免地带有湖南的某些音乐特征而形成一种风格。此次录制的《南岳焰口》的唱腔，便是一部既与全国通行的“焰口”唱腔有相似相近之处，又有地方特色的唱腔，即既有“十方韵”，又有“湖南腔”或“衡山腔”。如其中的《稽首皈依雄》的曲调，即是一首在湖南流传甚广的民间曲调，而《六句赞》，则与全国流行的唱法相同。值得指出的有两点，其一，是此次录音参加演唱演奏的僧人们，集中了衡山各寺庙的“高手”，其中有四位法师是省佛教协会的副会长、副秘书长。其二，是衡山放焰口与江南广大地区不同，是有乐队伴奏的，是“音乐焰口”，而非“禅焰口”。而且，在演唱演奏过程中，乐器的定调，是以维那唱诵的音高为准的。也就是说，是维那先起腔，然后乐队（笛子、二胡等）依他的调高迅速找到调门与众僧一起接腔。这种乐队、乐器依声乐者的音高临时“找调”的做法，在潮州佛乐中也是如此。这反映了佛教音乐的特殊性，即主法的法师在法事中的地位是至高无上的，其他配合的乐队必须遵照他的“法音”而演奏，这是佛教音乐宗教性的生动体现。

由于老一代僧人的谢世和年青一代僧人的嬗替，也由于大丛林唱诵的逐步趋向统一，目前湖南唱法的佛曲已不流行，此次录音，尽可能地保存了一些“湖南腔”的佛曲，相信这一朵佛乐的山花，将为佛教音乐的百花园增加一股来自三湘的芬芳。

《三归依》简介

“三归依”是佛教用语，“归依”古写“皈依”，是梵文 Trisaranagamana 的意译，意为“皈依佛、皈依法、皈依僧”，也就是皈依“三宝”（三宝指佛、法、僧），是每一个佛教徒在入教时必须在师前所发的誓愿，表示从此归顺依附“三宝”。在汉传佛教的“朝暮课诵”中，《三归依》是一首僧徒们每天都要唱诵的偈子，从明代即已流传全国各丛林。

宋代的大文学家王安石曾以【望江南】曲牌写过一首《三归依》词，其词与寺庙流传的《三归依》不同，深得赵朴初老先生的喜爱，1995 年前，赵朴初老先生看到田青的一篇文章提到在五台山佛教音乐中至今还保留着唐代的曲牌【望江南】，便建议田青将王安石的词填进曲牌一试，没想到词曲结合后竟天衣无缝。在 1995 年北京召开的“中日韩佛教研讨会”上，首次试演了此曲，获得三国佛教界领导和大德的好评。赵朴老即建议将此曲录制成音带（CD）流通。这盘音带（CD）便是在赵朴老的建议下，由多位音乐家携手做成的。其中的两首无伴奏合唱由著名指挥家刘森编配，一首根据“朝暮课诵”中的《三归依》改编，一首根据王安石词与五台山传谱改编。这首王安石词、五台山传谱的歌曲在本辑中还有一首以女声独唱的形式表现，由著名歌唱家李青演唱，更觉古味盎然。为她配伴奏的作曲家姚盛昌，还用斯里兰卡风格的旋律谱写了另一首《三归依》，让听者仿佛回到了古印度佛教的时代或联想到南传佛教国家的绮丽风光和独特的宗教氛围。本辑音乐中还有一首藏传佛教唱诵中的《三归依》，藏族僧人们海涛般低沉、浑厚的声音和精彩的“声明”技巧，让人惊叹不已。为这一段藏族僧人的唱念所配的和声背景，是一次尝试。

本辑音乐还选录了田青作词、姚盛昌作曲的交响史诗《东方慧光》中的一章《白马东来》，在这个乐章中，《三归依》的曲调再次出现并以宏大的气势表现了中国人民对外来文化欣然迎纳的伟大胸怀。这首史诗般的音乐，是中国第一部用交响乐来表现佛教思想的作品。该作品 1994 年在天津、北京公演，1996 年在天津、北京公演，1996 年在香港公演，都获得佛教界和音乐界的好评。

在“中国音像大百科”以往所录制出版的“中国佛教音乐系列”中，全部是传统的佛曲，这个在很大程度上带有一种抢救性的工作，目前基本上告一段落。中国传统的佛教音乐的确相当丰富，但“诸法无常”，时代在前进，社会在进步，中国的佛教，也在延续佛灯的同时向着适应时代潮流的方向发展。因此，中国的佛教音乐，也要发展。赵朴老对我们重唱《望江南・三归依》的建议，其实也给了我们一个有益的启迪，即如何在继承传统的基础上发展佛教音乐。在此盘音乐中，我们试用了一些现代的音乐技术来丰富传统的、古老的旋律，无非是希望能使更多的现代人闻之而生欢喜心。当然，我们所有的努力，都仅仅是尝试，仅仅是开始。如果有缘的话，我们还将继续做下去。

1997 年 12 月

《喜马拉雅神韵》简介

藏传佛教是中国佛教重要的一支，其历史分为“前弘期”和“后弘期”。前者从7世纪松赞干布建寺译经开始，中经赤松德赞时期的发展，到9世纪中叶朗达玛兴苯灭佛止。后者从10世纪后期开始，佛教在藏区复兴，藏传佛教的重要教派如宁玛派（俗称“红教”）、噶当派、萨迦派（俗称“花教”）、噶举派（俗称“白教”）等陆续出现并流行。15世纪，著名宗教领袖宗喀巴实行改革，创立格鲁派（俗称“黄教”），遂成为全藏区占主导地位的、集大小乘教义为一身，兼容显密各种法门并曾对西藏政治与生活产生过巨大影响的教派。

过去由于各方面的原因，我们“中国音像大百科”所录制的佛教音乐中，还没有收录藏传佛教的音乐。但录制藏传佛教音乐，始终是我们的一个心愿。1996年3月至4月，我们终于踏上了神圣的雪域高原，从拉萨到日喀则、到江孜，朝拜了布达拉宫、色拉寺、甘丹寺、哲蚌寺、大昭寺、小昭寺、扎什伦布寺、夏鲁寺等著名寺庙。又于1996年8月至9月，从成都驱车进山，到四川甘孜地区采录了大量藏传佛教的唱诵音乐。为了在一盒音带中让一般听众了解到藏传佛教音乐的大致轮廓，我们精选了四部分内容：寺庙中的唱诵、法号与法器的合奏、民间佛曲、在佛教影响下的民族史诗。

下面简要予以介绍：

在唱诵音乐方面，藏传佛教有着悠久的传统和高超的技艺。尤其是僧人唱念时的一种独特的发声方法，更令人赞叹不已。这种比西洋歌剧中的男低音还要低沉浑厚的声音，如大海深处的涛声，使有幸听到的人无不受到强烈的心灵震撼。我们比较了所录制的大量法会实况和唱诵之后，选择了四川甘孜那仓清净讲修昌隆院僧众们的几段唱诵，因为他们的吟唱，在我们的所有录音中，是最整齐、最少杂音的。而在法会进行时做实况录音，杂音的出现几乎是难以避免的。

藏传佛教的法器，也别具特色。其中以海螺和大号的音韵最有神秘感。

海螺又称“贝”（藏语叫“东嘎尔”），因藏区远离出产海螺的大海，所以视其为圣洁而珍贵的东西。海螺一般左旋，如偶有右旋的海螺，则被视为无价之宝。海螺除底部开口装吹嘴外，亦有装金饰银者。大号（藏语叫“筒钦”）为铜制吹管乐器，一般长350厘米左右，最长的可达500厘米，分为上、中、下三截，不用时上边的一截可以套入下边的一截中，为非定音乐器，只可演奏自然泛音。大号因其长大的形体和低沉神秘的声音而特别引人注目，并因此而成为几乎所有盛大法事中都要出现的法器。此外，在唱诵经文的过程中，还常以法铃（藏语叫“至布”）、唢呐（藏语叫“加林”）、长柄鼓（藏语叫“额阿”）、鲅鼓（藏语叫“达玛如”）、胫骨号（藏语叫“岗令”）等法器伴奏。

藏族是一个几乎全民信教的民族，各艺术门类都与佛教信仰密不可分。我们有幸在拉萨社科院见到了著名的藏族民族史诗《格萨尔王传》的说唱者玉美。据说，她是藏族目前宣唱《格萨尔王传》中唯一的女性。她在每一次开唱前都要虔诚地念诵“六字真言”，并在整个说唱过程中不停地数着念珠。据此也可以看出佛教对藏族艺术的全面影响。

1999年9月9日

拉卜楞寺音乐简介

拉卜楞寺，位于中国甘肃省甘南藏族自治州夏河县，是藏传佛教格鲁派六大寺院之一（其余五个寺院是拉萨的噶丹寺、色拉寺、哲蚌寺，日喀则的扎什伦布寺，青海的塔尔寺），由第一世嘉木样活佛阿旺宗哲（Ngag-dbang-brtson-vgrus）创建于藏历第十二饶迴土牛年（1709 年，清康熙四十八年）。近三百年来，拉卜楞寺对西北地区藏、蒙民族的社会生活产生过十分重大的影响。目前，拉卜楞寺有喇嘛千余人。寺内共设六个学院，其中闻思学院学习显宗，擅长哲学；上续部学院和下续部学院学习密宗；喜金刚学院和时轮学院学习天文、地理和数学，每年编写的藏历，对西北地区的农牧业生产，起着重大的指导作用；医学院学习藏医，喇嘛们不但采药、制药，为当地农牧民的身体健康做出了重大贡献，而且将行医与行善合为一体，以高尚的医德、医风体现了佛教的根本精神。由于拉卜楞寺注重学业，严格寺规，该寺的高僧、学者层出不穷，影响深远，所出各类著作在藏民族中享有极高的声誉。拉卜楞寺庞大的建筑群金碧辉煌，气势宏伟，寺内珍藏的各类文物和佛教艺术品弥足珍贵。

拉卜楞寺寺主是嘉木样活佛。嘉木样，全称为“嘉木样协比多吉”，意为“妙音笑金刚”，是西北地区最大的活佛转世系统。嘉木样之下尚有四大赛赤、八大堪布、十八昂欠、百余活佛、三千喇嘛，下属寺院号称 108

座，其实不止此数，其中甘肃66寺，青海9寺，四川21寺，内蒙古7寺，西藏5寺，山西1寺，北京1寺，均为拉卜楞寺的子寺。

佛教音乐，在拉卜楞寺有着独特的传承和近三百年的历史。早在一世嘉木样自西藏返回原籍安多时（1709），便有乐队随行。其后，随着拉卜楞寺院的创建和发展，在历代嘉木样大师的关怀下，这支被安多藏民称为“道得尔”的乐队一直发展、延续下来，成为拉卜楞寺独有的文化形态。“道得尔”音乐的来源和正式形成的时间，有两种不同的说法，一种认为来源于北京并在二世嘉木样时期（清雍正六年—乾隆五十四年，即1728—1789）即已成型。《甘肃民族志》载：“清康熙乾隆间，夏河嘉木样所用细乐传自北京，有《五顶山》《大悲观音》《大成就十八》《万年花》诸调，仍用工尺译音，有乐无歌，亦不用舞。”因二世嘉木样曾两次去过北京，因此此说不是没有一定的可能性。第二种认为来源于五台山并成型于四世嘉木样时期（清咸丰六年至民国五年，即1856—1916），据拉卜楞寺著名的藏戏作家朗仓·开智格来合嘉错活佛（1890—1989）1983年亲口对我讲：“拉卜楞寺乐队创建于第四世嘉木样时期，乐曲则来源于五台山。”因五台山系中国北方佛教音乐的中心，素有青庙（指汉传佛教寺庙）、黄庙（指藏传佛教寺庙）两种不同的音乐系统，而黄庙的音乐，又是在直接借鉴了青庙音乐之后发展起来的，很容易成为同属藏传佛教的拉卜楞寺接受吸收的中介。更重要的是，拉卜楞寺音乐及在其东方的五台山黄庙音乐、在其西方的塔尔寺音乐同属一个文化圈，与在昆仑山、唐古拉山南侧的西藏本土文化不同，是一个受汉族音乐文化影响很大的音乐体系，在乐曲、乐器、风格等方面都有着许多相似之处，其最显著的特点便是都使用汉族乐器——管、笛、笙、云锣，而乐曲则汉、藏兼有，但其中的汉族乐曲，也都带有某种藏族风格。

拉卜楞寺“道得尔”乐队实际上是一个宫廷仪礼乐队，其主要的作用是为嘉木样活佛的正式活动（如上殿、讲经、宴请、出行、迎送贵客等）伴奏。不同的活动，都有与之相应的专门乐曲，如嘉木样上殿时要奏《上殿曲》等。此类乐曲风格近似汉族北方广泛流行的笙管乐，且与中国北方广大地区的笙管乐乐队编制近似。其基本编制是：管 2、笙 2、笛 4、云锣 2、鼓 1、镲 1。演奏风格一般比较庄重，速度较慢。

“道得尔”乐队还为重要场合中的藏戏担任伴奏。在藏戏中，乐队既为声乐伴奏，也有过场音乐类的纯音乐演奏。演奏藏戏音乐时，乐器与演奏仪礼音乐不同，不用笙管乐，而用扬琴 1、四胡 1、龙头琴 1（一种藏族弹拨乐器）。风格较活泼，音色较细腻。与演奏仪礼音乐相比，更接近“室内乐”的色彩。

除“道得尔”音乐外，拉卜楞寺与其他藏传佛教寺庙一样，也有丰富多彩的经文唱诵和法器演奏。与汉传佛教寺院相同，藏传佛教寺院的唱诵一般也不用乐器，而只用鼓、海螺、金刚铃等法器。如果说拉卜楞寺“道得尔”音乐受汉族音乐影响很大的话，那么，在拉卜楞寺的唱诵中，则完完全全与西藏本土一样，保留着藏传佛教的独特传统。其突出的特点及留给人们最深刻的印象，便是他们唱诵时音区之低和音色之厚。一个没有听过喇嘛唱诵的人，可能不相信人的声带会发出如此低沉的声音来。这种低沉浑厚、有如海涛般的声音的取得，一半靠独特的训练方法，一半靠长期的练习。假如世界上所有学习 Bass Baritone（低男中音）的歌唱演员都能有机会到藏传佛教寺院，比如拉卜楞寺学习的话，我相信他们将因此终身受益。

在拉卜楞寺的法器中，以海螺和大号的声音最有神秘感。海螺又称“贝”，因藏区远离出产海螺的大海，所以视其为圣洁而珍贵的东西。海螺一般左旋，如偶有右旋的海螺，则被视为无价之宝。海螺除底部开口装吹嘴外，亦有装金饰银者。大号（藏语称“筒钦”）为铜制吹管乐器，一般长 350 厘米左右，最长的可达 500 厘米，分为上、中、下三截，不用时上边的一截可以套入下边的一截中。此器为非定音乐器，只可演奏自然泛音。筒钦因其长大的形体和低沉神秘的声音而特别引人注目，并因此而成为几乎所有盛大法事中都要出现的法器。

拉卜楞寺目前仍保存着一种独特的文字谱，即用藏文转记的工尺谱，因藏文与汉字发音不尽相同，所以谱字发音亦有区别，但仍能听出类似“上、尺、工、凡、六、五、乙”的读音来。

（原载 CD《拉卜楞寺佛乐》，法国国家电台 1996 年出版）

五台山佛教音乐《清凉梵音》前言

五台山亦称清凉山。五台者，状山之貌；清凉者，言山之性也。炎炎夏日，滚滚红尘，清凉世界，引人入胜，其所以荡秽涤尘、澄心静气，令人如沐清泉、如饮甘露者，岂独赖山月松风哉？

梵呗亦称法音。梵呗者，天竺赞佛之乐；法音者，我佛教化之声也。文殊道场，极乐家乡，大教东来，灵鹫寺起，昔文殊菩萨乘狮仗剑、播智启慧，令人如贯醍醐、如拨阴翳之地，焉可阙梵音佛乐哉？

两千年来，此地梵音大盛。释法照竹林参拜，创五会念佛之法；金璧峰华严事佛，倡四二清雅之音。声叶宫商，赞佛岂分风雅颂；庙有青黄，协律无非笛管笙。听一曲《望江南》，知煌煌唐乐仍在；诵千声《大乘经》，喜悠悠明曲传今。大河上下，长城内外，东迄辽宁，西至陕甘，无论京城名寺，僻野穷乡，皆梵响如一，遗声不二，孰可确知北国佛乐其源不自五台山乎？

时逮今日，佛日辉煌。五台山佛乐远播域外，声动异邦。英伦三岛，佛门金磬传幽境；北欧五国，汉家玉笛动月痕。彼邦士林，外籍友人，闻呗而知中国者众，聆乐而结佛缘者多。始知昔日大德以音声为佛事，视佛乐为弘法舟楫之说不谬。

《华严经·普贤行愿品》云：“各以一切音声海，普出无尽妙言辞。”值此五顶文殊慈像开光之盛，特集京城音乐界善知识精心制作《清凉梵音》一辑以为贺。其中选五台山传统佛曲数首，新翻杨柳，古曲重装，以合当今众生之耳。另试填小词二首，礼赞文殊，歌颂道场。赞曰：

巍巍五台，飒飒清凉。
迦陵频伽，妙声悠扬。
千年盛会，佛日增光。
法音宣流，国泰民康。

1998 年 6 月 30 日于北京

（原载《清凉梵音》，中国文采声像出版公司 1998 年版）

“人间佛教”与佛像雕塑

假如没有佛教，中国雕塑史中的绝大部分内容将是一片空白。假如没有“人间佛教”的思想，佛像雕塑亦不可能产生并发展到如此辉煌的程度。

虽然，佛教自始便在人间，佛教的教主释迦牟尼便是在人间成佛。但“人间佛教”思想的明确提出与被教徒及社会认知，则需要一个过程。而佛像艺术的产生和发展，亦需要一个与“人间佛教”思想的普及同步的发展过程。

众所周知，早期的佛教雕刻是没有佛像的，即不以具体的人形来表现佛陀。在小乘佛教看来，释迦牟尼是因为舍弃肉体之躯才得以进入完满的“涅槃”之境的，因此，描摹和塑造佛的形象不仅是不必和不敬的，而且违背了佛陀教诲的本质，即通过修行摆脱和超越肉体的束缚，摆脱和超越“人”的躯壳，达到“超凡”的“佛”的境界。而这样的一个境界，包括“佛”的形象，都是与凡人不同因而也是凡人所无法想象、更无法描摹和塑造的。我们注意到，对“超凡”“神圣”这类宗教概念的理解，以及对“神”的本体的认知，即被崇拜者是纯精神的还是具有与崇拜者相同表征的，是不同宗教体系的重大区别之一，也决定了不同宗教对是否以人形体现被崇拜者的不同选择。基督教“摩西十诫”第二条规定：“不可制造和敬拜偶像。”目的就是加强“唯一神”的观念，认为上帝是超越一切实体的，不应该有形象。上帝是造物主，而任何有形的偶像都是受造之物，是不能来替代上帝的。基督教里虽然有耶稣基督、圣母马利亚及天神圣人的画像和塑像（教会称之为“圣像”，以区别于世俗的图像），不过教会认为，圣像本身绝对不是偶像，也不可代替上帝，它们是用来见证信仰的记号，透过圣像的直观作用，可以使教徒更容易理解信仰的内容。教徒尊敬圣像绝非崇拜偶像，只是通过有形的标记，尊崇无形无像的上帝，并纪念他的救世之功。而新教舍弃天主教塑像的传统，仅以十字架作为“救赎”和人神联系的象征，则更具抽象主义的意味。

伊斯兰教根本摒弃一切生命体的具象表现，从而发展了高度抽象的美术风格，也是基于类似的道理。伊斯兰教信仰的核心是绝对的一神论，即对唯一真主安拉的顺从。神是唯一的创造者，而反对崇拜偶像，则是伊斯兰教最重要的信念之一。《古兰经》第 14 章 35 节，当时易卜拉欣说：“我的主啊！求你使这个地方变成安全的，求你使我和我的子孙，远离偶像崇拜。”因此，伊斯兰教堂中什么形象也没有。穆斯林神学家则进一步认为表现活物是对神之创造者特权的侵犯。从 10 世纪起，逊尼派和什叶派神学家都谴责在公共场所，特别是在宗教建筑物上塑造或描绘任何人和动物。

早期的佛教，同样受当时上座部佛教思想的影响。那时的佛教雕刻，多表现佛传和本生。佛传是佛的传记，记述释迦牟尼的一生，即讲述乔达摩·悉达多王子自蓝毗尼花园诞生，到舍王位出家，到菩提伽耶成道，鹿野苑初转法轮，直至拘尸那城涅槃的故事；而本生，则是一系列佛陀前世的各种化身自我牺牲、普度众生的故事。在早期的佛教雕刻中，佛的形象是象征性、符号性的，不出现与人形相似的具象表现，而代之以菩提树、金刚座、法轮、佛的足迹等形象。这些象征物的雕刻和描摹，体现了早期佛教美术的精神性和抽象性。在以本生故事为题材的雕刻中，佛陀也都是以动物形象出现，彰显了上座部佛教的理念。从印度巴尔胡特窣堵波和桑奇大塔的塔门及围栏之上的浮雕作品上，可以看到这一时期佛教艺术的遗存。

但是，正如《增一阿含经》所说：“诸佛世尊，皆出人间。”佛陀，只是觉悟了的人。《六祖坛经》也说：“佛法在世间，不离世间觉，离世求菩提，恰如觅兔角。”太虚大师亦说：“仰止唯佛陀，完成在人格，人成即佛成，是名真现实。”星云大师更是数十年如一日在全世界积极倡导“人间佛教”，在星云大师弘法利生的雄浑乐章中，“人间佛教”是始终高扬的主旋律。星云大师在《佛光山的性格》一文中说：“佛教，是人本的宗教，而非神权的宗教。佛陀应化人间，为一大事因缘，此一因缘即开示大众，悟入佛的知见。佛陀在人间成道，主要是给人间示教利喜。因此，人间佛教的性格是重视生活的，重视人生的，尤其是在生活上注重‘平常心是道’的体验。”

应该说，正是“人间佛教”的思想，促进了佛教雕塑的发展，造就了中国佛像雕塑的巨大成就。当人们意识到佛陀就是觉悟了的人的时候，当人们意识到人的肉身不仅是成佛的羁绊，同时也是成佛的因缘和资粮的时候，当人们意识到佛像是佛为普度众生而有的化身或应身，同时佛之法身则是无形无相的时候，佛像艺术的发展就有了空前的发展空间。

根据《增一阿含经》的记载，佛陀悟道后上忉利天为其逝去已久的母亲说法三个月，优填王因多日不见佛陀踪影而难抑渴慕之情，遂请毗首羯摩天以旃檀木造释迦牟尼像，高五尺。待释迦自天宫还，其像立而迎之，释迦乃说造佛像之功德，这便是佛像出现的初始。据说，波斯匿王后来听说了优填王的事，也效其所为，用紫色纯金作材料，制造了金佛。佛像的出现，不但使佛教徒有了崇拜、观想的对象，也使“人间佛教”的思想有了艺术的体现和直接的象征。佛的慈悲、庄严，通过佛陀宝像而使人有目共睹。佛教的思想和理念，亦通过佛像所体现的三十二相，八十种随形好而凸现。根据佛教理论，十方诸佛无不经过无量劫修菩萨行，才终成无上正等正觉，所以具有凡夫所不能有的殊妙庄严。上至肉髻、螺发，下至足底法轮纹样，佛身的每一处都有着深邃的象征意义，是佛教理论的形象化、艺术化。也可以这样说，“像教”的出现，极大地促进了佛教的传播和发展，也极好地适应了中国的环境和文化，适应了在中国传播、发展的需要。

在学术领域，一般学者根据专家的考证和研究，认为印度佛教艺术始于公元前 3 世纪的孔雀王朝，并与阿育王（约前 273—前 232）的弘扬佛法有直接的关系。阿育王用武力征服了北印度和南印度的羯陵伽，形成了印度历史上一个空前庞大的帝国。据说，阿育王因忏悔战争的罪恶而信奉佛教，立佛教为国教。在他统治时期，佛教初步形成为一种世界性的宗教。在阿育王的倡导下，雕刻和建筑艺术迅速成为弘法的舟楫，至今，在印度的许多地方都留下了不少早期的佛教艺术品，其中就有许多精美的佛像雕塑。

佛教传入中国之后，佛教雕塑亦随之进入中土。在佛教迅速传播、普及的魏晋南北朝时期，中国佛教的壁画和雕塑艺术达到了一个前所未有的高峰：从敦煌到麦积山，从云冈到龙门，从克孜尔到炳灵寺，从响堂山到栖霞山，几乎中国享誉世界的所有洞窟，都开凿于此时。佛教石窟雕塑艺术起源于印度，但在中国佛教徒、工匠和艺术家们的共同努力下，中国民族化的佛教雕塑式样开始于东晋，成熟于南朝，发扬光大于北朝。在以戴逵为代表的一大批中国雕塑家们的努力下，一种不同于印度、西亚的中国式样的石窟艺术和佛像在泱泱中国出现了。因为宗教实践的侧重点不同，中国的佛教徒将印度的塔堂窟改造成了一种在窟内中心树立方形塔柱的形式。而来自印度恒河流域的后期秣菟罗艺术在中国雕塑家们的再创作后突出了“曹衣出水”的特征。南北朝时，以建康为中心的南朝佛教艺术蓬勃兴起并被大量引进北方，一种“褒衣博带”“秀骨清像”，在外貌与精神上都带有南朝士林风范的佛像在中国的流行，无可辩驳地说明了中国雕塑艺术已登堂入室，走上了一条独立发展的康庄大道。

人性与历史，可能是世界上最让人琢磨不透的东西。魏晋之时，既是中国人对生命的脆弱与死亡的不可抗拒思考和感受最深的时期，又是中国人企图超越生命局限，追求永恒最认真和努力的时期；既是放浪形骸、苟活乱世、纵欲骄奢的时期，又是虔诚禁欲、笃信宗教、舍命求道的时期。既然生命像朝露一样短促，既然无论是贵为帝王还是贫贱如丐，最终都脱不了生死轮回之道，那么，还有没有什么可以希企向往的东西，还有没有所谓的“永恒”呢？在佛教的影响下，中国的艺术家在追求生命永恒的过程中，创造了许多永恒的艺术。以敦煌、云冈、龙门、麦积山为代表的佛教石窟艺术是中国传统文化的瑰宝，是中国的骄傲，也是全人类共同的珍贵文化遗产。石窟寺，原是佛教徒修行的场所，是在特定的自然环境中开凿在崖壁上的寺院。佛教徒在石窟寺中修行、膜拜、讲经、作法、生活，为了崇拜、观想和法事的需要，佛教徒们在石窟寺中用塑（雕）像、立塔、壁画等形式重现佛陀的法身，图释佛陀的形迹和教诲，表现佛教徒对佛陀的景仰和崇拜之情。为了最终摆脱生死轮回，求得彻底的解脱，一代又一代的佛教徒和普通工匠们，怀着虔诚的宗教信念，炽热的宗教情感，以超人的毅力，完全抛弃了一切世俗的名利思想和急功近利的行为，一凿一斧地在崖畔石壁上雕塑着佛的慈容和三千大千世界的众生相。今天，当我们面对这些信仰之力与艺术天才的双重创造时，我们依然被其中所蕴含、体现的博大胸襟、慈悲情怀和庄严、宁静、超然、平和的思想之光所笼罩、所折服。这种超越时空的、永恒的艺术魅力，既来源于宗教的力量，也来源于广大民众对来世幸福的企盼和信念。

魏晋南北朝雕塑对后世的影响本不成其为一个话题，因为，在整个中国雕塑史中，这个时期的雕塑不但有“开元”奠基之功，而且是一座不可逾越的高峰，即使是盛唐的辉煌，也不过是它的遗响和回声。从反映南朝名士隐逸之风和映丽风貌的“秀骨清像”，到北魏、东魏、西魏多民族融合后可能是受原游牧民族审美观影响转而对丰满、健康形体的崇尚，无不对后世的雕塑艺术产生过重大影响。与其他所有艺术形式不同，需要许多人的财产和几代人的努力才能最终完成的佛教雕塑，也因此而凝聚着超时空的巨大艺术感召力。与佛教石窟雕塑所赖以托形存体的巨石崖壁一样，至今仍存的魏晋南北朝佛教雕塑，历千载而弥坚，越百代而永光。

长期以来，星云大师与其开创的佛光山一方面重视生活佛法的落实，同时坚持一贯的宗旨：“以文化弘扬佛法，以教育培养人才，以慈善福利社会，共以净化人心。”星云大师所秉持的人间佛教不只是停留在理念的层次，而是直接为社会做了大量的好事、善事、功德无量的事，让无数人从“人间佛教”中受益。此次中国艺术研究院宗教艺术研究中心与佛光山文教基金会联合举办的“中国麦积山佛教雕塑展”，则进一步体现了星云大师一贯的思想，用文化的魅力弘扬佛教，净化人心，造福社会。当麦积山精美绝伦的佛教雕塑艺术品克服各种困难，终于渡过窄窄的海峡与台湾朋友见面的时候，我不禁想起星云大师对“人间佛教”所做的解释，称“人间佛教”所从事的事业是“融合传统与现代弘法的创举”。我相信，这个创举对21世纪的佛教而言，不啻是一面使万众归心的旗帜。

（原载《麦积山佛教雕塑展》序言，2005年）

《洛神赋》与鱼山梵呗

对曹植的名篇《洛神赋》，世人多有论述。有人欣赏他的清词丽句，有人被这个人神之间凄美的爱情故事所感动，更有人不厌其烦地考证这个“洛水之神”究竟是什么人，是不是所谓的曹丕之妃甄后。而我在《洛神赋》背后所看到的，却是曹植的一种深刻体悟，也许就是这种体悟，最终促使曹植看破红尘，成为中国佛教梵呗的创始人。

在释迦牟尼看破红尘、舍王位出家的本生故事里，有一个重要的情节，就是在“太子游四门”，看到世间生、老、病、死的悲惨景象而深受震动之后，太子并没有立刻下决心出家，直到有一天夜晚，在“坐观伎乐”小睡之后，他突然醒来，看到刚才歌唱舞蹈的众美女的睡态：“璎珞迸散，失弃乐器。衣裳发露，种种若干。涎涕流出，涂污咽胸。偃伏张口，难可观视。或有女人，抱乐器眠，或更相枕，或独趺伏。或有女人，直立而眠，髻解垂发，如孔雀毛……”[①]这些美女在睡眠中尽现与平时的美丽大相径庭的种种丑态，才最终使太子“慨然长叹，震动胸中”，看透世间最美丽、最动人、最可留恋的女性，原来都有如此丑陋的一面，那么，这个虚妄的世界，还有什么值得留恋的呢？于是，太子才连夜出逃，离开王宫，终于通过艰

① （宋）释宝云译：《佛本行经 · 卷二 · 出家品第十一》，金陵刻经处线装本。

苦的修行而成道。

和释迦牟尼有着近似出身的陈思王曹植，也经历了和释迦牟尼相似的心路历程。他们同样在当时最好的环境里长大，同样敏感多情、才华横溢，同样对人生的苦难有着深刻的体会。不同的是，曹植在和哥哥曹丕的政治斗争失败后，更多地体验到了人情冷暖、世态炎凉，更多地体验到了人性的丑陋。而他对美丽异性的失望，则更多地出自一种无奈。

曹植，字子建，沛国谯县（今安徽亳州）人，是曹操的儿子，曹丕之弟。生于汉献帝初平三年（192），卒于魏明帝太和六年（232）。他才思敏捷，聪颖超群，“十余岁，诵读诗论及辞赋数十万言，善属文”[①]，深得曹操的喜爱。曹操为考验他如此小的年纪便“言出为论，下笔成章”的才能，有意在铜雀台落成时命他与其他文人作文以贺。曹植“援笔立成，可观，太祖甚异之”，视其为“儿中最可定大事者”。他的才华虽然得到父亲的青睐和其时、其后文人们的推崇，被谢灵运称为“天下才共有一石，曹子建独得八斗”[②]，但也遭嫉惹祸，尤其是遭到其兄曹丕的嫉妒。曹丕命他“七步成诗”的故事和“煮豆燃豆萁，豆在釜中泣。本是同根生。相煎何太急”的诗在中国可以说是家喻户晓，并成为兄弟相残的象征。在残酷的宫廷斗争中，曹植是一个失败者。由于他“任性而行，不自雕励，饮酒不节”，也由于其兄曹丕在这场争取曹操信任的斗争中机智、乖巧，最终曹丕被立为太子，曹植失宠。建安二十五年正月，曹操病故，曹丕继位，曹植开始了他被放逐和类似囚禁般的悲惨生活。

在曹丕、曹叡父子的迫害下，曹植度过了他生命中最后的十一年。在这短短的十一年里，曹植被六次变更爵位，三次迁徙封地，颠沛流离，朝

① （西晋）陈寿著，（南朝宋）裴松之注：《三国志 · 本传》，中华书局 1959 年版，第 557 页。

② （明）佚名撰：《新刻释常谈》（卷中），明万历二十一年胡文焕刻本，第 7 页。

不保夕。他始封临淄，后改安乡，再后徙为鄄城，不久又陆续被徙之雍丘、浚仪、东阿、陈等地，不但物质生活极端困苦，甚至连起码的人身自由也没有。在自己小小的封地中，他受着严密的监视，现代人实在无法想象这些被“封王”“封侯”的“皇室贵戚”的生活。《三国志·魏书·武文世王公传》中的一段话清清楚楚地写明了这些“侯王”们的生活：“于是封建侯王，皆使寄地空名，而无其实。王国使有老兵百余人，以卫其国。虽有王侯之号，而乃侪为匹夫。……诸侯游猎不得过三十里，又为设防辅监国之官以伺察之。王侯皆思为布衣而不能得。”一方面，为了使侯王们无兵可重，不对政权造成威胁；另一方面，更多地为了从精神上对曹植施加压力，皇帝经常用各种借口抽调封国之兵。曹植曾忍无可忍地向明帝曹叡上书说：我已经三次被抽调封国兵，现在已实在无兵可调了。“惟尚有小儿，七八岁已上，十六七已还，三十余人。今部曲（即在编之兵）皆年耆，卧在床席，非糜不食。眼不能视、气息裁属者，凡三十七人；疲疾风靡、疣盲聋聩者，二十三人。”曹植担心朝廷连这三十余“小儿”也要，只好坦言：“惟正须此小儿，大者可备宿卫——虽不足以御寇，粗可以警小盗；小者未堪大使，为可使耘锄秽草，驱护鸟雀。”①

在这样的处境里，曹植的心境可想而知，政治前途已毫无希望，物质生活又如此不堪，那么，对于一个才子而言，这个世界还有什么值得留恋的呢？压塌一匹骆驼总有最后一根稻草。就像美女们睡梦中的丑态成了释迦牟尼最终决定出家的关键一样，对美丽异性的失望，也一定会在曹植的生命中起到至关重要的作用。

曹植对美丽的异性，从来就不缺乏想象。他曾在《美女篇》中塑造过

---

① （西晋）陈寿著，（南朝宋）裴松之注：《三国志·魏书·陈思王植传》卷 19，中华书局 1959 年版，第 575 页。

一个“攘袖见素手，皓腕约金环。头上金爵钗，腰佩翠琅玕。明珠交玉体，珊瑚间木难。罗衣何飘飘，轻裾随风还。顾盼遗光彩，长啸气若兰。行徒用息驾，休者以忘餐”的形象。但是，在他的千古名篇《洛神赋》中，他不但塑造了一个更美丽、更动人的女性形象，而且，还毫不掩饰地表达了他对爱情的失望。这个“翩若惊鸿，婉若游龙，荣曜秋菊，华茂春松。仿佛兮若轻云之蔽月，飘飘兮若流风之回雪”的美女，虽然使曹植“情悦其淑美兮，心振荡而不怡”，并且“愿诚素之先达兮，解玉佩以要之”，希望与她相亲相爱。但是，当神女“动朱唇以徐言，陈交接之大纲。恨人神之道殊兮，怨盛年之莫当”，并且只能“抗罗袂以掩涕兮，泪流襟之浪浪。悼良会之永绝兮，哀一逝而异乡，无微情以效爱兮，献江南之明珰。虽潜处于太阴，长寄心于君王。忽不悟其所舍，怅神宵而蔽光”之后，一往情深的曹植，除了惆怅和无奈之外，还能怎么样呢？

《洛神赋》中的最后一段，尤其值得把玩：

> 于是背下陵高，足往神留，遗情想象，顾望怀愁。冀灵体之复形，御轻舟而上溯。浮长川而忘返，思绵绵而增慕，夜耿耿而不寐，沾繁霜而至曙。命仆夫而就驾，吾将归乎东路，揽骈辔以抗策，怅盘桓而不能去。[①]

当爱情与神女都消失在虚妄的时空之后，曹植欲归的“东路”其实只有一个，那就是参透人生；而能够给这位旷世才子以寄托的，恐怕也只有佛经。《法苑珠林》中称他：“每读佛经，辄流连嗟玩，以为至道之宗极也。”天赐的禀赋、坎坷的身世、特殊的环境，不但使曹植得以有缘亲近佛教，也使曹植成为创造中国化梵呗第一人的“殊胜因缘”。

---

① 《曹子建集》卷 2,《四库全书 · 集部》，第 20 页。

在这种“既徒有国土之名，而无社稷之实，又禁防壅隔，同于囹圄”[①]的日子里，在理想中的神女永远地消失之后，曹植“常汲汲无欢，遂发疾薨，时年四十一”。因为他生前“常登鱼山，临东阿，喟然有终焉之心，遂营为墓”。他死后，其子曹志便将其遗骸迁葬鱼山。

鱼山，在今山东省东阿县境内。曹植“鱼山制梵”的传说，在整个汉传佛教地区被佛教徒视为信史。《法苑珠林·呗赞第卅四》载：

> 陈思王曹植字子建，魏武帝第四子也。幼含圭璋，十岁属文，下笔便成，初不改定。世间术艺，无不毕善。邯郸淳见而骇服，称为天人。植每读佛经，辄流连嗟玩，以为至道之宗极也。遂制转赞七声，升降曲折之响，世之讽诵，咸宪章焉。尝住鱼山，忽听空中梵天之响，清雅哀婉，其声动心，独听良久，而侍御皆闻。植深感神理，弥悟法应，乃摹其音节，写为梵呗。撰文制音，传为后式。梵声显世，始于此焉。其所传呗，凡有六契。[②]

“鱼山制梵”的故事，流传甚广，除佛教典籍外，其他著述中亦有记载。刘敬叔《异苑》云：“陈思王游山，忽闻空里诵经声，清远遒亮，解音者则而写之，为神仙声，道士效之，作步虚声也。”[③]不但与《高僧传》《法苑珠林》等记述相同，而且特别指出这种梵呗对道教音乐的影响。

曹植从一个伟大的诗人到中国佛教梵呗的创始人，有着特殊的机缘和特殊的心路历程。从千古名篇《洛神赋》的凄美背后，我仿佛看到了曹植心灵的必然归宿。

---

① （西晋）陈寿著，（南朝宋）裴松之注：《三国志·武文世王公传》卷20，中华书局1959年版，第591页。

② （唐）道世：《法苑珠林》卷36，《四库全书·子部·释家类》，第1459页。

③ （南朝宋）刘敬叔：《异苑》卷5，范宁校点，中华书局1996年版，第48页。

李叔同早年的两首爱国词作

在中国近代的文坛上，恐怕找不出一个诗人，像弘一法师这样享有如此崇高的宗教地位和精神感召力；同时，在中国近代的宗教界，恐怕也找不出一位高僧，像李叔同这样曾有如此辉煌的文名了。现在，许多人都知道李叔同——弘一法师是我国近代音乐、美术、话剧运动的先驱，是一位多才多艺的艺术家，中年皈依佛门后，更成为一位得道的高僧，成为“重兴南山律宗第十一代祖师”。但是，有些人却常常忽略这样一个事实：李叔同还是一位杰出的爱国主义词人。这里，我们就向大家介绍弘一法师出家前的两首爱国主义的词作。

第一首词，调寄《金缕曲》，我们先读一下这首词：

披发佯狂走，莽中原，暮鸦啼彻，几枝衰柳。破碎河山谁收拾？零落西风依旧。便惹得，离人消瘦。行矣临流重太息，说相思，刻骨双红豆。愁黯黯，浓于酒。

漾情不断淞波溜。恨年年，絮飘萍泊，遮难回首。二十文章惊海内，毕竟空谈何有！听匣底，苍龙狂吼，长夜凄风眠不得，度群生，那惜心肝剖！是祖国，忍孤负。

这首词，写于1905年，同年4月，李叔同遭母丧。哀痛之余，他决心东渡日本留学。国将亡，母已去，苍茫大地，赤心何寄？去国前夕，他写下了这首词，留别祖国并呈同学诸子。

“披发佯狂走”，此词开篇第一句，便有突兀之势，寞愤之情，跃然纸上。我们似乎看到一位25岁的爱国青年，像两千多年前行吟泽畔的楚大夫一样，长歌当哭。神州故国、莽莽中原，驻足聆听，听到的只是“暮鸦啼彻”；黄河上下、大江南北，举目四望，看到的只有“几枝衰柳”。诗人悲愤地问道：“破碎河山谁收拾？”但是，“上穷碧落下黄泉”，有谁来回答他呢？中华民族的儿女们，自古至今，几千年来，遭受过多少内忧外患，遭受过多少国破家亡的苦痛呢？“零落西风依旧”，国家和人民的苦难也“依旧”。于是“便惹得，离人消瘦”。这一句，清楚地点明词的主旨，点明这首词中所述的“离别”之情，绝不只是，或者根本不是男女离别之情，不是“执手相看泪眼，竟无语凝噎”的小儿女态。“离人消瘦”是因为“破碎河山”“西风依旧”，是因为词人亲爱的祖国，有着几千年悠久文明和大好河山的祖国，像一只风雨飘摇的破船，面对着来自太平洋的飓风，行将倾覆！此时此刻，在爱国词人胸中激荡呼啸的，只有对祖国深切的、充满忧患意识的爱。

有了这句点题的词，后面这两句“说相思，刻骨双红豆”的含义便十分清楚了。这代表着相思之情的，令词人刻骨铭心、难舍难忘的“红豆”，寄托着词人对祖国的无限眷恋和深情。词人年轻气盛、风华正茂，面对多难的祖国，却无计可施、束手无策，只得离国远行、留学东洋，怎么能不“行矣临流重太息”？怎么能不“愁黯黯，浓于酒”呢？

上海又称“淞江”，“漾情不断淞波溜”是词人对上海生活的写照。李叔同18岁时，随母迁居上海，与沪上名士袁希濂、许幻园、蔡小香、张小楼、任伯年等交往甚密，风流倜傥、名震沪上。下边一句“二十文章惊海内”更是英气逼人，把当时青年词人的胸襟、气概、影响，生动地表现了出来。可贵的是，词人并没有陶醉在这种“少年得志”的自得之中。在这句气概非凡的词句之后，词人紧跟着便写道：“毕竟空谈何有！”充分显示出李叔同在25岁时便已经认识到，只是“空谈”、只是“书生意气”，是远远不够的。他是决心出去找救国出路的词人，按捺不住自己满腔救国的激情，慷慨激昂地唱道：“听匣底，苍龙狂吼。”人们似乎听到，这位年轻的义士“把吴钩看了，栏杆拍遍”，摩挲着匣底的长剑，强抑着心头的愤懑，仰天长啸。

后面几句词，一气呵成：“长夜凄风眠不得，度群生，那惜心肝剖！是祖国，忍孤负。”漫漫长夜、凄凄风雨，词人彻夜难眠。为了人民，为了群生，为了祖国，李叔同愿剖心沥胆，付出自己的一切，无怨无悔。

此词歌罢掉头东，李叔同义无反顾地奔向了日本。

假如说多年之后李叔同会重新审视、评价自己年轻时的行为，写出：“风风雨雨忆前尘，悔煞欢场色相因”的诗句来，否定了自己年轻时在上海的“风流才子”式的生活，因而也就在某种程度上否定了这首词中的某一句话。那么，在下面这首《满江红》中，作者则全然抛弃了个人的情感，完完全全充斥着彻底的爱国主义精神：

皎皎昆仑山顶月，有人长啸。看囊底，宝刀如雪，恩仇多少？双手裂开鼷鼠胆，寸金铸出民权脑。算此生，不负是男儿，头颅好！

荆轲墓，咸阳道。聂政死，尸骸暴。尽大江东去，余情还绕。魂魄化成精卫鸟，血花溅作红心草。看从今，一担好山河，英雄造！

这首词雄放豪壮，气势非凡，如大江东去，一泻千里。开篇第一句，用简练的十一个字勾勒出了这样一幅画面：昆仑千仞，皎皎如银，分不清是积雪还是月光。莽莽昆仑之上，一轮朗月之下，一个顶天立地的男儿倚天仗剑，俯视人间。

李叔同的这首词，写于辛亥革命之后。当时，他刚刚从留学六年的日本回来，在天津高等工业学校任职，对国家、对社会、对人生、对艺术还抱着热情的理想和赤诚的信念。他热切地希望能为祖国贡献自己的一切，同时他也对民族和民主的敌人怀有不共戴天的仇恨。六年前，他曾略带苍凉地吟出“听匣底，苍龙狂吼”的词句。而今天，已过而立之年的李叔同似乎已更具备行动的意志和力量。他沉着地唱道：“看囊底，宝刀如雪，恩仇多少？”他清清楚楚地看到祖国的敌人在哪里，也清清楚楚地看到祖国的前途在哪里：“双手裂开鼷鼠胆，寸金铸出民权脑。”毋庸置疑，“鼷鼠”指的是人民的敌人，是那些危害“民权”的鼠辈；而“寸金”则是词人的一片丹心。他要用自己的赤诚之心和双手去和敌人战斗，一点一滴地铸出中国百姓的“民权”思想。那些年里，他在天津、在上海、在杭州当编辑、当教员，用音乐、美术和一切艺术的手段宣传进步思想、教化人民，做了很多工作。当然，对那时的李叔同而言，他也许并不满意自己平凡的工作，他也许渴望能用更激烈、更直接的手段来改造社会。那样，才能“算此生，不负是男儿，头颅好！”

“荆轲墓，咸阳道。聂政死，尸骸暴。”词人一口气连用了两个典故。用荆轲刺秦王和聂政刺韩王这两个历史上著名的故事来表达自己与黑暗的旧社会同归于尽的决心。荆轲与聂政都是以生命抵抗暴政的义士的典型。“尽大江东去，余情还绕。”千百年后，人们依然记得他们，尊敬他们。当时的李叔同随时准备效法这两位义士，为祖国献出自己的生命。

紧接着，词人又引用“精卫填海”的传说，进一步表达自己为国献身的意志：“魂魄化成精卫鸟，血花溅作红心草。”词人的爱国主义精神，在这里达到了顶峰。生不足惜，命不足惜，即使为国而死，魂魄也要像“精卫鸟”一样，生生不息，奋斗不止。在词的最后，李叔同满怀信心地高声唱道：“看从今，一担好山河，英雄造！”真可谓金戈铁马，气贯长虹！李叔同坚信，一个光明、进步、幸福的中国一定会在他们的手中出现。李叔同的这两首爱国主义词作，气势雄壮，风格豪放，才华横溢，充分表达了李叔同年轻时高涨的爱国主义热情。几年之后，他收心内省，最终皈依空门，不但收敛了夺目的才华，而且放弃了除书法以外的一切艺术。但是，爱国主义的精神却伴其终生，丝毫未减。就这一点而言，唯一改变了的，只是形式和外表。弘一法师不再激昂，不再狂吼，他总是平静、安详、慈悲地笑着。他舍弃了长剑和宝刀，捻起了念珠。他同时代和其后的许多人，对他的选择疑惑不解。其实，“佛法在世间，不离世间觉”，当日寇的铁蹄踏上中华大地的时候，弘一法师高举起“念佛不忘救国，救国必须念佛”的旗帜，号召全国佛教徒一致抗日，其爱国、爱教的精神，和这两首词中所表达的爱国主义精神，是一脉相承、遥相呼应的。

（原载《佛教文化》1995 年第 4 期）

人间佛教对传统文化的影响

——在“光中书院”的讲演

很高兴和大家在今天下午一起共沐佛光，把我对人间佛教、对传统文化的一个浅浅的心得和大家分享。特别高兴在光中文教馆和大家见面，光中文教馆从一开始建设起我就不知道来过多少次了，尤其在慧得法师驻锡此地之后，这里的面貌焕然一新，我每次看到都特别高兴。

今天的题目也是慧得法师给我出的题目，我是命题作文。首先讲佛教和传统文化的关系。我有一个很浅显的比喻，就是中国的传统文化是“三根柱子两层楼”，我为什么用这样的一个比喻呢？就是因为现在社会上一般对传统文化的理解都过于偏颇，比如说，很多人一谈到传统文化就认为是儒家，把传统文化等同于儒家。大家都知道，在物理学上，一根柱子立不起来，三根柱子是最起码的，这三根柱子是什么呢？就是儒释道。我曾经专门写文章讲这个道理，在讲到中国传统文化的时候一定要讲到儒释道三家而不能只讲儒家。我为什么讲两层楼呢？这两层楼的比喻就是说楼上是精英文化，楼下叫作草根文化，但是没有楼下，这个楼上你上不去，它是空中楼阁。这两层楼是怎么分的呢？上层是以汉字作为载体的文化，从经史子集到孔孟老庄、唐诗宋词，所有用汉字记载的这些精英文化都了不起。但是别忘了还有下层，下层和上层不同，它不是以文字作为主要的载体，而主要是以口头传承为载体，就是我们现在所说的非物质文化遗产。口头传承大家不要小看，佛说法五十年，都是口头传承，后来才有弟子将其记录下来，所以不要小看口头文化。我也曾经让大家思考过一个问题，就是在传统社会，一个普普通通的农村孩子，没有上过学，不会写字，甚至不会写自己的名字，但是他不单单掌握了生产知识，还有生活技能，同时他还知道孝顺父母，他知道忠孝仁义礼智信，他一天学没上过，谁教会他这些？他听说书，他看戏，他听曲艺，他在所有的中国传统节日里都会看到中国传统文化当中这些宣传忠孝仁义礼智信的东西。一个普通的农民，他可能三天三夜给你讲《岳飞传》，给你讲《杨家将》，他爱憎分明。所以我们今天说保护非物质文化遗产就是要保护这样的一种传承方式。

那么讲到佛教对中国传统文化的影响，我也有一个比喻：如水银泻地。什么意思呢？即无处不在，你可能自己并不知道或者没有意识到，但它其实就在你身边。佛教对中国传统文化的影响可以分成两种方式：一种是有形的影响，一种是无形的影响。有形的影响就是你都可以看得到的，比如中国的建筑、中国的美术、中国的雕塑，佛教的影响不仅是巨大的而且是起决定作用的，为什么这么说呢？拿中国古代的建筑来讲，现在中国仅存的五个唐代建筑，有两个是在五台山，这个大家可能都知道：南禅寺、佛光寺，河北蓟县的独乐寺是元代的。宋元明清留在中华大地上的古代建筑百分之九十是佛教的寺庙、佛教的塔。宝塔在很多旅游景区都能看到，成为一个地方的标志性建筑，这个塔也是佛教传统。讲到雕塑也是，我曾经说过，如果没有佛教，中国没有雕塑史，没有办法写。从云冈到龙门到敦煌，到麦积山，到乐山大佛，所有的这些今天让我们每一个中华子女都引以为豪的古代艺术，这些彪炳千秋的伟大作品，几乎全都是佛教徒的艺术创造。现在很多人也奇怪，很多现代工厂也在生产现代的工艺品，现代的佛像，现代的罗汉……但是我曾经听过不止一个人跟我探讨这个问题，说：

"你看，明代的菩萨像如此的慈祥，我一看心就静下来了，现在的人做的菩萨像脸上没有光芒，没有这种慈祥的光射在我的身上。"我说很简单，过去做佛像的这些人都是佛教徒，他是以虔诚之心、智慧之力，加上那灵巧的双手和他舍得出的时间——乐山大佛做了多少年？第一代造这个佛像的人注定看不到它的问世——请问现代的艺术家，哪个人愿意做一件事情是我今生见不到结果的呢？不要说今生了，他恨不得今天做一个明天就能卖钱。他想的是钱，这和古代的佛教工匠们在为佛造像时的那种心完全不同。包括咱们北京，北京过去是"先有潭柘寺，后有北京城"。1949 年以前有五百多个寺庙，包括咱们禄米仓的智化寺，那个藻井现在美国的纳尔逊博物馆，都是国家的瑰宝。当然也有留在北京的，像雍和宫的未来佛佛像，用 25 米一整根白檀木雕的佛像，从地面到佛顶是 18 米，从佛足到地下还有 8 米，应该说都是人类艺术史上的奇迹。

当然对中国文化，对中国艺术，佛教的影响也是非常深远的。大家都知道中国传统绘画的主流是写意画，写意画是怎么产生的呢？它跟西方完全不同，我们到西方去看那些博物馆，看那些名作，非常了不起。它是人类艺术的一座高峰，但是我们中国的绘画，是另外一座高峰，和它遥遥相对，但是彼此不同。据说张大千到巴黎去找毕加索学画，毕加索奇怪说："你中国人到这儿来学画？"他认为应该到东方学画。大家都看过《蒙娜丽莎》，你到卢浮宫，就有英文的、日文的、法文的、中文的路牌告诉你《蒙娜丽莎》在哪儿，大部分去卢浮宫的人不看别的只看《蒙娜丽莎》，到那儿照个相就走，以中国人为多。这么有名的一幅画，我建议你们下一次找一个大一点的印得清楚的印刷品，不一定非要到卢浮宫去看，当然去那里看看更好。我请你注意一个问题，一个细节：《蒙娜丽莎》画得当然好，无论是笑容还是手还是衣服都好，细致入微而且是精彩绝伦。但是你再看它后面的背景画的是什么呢？大家有印象吗？是山水。为什么你没印象？因为人在西方的艺术里是处于绝对的主体，包括它的雕塑——《米洛的维纳斯》《大卫》等，人、人体，西方的文化是以人作为主体的，《蒙娜丽莎》后面的山水你仔细看，比那画人的水平低了很多。你到它的博物馆，满眼都是人，人体，人像。你到中国的美术馆看一看，到故宫你就会看到，满目是山水云霞的苍茫。西方人一直到了 17 世纪以后，才开始有了画风景的画派，中国是从魏晋开始，“山水方滋”，就诞生了山水画。你想一幅山水画是什么样子？一幅大大的画，满纸云山，下面有个小桥，桥上有个小人，小小的，手里拿着什么呢？夹着一把古琴，这是最常见的。或者一个小船，一个渔夫，人是在大自然，是在山水之间，人是自然的一部分。为什么在魏晋的时候人们会发明了山水画，或者是山水画的滥觞？是佛教进入中国，是佛教的思想影响了中国人，怎么看山水，怎么看花草树木，怎么看大自然：“一花一世界，一叶一菩提。”“青青翠竹皆是法身，郁郁黄花无非般若。”一草一木在中国人看起来为什么这么有灵性？因为它是般若智慧的体现。佛教的“众生平等”，这个“生”在某种程度包括一切生命，也包括植物。所以中国人从魏晋之时也就是佛教开始在中国传播，这个思想就从各个方面影响了中国人的思维，影响着中国人的审美，影响着中国人表达美、欣赏美的方式。

至于无形的影响就更多了，比如语言，赵朴老生前曾经说过，“如果把佛教的词汇从汉语当中抛出去的话，我们就不会说话了”。许许多多我们平常随口便说的语言都是从佛经中传来的。比如我刚才讲的“一花一世界”，我们现在每一个县城县政府门口都用不锈钢拧一个大麻花，莫名其妙的雕塑，下面一排字：某某县腾飞吧，走向世界。“世界”这个词就是从佛教中传来的，没有佛教中国人不用“世界”这个词，中国人用什么词？——“天下”。佛经中讲世界，世界就是大，没有边际；小，没有尽头。就像佛教讲时间和空间一样，没有起点，没有终点，只有因缘，只有因缘相续。

今天有我的几个学生在这儿，有硕士生、博士生，他们每天要做“作业”，做“功课”，“作业”“功课”都是佛教的词，我在你们心目中是什么呢？是导师。“导师”这个词，净土宗叫“唱导师”，也是从佛教过来的。还有许许多多哲学的词汇，包括“绝对”“相对”“实际”，等等，成语就更多了，像谈恋爱有“心心相印”，两人吵架有“话不投机”，这都是佛教禅宗中语。所以说赵朴老就说中国人没有佛教，连话都不会说。但是这种影响是潜移默化的，是你平常注意不到的，那么讲到慧得法师给我出的题目——人间佛教，那就可以有更多的可阐述的东西。前几天有一个知识界的朋友跟我探讨一个问题，讲到当代中国宗教的问题时，我们都觉得道教和佛教比起来问题更多，更不景气，为什么？当时我就讲了几个观念：实际上中国的传统宗教在中国近代史上二百年来都在走下坡路，都在衰败，佛教也一样，而且历史上“三武一宗”灭佛，佛教受过很多的打击，有多少次的衰败，又有多少次的浴火重生。尤其是当代，包括今天，大家群贤毕至，济济一堂，对佛教有我们的追求、有我们的向往，为什么？道教就没有这样吸引人，尤其在当代。我当时就讲几个原因，第一个原因是在当代道教没有出现像太虚法师、圆瑛法师、弘一法师这样的高僧，包括当代的一些著名佛教艺术家、学者、高级知识分子，像苏曼殊、八指头陀，都受佛教的影响。中国近代就有三个高僧，道教没有，说不出一个高道是超出道教这个圈子社会上大家都认知的，可是现在中国人哪个不知道弘一大师，哪个不知道李叔同？第二个原因就是道教没有像佛教那样在一个社会剧烈变化的当代，为适应时代，及时地、高瞻远瞩地提出一个类似“人间佛教”的理念。“人间佛教”是太虚大师提出来，星云大师把它化为现实。这样一种理念，实际在本质上是让传统佛教脱胎换骨，变成了一个能够适应当代社会的现代宗教，而不是人们一提起它就想到那是过去的、古代的事情，和我们不相干的事情。另外一个就是，从知识界精英、政界一直到普通的老百姓，都深受佛教的影响。王安石曾经说过一句话：“成周三代之际，圣人多生儒中，两汉以下，圣人多生佛中。”历史上受佛教影响的“圣人”太多了，高级知识分子也太多了，文学家像王维、白居易、苏东坡，包括李白、杜甫，都深受佛教的影响。一提到李白都认为他是崇道，但实际上他也写过“宴坐寂不动，大千入毫发”的诗句。杜甫被认为是儒家的代表，但他也曾经有两句诗：“身许双峰寺，门求七祖禅。”说自己愿意到双峰寺去出家。近代，康梁变法，二者也受到佛教影响。最著名的也是本人最敬仰的是谭嗣同，康梁只能说受佛教影响，算半个佛教徒，但谭嗣同就是一个佛教徒。大约 7 年前，我 60 大寿的时候，带着我的研究生们去法门寺看丁香，从法门寺出来我们散步走到一个地方，无意中发现一个破落的空院子，鬼使神差就进去了，这才看到门口挂着一个小木牌：谭嗣同故居。进去发现遍地蒿草，极其破败，我当时感慨万千，因为谭嗣同在近一二百年里我认为是中国历史上了不起的人物。大家不知道“戊戌变法”的重要性，变法失败严重影响着中国近代史的发展，“戊戌变法”学的是日本的明治维新。“明治维新”的成功，使日本从一个小小的岛国发展到“二战”的时候要与德国平分秋色统治世界的强国。它成功了，但是和明治维新同样目的、同样方式的“戊戌变法”失败了。康梁都跑到日本去了，但是谭嗣同没有跑，而且有一句话永远留在了中国的历史上，他说：“各国变法未有不流血而成功者，今日中国，未闻有因变法而流血者，此国之所以不昌也。有之，请自嗣同始。”最终慷慨赴死，光烈千秋。他为什么能如此看待生死，应该说和佛教有关，佛教的生死观念使许多中国人在死亡面前保证了人生命的尊严。

中国的儒家没有生死观，孔子诲人不倦，他最好的也是最钟爱的学生子路问他生死之事，他说：“不知生，焉知死？”你生还没弄明白呢问什么死的事儿？儒家不谈死之后有没有灵魂，“祭神如神在”，假如他在，他不相信灵魂转世。但是佛教传到中国后，这样一个思想，使许许多多的中国人能够坦然面对生死。“戊戌变法”失败，为什么有的人跑了，谭嗣同不跑？他看透了生死。我还常举一个例子，大家都看《阿Q正传》，我们上中学的时候老师告诉我们，阿Q是鲁迅将中国人所有的弱点集中起来塑造的一个形象。但就是这么一个集中了所有中国人缺点的阿Q，临死之前还在唱戏，临死之前还喊了一句口号，什么口号？——“二十年后又一条好汉！”这是什么思想？我刚才讲，不要小瞧一个没有文化的农民，他有忠孝仁义礼智信，你也不要小瞧阿Q，他知道二十年后又是一条好汉，他受了佛教的影响。谁教给他这些我不知道，但是临死之前他喊了一句口号容易吗？我们多少人不能够面对生死，如果他的精神世界里没有佛教这样一个能够“了生死”的思想的话，他最后死的时候连尊严都没有，但阿Q却做到了。所以我们应该感谢佛教。

讲到星云大师实践人间佛教，我有幸跟大师认识也是因为赵朴老，赵朴老大家都知道，是中国佛教协会的老会长，今天你在中国的许多寺庙都会看到“大雄宝殿”这四个字，绝大部分都是赵朴老写的。他在中国改革开放之后为“落实宗教政策”做了大量工作，中国在“文化大革命”的时候，所有的寺庙都不再是宗教场所，有的是生产队队部，有的是街道办的工厂，有的住士兵，有的分成无数的小房子住的是老百姓。改革开放以后，赵朴老将寺庙一个一个地想办法收回，交到出家人手里，应该说恢复当今的佛教，赵朴老是厥功至伟。赵朴老和星云大师两位长者，他们是心心相印。

20世纪90年代我要到台湾去讲学，赵朴老请我去面见星云大师，那个时候由于历史的原因，有一段时间大陆和台湾佛光山是中断了往来的，而且明确规定不能去见，但是赵朴老请我去了，我在那个时候才见到星云大师，从此交往甚多。赵朴老在世的时候，一直想打破两岸的坚冰，但一直没有做成，其中有很多曲折今天我也不讲了，因缘没有到。一直到了2003年，那时候赵朴老已经不在世了，我当时在中国艺术研究院宗教艺术研究中心做主任，我策划主办“中国第一届佛道教音乐周”，当时集中了全国十几个寺庙、道观的传统宗教音乐，同时，希望通过这样的形式能够邀请佛光山的梵呗团“登陆”。做这个事情当然很困难，但是佛光普照，最后逢凶化吉，都办成了。佛光山的梵呗团在2003年的冬天，在中山音乐堂第一次和大陆的佛教音乐同台演出。后来又到上海，在上海大剧院演出。这两场演出的成功给政府的一些决策者提供了一个灵感：佛教音乐，佛教文化是超脱政治的，它是两岸人民的精神纽带。所以当时高层就决定，由我们两岸合组一个佛教音乐团，到台湾去。2004年的春天，那个时候台湾地区领导人要进行大选，大陆的团体都不允许进入台湾，只有佛教的乐团可以。我们在高雄、台北的演出应该说是空前的轰动，佛光山的梵呗团在那个时候由慈容法师亲自训练，有比较多的演出经验，我们大陆的出家人当时还很少有机会用这样一种形式，比如说五台山的佛乐，他们会吹、会奏、会做法事，但是让他上台，就有点缺乏经验，其他的唱念也是在寺庙里，在庙堂之上可以唱念，但把他搬上舞台就有了问题。首先是唱什么呢？念什么呢？怎么选择曲目，怎么把他们组织起来？当时我们就在南普陀寺，集中了中国的七个寺庙——有刚才我讲的五台山的佛乐、器乐、吹奏、笙管，有拉卜楞寺的道得尔音乐，有南普陀寺，有广州的云门寺，也是我挑出来最好的唱念，少林寺的功夫，南传佛教——西双版纳一个大佛寺的南传佛教的出家人的唱诵，还有雍和宫的“打鬼”，加上了佛光山应该是八大寺庙，三大语系：汉语系、藏语系、巴利语系。为了这场演出，我们当时在南普陀寺训练了一个多月。我亲自给他们编排，这个编排不是很容易的，非常难。既要保证佛教音乐的原汁原味，同时也要把一场六七个小时的法会中最精彩的部分相对完整地呈现给大家。你必须有一个判断，同时又要掌握那个度，所以我们用一个多月的时间来编排这些节目，最后由星云大师做名誉团长，当时中国佛教协会的常务副会长圣辉法师做团长。我们一百多位出家人坐着飞机到美国，到加拿大。在美国，还在柯达剧院，就是奥斯卡颁奖的剧院演出。一路上很多细节想起来好笑，我现在想起来一个细节就是办美国签证。2004 年的时候中美关系很紧张，美国领事馆要求所有的人必须去面签。80 多位出家人到了美国领事馆，签证大厅里一看全是和尚，美国的签证官很奇怪，我跟他们讲我们是去演出，他问："和尚会演出吗？会唱吗？"我说："你们想听吗？"后来我起头唱了一个《三宝歌》，80 个和尚在美国大使馆唱《三宝歌》，声震屋瓦！唱完之后，美国人都在窗口鼓掌，然后所有人护照拿进去就签了。

那场演出还有些很不可思议的事，比如说，其中有一段表演是少林寺的"八段锦"，它是一种功夫，有点像太极，但就是配不上音乐，我当时想用古琴，怎么也不行，正好拉卜楞寺的道得尔乐队在旁边练习，我想是不是这个音乐可以配上呢，就把少林功夫和拉卜楞寺藏传佛教的道得尔音乐合在一起，我说试一试吧，不可思议，结果音乐的节奏和武术的节奏天衣无缝，完全合拍，音乐结束的时候这套拳也结束了。当然，也不是所有表演都是原汁原味，有一个节目就是生造的，什么呢？"少林功夫"。我们是佛教音乐团，纯是功夫放在我们的音乐里有点不伦不类，所以我说能不能敲着木鱼编一套拳？木鱼既是法器也是乐器，后来就有了一套"木鱼拳"，但是只在这次巡演中演过，此后再没演过了。接下来我给大家看的这场演出是在台北演出的录像。这次巡演应该说是空前的，我不希望它是绝后的，但是它很可能是绝后的，为什么呢？现在没有这个因缘了，谁有这个能力来集中两岸三大语系的僧侣来做这样一场演出呢？包着飞机到各国去演，所以那场演出过后，从 2004 年一直到今年，不断有各种团体、各路神仙找我说："请您出山，我们再做一场佛教音乐的演出。"我说："你们做吧，我该做的都做完了，此生足矣。”其实我知道，想超过这场演出其实不大容易，真的不大容易。不过这次在佛光山，我们开“水陆法会”的学术研讨会，星云大师也是临时起意，头一天跟慈容法师说明天要演节目，要唱一个，慈容法师临时找人唱了三首，还真不错！所以说，可能只有一件事可以重新恢复两岸佛教音乐的再现，那就是星云大师说话，说句：“咱们再来一次吧”，那就没问题。

好，我们现在就来欣赏2004年两岸三大语系、八大丛林组成的“中国佛教音乐展演团”的精彩演出。

2004年，中国佛教音乐展演团的演出

2015年12月12日于北京光中文教馆

田青先生谈生死

——为纪念早春文化公司不幸遇难的李娜而做的讲座

今天，我们聚在一起，追悼一个年轻、美丽的生命。谁都没想到，李娜会走。我们大家都很熟悉她，喜欢她，所以，她突然离开之后，大家都想不开，心情压抑。东升请我来给大家讲讲生死之事。佛家说："生死事大。"但我先讲两个小故事。

第一个故事是道家的庄子"鼓盆而歌"的故事。说庄子丧妻之后，坐在妻子的坟前敲着瓦盆唱歌，惠子看到就问他："你妻子跟了你一辈子，为你生儿育女，她死了，你不哭也罢了，怎么还唱歌呢？"庄子说："她刚死的时候，我怎么能不难过呢？但转瞬一想，人本来就没有生命，更没有形体，甚至也没有气，就在这有无之间，产生了气，由气而生形，由形而生生命，如今又归于无。这就像春夏秋冬四季一样，周而复始，无始无终。现在她安睡在宇宙之中，我如果嗷嗷哭起来没完，不是太不懂事了吗？"

这就是道家的生死观，叫作："齐万物，等生死。"视生死如一，都是自然之道。

再讲一个佛家的故事。说有一位老婆婆死了女儿，想不开，就去找菩萨寻求解脱之道。她对菩萨说："我这么大岁数了，我没有死，她这么年轻，有前途，而且长得这么漂亮，为什么她死，不是我死呢？接受不了。"

菩萨说："好吧，我告诉你有一种东西，你找到它，就可以不痛苦了。这种东西叫吉祥火。"老太太问："哪儿有啊？"菩萨说："这个村子就有。你挨家挨户去问，哪家没有死人，他们家的火就是吉祥火。"于是老太太就在这个村子里，挨家挨户地转了一天，回来对菩萨说："我全村都走遍了，没有一家没有死过人。"菩萨说："你现在找到了。"老太太当下悟到：死亡太正常了，没有一个家庭没有死过人。

一个道家的故事，一个佛家的故事，其实无非是让我们知道，生与死是人世间最平常不过的事情。李娜之所以让大家放不下，是因为她这么年轻，才 22 岁，又这么漂亮。其实中国有一句古话："自古英雄与美女，不在人间留白头。"人生最痛苦的是什么？美人迟暮，英雄年老。真正的英雄和美女，有时候会天妒人才。拿我们文学艺术界来说，曹植七步成诗，莫扎特 10 岁作曲，没有一个才子能活过 40 岁。英雄也是如此，卫青、霍去病 20 几岁就建功立业，却没有活过 35 岁的。美女也是，西施、貂蝉也都早殁。为什么自古英雄与美女，不在人间留白头？从这个角度看，大家认为才子佳人、英雄美女，最好是留给人们一个美好的回忆。你不能想象西施、貂蝉，70 岁了、80 岁了，满脸的老人斑，跟我似的。英雄也是，英雄该死没死，有时候很可怕。比如说法国的贝当元帅，"一战"的时候是法国的英雄，他要当时死了，在法国史上将是有名的英雄，但他一直活到"二战"，当德国侵略法国时，他是法国的最高领导。结果大家知道，贝当投降了，这个人英雄白头，最后以悲剧落幕，从英雄做了叛徒。

当然，我们不能那么简单地看生死，尤其是死，所有的人天生都有对死的恐惧，在这一点上，我们中国的儒家尤其对死亡持一种非常谨慎的回避的态度。孔子说"不知生，焉知死"，这句话出自《论语》：子路是孔子最喜欢的学生，有问必答，但是子路问到鬼神之事，孔子翻脸了，说不知生，不能识人，焉能识鬼，然后说"不知生，焉知死"。孔子向来诲人不倦，对青年人的教育，他从来不知道疲倦，有问必答。但是只有子路问他鬼神之事，问他生死之事的时候，他态度很恶劣，用一种反问的语气，说你不能识人，焉能识鬼。你连人间的事情，都没有搞清楚，问什么鬼神的事？你不知道生的意义是什么，问什么死？“子不语怪力乱神”，中国的儒家始终对死亡三缄其口，孔子这么一个伟大的哲学家，奠定了中国人的思想基础的一个人，却在他的著作里、他的思想里，留下了一个巨大的空白，就是对死的探索。

郭沫若曾经在研究墨子的时候问过一个问题。他在重庆写墨子时感到奇怪，说像墨子这样的人，具有极大的人格魅力，有一套自成体系的理论，又有跟着他赴汤蹈火的弟子。按照宗教学的基本理论，建立一个宗教，必须具备三方面条件。首先要有一个基础，这个基础是什么呢？所有宗教的基础，都有一个基于对今生的这个世界透彻的认识，而产生的一种对来世或者对这个空间之外的幸福生活、幸福世界的向往，换句话说就是基于对此生是苦的认识，才会想到来世。而创立一个宗教需要的三方面条件，用佛教的话来讲叫“三宝具足”。哪“三宝”？佛教讲佛、法、僧。佛是什么？佛指要有一个创立者，佛教是释迦牟尼，基督教是耶稣，伊斯兰教是穆罕默德，要有这么一个人，这个人要有极大的人格魅力，要让所有人愿意跟着他走。这一点墨子具备，跟他赴汤蹈火都可以。法是什么？法就是这个宗教领袖要有一套完整的属于自己的思想体系，东抄西抄不行。我们为什么把有些东西叫作邪教，因为它没有自己完整的思想体系，从佛教拿一点，从道教拿一点，凑一个大杂烩不行，这不能成为一个完整的宗教。僧是什么？僧就是宗教职业者，要有一批为你这个宗教赴汤蹈火、把它作为职业的人，佛教有僧人，道教有道士，天主教有神父，基督教有牧师。具备以上三点就可以成为宗教了。

那么郭沫若就问，为什么我们中国没有产生一个宗教（道教例外，我们再讲)？为什么墨子没有创立一个墨教？为什么在先秦，中国人产生不了宗教思想？诸子百家，这么多思想家出来，不乏精才，不乏圣客，但是为什么没有能成为宗教？郭沫若的理论是，要产生宗教思想，要对生命的痛苦、生命的无奈、生命给人民带来的种种苦难有一个透彻的认识。我天天受罪，我才会想假如要有来世多好，我可以过另一种生活。他说能够产生一个宗教思想的一定是这个社会的知识阶层，或者换句话说，他们在经济上一定是贵族阶层，而中国的统治者，从商代就酒池肉林，唯恐活得短，各种各样的享受，所以中国人就贪生怕死，这是中国人的本性。其实贪生怕死是所有生命的本能，但在这方面，对生命的这种眷恋和对死亡的恐惧，应该说中国人的表现是特别强的。在大约 20 年前，我看过一个数据，联合国统计，当时全人类有 60 亿人口，其中有 50 亿是信仰各种宗教的，只有 10 亿是唯物论者，是不信教的。我当时看完以后哈哈大笑，我说原来这 10 亿都在中国，因为咱们中国当年正好 10 亿人，因为我们主流的意识形态是唯物论，不相信宗教。唯物论对死亡的态度是什么？唯物论对死亡的态度是所有的生物都会死亡。毛泽东说："人固有一死，或重于泰山，或轻于鸿毛。"他曾说村上的人死了，开个追悼会，用这样的方法寄托我们的哀思。我们今天不是一个追悼会，我们更深入地在一起探讨生死。

在先秦，诸子百家中没有一家对人的灵魂有无问题做过系统的论述。其实一个人信不信教，信哪一种宗教这个不重要，有它的偶然性，你生在中东，很可能信伊斯兰教；您生在欧美，很可能信基督教。但是所有宗教徒和唯物论者最大的区别，其实只有一个，就是信或不信人有灵魂，你认为人是有灵魂的，还是人死了就是油干灯尽，什么都不存在了。我们中国人为什么不愿意深入地探讨死的问题，因为这个问题深入思考的时候，你会发现所有人对死亡都是无知的，你会因为这个巨大的无知感到恐惧，所以孔子就说"不知生，焉知死"而不去探讨。

道家的庄子说："死生，命也，其有夜旦之常，天也。"什么意思呢？无论死还是生，认为是有命。儒家也是，认为"死生有命，富贵在天"，都认为死和生是有命的，这一点就和宗教相似。这些中国第一流的哲人，无论是说"死生有命，富贵在天"的孔子，还是说"死生，命也"的庄子，他们都认为生和死不由你自己掌握，是由命来决定的。那么命是什么呢？命是冥冥之中一种超人类的、掌握人类命运的主宰，在你的生命轨迹之前就输入给你的一串密码吗？中国人讲命运，"命"后面还加一个"运"，很多算命的算卦的都告诉你，命是恒定的变不了，但是运可以转，可以根据你的行为方式来改变这个运。所谓走运、走鸿运、走背运，这个思想的根本还是相信人死以后有灵魂存在。

中国人对死亡概念的转变，是因为佛教的传入。佛教的思想，一个最根本的思想，就是轮回的观念。所谓六道轮回，六道：天、人、阿修罗、畜生、饿鬼、地狱。佛教认为，是根据你的业来决定你的命运，什么叫业？心口意，你的所思、所想、所言都是业。轮回观念的基础是什么？就是佛教的"诸行无常，诸法无我，涅槃寂静"，这是佛教的一个基本思想。还有就是"诸法因缘生，缘谢法还灭。吾师大沙门，常做如是说"。这是缘起论，无论是汉语还是巴利文，印的都是这四句话。这是释迦牟尼的大徒弟说的，世界上所有的东西，都是因缘所生的，这个缘起论，一个最基本的思想就是讲究因缘。佛教认为，因缘是条件、环境，包括本质的一个结合，而且因前也有因，数不尽的，因后面是果，果又可能是后一个果的因，所以因果相续，这个链条也是无尽的，没有第一因。所以说佛教是无神论，为什么是无神论？基督教有一个上帝，问你这是从哪儿来的？爸爸妈妈生的，爸爸妈妈怎么来的？爷爷奶奶生的。推到最后，第一个人哪里来的？基督教解决这个问题的说法是上帝造的亚当夏娃，等等。中国也有女娲造人的说法。但是佛教讲，因缘没有第一因，没有造物主。这个因是因果相续，无始无终的，而且有因必有果。比如一个种子是因，结出来的就是果，这个果肯定又作为种子再种下它，还可以结果。而且种什么因得什么果，所谓种瓜得瓜，种豆得豆。很简单，做好事就有好报，做坏事就有恶报。那缘是什么呢？是指它的外部条件，种子种下去了，能不能结果，也不光是看种子、土壤怎么样，还要看阳光怎么样，雨水充足不充足，这些都是缘。所以有人这样解释因缘：因是一个纵的链条，是时间的链条；缘是横向的，是一个空间的。因缘结合起来，就产生一个事物，而这个事物，也不是恒定的，它同时既是因又是果。因此佛教有无常的理念，什么叫无常？世界上万事万物都是因缘所生，都处在变化之中。我们今天坐在这儿，我在讲，你在听。我的这句话说出来的这一秒钟，我其实就不是前一秒的我了，你也不是前一秒的你了，我们都在变化，我们身上的血液在流动，我们身上的细胞有死有生。佛教认为，世上一切事物，都是变化的，有生就有死，而死不是什么都没有，死是另一个生的开始，这就是缘起，生死相续，无尽无限。

认为死亡就是另一个生命的开始，这样的思想随着佛教进入中国之后，对中国人影响是非常大的，影响大到什么程度？我们每个人在中学都学过鲁迅的《阿 Q 正传》，当时语文老师跟我们讲，阿 Q 是鲁迅先生结合了中国人所有的劣根性，创造出来的一个代表性的人物，这个人完全是一个负面的形象。但是你想一想，阿 Q 临死之前画押，他不会写字，就画一个圆圈，他认真地画，画到最后没想到这一笔出去了，他略有遗憾，这圈没画圆。现在哪一个老总不喜欢这样的员工啊？临死画圈都这么认真，他做别的事能不认真吗？绑缚刑场的时候，阿 Q 是怎么走的？是唱绍兴乱弹《龙虎斗》里的一句："我手持钢鞭将你打"，唱完以后，阿 Q 觉得还不过瘾，没有把他想表达的表达清楚，于是阿 Q 喊了一句话，大家都知道他喊的什么："二十年后又是一条好汉！"什么思想？轮回的观念、缘起论。生命不会结束，死就是生的开始，而且他相信自己“二十年后又是一条好汉”。佛教影响了阿Q，使阿Q这么一个在语文老师口里是集中了中国人劣根性的代表人物，在面对死亡的时候，保持了人的尊严的底线。阿Q没吓得尿裤，没有像一团烂泥一样让刑警拖下去。他不但能唱戏，还能大吼一声“二十年后又是一条好汉”。在阿Q的悲惨的一生当中，他面对死亡的那一刻，应该是他一生当中最光辉的一点，他超越了很多人，他能做到这一点，就是因为他接受了这样一个思想：死亡是生命的开始，没有什么可怕的。

再说说弘一法师的临终偈。弘一法师大家都知道，“偈”是佛教的一个专有的名词，就是佛教思想。弘一法师说：“君子之交，其淡如水。执象而求，咫尺千里。问余何适，廓而忘言。华枝春满，天心月圆。”后面这四句，气象万千，太了不起了。“问余何适”，临死之前你问我要去哪儿，是天堂，是地狱，是未知。“廓而忘言”，这个“廓”是大的意思，当年梁武帝问达摩，他说我度僧建庙，为佛教做了这么多的事情，有没有功德？梁武帝周围的人都是拍马屁的，肯定说有功德，你为佛教做了这么多事，能没有功德吗？但达摩说没有功德，人天小果，没有功德。梁武帝也还有度量，没有说推出去砍了。梁武帝又问他，那既然没有功德，我跟你探讨学术问题，何为第一圣谛？谛就是真理。佛教讲了这么多东西，最重要的、最基本的那个真理是什么？达摩说“廓然无圣”，用的就是这个“廓”字。后面八个字，“华枝春满，天心月圆”，不用解释，我想每个人看到这八个字，心里都有一个感觉，都有一幅图画。在古汉语中，“华”就是“花”，花枝春满，天心月圆。佛教讲圆满，我去哪儿，我想告诉你，但是这件事情不是一句话能说清楚的，你看春天来了之后花是什么样子，十五之夜天上一尘不染的时候那轮月亮是什么样子，这就是生死。我多年前给学生讲莫扎特的时候，学生问我，莫扎特的音乐是什么样子？我说我突然想起弘一法师这句话，“华枝春满，天心月圆”，没有解释，学生们都懂。

除了这个临终偈，弘一法师还有一个书法“悲欣交集”。我有一篇文章曾发表在《读书》上，其中举了三四个很优秀的知识分子因为对佛教的无知而闹笑话的事。其实我这篇文章是针对《读书》之前登过的一篇文章做的反驳，那个作者说：我看了弘一法师临终之前写的四个字“悲欣交集”，对弘一法师的尊重打了折扣，我原来以为弘一法师了断生死，看透世间的万事万物，没有想到他临死之前还没有解脱，还没有解决思想问题，还要有“悲”，还要有“欣”，还“悲欣交集”。所以我在文章里也举这个例子，我说弘一法师说的“悲”，不是你说的“悲伤”的“悲”，它是“悲悯”的“悲”，是“慈悲”的“悲”。什么叫“慈悲”？“无缘大慈，同体大悲”，就是佛教徒对旁人苦难的感受。你的亲戚死了，你当然痛苦，这叫“有缘”。“无缘”，是指跟自己没关系、无缘无故的一个人，他的痛苦你感同身受，这叫“慈”。他痛苦，你也和他感到一样的痛苦，这叫“悲”。弘一法师临终写的“悲欣交集”完全不是那个作者理解的意思，不是悲伤之意，而是悲悯，是慈悲。

还有赵朴老，赵朴老是我这一生当中影响了我思想的有限的几个人之一。他临终之前说：“生固欣然，死亦无憾。花落还开，水流不断。我兮何有，谁欤安息。明月清风，不劳寻觅。”赵朴初也感到死就是另一个生命的开始，花落了，还会开。赵朴老的“明月清风”和弘一法师的“华枝春满，天心月圆”如出一辙，都表达了对死亡不仅仅是被动地接受，因为他看透了生死，了却了生死，他是“悲欣交集”，这个“欣”不仅仅是生之欣，也有对解脱了此生痛苦的一种欣慰，一种欣喜。死了好，死了再也不受罪了。生活当中很多痛苦，但是为什么人们都贪生而怕死？是因为觉得死了以后这个人就完了，没有了。“没有”是什么？没有是“无”，虚无是最可怕的东西。所以这两个佛教的大德，在临终之前留下的偈，都用了人世间最美好的语言。这个美好不是堆砌辞藻或者形式上的华美，它是一种自然之美，一种天然之美。

在今天发的材料里有一个《瑜伽焰口》，是我专门找来想让大家留下的。为什么？稍微解释一下，《瑜伽焰口》是佛教超度亡灵的一个法事。做这个法事目的是什么？让灵魂能摆脱六道轮回，不堕入地狱。“瑜伽焰口”是怎么来的？佛经上讲，释迦牟尼有一个徒弟叫阿难（在汉地佛教大殿里，释迦牟尼佛前面立着两个小人，两个和尚，一个老的，一个年轻的，老的就是大家说的迦叶，那个年轻的就是阿难）。有一天夜里阿难打坐入定，看到一个鬼，这个鬼很可怕，嘴里吐着火，所以叫“焰口”，这个“焰口”就是阿难见到的鬼，是个饿鬼。这个鬼跟阿难说“三天之后汝命尽”。你也要死了，就跟我一样，堕入饿鬼的地狱里，永远感到饥饿。阿难恐惧就去找释迦牟尼佛，佛给他一部经，就是《瑜伽焰口》，说你要用这一部经来超度所有的饿鬼，所以放焰口是中国佛教一个最著名、最普遍的法事。一般人死了后要放焰口，放焰口的时间就是现在这样的时间——黄昏。先要有一个坛，就是用“观想”把佛菩萨都请来。搭好这个坛，金刚上师在放焰口的时候，有一系列的手印，唱真言咒语，要戴毗卢帽（五佛冠），就是大家在电视剧里看的唐僧戴的那个帽子，那个叫毗卢帽，那个帽子不能随便戴的，唐僧在电视剧里是从头到尾，从早到晚戴着毗卢帽，骑着马也戴着那个，是不对的。五佛冠上面有个五方佛，戴这个冠的时候，要有观想、要有手印，要有一套仪式，金刚上师戴上毗卢帽，他的话才有法力，法事结束，要免冠，要摘下来的。电视剧里从头到尾都戴着，莫名其妙。然后把这些鬼“一心召请”都请来，赐予甘露味给他施食，叫“施食焰口”。一般在北方都是蒸点小馒头，一边作法，一边扔点小馒头，让这些鬼来吃，还要洒净水。

我给大家的这个材料是《瑜伽焰口》里的一部分，叫“一心召请”，十余段，我认为在中国的文学史上堪比“唐宋八大家”的所有文章，传说是苏东坡写的。我多年前曾经考证过，没有任何证据能够证明它是苏东坡写的，不过后来我想即使不是苏东坡写的，也是一个和苏东坡同样伟大的天才所写。在这个焰口里有唱有白，要把这些鬼魂都召来，这体现了佛教一个最基本的思想，就是众生平等。从帝王、将相、和尚、道士、美女、乞丐，最悲惨的人和最富贵的人，众生平等，通通请来，文辞之美，对仗之严谨，比“唐宋八大家”的所有的文章都不差。

佛教众生平等，众死也平等。任何人，有生就有死。我想，我们今天聚在一块儿，有一个意思，就是因为一个年轻生命的逝去。她和我们多多少少、深深浅浅都有缘分，而且我知道，我们很多人都把她当孩子，而且对她的死放不下。我今天想说的就是想让大家放下，放下才是对死者最好的怀念，也是对死亡透彻的认识。这个美丽的年轻的娃娃，就是“华枝春满，天心月圆”。

此文是 2004 年为纪念早春文化有限公司不幸遇难的李娜而做的讲座，录音整理：李嘉宝、都本玲

法喜充满

——在觉囊“梵乐”座谈会上的发言

佛教有 4 个字叫“法喜充满”，今天能够听到藏哇寺的“梵乐”，嘉阳乐住上师和藏哇寺的喇嘛们能够在今天来中国艺术研究院筑坛说法，音声佛事，应该说是殊胜因缘，让我感到“法喜充满”！首先要感谢嘉阳乐住上师和藏哇寺的僧人给我们送来这么一堂佛事。佛教讲“六度”，也叫“六波罗蜜”，是六种成就智慧、到达彼岸的方法：布施、持戒、忍辱、精进、禅定、般若。其中“布施”很重要，但“布施”里最重要的是“法施”。今天藏哇寺的上师能够在中国艺术研究院筑坛说法，音声佛事，是给我们送来了佛法，是真正的“法施”，我代表中国艺术研究院宗教艺术研究中心表示由衷的感谢！

另外一个“法喜充满”的原因，是我们和中华文化促进会有一个特殊的缘分。文促会和我们共同合作，把这堂梵乐送到中国艺术研究院，让大家共沾法雨，利益众生。我跟王石老师应该是老朋友了，今天非常高兴能与文促会合作做这个事情。另外，刚才听到王石老师在台上讲“前弘期”“后弘期”……非常专业，不禁深有感触，因为差不多 20 年前我曾经主动找过王石老师，当时就在亚运村，我不知你记不记得？（王石：记得）因为当时王石老师在我心目中是一位很有改革精神的实干家，做了很多事。

所以我当时去拜访他，谈的就是怎么能把佛教音乐引入当代社会，希望能共同做这样的事情。但当时机缘未到，没有谈成。正像王石老师刚才讲的，我们这代人经历了对宗教认知的一个很漫长的过程，当时没有谈成。还认识不到佛教文化是我们中华文化的重要组成部分，是珍贵的非物质文化遗产。但是今天，就像刚才王石老师讲的，我们整个社会在对宗教的认识上逐渐地接近真理。从我们过去把宗教包括佛教当成迷信，当成洪水猛兽，到逐渐认识它，是一个巨大的进步。从承认佛教在历史上的巨大作用，到认识到至今它在现实生活当中仍然可以起着巨大的作用。所以不光是文促会，也不光是我们，是整个社会，包括我们的政府在这个问题上，都是逐渐有了一个清醒的认识。包括中央提出来，如何在构建和谐社会当中，让我们的宗教和社会主义相融合、相和谐的问题。我觉得今天文促会能够在认识上有这么大的一个进步，而且做这样功德无量的事情，我真是感到非常高兴。

今天的这场音声佛事有很高的学术价值和艺术价值。但我们大部分的专家学者是汉族，只是对汉传佛教音乐做过一些研究。我从 1982 年开始跟杨荫浏老师学习并研究佛教音乐，二十多年来对藏传佛教音乐我始终只是心向往之，但是高山仰止，未敢亲近一步，更不敢深山探宝。原因是语言的隔阂，不懂藏语，所以只是顶礼膜拜，没有机缘亲近。虽然到过藏区多次，前藏、后藏、甘南，包括四川的阿坝……但藏传佛教的音乐，却只是欣赏、聆听、采录，而没有深入研究。所以我今天只能谈两点很初步的感受，很粗浅的感受。也许跟我一样对藏传佛教、藏传佛教音乐认识不多的人，会从我这个初浅的认识当中体会到一点东西。

第一点就是我想问一下今天在这里的年轻人，你们有没有注意到上师上台时的姿势和表情？他们定定地上来，和我们所有舞台上演员上台的样子是完全相反的。一般演员上来大都是趾高气扬，目空一切，扬着首，挺着胸，还要穿着高跟鞋，要表现自己的高大。而我们的上师，他们上来时全都低着头，默默地、静静地上，这种谦卑和谦恭是只有宗教徒才有的，和我们艺术家在舞台上的形象完全相反。但正是这样的谦卑和谦恭，让我觉得比我们世俗的演员在舞台上呈现的那种“假、大、空”的“高大”更能让观众感动，甚至有一种震撼的力量，这是一种安静的力量、寂然的力量、“静”与“敬”的力量。

第二，藏传佛教的“声明”，也就是我们汉传佛教所说的唱颂、梵呗，所有没有听过的人第一次听都会感到非常震撼。1994 年，我曾经带着甘肃拉卜楞寺的僧人参加法国的“圣·佛罗朗艺术节”，我们的第一次演出就在巴黎的一个教堂里，当时我们这个团只有 10 个喇嘛，但声音却充满了整个教堂！他们的唱念真是像佛经里说的“梵音海潮音，胜彼世间音”，就像大海的浪潮一样澎湃、威严。他们特有的那种低音，尤其是在一个共鸣极好的教堂中，那效果简直是太强烈了，让所有的人都感到震撼。演出之后，很多的记者在采访我时说：“你们这些喇嘛的声音完全是我们西洋歌剧里的‘大贝斯’，是最好的男低音，他们是不是你专门找的?”我说：“在藏区，在藏传佛教寺庙里，声闻也是一种修行，所有的喇嘛都是这样唱念的。”我跟他们开玩笑说：“你们西洋歌剧的男低音演员，都应该到藏传佛教寺庙里去学习，那里有世界上最好的男低音。”

刚才王石老师提到它和一般的齐唱不同，似乎是多声音乐。其实我们今天研究少数民族多声音乐的专家都知道，在中国一些少数民族的歌唱中存在着大量多声音乐。我年轻时也曾在寺庙里有过独特的感受和启悟，当年我在寺庙里听僧人们在“早晚课”中唱梵呗的时候就感受到一种类似多声音乐的感觉。我当时就曾想过：多声音乐最初可能就是在这样日复一日演唱同一个经文的念诵当中自然产生的。后来的“和声”理论是在大量实践之后，由专门的音乐理论家总结出来的。事实上，我觉得没有比宗教场合和宗教徒更可能促使这种多声现象的产生了。因为除了宗教徒，一般世俗的人在一起合唱的机会比宗教徒要少得多。当然，像一些少数民族，比如侗族的“侗族大歌”等，有另一种培养多声音乐的风俗。

正像嘉阳乐住上师刚才一直强调的那样，佛教音乐和世俗音乐一个最大的不同是在心灵的和谐，是心灵的声音。今天我们能够有幸聆听这样的法乐，真是“法喜充满”，非常高兴。但是为了更好地弘法、更好地把觉囊梵乐推向世界，我最后谈一点建议，一点技术层面的探讨。现在，从舞台的布置，到曼陀罗这个坛城的布置，包括佛像的供养，包括僧人们演唱时这种侧身而坐，统统面向舞台一侧的舞台队形，我觉得还可以探讨。当然，由于这和汉传佛教的习惯非常不同，所以我首先请教上师，现在这种僧人在台上不是面向观众而是面向台侧，佛像不是放在舞台中央而是放在一旁的方式是不是你们有意为之，是不是一种特殊的传统，是不是如法？一般来讲，舞台上的这个佛像肯定应该放在中间，当然，从理论上讲无处无佛，只要洁净之处都可以。但是我不知道我们这样一个舞台布置是不是出于特殊的传统？如果不是，我建议为了更庄严，佛像和坛城还是置于舞台中央为好，这无论从审美习惯上还是从舞台的整体性上似乎都要好些。另外就是佛像供奉，汉传佛教是习惯供“三世佛”，无论“横三世”，还是“竖三世”，觉得三尊佛像更庄严，更符合我们的审美习惯。今天我们在舞台上是两尊佛像。（上师：这个没有什么数量的限制，一尊也可以，多尊也可以，一般的庙里没有什么定数。）这两尊佛像，（上师：这两尊佛像，一尊是释迦牟尼佛，因为音乐代表心灵的良药，另一尊是药师佛。）藏传佛教和汉传佛教都是佛教，但是传承的确有所不同，所以先要跟上师请教。我的建议是从低层面、技术层面上讲。我们一般佛像是居中的，僧人在两侧，而今天我们看到的是上师在中间，曼陀罗在一面，是不是因为汉传佛教“三宝”是佛、法、僧；而藏传佛教上师是第一位的？（上师：不一定，跟这没关系，主要是藏戏，所以分左右）好，如果没有这种特殊要求，现在舞台上是 24 个上师，分 4 列，每列是 6 位，完全是侧面，对着西方在唱，刚才我一直在想：是不是故意地面向西方……我的建议是，如果能分成两行各两列，排成一个八字，东西两厢，面向观众的话，从声音上讲，效果会更好。同时，观众可以更清楚地看到喇嘛们的手印，这很重要，现在的手印看不到，法器也看不到，只能看到喇嘛们的侧面。正因为我不懂藏传佛教，所以只是向上师请教，假如没有宗教的特殊要求的话，我的这些技术性的建议只是为了更容易、更好地饶益众生，更方便地弘法。我就先说这么一点，谢谢！

2010 年 1 月 6 日于中国艺术研究院

根据录音整理

“一带一路”与佛教文化

——在“什刹海论坛·2017佛学季”的演讲

现在，“一带一路”是一个热门词，不但学者们、官员们在说，各个媒体也在说。但说来说去，“一带一路”上最重要的内容应该是什么呢？或者过去的“一带一路”给中国、给中华文化造成的最大影响又是什么呢？这个问题恐怕不能不弄清楚。现在绝大多数人谈到“一带一路”，讲的是交通的便利、货物的流通，从哪里到哪里，不走海路了，走陆路了，节省了多少时间，一趟列车有多少集装箱，等等，讲的是经济和物，我认为在物之外，还应谈到“心”。

“一带一路”对传统中国来讲，或者在中国历史上，的确起过巨大的作用。这个中西的交通，不但促进了中国的发展，而且整个世界都从中获益。但是，“一带一路”还有许多其他的名字，比如“丝绸之路”“香料之路”“蓝晶石之路”等，都是用“一带一路”上的大宗货物来命名的。也的确如此，因为有了“一带一路”，西方人才能享受到丝绸、茶艺，中国人才知道有葡萄、苜蓿等。这种物的交流，的确促进了整个世界的进步，也给东西方人带来了很大便利。

但如果讲到“丝绸之路”带给中国最大的影响，或者通过“一带一路”，我们输出的除了茶叶、丝绸，我们得到的除了香料、苜蓿、葡萄等以外，我们得到了一个最大的宝贝，就是佛教。所以谈到“丝绸之路”，不谈佛教，不谈佛教进入中原，不谈佛教通过“丝绸之路”传入中国之后在中国的发展，是说不过去的。

大家都知道，佛教传入中国有不同的途径，南、北、西、东都有，还有海路，达摩从广州登陆，但主要途径还是通过西域。西域在中国历史上变化很大，有广义的西域，也有狭义的西域。大家一般的认识，即葱岭以西，包括现在的新疆，一直到中亚，甚至到西亚，这个地方是过去佛教最繁盛的地方。古代西域佛国林立，从法显、玄奘到义净，我们中国的僧人对西域佛教的认识和记录，不但给我们描写了、记述了那个时代西域佛教的盛况，甚至他们用汉字所记载的历史，更是印度今天回溯历史时唯一可以依靠的文字记载。

许许多多的高僧，从西域进入中原，在中国的佛教史甚至整个历史上，都起到过巨大的作用，比如大月氏的支谦、支昙龠，安西的安世高，当然龟兹的就更多。从大家所熟知的鸠摩罗什，到帛尸黎密多罗和佛图澄，这些高僧在中国历史上都赫赫有名，不仅仅是在佛教史上。像鸠摩罗什和佛图澄，对中国尤其是北方社会，都起到过巨大的作用。

讲到“丝绸之路”，大家首先会想到张骞，张骞出使西域所谓“凿空”，就是开通了大道。但是司马迁当年说“凿空”这个词是一个比喻：中国同西方的隔绝就像有个墙壁一样，在这个墙壁上打开一个洞，透进阳光，进来空气，这就是“凿空”，是在暗壁之中凿了光。

但是这里还有一段佛教史没有谈，只有音乐史会谈的一件事情，就是张骞从西域回来之后，《晋书·乐志》上面有一段记载，说他“惟得《摩诃兜勒》一曲”，就是说他从西域回来之后带了一首音乐叫《摩诃兜勒》。“李延年因之更造武乐”，说李延年根据他带来的《摩诃兜勒》创造了 28 首武乐，这成了汉代中国最早的军乐。那么这个《摩诃兜勒》是什么呢？“摩诃”是“大”的意思，这个“兜勒”，据有的学者考证，现在蒙古与叙利亚还有这么一个发音，有相同的“兜”字，什么意思呢？就是大曲、曲。现在中亚一些地方，它的语言里也有“兜勒”，也是“大曲”的意思，以及现在蒙古语“潮尔道”，这个“道”就是音乐的意思。

那么，这个“大的”音乐是什么呢？是“大曲”还是另有他意？有其他学者从《佛说义足经》里看到了有一品，就叫“兜勒梵志品”，这是说有一个人，他的名字就叫“兜勒”，是个异教徒，迷信外道的，后来听佛说教，皈依了佛教，最后终于成为一个“摩诃兜勒”，就是伟大的兜勒。我是相信《佛经》里有这个记载的，因为根据我的研究，这个《摩诃兜勒》在中国音乐史上没有其他的遗传，只在泉州南音里面有。大家都知道泉州南音，现在也是世界级非物质文化遗产，那是中国最早的、可信地流传到今天的音乐。在南音里，有一个大曲叫《南海观音赞》，这个赞里边就有一首曲子，叫作《兜勒声》。《南海观音》当然是佛教的内容无疑。那么起码在这样一个套曲里，有一支曲子就叫《兜勒声》，可以反证张骞从西域带回来的这首《摩诃兜勒》应该是佛教曲，因为我们有实际的音乐可以证明《晋书·乐志》里的这段话。

如果张骞带回来的这首乐曲就是佛曲没有问题的话，那么就出现了一个问题，佛教正式传入中国到底是什么时候？现在一般的佛教史有几个不同的说法，大多数学者认为是汉永平十年，就是公元 67 年，也就是把纪元前后这一百多年作为佛教正式传入中国的一个时间。那么张骞出使西域，又是什么时候呢？张骞一共去过两次，第一次去是公元前 138 年，回来的时候是公元前 126 年，去了 13 年。去的时候带了 100 多人，浩浩荡荡出使月氏，被匈奴截留，十几年后才回来，回来的时候只剩两个人，历尽千辛万苦，应该说是九死一生逃出来的。因此，第一次出使就带回了这个音乐的可能性不大。那么第二次出使西域呢？可能是公元前 119 年，我记不太清楚了，也就是说他回国几年之后，又去了第二次。那么这次去，回来时乌孙国送给他一些车、马等礼物。这次不像第一次回来时那么狼狈，就有可能把这个乐曲带回来。当然有一个问题，那时候没有乐谱，这个乐曲是怎么带回来的？根据我的研究，我认为起码在汉代就已经有了类似现在藏传佛教里的“央移谱”，在道教音乐里的“步虚”，那个时候已经有这种曲线谱了。当然张骞在西域，尤其第一次待了十几年，他可能在十几年里，学会了当地的音乐，把活的音乐带回来，这都是有可能的。

假如我们认为《晋书・乐志》上的记载又通过今天的南音流传着，还有这种乐曲的反证，证明张骞曾经从西域带回来佛教音乐的话，那么佛教传入中国，就不能说是汉永平十年（67），而起码是在公元前1世纪、2世纪，佛教就已经通过佛教音乐传进中原了。

当然我的专业是研究佛教音乐，佛教的学者可能会认为这是你的本行，当然重视了。但是我们客观地看，这的确是《晋书・乐志》里的一段话，这段话的记载，应该值得我们好好地、认真地对待。

我刚才讲到了音乐，玄奘在他的著作里讲到龟兹，讲到龟兹佛教的繁盛，其中有一句话就说了8个字——“管弦伎乐，特善诸国”，就是龟兹的音乐比西域其他国家都要强。所以后来西域的音乐传到中国之后，尤其到了隋唐，对隋唐的宴乐影响很大，而且东传韩国、日本，日本到现在皇室还有雅乐寮，他们所演奏的音乐，都号称是从中国唐代传过去的。在雅乐里边，包括宴乐里边，最重要的内容实际上都是从西域佛国传到中原的，都是佛教的音乐。

大家有兴趣可以在网上搜到我的一篇文章叫《佛教音乐的华化》，就是通过佛教音乐传到中国的华化过程来讲这段历史的。当时尤其是龟兹乐，在中原的流传就像现在的流行音乐一样，“街东街西讲佛经，撞钟吹锣闹宫庭”，就是说整个唐代从宫廷到老百姓，几乎最流行的就是龟兹乐了。大家知道龟兹是著名的佛国，就是现在新疆的库车这个地方。当年张骞走的路，也经过这里，西行过了阳关往西走，到新疆吐鲁番盆地，一个是北路，就是从龟兹，现在的库车，往西走到疏勒，经过葱岭到中亚地区。另一条路是走吐鲁番盆地的南路，就是现在的和田，当时叫于阗。当时这些国家从安西到疏勒再到龟兹，都是佛教盛行的国家。

那么龟兹贡献给中华文化的当然不仅仅是葡萄、苜蓿，也不仅仅是《摩诃兜勒》，是佛教音乐，最重要的是通过丝绸之路，中国人迎请了一位高僧大德，他就是鸠摩罗什。这几年，很多媒体也都在宣传鸠摩罗什，有电视的纪录片、电影，还有各种舞台剧。有关鸠摩罗什的故事我们今天不讲，大家都知道他是中国最重要的翻译家，最后在长安的译经场有 5000 人左右，他翻译了有 39 部大经，有好几百卷，一直流传到今天，比如我们现在熟悉的《法华经》《金刚经》《大品般若经》等，还是大家用得最多的版本。

讲到鸠摩罗什，我总会想到苻坚，苻坚大家都知道，前秦的帝王。他不是汉族，是氐族，是少数民族。大家只知道苻坚打了败仗的“淝水之战”，因为他打了败仗，还流行很多成语，什么“草木皆兵”就是在说他。但是人们不知道他发动过两次战争的目的是为了迎请两位高僧，是为了抢两个和尚，这是苻坚了不起的地方。一个是攻打襄阳为请道安，他说我打下襄阳以后，得到一个半人，一个是道安，还有半个是习凿齿，一位历史学家。

那么最重要的，就是他派当时的车骑将军吕光去打龟兹。当时带着 7 万人，还有一些少数民族国家的军队。苻坚在为吕光饯行的时候说我派你西行去打龟兹国，不是为了要它的土地，而是“以子爱苍生为本”。为什么去打龟兹？他说我听说鸠摩罗什“深解法相，善娴阴阳”，非常了不起，所以你这次去，就是为了他。他把鸠摩罗什称为“国之大宝”，不是物质的，而是人。这个人就是鸠摩罗什，他说“若克龟兹，即驰驿送什”，“驰”是奔驰的驰，“驿”是驿站的驿，立刻快马加鞭，什么都别耽误，把鸠摩罗什给我请过来。

当然吕光也了不起，后来苻坚死后，他在西域建立了后梁，也自称皇帝。为了“迎请”，他不说“抢夺”高僧，不惜派七万兵去西伐龟兹，最终把鸠摩罗什请到了中原。因为这场战争，也因为迎请鸠摩罗什，我们有三十几部大经流传到了今天，至今仍在中华民族的整个文化宝库里彪炳显赫，福被万代。

作为一个翻译家，鸠摩罗什有很多了不起的地方，比如如何翻译。过去翻译有的“意译”，有的“直译”，他要求兼顾，即现在翻译的所谓“信达雅”。他有一句名言，他说翻译本身是“不得已而为之”，他说翻译好像是你把东西、把食物咀嚼了之后再喂给别人，“非徒失味，乃令呕哕也”，不光味道没有了，甚至是恶心了，所以他对翻译的要求非常高。历史上这么多个版本的译经，鸠摩罗什的译经应该说是其中最好的译本。

讲到龟兹的这位高僧对我们汉传佛教的成熟所起到的作用，的确是无论怎么评价都不过分的。也就是说佛教的高僧大德是通过“丝绸之路”，通过“一带一路”进入中原的。没有“一带一路”，我们今天汉传佛教不可能有这么博大精深的气象。现在我们所谓的“一带一路”，陆路是“丝绸之路”，还有一个海路，包括泉州、宁波、广州这些港口和南洋，海路也了不起，菩提达摩就是通过海路进入中原的。大家也都熟悉，梁武帝和达摩见面之后的这段“廓然无圣”的公案，虽然梁武帝和达摩俩人话不投机，但是也促成了达摩“一苇渡江”，最后去少林寺面壁十年，最终成为我们东土禅宗的初祖，乃至后来“一花五叶”，禅宗应该说是汉传佛教里最了不起的一个发明。禅宗和中国的儒家文化、道家文化进行了非常好的融合，给中国人带来了非常巨大的影响。在这里我要着重指出一点，就是为什么我们要把“一带一路”的建设和佛教的传入紧密联系起来，因为就是通过“一带一路”，我们中国人有幸和佛教亲近，并且把我们中国人的智慧，这里面就包括鲁迅先生所说的舍身求法的和尚，即佛教徒，从出家人到在家人，一代一代地努力才使今天的禅宗在世界上有这么大的影响。当然在世界上，尤其在西方欧美国家，一提到禅、禅宗，他们就会想到日本，仿佛禅宗、禅是日本人发明的，其实不是的。第一，这是一个很大的错误；第二，我们也应该检讨了，20 世纪初日本的一些禅宗中人像铃木大拙等，用英文向欧美传播禅宗的智慧，对欧美人影响确实很大。

在我们正统的教学体系里，会把清朝的最后一个皇帝看成是封建主义腐朽、没落、反动的代表。但是把佛教看成是腐朽的、反动的、急于打倒的，却也是他。那当然也是中国“戊戌变法”的一个重要内容。

“戊戌变法”是学习日本的“明治维新”，过去我们认为日本是一个小国，中国是文化的输出大国，日本是接收国，我们是老师，他是学生，历史上曾有多少次的遣唐使。那么到了近代，日本通过“明治维新”全面学习西方，富国强兵之后来打我们这个“老师”，我们这个“老师”腰也弯了，背也驼了，牙也掉了，对我们过去的学生都没有还手之力。

近代史上，也就是从清末开始，所有中国的仁人志士，包括汉、满、回、蒙等不同民族，都提出要学习西方，远学西方、近学日本，就是学西方也是从学日本开始，我们中国很多东西是从日本学的。昨天还有一个朋友跟我聊天，聊到乐谱的问题，我跟他讲到古琴谱，他说这是我们现在中国人的简谱。我说简谱也不是中国人发明的，就是阿拉伯数字组成的这个所谓的简谱，这是欧洲人发明的，法国人发明的，包括卢梭都参与过。但是简谱也是从欧洲传到日本，中国人又从日本学过来的。现在欧洲人谁都不认识简谱，日本人也不认识了，在日本已经没有简谱了，只有中国有，现在尤其是学民乐的都使用简谱。近代有很多东西，包括很多的名词都是从日本返销回来的，所以当时要学习日本，学什么？全面学习西方，建新式的学堂，教新学。那么教新学怎么教？哪儿来的学校？哪儿来的老师？老师当然也找回国的留学生，所以宣统就颁布了“废庙兴学令”，即要把所有的寺庙都变成新式学堂，所以就是从清朝末年开始，从“戊戌变法”开始，一直到后来的五四运动，砸了孔家店，把所有的传统文化都当成包袱。包括鲁迅先生也告诉我们，中国书一本都不要读，他自己读透了，不让我们读。也不光是共产党推崇的鲁迅，国民党推崇的胡适也是一样的。他们在对待传统文化这个问题上，“五四”时期的知识分子大抵相同。只有少数的所谓前清“遗老遗少”，或者是被称为“保守派”的，像辜鸿铭这些人是极端的少数，在这个社会上他们的声音太微弱了。绝大部分是要把传统文化都扔掉，从砸孔家店到打击佛教、道家，儒释道三家在近代统统是被打击的对象，理由就是它们成为中国近代积贫积弱、挨打受气的原因，这个有没有道理呢？

检讨一个国家一个民族的命运，从检讨文化开始有没有道理呢？有道理。但结论是不是百分之百的正确呢？大有疑问。所以我写文章，常常用那句话，就是“泼洗澡水”，连着把澡盆里的孩子一块儿泼出去。

弘扬传统文化是件大好事，我举双手赞成，但下面就该问一个问题。谁来弘扬优秀传统文化呀？换句话说，你弘扬传统文化，你懂吗？你知道什么是传统文化吗？我每次去其他省市调研，当地的宣传部长都跟我讲传统文化，我可以负责任地说，我见到的所有的各级宣传部长，懂传统文化的少之又少，凤毛麟角。当然其中也有很优秀的，但是绝大部分人不懂。我也不敢说我懂。明年我就 70 岁了，在中国文化界，很多人说我是保守派，我整天讲传统文化，可我的传统文化都是自学的，是碎片化的，是不成体系的，有很多空白，甚至有很多错误。

一个地级市的宣传部长，三四十岁，他懂什么叫传统文化吗？我是生在旧社会、长在红旗下。我 7 岁上小学，学的就是新学，我学传统文化是因为自己喜欢，自己不断地自学，才稍稍懂得一点点。那从来没学过的，尤其是改革开放前二十年，“一切向钱看”，一切“打开窗”学西方，包括我们现在的孩子，从小进幼儿园都是双语教育了。那我们今天突然要弘扬传统文化，怎么弘扬啊？昨天西藏有个学生给我传了很多照片，其中就有一位名人给“九球皇后”写的书法，网上都有。“九球”我不懂，他题的书法“九球皇后”四个字错了俩，就是50%错误率。“九球”的“九”写一个“斜玉旁”，不要说“王”字边。现在的偏旁就是“王字旁”，斜玉旁边一个永久的“久”。这个“壹贰叁肆伍陆柒捌玖”所谓繁体，它不是繁体字，它是特殊用字，是账房先生记账写支票，写的所谓叫大写的壹贰叁肆伍陆柒捌玖，这是会计写的。

“九球皇后”，“后”写成繁体字的后脑勺的“後”。皇后的“后”，我们大陆的书法家，写成前后的“後”，为什么呢？我们用简体字这么多年了，不知道繁体字是哪儿来的。我在台湾做过三次专门的报告讲简体字，因为他们很骄傲地说，你们大陆的学者只会简体字，那意思是我们不会繁体字，因为用了简体字，就认为大陆的传统文化完蛋了。我就给他们讲90%以上的简体字，是历代书家们写的行书、草书、异体字。王羲之、王献之、张旭，都是这么写的。我跟台湾人讲，我说你们不要瞧不起简体字。但是反过来在大陆，我们也要反思，我们很多人只认识简体字，回去再写繁体字，就写得让人笑话，比如说前后的“後”和皇后的“后”，这两个字我们简化成了一个字，回去的时候你得分开呀，头发的“髮”跟发财的“發”也是简成了一个“发”字，你再回到繁体字，你也得分开呀。

举个例子。我在某地看某博物馆，5分钟发现了三个错字，博物馆写错字不可以呀？你是有文化的地方，门口牌子写的是“佛教雕塑舘”，进去正门第一个塑像就不是佛家的，但这个可以原谅，我们民间佛道教不分。进门一个塑像后边大大的繁体字的介绍，是斗母天君，也叫斗母新君，是一个道教的神仙，是北斗七星的妈妈。简体字北斗的“斗”，是一个十字左边两点，这个“斗”怎么用呢？一个是量器，“斗、石”就是盛粮食的斗，还有星斗的“斗”，是用这个“斗”。他翻译成繁体字，变成“鬥母天君”，斗争的“斗”，翻回去变成了另外一个字，鬥争的“鬥”，人家是北斗七星的妈，你变成一个战斗的女神了，第一眼看上去就是一个错字。再转到旁边，一个小像，也是道教的，“披发将军”变成了“披發将军”，这是搞批发的，不是零售，是批发。

我们把简体字转换成繁体字的时候，word 上有一个程序，繁简体转换一秒钟就给你转过来，方便吧？方便。大坑！那就是坑你的，绝大部分是转过去了，但很多都是错的，包括刚才天后的“后”跟前后的“後”，头发的“髮”跟发财的“發”，包括一里地、二里地当里程讲的这个“里”跟里外的“裏”都不对。我们也翻译的很多。“一去二三里，烟村四五家”，用 word 转换成繁体字，就是“一去二三裏”等这样的字。所以我们今天所讲弘扬传统文化，缺一个什么阶段呢？在弘扬之前，还应该有一个阶段，叫作“学习”。或者写成四个字，要“认真学习”传统文化。你没有学习，千万别弘扬。你“以其昏昏，使人昭昭”，你是坑人呢，你变成传销了，你上了当之后再让别人上当。

所以弘扬传统文化，好不好？好。当务之急是不是？是。现在能不能弘扬？我说且慢，你先要认真学习。能不能边学习边弘扬呢？可以，但是要慎重，起码弄懂了，你再弘扬。那天记者问一个问题，说现在提出传统文化要创造性转化，你认为对不对？就是创造性转化对传统文化对不对？我说当然对！但是，少安毋躁，你在转化之前，你先要弄明白，你要转化的这个东西是什么。你首先要学习，你要了解之后，你再提转化也不迟，你还要创造性转化。创造性这么容易呀？你能创造。爱迪生一个人创造了多少东西呀，电灯、电话、电报，他一个人全包了，那你怎么创造不出来啊？创造性一定要提，一定要鼓励，但是我们自己要清楚你能不能创造。我有一句保守派的名言，被网上也传来传去，也是我回答一个要创造、要发展的一个学生的话，我说你以为你没干过的事，你干就是创造啊？你奶奶烙馅饼，馅在里头，皮儿在外头，你要创造要发展，把馅放在皮外头，你家没那么烙过饼，你就认为是创作？可意大利人从来都是那么做，那叫比萨。你创造之前，你转化之前，先要有一个阶段。就是我现在讲的，我们要文化自信，这个好不好？太好了！提到文化自信，才提到根儿上了，要不然哪儿来的制度自信呢？哪儿来的？首先要有文化自信！千真万确！但是“自信”二字谈何容易呀！有的人生下来就自信，有的人生下来就自卑。自信太过了叫自恋，这个自卑太过了，最后有可能就会得抑郁症。但是你怎么能让一个自卑的人，或者一个不自信的人有自信呢？得通过学习。所以在文化自信前头，还要有个文化自觉的阶段。

文化自觉是什么？就是认识自己本民族、本地区最有特色的文化。这是你的“本”，这是你的“根”和“魂”。所以在创造性转化之前，要认真学习。为了能有文化自信，先要有文化自觉。这个是不能够跨过去的，也跨不过去。如果你跨过去一定出问题，甚至出笑话。所以反过来我们今天讲佛教文化的复兴，诸位可能会问你有什么办法？有什么锦囊妙计？说出来我们听听，今天佛教文化如何复兴啊？我还是同样的思路，要做到文化复兴，先要检讨今天我们佛教的处境怎么样？怡学大和尚我们认识快 40 年了，我今天在这儿看到广化寺的建设，跟三十多年前我来到广化寺看到的完全不一样，大和尚功不可没。

今天在全国，我们可以看到很多建设得非常好的寺庙，但是大部分寺庙，只有雕梁画栋，没有内容。但怡学大和尚不同，他建了一个书院，就是今天这个学习班，这就有灵魂了。但是目前中国绝大部分的寺庙，是庙越修越大，佛越建越高，但是佛教思想、佛教文化，在社会上普及得太少、太弱，包括我们很多高级的领导干部，对佛教文化一无所知，也包括很多大学生、硕士生和博士生，对佛教文化一无所知。

所以这就有一个问题，我们今天佛子所承担的如来家业，我们肩膀上的担子越来越重，我们到底应该怎么做？几年前法门寺有个佛学院请我去做个讲座，我的题目就叫作“佛教徒应该向基督教学习什么？”很多人一听这个题目就不高兴了，但我的这个认识是从生活实践当中得来的。老百姓现在总结佛教与基督教的区别非常简单，说基督教手心朝下，佛教手心朝上。这话很难听，但这是老百姓的认识。我们政府和学者怎么认识的呢？这些年基督教传播的速度与规模，我们有具体的统计数据，今天我们不谈数据。我们山西那边有个老会长。他有一个讲话，他说五台山周围现在已经被基督教堂包围了。

五台山是佛教“四大名山”之首，文殊菩萨道场，现在到五台山去，无论是开车还是坐火车，你沿途注意一下，包括进了忻州，每个村远远看着都有一个教堂的尖顶，几乎每个村都有。那么它怎么做到的？最近大家注意到了吗？就是这几天，外交部发言人还关注这个事，就是两个中国公民是在叙利亚吧？被 IS 绑架，昨天还是前天的新闻还在讲，说根据那个地方政府透露的消息，两个人可能已经遇害。那么这两个人跑那儿干什么去了？这两个人是被韩国的传教士带过去的，是去那儿宣传基督教去了，他们去传教，到伊斯兰教那里去宣传基督教，最后被 IS 杀掉了。最近这十几年，已经有几十个韩国的传教士，在中东地区被伊斯兰的极端主义分子杀掉了。

鲁迅先生讲到中华民族“脊梁”的时候，专门提到舍身求法的和尚。中国历史上玄奘西行求法，鉴真东渡传法，我不知道我们现在佛学院的年轻学子，先不说有没有这个力，那有没有这个心呢？如果是好和尚，就是建个庙，如果是坏和尚，那就不说了。波旬早就说了，我让我的徒子徒孙，穿你的衣说你的法，如果是这样的话，那佛教文化的复兴谈何容易？所以我想，佛是四众弟子，“佛、法、僧”三宝，除了三宝，还有在家的居士，包括今天在座的所有人。我想如果大家都“人同此心，心同此理”，都愿意为复兴佛教文化来承担自己的那份责任，那么，佛教文化的复兴就能看到曙光了。而且目前是历史上对待佛教最宽容的时代，大家都应该有所贡献。

那么，复兴佛教文化要从什么开始呢？不是建庙，不是造佛像，我想我们大家要有一个共识就是要从弘扬佛教文化开始。这又回到赵朴老当年那句英明的论断。赵朴老当年说“佛教是文化”，这五个字应该在朴老的纪念堂做五个金字。当时很多人不理解，有的出家人不理解，他们认为把佛教说成文化是把佛教说低了。错了！还有比文化更高的吗？朴老说佛教是文化，在那个年代一个最大的作用就是让那些对佛教有敌视情绪，或者对佛教一无所知，或者反感佛教的一些人，包括重要的一些有领导责任的人，让他们不敢轻视佛教，让他们想压制，或者是想打击佛教的时候，有所忌惮，你不要没文化，佛教是文化。

如果我们把朴老当年说的那句话，放在他那个历史环境里当成一种智慧的话，今天看来这就不仅仅是一个权宜之计，不仅仅是策略或是智慧了，而是般若。今天，只有通过弘扬佛教文化，才有可能使佛教文化复兴。历史上为什么有“三武一宗”灭佛啊？你们要盖的寺庙太多了，太豪华了，你财富聚敛太多了，所以“三武一宗”灭佛呀。当然不仅仅是这一个原因，所以你要问我怎么看将来佛教文化的复兴，我的想法就是从弘扬佛教文化入手，使文化深入人心，真的做到古之大德所谓的以儒治世，以道修身，以佛治心。面对社会上所有的、越来越迫切的心理需求，我们的佛教徒、高僧大德大有可为。只有这样，才可能复兴佛教文化。所以今天我讲的，也是我的所思，我最近所想，这都是心里话，可能不对，但是没有违心之论，更不是为了想讲给谁听。有人会想，讲“一带一路”是不是“凑热闹”，或者是“拍马屁”呀？那你错了，那真是低估我了，也小瞧佛教了，谢谢大家。

主持人：特别感谢田青教授的讲座。我稍微总结一下，田老师主要是说了三个问题。第一个就是“一带一路”不能光看经济、交通，应该特别看重“一带一路”所包含的文化内容，这点我觉得特别重要。我们一般都说“文化搭台，经济唱戏”，其实这个可能还可以反过来说，我们现在可以是“经济搭台，文化唱戏”。

第二个是说“且慢弘扬传统文化”，应该先学习传统文化。那么我们书院，开始做五季论坛，其实对在座的都很重要，这也是给大家提供一个学习传统文化的机会。我们这个书院请的都是国内学术界在传统文化研究领域里，特别有贡献和造诣的一些专家学者。我个人也通过很多讲座学到了一些传统文化的内容。我充分感觉到大家都在谈论传统文化，但无论是我们政府的相关负责部门，还是一些正在弘扬传统文化的好心人、热心人，多少都会因为自己所受的训练不足，导致目前出现各种乱象，这也是田老师提出的很重要的一点。

第三，我觉得还有很重要的一点就是，因为田老师跟大和尚的关系很好，尤其提了一个问题，那就是佛教徒应该向基督教学什么？因为我自己的研究领域是儒学，儒学界也经常会问这样一个问题：我们到底应该跟基督教学什么？倒不是说手心向上还是向下。就是说，他们特别热心传教这样一个事业，刚才也说了，很多人都被斩了首，但历史上就是这样的，他们有一种不怕艰难的精神。但我觉得佛教徒其实也有，梁启超在近代的时候，认为中国人应该学佛教徒的那种不怕牺牲的精神。这个好像跟我们一般听到的不太一样，但是民国初年，确实有认为应该向佛教徒学习的风气。所以我们看玄奘，其实他身上就带了一种很强的传教精神。相比之下，我听下来感觉像是在问我，就是如果一个研究儒教的人、儒家的人，他应该怎么办？所以我觉得田老师的报告很生动，给我们很多启示。

主持人：接下来是现场互动时间，机会难得，大家可以就刚才所讲的内容向田老师提问，也可以就田老师擅长的其他研究领域提问，我想这些都难不倒他，我们把时间留给在座听众。

听众 1：田老师，您好！我的问题是，历史上有很多高僧大德，比如鉴真和尚，为了传教，偷渡出去，最后在历史上扬名，您对此有何看法。或者问题再放大一点，在传法过程中，1949 年以前，历朝历代对佛教持什么样的态度？

田　青：你说的偷渡和我们现在讲的偷渡概念不一样。国境以及对出入国境的限制，历史上都有。能够克服这种限制的，无非两种人。一种是像我们讲的玄奘也好、法显也好，为了追求一个崇高的目标，没有把这些世俗的规定放在眼里，他们心中装着的是全人类，为了普度众生才有这样的勇气。后来有些人为了个人自由，或者为了追求一种更好的生活，包括现在从中东往欧洲跑的那些人也是偷渡的，在地中海上，没准现在就有一个船可能要覆没了，这个是人类历史上很可怕的现象。当然从理想的角度讲，不应该有这些限制，但没办法。我想你的问题主要想让我说的，恐怕也不是对出入境管理的意见，而是让我们想到，在玄奘、法显他们身上所存在的这种为了众生而奋不顾身，不怕流沙、巨浪和风暴，同时更没有把国境放在眼里的精神，他们的这种胆略，应该是值得今人学习的。

听众 2：田老师，我的问题是关于您刚才说的苻坚。苻坚对佛法做出了很大贡献，包括他花那么大代价让吕光带领七万人来请鸠摩罗什，但我觉得苻坚的下场并不是很好，从历史的角度来讲，苻坚不爱财，和手下王猛的关系很好，治国成效也很显著，但“淝水之战”对苻坚人生命运的转折很大。为什么苻坚的下场会这么悲惨，最后被姚苌所杀？我想问，佛法到底对苻坚有没有起到作用？谢谢。

田　青：看起来你对这段历史非常熟悉，从王猛到姚苌，又引出好几个别的人物。其实回答你这个问题最合格的人，是这几位出家人，让他们给你讲因果。因果不是我们想象的那么简单，所谓“种瓜得瓜，种豆得豆”是对的，但瓜和豆是一年一熟，人的因果可不是一年可见的。

具体到苻坚这个人，你刚刚提到用王猛，这就不简单。王猛是汉人，苻坚作为一个氐人，能够用王猛这样的人，才有当年前秦的一派繁荣景象，否则即使经济发展、国势强盛，他也不敢去打东晋。但是他请来了鸠摩罗什，是不是因此就会有大功德呢？这就让我想到达摩和梁武帝有名的对话了。梁武帝度僧建寺无数，自认为对佛教有大功德，“南朝四百八十寺，多少楼台烟雨中”，他对佛教做了多少事啊！他问达摩自己有无功德，但是达摩说没有功德，甚至是“人天小果”。我特别佩服梁武帝的态度，作为皇帝，达摩给他一句话噎在那儿，他没有生气，转过来向达摩请教“何为第一圣谛”，既然我这个人天小果没有功德，那你给我讲讲佛法吧，什么是佛法最重要、最神圣的真理？达摩还是不买他的账，说“廓然无圣”，世界之大，没什么圣不圣的！真是话不投机半句多。最后梁武帝是什么下场呢？侯景作乱之后，他被囚台城，据说他“疾久口苦，索蜜未得”，临死前想要点蜂蜜水都没有。

那么因果在哪儿？我想还是达摩那句话，这是“人天小果”。苻坚迎请鸠摩罗什、道安，这绝对是好事，但他的因果不可能从这一件事上成就全部。苻坚做了很多好事，但也杀了很多人。所以这个问题还是怎么看待因果的问题，因果有时候不是一件事能说了算的，但一定有因果，你也不必替苻坚抱屈。

听众 3：田青教授您好，今天来到这里的人，基本上都学有专长，我下去做调研的时候，看到有的大庙里也会吃斋或者念佛，那么这是不是可以说，佛学的盛世来临了呢？或者即将来临？这是第一个问题。第二个问题是我们怎么能够把佛学从文化上升到艺术呢？谢谢。

田 青：第一，我刚才讲佛教文化复兴的曙光，曙光是什么意思？

主持人：苗头吧？

田 青：地平线上即将冉冉升起的第一道光，朝霞一样的光芒被称为曙光。但说现在就是盛世，那还远远不是。应该说佛教文化的现状是复兴和乱象并存，令人欣慰和担心同在。所以我还是那句话，大家还是要努力！

你刚才最后的一句是佛教怎么能从文化上升为艺术，你的层次排列跟我不太一样，我是把艺术放在文化之下的，即文化是包括艺术的。文化是个大概念，所以赵朴老讲“佛教是文化”，是五个金字。艺术不应该是最高的，我跟学艺术的学生们讲艺术的三个层次，第一层是技术，第二层是艺术，第三层是文化。现在的孩子们，尤其是音乐学院的孩子们，只学技术，而且又把技术窄化为技巧，甚至某一个技巧。比如说练琴，我就练快速的，慢了就不会弹了。拉二胡就是《赛马》，越快越好。你不是只追求速度的短跑运动员，你是艺术家，怎么能把追求速度当成终极目标呢？所以技术是一个层次，技术上面是艺术，艺术就包括表现，包括对艺术的理解，包括个人特色等。最上面的一个层次是文化，文化包括佛教文化，灵性文化。

听众4：田老师您好，您是研究佛教音乐的，所以我想了解一下，为什么音乐在很多宗教中都有体现？您刚刚说佛教中都有唱诵的形式，基督教中也有赞美诗，那么您怎么看待音乐在宗教领域中的作用？

田　青：简单讲吧，古时大德曾经比喻佛教音乐是弘法之舟楫，就是把音乐作为弘法的一个大船。的确像你所说，一切宗教在传播的过程当中，音乐都发挥了巨大作用。艺术在基督教，尤其是天主教的传播中起到的作用太大了。只要学过音乐史、美术史的人都应该知道，西方的音乐史、美术史，看来看去全是宗教艺术和宗教艺术家。西方美术史中，米开朗琪罗、达·芬奇他们画的很多就是宗教画。音乐也是，许多中国人熟悉的西方古典作曲家，比如巴赫、亨德尔、莫扎特等，他们都是宗教作曲家，甚至很多人的职业就是为教堂服务的，所以他们创作的作品都是一流的宗教作品。这些作品对基督教的传播起到了巨大作用。

我曾经在一篇文章中，有感而发地写了一句话：“谁都不知道吸引人们进入教堂的最大力量，是神父的讲道，还是巴赫的音乐、米开朗琪罗的画？”中国的大艺术家们有没有能够通过作品来表现佛教内容的？有，但是还远远不够。我相信将来佛教艺术作品的发展，对弘法应该能起到很大的作用。

听众 5：田老师您好，我是从乡下来的一个 90 后青年，我有一个疑问，我们这一代人如何能够在工作之余一点一滴地学习传统文化？谢谢。

田　青：回答你这个问题可以很简单，也可以很复杂。简单到你自己都知道，复杂到我也说不清楚。简单是因为你已经说出了答案，从“一点一滴学起”。至于怎么能学到让你满意的程度，我想还是孔子那句话：“古之学者为己，今之学者为人。”即学习的目的是什么？现在很多人学习的目的非常世俗化，直接且有目的性，比如考硕士、博士就是为了学位，或者是为一个头衔、一个职位。但孔子讲“古之学者为己”，说的“为己”是为什么呢？是为了自己的修养，为了自己人格的完善，所以“兴于诗，立于礼，成于乐”，他是为了丰富自己。这样起码有两个好处：第一，不必太执着，不是给自己定一个目标，一定要考上博士，一定要拿到什么文凭，而是为了自己人格的健全，这是一个漫长的过程，而且每个人都可以做。另一个好处是在学习过程中，如果是为了完善自己的人格，会有满足感。学习对你来讲，会成为一件愉快的事情，这也是我的体验。我小时候，要是做老师给我布置的作业，就比较反感，看见作业就难受。可是看我想看的书时，就觉得时间过得很快。

学习传统文化，我建议你要从中找到乐趣，怀着一种完善自己、培养自己人格的目的和心态去学习。先不要讲弘扬优秀传统文化，这不是你现在的任务。对青年人来讲，第一还是学习，先把自己的目标定小一点。就像哪位大咖说的，定个小目标先挣一个亿吧，在学习中，自己找到乐趣就好。

听众 6：田老师您好，我想借此机会简单讲三点。

第一点，我想感谢一下这个书院，他们的讲座形式非常棒，我是第一次来听，对我来说受益匪浅，包括今天上午老师的讲授。

第二点，最近我听了很多讲座，发现一个规律，讲到中国的时候可能都会有一些批判的态度，批判很好，但我觉得应该更好地发扬光大，或者更多地去赞美它。我一直是这样做的，因为我是中国人。

第三点，我理解的佛学只是向善，没有其他的目的性，所以我想问，学习佛学如果是为了圆满，为了成佛，会不会有点功利？谢谢！

田　青：第一点是表达你第一次来听，第二点说你对传统文化希望有更多的赞美，不要太多的批判，第三点是问我学佛的目标，是吧？

我想问你，成了佛以后要干什么？先不讲你能不能成佛，什么是佛？佛就是觉悟了的人，你觉悟之后要干什么？如果要普度众生，成佛之后是为了下地狱去救地狱里那些苦难的众生，怎么能说是功利呢？星云大师曾经做过一个比喻，说一个老太太拿着三个橘子来供佛，然后跟佛说，第一你要保佑我老伴升官，他现在是局长，你要让他当部长；第二，你要让我大儿子考上哈佛大学；第三，你要让我大闺女嫁给一个怎样怎样的人；第四……星云大师说你一共拿了三个橘子，却有这么多要求，这是功利的。

但是你恰恰没弄明白，这个老太太没想成佛，她想要的都是世俗人所谓的快乐。玄奘也想成佛，西天取经是为了众生，他经历了多少艰难困苦！这怎么能说功利呢？

第二个问题，你虽然不是问我，我倒想回答你。对传统文化无论是批判还是赞美，也要看你的目的是什么。有的是爱之深，恨之切。比如我前面提到的鲁迅，他是传统文化大家，他告诉年轻人，一本中国书都不要读，说翻开中国的史书每一页上就写了两个字："吃人"！中国历史是像他说的那样吗？他对传统文化的批判，那种恨，你说他是在恨传统文化吗？他是爱之深，所以恨之切。再跟你讲一句，有时候赞美并不是爱。真的爱，也不需要赞美，我老伴从来不赞美我，她就把粥熬得好吃，我就知道她是爱我的。

主持人：回答你问题的时候，田老师的话语里有很多禅机。时间关系，最后一个问题，希望能够简明清晰。

听众 7：首先借着机会谢谢田老师，其次我简要地谈一点感想和问题。我觉得从昨天到今天，不管是田（青）老师还是王（雷泉）老师，你们能够将对佛教事业、对中国传统文化的担心、思考以及对未来的展望及时地分享给大家，其实也带我们进入到对传统文化、对佛教事业的思考中，我们会作为一个践行者跟着诸位老师一起思考一些问题。我认为我们要把中国的传统文化的复兴大任担在自己肩上。应该在自己的内心深处去提醒自己，然后再从整体的高度去拷问自己的内心，传统文化应该怎么去复兴？因为把这个重担担在自己肩上，才能去登高望远，把自己的眼光放得更远。

我想问田老师的是，今天中国优秀的传统文化，包括佛教，怎么去复兴？也包括面临“一带一路”这样一个历史机遇，即现在对佛教文化复兴的一种宽松态度。面对这样的机遇，田老师刚才提到了一种心境，一种快乐，我是比较认同的。或者说面对这样一个环境时，我们更应该深刻地体会不骄不躁，或者少安毋躁。佛教的根本造诣是利于众生，当教徒数目发展迅速时，有各种各样的手段时，我们是不是更应该从更深层次去问一问自己？在此过程中，我们深刻认识到历史上会同时出现一种兴和衰，这个过程中有什么样的经验和规律值得我们去反思？包括在思想上，我们毕竟是和众生打交道的，那么众生为什么会效仿或不效仿我们？这背后深层次的原因在哪里？我想说的是，把我们的根扎得越深，树才能长得越大。

田　青：我觉得你问我的问题，你全都明白了，你自己都回答了，不用我回答了，而且比我回答的还好。

主持人：田先生刚才有很多深刻的思考，比如说佛法的弘扬与基督教的传播应该不是一回事，他不是说我们要学基督教的传教方法，值得我们学习的是基督教的传教态度。田老师引用了孔子的一段话，就是“古之学者为己，今之学者为人”，我个人认为，这的确是传统文化中一句特别精辟的话，就是说到底要做什么，目的要明确。大家如果能够从田老师的讲座中体会到一些共鸣的话，就是我们什刹海书院举办这次讲座的一个很重要的理由。因此，让我们再一次地对田老师的精彩讲座报以热烈的掌声，感谢田老师！

2017 年 6 月 11 日于北京广化寺

宗教的当代价值

——2014 年 9 月 1 日在北京大学首届宗教艺术展的致辞

我今天讲的题目是宗教的当代价值。刚才李先生讲到三世因缘，我想宗教艺术当代价值也是三句话，一是揭示历史，二是和谐现在，三是启迪未来，也是三世。为什么要讲揭示历史？因为我们必须承认我们中国传统文化的历史出现了断裂，从五四到现在，中间经过“文化大革命”，现在当然大家都在讲弘扬传统文化，但是什么是传统文化？狭义地讲，我们汉族的传统文化其实就是儒释道三家，抛开儒是不是宗教这个学术问题先不讲，起码佛和道是宗教，儒也在相当大的程度上，在中国起着类似宗教的作用，所以实际上抛开宗教文化是无法讲中国传统文化的。

讲到宗教艺术也可以这样讲，即使在世界范围来看，假如没有宗教也无法谈论艺术。我们很多人出过国，在西方的博物馆里，你会看到起码百分之七十以上的艺术品，无论是雕塑还是绘画都是宗教艺术的内容和题材。在我们中国其实也是这样，抛开了宗教也很难谈艺术，我们今天传统的艺术留到今天的，从敦煌、龙门、云冈、乐山的大佛，到五台山的南禅寺等，从雕塑、绘画到建筑，离开了宗教应该是一片空白。但是，在我们当今的社会，很多人对宗教、对宗教艺术还抱着一种偏见，比如认为宗教就是迷信，以为宗教艺术就是宣传迷信的东西。当然现在情况有所改观，刚才牟先生也讲，大家从鸦片论现在到了文化论，但是这个过程仍然在继续当中，而且这个过程还是很艰苦的，比如我们今天有些艺术形式被称为国家级非物质文化遗产，但是我当年负责国家级非物质文化遗产的音乐组的评审工作时，凡是和宗教沾边的艺术在进入国家级遗产的时候，都是比较困难的。比如说我们土家族有一个丧礼乐舞，是一门综合性的艺术，土家族的老人逝去，全村的人在灵前用歌舞为他送行，有的要唱三天三夜，非常动人。但那个时候我们假如报《土家族丧礼歌舞艺术》，那肯定不能批，所以我们就用了这个丧礼歌词里的一句衬词“撒叶儿嗬”做项目名称，我们报的就是民间歌舞《撒叶儿嗬》,《撒叶儿嗬》最终成为国家级的非物质文化遗产。后来在中央电视台的青年歌手电视大奖赛上，我做评委点评的时候，就利用这个机会把《撒叶儿嗬》的背景做了解释，我就说土家族的人们，因为这个信仰和传统，用歌舞，用这种热烈的，而且连着三天三夜的歌舞来欢送一个人的离去，或者说庆祝他的另一个生命的开始，这是一种多么豁达、乐观的精神！我觉得，就是这样的一种精神使这个民族一直保持生生不息。

讲到宗教艺术，刚才他们非让我写字，躲了两次没躲过去，最后还是写了八个字“宗教艺术　尽善尽美”。什么意思？大家都知道，孔子在齐闻《韶》，听了韶乐他三月不知肉味儿，他的评价就是“尽善尽美”，那么尽善尽美是我们中国人审美观的一个最核心的、最重要的内容。孔子听了《武》乐之后，因为舞的内容是歌颂武王伐纣的，里面有杀伐之气，是歌颂一场战争，所以孔子说“尽美矣，但未尽善”。我们中国人千百年来评价一个艺术的时候，始终还不自觉地或者自觉地用着和孔子一样的标准，我们希望这个艺术品在内容上是善的，在艺术上是美的，所以只有宗教艺术天生地符合宗教，符合我们中国的传统的审美的标准，既尽善又尽美。

当然，我们讲到宗教艺术的时候，大家也都知道，我们人类认知世界、解释世界，是靠着三种不同的方式，就是科学、宗教、艺术。这三个不同的方式当然有重叠，但是更有不同。我们目前的状况是常常把科学凌驾于艺术之上，更不要提宗教了，他们认为宗教是和科学相对立的，我在20世纪末曾经写过一篇文章，题目就叫《科学、宗教、艺术：人类三种不同的认知方式》，我在这里面就讲，我们讲真善美，科学是求真，宗教是求善，艺术是求美，但是现在对我们今天的人来讲，艺术也要求真，宗教艺术更要求真，什么意思？就是正本清源，把罩在宗教艺术或者宗教身上的这种偏见首先要抹去。上个星期我在敦煌，敦煌艺术研究院请我做一个讲演，我的题目是“传统文化与文化传统”，讲在敦煌的石窟里的壁画、雕塑，这些都是传统文化，我们只知道传统文化的事，此外，我们还要知道文化传统，而什么是文化传统？为什么我们的这些先辈们，这些有信仰的艺术家们会不分昼夜在敦煌、在龙门、在云冈，用他们毕生精力去创造可能一直到他们的生命尽头仍然见不到完成的艺术品？比如说乐山大佛，它不是一代人能够造成的，是什么力量让他们能够在这样偏僻的崇山峻岭里开凿艺术的宝库呢？这就是文化传统！而我们现在开始尊重传统文化，但是我想更重要的还是要在尊重、学习、弘扬传统文化的同时，还要弘扬和揭示文化传统。

当年在申报国家级非物质文化遗产的时候，甘肃省报的第一个项目是舞剧《丝路花雨》，它是描写敦煌的一个舞剧，在中国的舞剧里应该说是最成功的，为什么？它在全世界演出，我之前没有看，在前些年，它在北京二十一世纪剧院演出的时候，是第一千场演出，邀请我去看，我去了。我想一个舞剧在中国能够演一千场了不起，而且是描写敦煌，从敦煌艺术当中得到灵感而创作的。当然，它申报非遗并没有成功，这个原因很简单，它是创作，不是遗产。我想说的是什么？就是我看过这第一千场的演出后，非常惊讶，这个已经在世界上演了一千场的，从敦煌艺术当中得到灵感的，据说也是反映敦煌艺术的《丝路花雨》，整个舞剧从头到尾没出现一位僧人的形象，从头到尾没有一点内容和佛教有关，就是描写一个画家跑到沙漠里去谈恋爱。我想这就是刚才家振先生讲的倒果为因吧？敦煌这个名胜古迹是怎么出现的？为什么出现一个敦煌？我们的艺术品根本就忽略了敦煌出现的原因。当然，也许不是忽略，而是故意回避。这个剧在当年创编的时候，可能是艺术家们努力要躲开佛教这个题目，有意不提佛教。但是演了一千场现在还在这样演，这样一个成功的舞剧是如此漠视我们真正的佛教艺术，漠视佛教的存在，是多么不可思议的事！那么今天北大能够做这样的一个以宗教艺术为主题而且融汇了五教在一起的展览，应该说是非常了不起的事情。楼先生这个题目了不起，这个事情本身也了不起，我也知道做这样的工作有多困难，这个想法，这个了不起的想法我早有，但是我没有做成这个了不起的事情。比如说我一直想和宗教局做一个五大宗教在一起的音乐会，在全国政协我提了，写过几个方案，但是困难重重，因为做一个画展还比较简单，靠很多志愿者，但要做音乐会就要难些，融合几大宗教的音乐：佛教的梵呗、道教的步虚、基督教的唱诗班，包括伊斯兰教的诵经，五大宗教一起用歌声祈祝世界和平，这将是多么好的事啊！刚才楼先生讲，李先生也讲，当今世界上最大的问题在中东，今天还在打，就此时此刻还在生灵涂炭，根本原因还是宗教之争，离不开宗教。当然，宗教、民族、政治是混在一起的，假如我们在中国能够实现五大宗教的信徒们，用自己的艺术，共同用自己的音乐来祈祝世界和平，应该是盛世和音，功德无量。楼先生刚才说到“和”字，对“和”这个字在中国古籍上第一个做出解释的是晏子，他以食物和音乐为例，论述了“和”不是“同”，而乐（yuè）和乐（lè）在中国的汉字里是一个字，音乐是快乐的，而快乐就要有音乐，在中国传统的古籍里面，“乐”这个字就代表着所有的艺术，从音乐到文学到舞蹈。所以，一个和谐的、尽善又尽美的宗教艺术对构建和谐社会，对启迪未来都有重大的作用。

社会转型中佛教音乐能做什么

——在第三届亚洲佛教文化节“佛教音乐艺术”学术研讨会上的发言

这次来到清迈，让我很感动。这个感动不仅仅是让我们看到这个国家民众对佛教的信仰和虔诚，对出家人的礼敬，更让我想到，在近代史上的一百多年来，我们中国和泰国因为“信仰”的不同而走过了截然相反的路。我昨天在想一个问题，作为一个以农业立国、以农业文明立足的亚洲传统国家，在当代所遇到的问题，其实是一样的：如何进行社会转型，从一个传统国家变成一个现代国家？在这里面，文化起着巨大作用。

泰国，是东南亚唯一一个700年来没有被殖民的国家，而中国作为半殖民地半封建社会的国家，如果拿我们近一百年来所走过的路和泰国所走过的路对比一下，我觉得，应该是发人深思的。大家都知道，中国一百多年来积贫积弱，几乎中国所有的精英分子们都把中国的传统文化当成落后的原因。我们中国的传统文化，我历来讲就是“三足鼎立”，就是儒释道缺一不可。因此一百多年来，在中国，所有的精英分子们都把儒释道，其中包括佛教的思想当成中国落后的原因。所以从清政府末期“戊戌变法”开始，就把佛教当成一个扫荡的对象。清代的皇帝第一个颁布了《废庙兴学令》，这也是中国走向现代化的一个努力，一个失败的努力，把佛教的寺庙废掉，来开办新式的学堂。随后一百年，中国陷于战乱，不停的战争。佛教不但成为中国落后的替罪羊，甚至成为几十年来主流意识形态斗争的对象，所以在中国人的思想里更多的是非此即彼，非黑即白，因此几十年里斗争不断，而且没有一点点慈悲圆融的东西。

泰国不同，很多人奇怪泰国文化的多元，从佛教的崇高神圣，到全世界都知名的所谓“人妖”，其中既有60年代泰国共产党的武装斗争，又有几十年里十几次的军事政变，但这个国家还是祥和的。我们亲眼看到这个国家的人民，在这样一个和谐的气氛当中，佛教和政治，和异文化等影响一个国民幸福指数的所有东西都兼容，都“不二”。所以我想佛家的思想是真正值得我们学习的，中国人应该好好学习，为什么这个国度能够这样？我们看到的不仅仅是这些国家的礼仪，而且还有佛教的包容与慈悲等信念。泰国人的礼貌，把合十作为一个礼节，这个话题岔出去，我们说中国是一个“礼乐之邦”，但中国现在真的是“礼崩乐坏”！什么叫“礼崩乐坏”？我的一个学生曾经跟我说过，他见到一个发自内心要尊敬的人，但突然发现自己不会行礼，没有办法表达恭敬之情。他说他上小学，当少先队员，学会一个敬礼的礼节，叫少先队礼，军人有军礼，而现在，我一个老百姓，我不会敬礼，这就是“礼崩乐坏”呀！但是在泰国，人人见面就合十，佛教对泰国的影响之大，真的值得我们学习！

在佛教的圆融思想里，它的确是“不二”的，不光是色空不二，敌我不二，所有不同的东西，都可能同时肯定和同时否定。所以中国一百年来我们付出的太多太多。泰国国家不大，但它这700年历史你看一看，“二战”期间有句亚洲流行的话，叫作“中国太大，日本太强，泰国太巧”，我觉得这个“巧”字和佛教的“方便善巧”也是有关系的，它那么圆融，能够在一个充满着矛盾、激烈斗争的时代里，能够纵横捭阖，能够在激烈的斗争中，保持国家稳定，尤其是民众之间的这种和谐，能够让慈悲代替恨，能够用宽容代替斗争。所以我想，我们今天中国学者能有这么一个殊胜因缘，感谢大愿法师，让我们到泰国来谈佛教音乐。这本身很奇怪，但我想这对我们每个人真的都是一个很重要、很特殊的机缘，让我们反思很多事情。

所以我想，今天我们在泰国探讨佛教音乐，最本质、最基本的一个佛教音乐的使命、宗旨，还是历代高僧大德所说的，佛教音乐是弘法之舟楫，是弘法的船。我们作为一个学者，现代西方的学术强调的是学者的独立性、客观和非意识形态的东西。但是我想研究佛教艺术，研究佛教文化的学者，如果不被佛教的智慧之光所吸引，不服膺佛教，不折服于此，恐怕这个客观给学者带来的仅仅是学术的皮毛。我们每个人研究佛教音乐，当然有他的客观性、学术性，但是佛教文化无论在历史上，还是在当今这样一个仍然充满着暴力、血腥、斗争的世界中，我们每个人都应该思考佛教文化、佛教音乐究竟能够发挥什么作用？这一点，无论是佛教的高僧大德还是儒家的先贤们，对音乐的看法其实都是一样的。儒家讲“移风易俗，莫善于乐”这样的一些道理，无论是儒是佛是道，看法都是一致的。所以大愿法师请我谈谈佛教音乐在当今应该怎么看，应该如何通过佛教音乐来弘法以促进社会进步和谐，我倒想起我们佛教音乐曾经在十几年里做过的一些事情，起到的一些作用。

大家都知道，我研究佛教音乐比较早，从 20 世纪 80 年代开始。我最早研究佛教音乐和大多数学者一样，是客观、理性地把佛教音乐当作一种我研究的对象。但是作为一个人文学者，在把佛教文化作为一个研究对象的过程当中，一定会有一个心的交流，而不仅仅是研究对象。我曾经举过例子，我们研究佛教音乐的学者，能够和一个生物学家，研究蚂蚁、研究蟑螂的一样吗？他可以纯客观地研究这个动物，不投射他的感情，也没有交流，但人文社科是不一样的。所以研究的过程中，逐渐让我萌生一个想法，佛教文化应该为当今世界的和谐做一些事情。

我想我做的一个比较成功的例子是2003年，我当时是中国艺术研究院宗教艺术研究中心的主任，做了一个“佛道教音乐周”。大家知道从1989年直到我们做这件事情的这一年，应该说现在在世界上影响最大的佛光山和大陆佛教界中断了十几年的联系。朴老在世的时候，几次想把这个坚冰融掉，但是因缘始终不能够和合，总是会有各种各样的问题。一直到朴老离世，仍然是这么一个状态，与佛光山不能有交流。所以当时我们就用佛教音乐这样一种形式，在2003年12月，把佛光山的梵呗团请到北京。先在中山堂，几天之后去了上海的大剧院。就是在这样的一个音乐会上，星云大师十几年之后第一次面对大陆的观众，说出作为一个中国人的骄傲，他说：“我50年前第一次离开大上海，今天回来，看到上海这样的发展，作为一个中国人，我感到自豪。”他的爱国情怀是融冰的最重要的原因。

梵呗音乐团的演出，为这样一个没有办法表达爱国心的高僧提供了一个平台，有了一个机会讲清楚他的立场。所以，随后才有2004年春天，两岸三大语系八大丛林共同组织的“中华佛教音乐团”访台、访港澳，受国家派遣包机到美国、加拿大，那应该是佛教音乐空前，恐怕也是绝后的一次演出。两岸三大语系八大丛林，在美国柯达剧院，就是奥斯卡颁奖的地方演出。在台湾，包括高雄、台北以及中山纪念堂进行演出，我是这台音乐会的主持人。在当时台湾大选最紧张的时候，在台湾已经没有任何大陆团体访问的时候，只有我们出家人、只有我们梵呗，在台湾高唱和谐之曲、高唱和平之曲。我也直接在这样一个佛教的音乐会上，大讲我们两岸佛教的法乳一脉。所以佛教音乐在那时候起的作用是不可替代的。

所以，我们的佛教音乐在21世纪最初的十年，应该说为两岸和平、为世界和平发挥了一个不可替代的作用。我说空前，是因为在佛教传入中国的2000年左右的时间里，没有过这么大规模、这么明确用佛教音乐来弘法，甚至促进两岸和平这样的事情，这之后也不大容易有了。自从做完了这件事之后的十几年，几乎每年都有人、各路神明找我，想做佛教音乐的事情，我都是谢绝。谢绝的原因有两点，这里我要向大愿法师坦白我的心迹。一，佛教音乐也有些泡沫化了，有些乱象。作为学者，我所有的研究是集中在传统的佛教音乐里。那么对佛教音乐究竟应该怎么定性？音乐有没有边界？有一种观点认为，只要有佛教内容的就是佛教音乐，不管它是摇滚，还是流行音乐，还是什么；还有一种观点认为只要是出家人、佛教徒演奏演唱的就是佛教音乐，这样的一种看法具有一定的合理性。但从学理上来讲，我觉得还是应该严格地限定。

比如说现在有些寺庙，和尚们学一些西乐，如小提琴、大提琴，用它来演奏。那么，这是和尚演奏的，是不是这个音乐就是佛教音乐呢？我想对这类问题，我们学者还是要持一个比较严谨的态度。因为所有边界的模糊一定会带来很多问题。就像《二泉映月》，阿炳是道士，难道《二泉映月》就是道教音乐？这在学术上有很大的争议和问题。所以这十几年，我都是婉拒。在目前这么一个阶段，我也看到了社会上一些寺庙或社会力量所做的所谓的佛教音乐，对此，我还是会有一些保留看法。通过这样一个没有学术性也没有传统的佛教音乐，真的能够弘法吗？我是怀疑的，当然还有其他一个原因，也是“曾经沧海难为水”。140 个出家人能够在世界上包着飞机去弘法，去演奏演唱，当然，事先也经过很好的排练，盛况空前，再想达到那个高度也难了。因为那次演出，是中国最高领导人亲批的，所以能够顺利地克服一切繁复的技术问题。而另外一点，这些年表面上看佛教发展快，寺庙林立，许多新的寺庙、旧的寺庙也都重新建起来，出家人也越来越多，但现在我们再能够找到代表着中国佛教传统的团体是越来越难了。

第一次中日韩黄金纽带的会议之后，朴老曾经感慨，他发现我们的僧人和日韩的僧人一起开会的时候，我们的唱念是南腔北调，和日韩的僧人比起来有非常明显的差别。所以，那次会议之后，朴老给我一个任务，就是编一本《汉传佛教常用唱诵规范谱集》，希望能够通过这样的办法，编一个教材，能够让中国寺庙的年轻出家人有一个好的唱诵的训练。我本人也在中国佛学院讲过梵呗的课，但可以说那个工作是失败的。我在一篇叫作《我的反省与思考》的文章里面给青年学生们讲我研究佛教音乐所犯过的错误，后来发现，其中一个就是这本教材的编写，是失败的。我们用的乐谱，那本教材当时用四行谱，一行简谱、一行五线谱、一行传统的法器谱，还有一行是用现代五线谱记录的法器的打击乐谱。我想四行谱，我们的出家人一定会选择一种，但是没想到，远远脱离实际。当时中国佛教文化研究所出版了这个谱集，到现在没有一个寺庙的僧人看到过，我也没有办法推广，没有办法训练。在当前中国佛教界的僧人里面，我们有三个国家级非物质文化遗产传承人，一个是少林功夫的传承人永信法师，一个是苏州金山寺的心澄大和尚，一个就是新进的梵呗寺院的永悟法师。他今天也在这儿，永悟法师虽然年轻，但他把恢复梵呗寺和振兴中国佛教的梵呗作为毕生的使命。他其实是一穷二白，因为我们真正的佛教声明，五明的声明，在汉传的佛教里已经长期被淹没，出家人就是早晚课，八大赞、四大祝延，唱唱香赞、钟声偈，等等。现在这些声明很少还在寺庙里，大部分出家人，有的是修行，有的是修庙，对唱念的确是不够重视，而我们这些俗人是没有办法改变这个现状的。因为它是口头与非物质文化遗产，它是口口相传，师父怎么教你，你怎么唱。那么我们必须承认，中国佛教的音乐，我指的是传统的佛教音乐，在今天的发展现状堪忧。

梵呗的唱念不被重视，大部分青年佛子也没有把这个当作修行法门。而另一方面，作为汉传佛教里比较独特的佛教器乐曲已经成为我们的国家级非物质文化遗产，比如五台山的佛乐、智化寺的佛乐、拉卜楞寺的道得尔音乐等，也都面临着后继无人的情况。我们佛教音乐，从明清以来，以笙、管、笛、云锣为主要乐器和法器，主要是兴佛化俗，最简单地讲就是中国人白事的音乐。当然，出家人作为修行僧，从明清以来就对这些做佛事的所谓应酬僧比较轻视。但就在这些人的身上，却肩负着一个佛教音乐的传承任务。但现在越来越少，那么怎么办？

我想传统的佛教音乐应该是"佛教音乐"这个概念里的主体。那么，王菲唱的《心经》算不算佛教音乐？还有很多人标榜新佛乐。我想对这些，我是持包容的态度，只要是弘法都可以，但是我自己不参与。这样的音乐会请我去听我也不去，为什么？既不好讲话，又不好表态。鼓励得太多了，就好像是我有信仰，我怎么唱都是佛教音乐；而打击人家更不好，所以我就是敬而远之。但我想我们中国佛教音乐复兴主要的力量还得是靠佛门内部的重视。所以在前不久，借一个国家级非遗项目南京金陵刻经处成立150年的机缘，由中国佛教协会和南京市主办、中国艺术研究院承办的佛教领域非物质文化遗产保护与申报的研讨会在南京召开。大家算了算，国家级的非物质文化遗产，佛教内容的已经有80多项，整个四批国家级非遗项目1327项，其中80—90项与佛教有关，从观音的传说这样被列入口头文学非遗名录的，一直到我们的佛教音乐、佛教美术，如塔尔寺的酥油花、唐卡等，这些都算起来将近90项，但是还远远不够。

我当时在那个会上提出一个建议，希望佛门内部，也就是佛教界的中坚力量要重视这个事情。为什么要重视？因为根据我们的法律，出家人只能在寺庙里做佛事，在寺庙里传法。在社会上不可以，只能在宗教团体。但是假如成为国家级非物质文化遗产，那么就有《中华人民共和国非物质文化遗产法》来保护你，你是文化，是遗产。所以我当时就跟刘威秘书长提出一个建议，马上成立一个小组，把"佛诞日"申报成为国家级非物质文化遗产，因为我们的春节、端午节、清明节、中秋节都已经成为国家级非物质文化遗产了。现在年轻人只知道过圣诞，不知道过佛诞，假如佛诞日成为国家级的非物质文化遗产，那就是佛教在当代健康发展的特殊因缘，也可能是一个奇迹。

所以，我想佛教音乐也可能是这样。我们通过文化来弘法，来促进我们的社会进步，这应该是需要佛门、学界共同努力，并且是大有可为。所以再次感谢六祖寺，包括泰国的长老们召开这样一个会议，让我们能够在这样一个小小的空间里来探讨一个大问题，如何传承我们的佛教文化，如何让我们的佛教文化在当今的世界里起到它的作用。

谢谢大家！

2016 年 7 月 19 日于泰国清迈

录音整理：张黎黎

《醒世梵音》中的不谐和音
——兼论两岸如何携手共同弘扬中华传统文化

1996年8月，中国台湾国纶公司出版了一套佛教音乐专辑《醒世梵音》，该套专辑共4片CD，分别收录了北京佛乐团、天津佛乐团、五台山佛乐团、辽宁千山佛乐团、常州天宁寺佛乐团、九江能仁寺佛乐团及甘肃拉卜楞寺藏传佛乐团演奏演唱的传统佛曲，该专辑因选材精到全面、内容空前丰富、录制特别精美，且“原汤原汁”，充分反映了中国传统佛教音乐博大精深的本来面目而引起各方面的关注，一问世，便获得台湾“金鼎奖”的提名，这无疑是一件大好事，可喜可贺。《法华经·普门品》中说：“梵音海潮音，胜彼世间音。”在当前这社会上盲目追求物质享受的时候，出版这套名为《醒世梵音》的专辑，应该能起到弘法利生、拨迷醒世的作用。

但是，打开这套专辑的说明书，却在佛乐清幽典雅的氛围背后，听到了一声刺耳的不谐和音，国纶公司的发行人郑尚淮先生在“序”中这样说：

> 这次原本想要深入五大道场：九华山、峨眉山、五台山、普陀山、弥勒道场（浙江奉化）及三大石窟收集佛教音乐，竟然发现，这些地方都已经没有佛教乐团。原来近百年来，从清末八国联军入侵、义和团事件、民初日本侵华、大陆动乱及破坏最彻底的文化大革命，不仅

寺庙及佛像被破坏殆尽，一些身怀绝技的僧人，不是因老病故，就是被迫身亡，传统佛教音乐面临断绝的地步。

经本公司全面搜寻后发现到目前仅存的几个真正的佛教乐团，立即着手将他们录音保存，总算将真正佛教音乐抢救一些下来。

所有了解中国佛教音乐历史和现状的人看到这段“序”都会感到吃惊，因为按郑先生的说法，目前大陆的佛教“不仅寺庙及佛像被破坏殆尽”，而且“传统佛教音乐面临断绝的地步”，多亏了国纶公司“全面搜寻”才“发现”这些乐团，也多亏了国纶公司“立即着手将他们录音保存，才总算将真正佛教音乐抢救一些下来”。

但无论我们如何从两岸人民隔不断的亲情和不断发展的友好关系考虑，无论我们多么想客客气气地提出问题，我们也不得不想起中华民族的这句成语：“贪天之功，归为己有”；无论我们多么设身处地地为郑先生着想，我们也百思不得其解，不得不向郑先生请教：“您为什么要掩盖历史的真相、欺骗舆论呢？”

事实上，该专辑所录的内容全部系中国艺术研究院音乐研究所 1990 年录制之首届“中国佛教道教音乐周”的音带，参加此次音乐周并录音的团体，系由该音乐周的主办单位——中国艺术研究院与中国佛教协会、中国道教协会请至北京的。在此之前，中国大陆的众多僧人和几代民族音乐专家（从已故的杨荫浏、查阜西等先生从 50 年代开始），历尽千辛万苦，经多年调查、抢救、组织，才使这些音乐得以保存并发扬光大，国纶公司 1994 年来中国艺术研究院音乐研究所联系合作事宜时，该音乐早已在四年前录好。郑先生当时提出合作录制出版佛教音乐的愿望，我们表示赞同和欣赏。觉得台湾的出版商能够如此发心，是很难得的事，郑先生当时拿出一个“计划”，上面只写着诸如“敦煌、云冈、龙门”这些著名石窟和四大名山的地名以及一些历史上著名寺院的名字，显出郑先生对大陆佛教音乐的状况一无所知。而当时，我们想出版这些音带的计划刚好遇到一点困难，所以，我们便委婉地告诉他：这些石窟是古代佛教徒修行的所在，从来没有过音乐；而在郑先生抄录的那些寺院名单中，也有些寺院“还没有恢复”。我们建议首先出版“中国佛教道教音乐周”的录音，因为这些乐团都是我们在多年来对中国佛教音乐“全面搜寻”（对不起，借用郑先生的词）和潜心研究的基础上，在全国范围内精心选拔的，不但水平较高，具有相当的代表性，而且南北兼收、唱奏并重，是有着极高历史价值、艺术价值、学术价值的不可多得的佛乐珍品。于是，郑先生代表国纶公司与中国艺术研究院音乐研究所乔建中所长签订了合作协议，由音研所向国纶公司“提供‘中国首届佛道教音乐周’录音母带”，由国纶公司“制作 CD 销售”，有关该专辑音乐之由来和此事之因缘，也由我在为此专辑所写的“前言”中写得清清楚楚。但是，我的这段话，在印成说明书时却被删掉了，同时，出现了郑先生的“序”。

这里还必须指出的是：印在这本说明书第一页上的全国政协副主席，中国佛教协会会长赵朴初先生的题词并非赵朴老“惠赐法绘墨宝配合本专辑编辑使用”（见说明书），而是国纶公司擅自把赵朴老 1990 年题写的“中国佛教道教音乐周”的字“编辑”而成的。而把赵朴初会长的头衔改为大陆佛教协会理事长，则更是无法解释、难以容忍的事了！

我们不知道郑先生掩盖历史真相，把“中国佛教道教音乐周”的因缘在“前言”中抹掉和“编辑”赵朴初会长“墨宝”这两件事哪个是“因”，哪个是“果”，但我们相信这两者共同的“因”恐怕只有一个，那就是突出郑先生和国纶公司的“功德”，把自己打扮成“抢救”中国佛教音乐的“功臣”。

假如这仅仅是郑先生出于商业的目的而采取的“营销手段”倒也可以

理解，但郑先生口口声声言明“本公司为一保存全面民族音乐文化的公司（原文如此）……所追求的只是理想并非名利”（见国纶公司致乔建中、田青函）。这便颇有些令人费解。因为任何一个公司追求商业利润的行为都是正当、正常和无可非议的。假如国纶公司只是追求“理想”而对商业利益无所谓的话，郑先生完全可以去办一个非营利的慈善机构而不必办公司。当然，从郑先生的所言所行来看，郑先生的确不是一般的商人，其志向，更非一般商人所能比，郑先生的“理想”究竟是什么，我们不敢妄断，我们只能为郑先生在追求“理想”的过程中留下的纰漏表示遗憾。诚如郑先生所表白的那样，“功德”并不重要。老实说，梁武帝建庙度僧尚无功德可言，你出版一套佛乐专辑能有多少功德够“回向西方极乐世界及十方三世一切众生”（见说明书“后记”）的呢？问题是，我们做任何事情都不要忘了尊重历史的真实、不要忘了尊重他人的劳动。在两岸合作而历史因缘造成的隔膜还没有消除的情况下，更应该互相尊重，以诚相待，把共同弘扬我们中华民族老祖宗的文明摆在首位，把“名利”二字放在后头。从这件本来是大好事所引发的不愉快中，我们似乎可以从中得出一些思考和教训，以利于我们今后两岸携手共同弘扬中华传统文化的事业。

首先，我们应当承认我们之间存在着许多误解和隔膜，因为假如不承认这一点，就会造成新的误解、隔膜。两岸被人为地分开四五十年，起码整整两代人生活在两种社会制度下，怎么能没有误解、隔膜呢？乍一接触，肯定会对许多问题产生歧见，此时，双方应该在相互尊重的基础上多加沟通。目前，两岸来往越发频繁，但国纶公司这套去年 8 月出版的专辑，我们今年 3 月才看到，而且还是我们请别的朋友去国纶公司索取后再辗转捎来的。假如国纶公司能够在印刷说明书之前征求一下我们的意见，其后的不愉快是可以避免的。

第二，中华传统文化，是华夏子孙共同的遗产；弘扬中华文明，是我们两岸共同的心愿。但是，在我们携手合作的时候，我们应该清醒地看到两岸所各自存在的长短之处并实事求是地扬长避短。单就传统文化问题来说，大陆虽然有过包括“文化大革命”在内的种种动荡，传统文化遭到过严重的损失。但是，中华文化的血脉却从没有断绝，中国的传统文化就像滔滔的黄河一样，在她“九十九道弯”的奔流之中，会渗透、蒸发、流失大量的水分，但是，在她奔流入海之处，你仍然只能慨叹她的伟大，如果我们不带任何偏见的话，我们应该承认：中华文明的根在大陆；生活在大陆的华夏子孙和知识分子们，曾为传承、保护、发扬中华传统文化付出了巨大的努力。因此，从整体上说，大陆的传统文化底蕴和学术研究水平比较高，所谓的大陆“文化断层”并没有像过去彼岸宣传的那样“伤筋动骨”。考虑到大陆的知识分子在抢救、挖掘、研究中国传统文化时曾面对的种种困难的话，海外的同行们，应该善待这些来之不易的学术成果。作为海峡两岸的炎黄子孙，我们同根、同源，目标一致。台湾学术开放较早，在学术眼光和文化市场的管理经验、营销手段、制作宣传及与海外沟通等方面，比较有先进之处。在某些方面的文化投入，台湾也比较多一些。某些领域的研究，台湾也有领先之处。假如我们能肝胆相照，取长补短，精诚合作，则中华文明幸甚，中华民族幸甚，而列祖列宗在天之灵，岂不欣欣然而深以为慰欤？有些海外商人对大陆学术水平缺乏了解（实际上是对中国文化缺乏了解），在合作文化项目时，自觉或不自觉地“恃财自傲”，以为只要有钱，就什么都可以买到，不尊重文化，不尊重知识。这与大陆某些见财眼开、唯利是图的人一样，都在合作双方的印象中留下了阴影。

我想再强调一句：中华传统文化，是所有华夏子孙的共同遗产，在当前西方“强势文化”的压力面前，所有华夏子孙都应该把弘扬中华传统文化、为中华民族在未来的多元化世界文化格局中争一席之地而携手努力。

第三，在两岸互不交通之时，两岸都有些人曾利用这种不正常的情况谋一己之私。双方不但都曾出现过非法出版对岸的学术著作现象，有些人甚至公然剽窃对岸学者的学术成果，招摇撞骗，欺世盗名。随着两岸文化交流的增加和两岸文化人交往的频繁，这种不道德的行为已渐趋稀少。其中的原因，除了一些有过此类行为的人被学界所不齿并身败名裂而外，在两岸交流日趋频繁的今天，这种文化欺骗的行为，也很难长久不被发现。国纶公司虽然在《醒世梵音》出版发行后半年多之久仍没有向合作方提供样品，但我们在半年之后，还是看到了我们不愿意看到的东西。因此，在两岸当局坚决取缔侵犯知识产权的非法行为的同时，我们两岸的学者和致力于弘扬中华传统文化的人，也应该自尊、自律，并自觉地不做不利于弘扬中华传统文化这一华夏子孙共同大业的事。佛法教导众生“莫以恶小而为之，莫以善小而不为”，我们应当记取并共勉。

《醒世梵音》说明书的事情总会过去，郑先生和国纶公司过去为弘法做过一些好事，将来也会做得更好。假如郑先生能够正视自己的“一念之差”给两岸文化交流带来的负面影响，在今后的工作中努力消除这些影响的话，我们相信国纶公司未来的生意和声望将会比今天更好。

（原载《佛教文化》1997 年第 3 期）

中国佛乐再奏欧洲

欧洲的 9 月，本该秋风瑟瑟，寒意已闻。但是，当今年 9 月 10 日至 18 日北京佛乐团再次访欧时，却赶上了一个欧洲少有的“暖秋”，无论是在比利时还是在捷克，那和煦的阳光就像欧洲听众对中国佛乐的热情一样，总是超出人们的希望和想象。应比利时古典音乐节和捷克查理斯大学及欧洲第 5 届“磬”东亚音乐研讨会之邀，北京佛乐团赴欧洲进行的佛乐表演和我有关北京佛乐的讲演，都获得了广大听众的热情欢迎和邀请方的高度评价。

一、殊胜因缘

1996 年 6 月，当我在捷克查理斯大学汉学中心讲学时，认识了该中心的汉学家包捷（Lucie Olivova）教授，这位干练、文雅的女教授对中国的佛教音乐当时便表示出强烈的兴趣。1998 年夏，她有机会来华为该中心的图书馆购买中文书籍，在北京，她初次向我提起邀请北京佛乐团赴捷克演出的打算。后来，经过她的不懈努力和与我长达一年多的联系，终于促成此行。

在已经全面步入市场机制的捷克，文化交流的最大的问题也是经费。

查理斯大学虽然是中欧最古老的大学，在欧洲与牛津、剑桥齐名，在世界上有相当的影响，其汉学中心又是欧洲汉学研究的著名机构，但仍然拿不出钱来邀请我们。为了解决经费的问题，包捷教授想了很多办法，最后，她以经办欧洲第 5 届“磬”东亚音乐研讨会的机会申请了某个基金会的一些资助，又将我们团介绍给比利时古典音乐节的负责人，积极促成了我们在比利时的演出，与该音乐节共同负担我团的费用。这样，不但解决了我们访欧的经费问题，还使我们得以在比利时古典音乐节亮相。这个音乐节，是欧洲最有影响的大音乐节之一，每年举办一次，同时在比利时的首都布鲁塞尔、根特等多个城市举行，有许多欧洲国家的音乐爱好者和游客届时会赶到比利时观看演出。能有机会在这样一个大“庙会”里演出中国佛乐，与广大欧洲朋友结缘，弘扬我国优秀传统文化，可以说是一个殊胜因缘。

二、比利时法音宣流

北京佛乐团此次在比利时和捷克共演出了 6 场，可以说是大获成功。我们团经过了 12 小时的飞行，于 10 日晚经苏黎世转机抵达布鲁塞尔。一出机场，便看到三个音乐节的工作人员举着“Beijing Buddhist”的纸牌在等候我们。当晚，我们乘大巴士抵达古城根特，住在城中心广场旁的饭店。饭店前，便是音乐节临时搭建的大型舞台。我们到时，一个大型的演出正在进行。台上，几十名身穿闪耀着金属光泽，既像 18 世纪的服装，又像美国科幻影片里“太空人”服装的古怪衣服，头戴各种用高高的羽毛和花饰组成的尖顶帽的演员，正在震耳欲聋的摇滚乐伴奏下翩翩起舞。舞台虽然是临时搭建的，但不仅结实、阔大，分成三层，而且两侧还各有一架用自动升降机操纵的可升降的小舞台。舞台的灯光也相当专业，不但舞台上五彩缤纷，光怪陆离，就连广场周围的教堂甚至广场上的夜空，也都被笼罩在节日的光明之中。第二天，我们正式参加了音乐节的演出。根据音乐节组织者的安排，当天我们共演出了两场，每场40分钟。我们的演出，被安排在可容纳约500人的根特市政厅的大厅，这两场演出，场场爆满，有一些听众还是从德国、法国、英国专程赶来听音乐会的。而在我们两场演出之间于同一大厅演出的一场钢琴独奏音乐会，则只有10来个人听，相比之下，可以看出欧洲听众对中国和中国佛教音乐的兴趣是相当浓厚的。因为在音乐节期间同时有多场演出，听众可以根据音乐节提供的详细演出指南和节目单选择去什么地方听什么节目。在我们演出的过程中，听众始终聚精会神，尤其是管子演奏家郭向盘腿端坐台前，用极委婉、悠远又多少带一点凄楚的音色独奏五台山佛曲《青天歌》时，全场鸦雀无声，真是连掉一根针的声音都可以听到。演出结束后，许多听众拥到台前仔细观看我们的乐器，更有一些听众一见到我们的演员便翘出大拇指，连连说："Wonderful！"

11日在根特演出结束后，12日一早我们便驱车赶赴布鲁塞尔，当天下午在布鲁塞尔皇宫后面的音乐厅举行了另外两场音乐会。与在根特一样，我们的两场音乐会也与一个欧洲的木管室内乐团在同一场地交叉演出。我们注意到，虽然来听这个室内乐团的听众比在根特听钢琴独奏的人多，但与来听中国佛教音乐的人比，依然少得多。他们的上座率只有约20%，而我们的上座率则高达约90%。据音乐节的人讲，因为音乐节的演出过于集中而听众只有那么多，所以，一般下午场的上座率只在10%至30%之间，有的甚至只有百分之几。像我们这样几乎满座的上座率，只有知名流行歌手的音乐会才可能有，是十分难得的。在布鲁塞尔的两场演出同样成功，就连那些室内乐团的音乐同行也频频向我们表示欣赏与祝贺。在我们即将离开比利时之前，比利时古典音乐节的主席多尼先生对我说："你们的演出反响很大。"他虽然没有时间看我们的全部节目，但有许多人向他反映我们的表演非常好，他对当初邀请我们的决定感到非常满意并表示要将我们推荐给欧洲其他的音乐节。

三、布拉格佛乐浩荡

13日晨，我们乘飞机离开布鲁塞尔到达捷克首都布拉格。还没有出机场，中国驻捷克大使馆的一位同志已经在机场内迎接我们，他告诉我们次日上午9时中国驻捷克共和国特命全权大使严鹏同志要见我们。第二天一早，他来车接我们到大使馆。严鹏同志在对我们表示慰问与欢迎之后，提出一些需要我们注意的问题，主要是该音乐研讨会的赞助者是“蒋经国基金会”，而且，该音乐研讨会还同时邀请了台湾的“汉唐乐府”来捷克演出。大使嘱咐我们一方面要与台湾音乐家正常接触，一方面要警惕台湾当局利用机会搞“两个中国”或“一中一台”。我向大使介绍说，“汉唐乐府”所从事的“南管音乐”，源于我国的福建省，是我国传统音乐中保存得较好的一个著名乐种。“汉唐乐府”的领导陈美娥女士与我国音乐界的关系很好，一贯热爱中国传统文化并致力于两岸的文化交流，曾多次在大陆演出。她酷爱南管艺术，奋斗起家，至今独身，被台湾媒体称为“嫁给南管艺术的音乐家”。据我与她的接触，知道她是主张祖国统一的，因为道理很简单，她所从事的音乐来自大陆，与大陆密不可分，如果台湾“独立”，她的音乐与事业也便失去了与“根”的联系，成了“外来文化”。大使说，既然是朋友，更可以向他们宣传我们的政策。

在捷克的第一场演出，是在布拉格的一个茶馆。茶馆的门楣上，画着一尊菩萨，菩萨的手中，捧着一盏清茶。一些已经先期到达布拉格的参会学者和台湾“汉唐乐府”的全体演员观看了我们的演出。因为是非正式演出，所以我们只精选了一些艺术性较强的节目。那一晚，月华如水。在月光下，饮着中国的“毛尖”“普洱”和“铁观音”，享受着微微的轻风，听有着两千年历史的中国佛乐悠悠地述说着似乎人人可感又似乎深不可测的佛意，真是令人如痴、如醉又如有所悟。

15日晚，我们在布拉格音乐学院音乐厅举行了正式演出，与会的全体学者和严鹏大使夫妇出席了我们的音乐会。在每一个节目之前，我都对乐曲和乐器做了简略的介绍，以使国外的听众能顺利理解我们的音乐。演出是极其成功的，全部节目结束后，听众掌声经久不息，几次谢幕，听众仍不肯散场，只好临时决定加演了一个在北方民间佛事中常吹的欢快的乐曲《锯大缸》。我对听众说，中国人自古便对生死的问题持一种达观的态度，把死亡看成生命的另一个开始，所以，在中国，不但把婚事与丧事合称为“红白喜事”，而且，常常在丧事中演奏一些欢快的乐曲。没想到，这一吹，全场沸腾了，中国民间佛教艺术家们精湛的技艺让欧洲的音乐学家们大饱了眼福。严鹏大使在演出结束后也高兴地到后台与演员一一握手祝贺演出成功。

16日，在欧洲第5届“磬”东亚音乐研讨会上，我发表了题为《北京的佛教音乐》的论文。由于论文较长，占用了提问的时间，在我宣读论文后，会议的执行主席便宣布不再提问，让下面的论文宣读者继续宣读。结果，许多代表在会议休息时向会议主席表示了不满。经会议组织者紧急研究决定，在上午的发言结束后专门延长15分钟让我回答代表们的问题，以满足会议代表的要求。于是，我尽可能简明扼要地回答了代表们的问题，使欧洲的学者们对中国佛教音乐的历史和现状有了更深一步的了解。

四、遭遇台湾佛乐

此次访欧前，所有的中国人都以焦虑的心情注视着海峡两岸的局势。

在欧洲，我们在与台湾同胞的接触中，却深深地感受到台湾人民与大陆人民一样反对李登辉分裂中国的图谋，深深体会到台湾人民对祖国的美好感情。在比利时的根特，我们巧遇台湾佛光山梵呗团。根据音乐节组织者的安排，在我们演出之前，台湾佛光山梵呗团要在当日下午 1 时 30 分在根特市中心的广场表演。佛光山梵呗团当日上午 10 时乘他们包租的大巴士自巴黎抵根特。他们一行共 130 余人，除担任梵呗演唱的数十名佛光山僧尼外，台湾最大的专业民乐团——台北市国乐团也派出了强大的阵容担任梵呗演唱的伴奏，另有几名台湾芭蕾舞团的专业演员伴舞。这种由僧尼演唱、专业音乐家伴奏、专业舞蹈家伴舞的做法应该说是很有效果的。当近百名身穿明黄色袈裟的僧尼纹丝不动地站在宽阔的舞台上，在大型民乐队的伴奏下高唱佛教传统梵呗时，几名表演“天女散花”的舞女身穿敦煌式服装，在另一层舞台上迎风抛撒着闪闪发光的五彩花瓣。据佛光山梵呗团的人说，他们此次全团共 130 余人，包租飞机，出访欧洲 7 个国家的十余个城市（包括巴黎、伦敦、阿姆斯特丹、斯德哥尔摩、柏林、维也纳等欧洲大城市）巡回演出佛教音乐，历时近两个月，可谓浩浩荡荡，大张旗鼓。在此次出访前，李登辉专门接见了他们并向他们赠送了锦旗，以表彰他们为“传播中华传统文化”所做的贡献。看来，李登辉在图谋分裂中国的同时，并没有放弃扮演“中华文明”继承者形象的努力，而是利用一切机会，加大力度，在世界人民面前表示台湾是中华传统文化的继承者和保护者。

我们在观看了他们的表演后，也请他们观看我们的演出。本来他们下午 4 时便要返回巴黎，但接到我们的邀请后，决定留一辆大巴士（约 30 余人）看过我们的演出后再走。老实说，台湾出家人的唱念比大陆的出家人整齐，但伴奏、伴舞的虽然是专业人员，编排的水平却并不高，给人的感觉是歌、乐、舞三者之间缺少内在的联系，所以只能以气势取胜。我团虽然算上我才 8 个人，但除一名僧人（北京广化寺监院怡学法师）主法外，其余的 6 个演奏员大都是祖传的佛门“吹鼓手”，是名噪京郊的“张广泉乐社”的后裔和主力，中华人民共和国成立后又都在专业团体工作，既熟悉传统佛乐，又具有独奏水平，可称得上是传统悠久、技艺精湛。所以，我们以“器乐”为主的表演，与台湾梵呗团以“声乐”为主不同，令台湾僧尼耳目一新，赢得了他们的称赞。慈惠法师还特别称赞击鼓的苏文兴，说：“这样水平的鼓手，我们台湾没有！”比利时小小的古城根特也可以说是与中国佛乐特别有缘，在同一天观赏到了大陆北方最精彩的佛曲演奏和台湾最大型的梵呗演唱。

经过北京佛乐团全体成员的努力，在比利时遭遇台湾佛乐，我们 8 个人的队伍与台湾 130 人的队伍可以说是各有千秋。客观地说，台湾梵呗团人多势众，规模大，有气魄，又是自费巡演，处处主动；我们人少，又是邀请方出资，处处要听邀请方的安排，但我们的音乐家技艺高超，节目编排精心，既有民间佛事的选段表演，从中可以看出中国北方传统佛事的面貌；又有艺术性很强的五台山佛曲、智化寺佛曲的演奏，可以称为中国传统音乐中的精品。通过我们的表演，不但充分证明了我国宗教信仰自由政策的落实，还证明了中国传统文化的根在大陆，使一些误认为大陆在“文革”后传统文化遭到“毁灭性打击”的人看到，中国传统文化不但没有在大陆中断，而且得到了很好的保存和继承。应该说，孟子所谓“仁言不如仁声之入人深也”的话，是有道理的。我们的音乐，在某种程度上，比许多声明和文章更容易被不了解我们的人接受，同时也更直接、生动地说明了问题。

但是，面对台湾佛教界出巨资、花大力、自费在欧洲 7 国巡回演出佛教音乐的事实，我们应该看到我们在弘扬传统文化、用佛教音乐来宣传我们的宗教政策和文化政策方面做得还很不够。假如我们充分了解到佛教音乐在我国传统文化中的重要性和在一般外国人心目中的地位，看到用佛教文化宣传我们政策的有利条件和增强我国人民和世界人民的友谊、团结一切可以团结的力量的特殊作用，更加重视佛教音乐的挖掘、整理、推广的工作，我相信，在 21 世纪的更广阔的国际舞台上，中国佛教音乐将为增进各国人民对中国的了解、对中国的崛起贡献更大的力量。

写于 1999 年

佛乐与“通天塔”

——记甘肃拉卜楞寺佛乐团访法

从中国甘肃夏河县的拉卜楞寺，到法国南方的小城圣·佛罗朗，不仅在地理上十分遥远；从文化背景上看，一个有着1000多名喇嘛的藏传佛教格鲁派大寺院，与一个男女老少加在一起才只有2000多人口、却因每年举办一次世界性的艺术节而闻名于世的宁静的法国小城，似乎毫无共同之处。但是，1997年6月的一天，在圣·佛罗朗人引以为傲的古老的天主教堂里，刚刚卸职的前法国外交部部长德沙莱特先生和夫人及专程从巴黎和法国各地赶来的数百名听众，怀着极大的兴趣欣赏了来自拉卜楞寺八位喇嘛们的音乐会。

佛教最常用的一个词便是“因缘”，提到拉卜楞寺佛教乐团到法国演出的“因缘”，先要提到圣·佛罗朗艺术节的艺术总监皮埃尔·让先生。这位因成功主办了数次世界性艺术节而闻名法国艺术界并与世界许多国家的艺术家们保持着联系的艺术经纪人，在1995年访华时，曾专程到我家征求我的意见，希望下一届圣·佛罗朗艺术节能邀请一个“真正传统”“有特色”的中国乐团赴法演出。我当时即大力推荐拉卜楞寺佛乐团。近几年，北京、天津、五台山等汉传佛教的乐团相继出国访问，造成了一股不大不小的中国佛教文化热。但是，藏传佛教的寺庙音乐却鲜为人知，更未能走出国门。实际上，拉卜楞寺的寺庙音乐不仅独具特色，有着极高的文化价值，也有着很强的艺术性和感染力。经过一年多的联系和努力，来自甘南藏区的“天籁”法音，终于在有近十个国家参加的“1997 圣·佛罗朗艺术节”上与法国听众见面了。

身披紫色袈裟、头戴藏传佛教格鲁派著名的黄帽的喇嘛登台之后便把听众“震”住了，那一对通高 3.5 米的法号（藏语叫“筒钦”）在喇嘛们的吹奏下发出了巨大、低沉、浑厚、神秘的声音。这仿佛来自天国的声音，在海螺（大海的声音）、刚洞（俗称“叫鬼号”，地狱的声音）的伴奏下，将端坐在天主教堂内的数百名听众带到了一种深邃莫测的非现实境界里：有的人似乎回到了远古洪荒之时，有的人仿佛来到了喜马拉雅山顶或大海之滨；有的人听到了上界的呼唤，有的人听到了地狱里的哭号。天主教堂高高的穹顶似乎专为这神秘的声音而设计，那仿佛从天而降又仿佛潜行于地的声音在教堂中鼓荡低回，摇撼着所有听者的身心。

演出之后，法国国家电台音乐台的记者专门采访了我，我扼要地向法国听众介绍了一些有关拉卜楞寺佛教音乐的背景知识。我认为，拉卜楞寺寺庙音乐的价值集中表现在以下几个方面：

第一，位于中国甘肃省甘南藏族自治州夏河县的拉卜楞寺，是藏传佛教格鲁派六大寺院之一（其余五个寺院是拉萨的噶丹寺、色拉寺、哲蚌寺，日喀则的扎什伦布寺，青海的塔尔寺），由第一世嘉木样活佛阿旺宗哲创建于藏历第十二饶迥土牛年（1709）。近三百年来，拉卜楞寺对我国西北地区藏、蒙民族的社会生活产生过十分重大的影响。目前，拉卜楞寺有喇嘛千余人。寺内共设六个学院。其中闻思学院学习显宗，擅长哲学；上续部学院和下续部学院学习密宗；喜金刚学院和时轮学院学习天文、地理和数学，其每年编写的藏历，对西北地区的农牧业生产，起着重大的指导作用。医学院学习藏医，喇嘛们不但采药、制药，为当地农牧民的身体健康做出了重大贡献，而且将行医与行善合为一体，以高尚的医德、医风体现了佛教的根本精神。由于拉卜楞寺注重学业，严格寺规，该寺的高僧、学者层出不穷，影响深远，所出各类著作在藏民族中享有极高的声誉。佛教音乐在拉卜楞寺有着独特的传承和悠久的历史。在历代嘉木样大师的关怀下，一支被安多藏民称为“道得尔”的乐队一直发展、延续下来，成为拉卜楞寺独有的文化形态。除塔尔寺还有一支从拉卜楞寺传入的类似乐队外，其余所有藏传佛教寺庙（包括卫藏、康巴、安多等藏族地区，也包括“六大寺庙”中的噶丹寺、色拉寺、哲蚌寺、扎什伦布寺等）都没有类似乐队，因此，它是十分独特的。

第二，“道得尔”音乐是藏、汉文化的一种特殊混合体，充分体现了藏、汉两个民族文化上的密切交流与融合。其最显著的特点便是乐队全部使用汉族乐器——管、笛、笙、云锣，其乐队编制和风格，完全与流行在广大汉族地区的佛教“笙管乐”类似。在其演奏的乐曲中，也有大量汉族乐曲，如《万年花（万年欢）》等。乐队所使用的乐谱，亦颇具特色，是用同音藏文记录的在中国汉族广大地区曾广泛流行的“工尺谱”。其音乐的来源和正式形成的时间，有两种不同的说法，一种意见认为来源于北京并在二世嘉木样时期（清雍正六年至乾隆五十四年，即 1728—1789）即已成型。《甘肃民族志》载：“清康熙乾隆间，夏河嘉木样所用细乐传自北京，有《五顶山》《大悲观音》《大成就十八》《万年花》诸调，仍用工尺译音，有乐无歌，亦不用舞。”因二世嘉木样曾两次去过北京，因此此说不是没有一定的可能性。第二种意见认为来源于五台山并成型于四世嘉木样时期（清咸丰六年至民国五年，即 1856—1916），拉卜楞寺已故的著名藏戏作家朗仓·开智格来合嘉错活佛（1890—1989）在我 1983 年初访该寺时曾亲口对我讲：“拉卜楞寺乐队创建于第四世嘉木样时期，乐曲来源于五台山。”

五台山系中国北方佛教音乐的中心，素有青庙（指汉传佛教寺庙）、黄庙（指藏传佛教寺庙）两种不同的音乐系统，而黄庙的音乐，又是在直接借鉴了青庙音乐之后发展起来的，很容易成为同属藏传佛教的拉卜楞寺接受吸收的中介。文化传播学特别强调地理位置、地理环境对文化形态形成的巨大影响，认为流水多促使文化流布，而高山多则造成文化的隔膜。大河千里，上下游可能唱着同一首号子；而高山两侧的两个村落，却可能操着两种不同的方言。造成拉卜楞寺音乐与在其东方的五台山黄庙音乐、在其西方的塔尔寺音乐同属一个文化带的地理原因，就是甘南藏区与卫藏、康巴藏区之间存在着昆仑山、唐古拉山的屏障。由于高山的阻隔，拉卜楞寺“道得尔”音乐不但与山南侧的西藏本土文化有着显著的不同，且在乐曲、乐器、乐谱、演奏风格等方面都与汉族传统音乐相同或相似，当然，经过长时期的演变，他们目前所演奏的汉族乐曲，也已带有某种藏族的风格了。

拉卜楞寺音乐的这种独特风格，充分说明了藏族文化的开放性，也为藏、汉两族人们在历史上的文化交流、融合提供了一个生动、鲜明的实例。那些出于其他目的而妄言藏族文化是一种“封闭性文化”，否认藏、汉两族人民自古以来便存在的大量文化交流事实的人，应该听一听“道得尔”乐队的出色演奏。

第三，拉卜楞寺“道得尔”乐队实际上是一个宫廷仪礼乐队，其主要的作用是为嘉木样活佛的正式活动（如上殿、讲经、宴请、出行、迎送贵客等）伴奏。不同的活动，都有与之相应的专门乐曲，如嘉木样上殿时要奏《上殿曲》等。宫廷音乐作为中国传统音乐的四大类（民间音乐、文人音乐、宗教音乐、宫廷音乐）之一，在中国音乐史中本占有重要的地位，但由于多方面的原因，汉族的宫廷音乐早已名存实亡。因此，拉卜楞寺“道得尔”音乐的存在，便为人们欣赏与研究活着的宫廷音乐提供了一个难得的机会。

除“道得尔”音乐外，拉卜楞寺的喇嘛们还在艺术节上演出了感染力极强的经文唱诵和藏戏弹唱。如果说拉卜楞寺“道得尔”音乐受汉族音乐影响很深的话，那么，拉卜楞寺僧人们的唱诵，则完完全全与西藏本土一样，保留着藏传佛教“声明”的独特传统。佛教“声明”系佛教著名的“五明”之一，是一种钻研与音乐、音韵、发声等问题有关的学问，在汉传佛教中已失传。“五明”中除“声明”外还有“内明”（佛学）、“因明”（逻辑学）、“工巧明”（与制作有关的各种技术）、“医方明”（医学）。最突出的特点及留给人们最深刻的印象，便是他们唱诵时音区之低和音色之厚。当那如海潮般浑厚、低沉的诵经声从喇嘛们宽厚的胸腔深处滔滔而出的时候，听众们大都被这闻所未闻的声音惊呆了！一些法国听众甚至不相信人的声带会发出如此低沉的声音来并对这种发音方法颇感兴趣。我对记者们说：这种声音的取得，一半靠独特的训练方法，一半靠长期的练习。我还开玩笑地表示，希望世界上所有学习 Bass Baritone（西洋歌剧中的男低音）的歌唱演员都能有机会到藏传佛教寺院，比如拉卜楞寺来学习，我相信他们将因此终身受益。

拉卜楞寺佛乐团此次在圣·佛罗朗艺术节的正式演出，被安排与一个法国著名的宗教音乐歌唱家热拉尔·莱斯那同台。这是艺术节的精心安排，目的是让原本遥远、陌生、自成系统的不同音乐在碰撞中找到一种谐和，表现了艺术节主办者的一种世界主义精神和文化多元论的态度。当然，这种安排对参演双方都是一个难得的机会和挑战。

热拉尔·莱斯那擅长演唱中世纪的天主教经文歌，曾在欧洲录制出版过许多唱片。那天，他在一个小型乐队的伴奏下充分施展了他的才华。这个颇有中世纪风采的乐队包括一支鲁特琴（lute）、一支古低音提琴（basse de violon）和一架小型管风琴（orgue）。那天，他演唱了意大利作曲家亚力山大·斯塔德拉（Aiessandro Stradeiia，1642—1682）作曲的

《礼拜三的哀歌》和法国作曲家佛朗索瓦·考普兰（Fransois Couperin，1668—1733）的三首《熄灯礼拜日课》中的第一首《耶利米哀歌》。热拉尔·莱斯那在管风琴和声背景和持续低音的烘托下，在鲁特琴和古低音提琴精致的音型与高雅的对位旋律的伴奏下，用一种类似“阉人歌手”的音色，在较高的音区里，用很丰富的装饰音，非常流畅、通达、委婉地表达了 17 世纪欧洲宗教音乐的风格和纯真、炽热的宗教情绪。

在 20 世纪即将结束的时候，在法国南部一个幽静的小城，在一座有着数百年历史的天主教堂里，法号与喇嘛们的诵经声和 17 世纪的天主教音乐交织在一起，或低如海涛，或高如行云，色彩迴异，起伏跌宕。时空交错所造成的巨大张力和碰撞，异质文化并置所带来的深刻对比与罕见的和谐，以及在听觉享受的同时感受到的视觉上的刺激（光是喇嘛们袒右的紫色袈裟、造型奇异的明黄色的帽子和巨大的法号就够让欧洲听众们大饱眼福的），向数百名听众展示了两种同样悠久的古老文明。这两种古老的文明，都曾在人类历史中留下深远、广泛的巨大影响并在今天依然影响着许多人的生活。令人感动并感慨的是：在这里，在今天，两种各自有着完全不同的历史、不同的教义、不同的影响范围的宗教，和平、和谐地在一起“交响”。对立不见了，让位给了美的对比；偏见不见了，取而代之的是对人类共同拥有的历史与共同面对的未来的一种理解、一种默契、一种坦诚和一种共同的责任感。《圣经·创世纪》中曾讲述过一个故事：当诺亚的子孙们在齐心建造一座通天塔时，上帝担心人们将无所不能，“乃混乱其语言，致使互不通意，乃四散”。通天塔没有造成，未免多少有些遗憾，好在上帝在让人们各操一种不同的语言的时候，有意给人类留下了一线相通、相知的途径，这就是音乐。音乐，超越了种族、超越了语言、超越了意识形态和宗教信仰，甚至超越了它赖以存在的自己的文化背景。它使遥远的变得贴近，使对立的形成和谐。音乐，从某种意义上讲，其实便是一座可以直达上苍的“通天塔”。人类假如不能从音乐的谐和中体味到宇宙的谐和，不能从音乐中找到彼此的共同点，达到“心心相印”的境界，那便是辜负了上帝的苦心。

拉卜楞寺寺庙音乐在“1997 圣・佛罗朗艺术节”上大放异彩，法音宣流，广结善缘。我相信，拉卜楞寺喇嘛们紫色的袈裟和他们美妙的音乐，一定会长久地飘扬在圣・佛罗朗市民和众多法国音乐爱好者的心中。

（原载《佛教文化》1997 年第 5 期）

水陆道场：是佛？非佛？

——颜新元藏水陆画展前言

假如上层建筑是一座宝塔的话，那么，宗教似乎高居塔顶，而民间艺术，则一直蹲卧在塔基。但也许正因为两者之间的距离，才形成了一个强劲的“张力场”，使以宗教祭祀为目的的民间绘画，成为中国传统绘画艺术长河中一条色彩斑斓的涌流。

湖南民间艺术收藏家颜新元先生多年致力于收藏水陆画。水陆道场，原是佛教最盛大的法会，相传始于梁武帝，是普济六道四生的大斋。按规矩，法会分内坛、外坛。内坛分为三间，其中除香花供养外，两侧的壁上还要悬挂上、下两堂诸佛菩萨圣凡画像及地狱变相，这便是所谓的水陆画。

佛教对中国艺术的影响是巨大的。在绘画领域，如果说禅宗的智慧与理趣曾开启了中国文人画的路径的话，那么，水陆画对中国民间绘画的影响和推动，则较少被人提起。举办此次画展的目的之一，便是希望引起大家的兴趣。

随着佛教的中国化、民间化，水陆画也逐渐从庙堂走向四野八荒的村村寨寨。在天性宽厚并本能地对所有神灵一视同仁的农民画师笔下，不但佛道合一、三教合一是一种必然，甚至天人合一、凡圣合一也成了顺理成章的事。于是，乡村土台子上扮演的戏曲人物，也便堂而皇之地走进了祭坛，成为天堂与地狱之间合理的补充与过渡。这其实很符合水陆法会的本意，也很符合佛教“无分别心”的教诲和普度群灵的大慈悲。也许，一个有着虔诚宗教信仰的西方人很难理解中国民间宗教生活中的这种“随便”和“世俗性”，但是，只要是有一定艺术感受力的人，都会对这些来自洞庭湖畔的农民画师们的想象力和形式感、色彩感表示由衷的钦佩。

这些画作来自三湘故地，来自瑰丽雄浑、汪洋恣肆的楚文化的家乡——这里是产生了《离骚》与《九歌》、产生了马王堆帛画的地方，也是产生了与北方的现实主义理性精神交相辉映的浪漫主义艺术传统的地方，产生了无数光荣与梦想的地方。八百里洞庭的波翻云卷中，蕴藏着多少先人们的灵光与智慧啊！外来的佛教文化与信鬼好巫的楚文化、博大丰富的道教文化相结合，使湖南水陆画的地方特色格外浓郁，民间风格格外鲜明。

这些画作和我们的民族一起，经历了无数次的兵燹水火，经历了众多劫难。所有了解中国历史，尤其是当代史的人，面对这些劫后余生的作品，都应该在欣喜赞叹之余，生出一种敬畏之心、感谢之情来。在这个世界上，毕竟存在着比水火、暴力更有生命力、更伟大的力量。

苏东坡曾有《水陆画赞》十六首，兹录其一，以贺画展成功，并与颜君和所有有心人共参：

> 谓此为佛，是事理障。
> 谓此非佛，是断灭相。
> 事理既融，断灭亦空。
> 佛自现前，如日之中。

（原载《佛教文化》1996 年第 3 期）

人间佛教与世界和平

2016 年 2 月 26 日中午 12 时，一架来自台北的飞机降落北京首都国际机场，中国国家文物局局长在停机坪恭候，佛光山开山宗长星云大师和一尊被盗割的古代石雕佛首一起出现在人们面前，几十家新闻媒体和大众对这尊被盗割后身首两地达 20 年的珍贵文物终于回家并身首合璧而欢庆。这尊石雕佛像，是北齐天保七年（556）北齐皇族高叡所造，精美绝伦，1400 多年来一直供奉于河北省灵寿县幽居寺。1996 年，佛头被盗，流失海外。2014 年 5 月，一佛光山信徒高价购得佛首并献给大师，大师表示："佛教文物是人类重要的文化资产，是属于全人类共同所有，应该让佛首回归原处。"于是，大师开始了在中国大陆寻找佛身的工作，经过两年多仔细查询与专家鉴定，在中国国家文物局的帮助下，终于认定此佛首即河北省灵寿县幽居寺被盗割的佛像之一部。2016 年 3 月 1 日，"星云大师捐赠北齐佛首造像回归仪式"在中国北京国家博物馆隆重举行，中国文化部部长雒树刚在回归仪式上致辞时说：星云大师以 90 岁高龄，由台湾亲自护送佛首造像安全顺利回来，这是一件载入两岸文化交流史册的大事。大师认为：珍贵文物被盗，是人类的贪婪、无明所致；世界的不安宁与战争，更是人类无尽的欲望与贪嗔痴所致。大师以促使文物回归的方式为促进两岸和解、世界和平做出了榜样。

佛教是一个和平的宗教，自诞生至今约2500年以来，没有发动、参与过任何一场战争，是人类和平一贯的倡导者和实践者。佛教唯一的武器，是智慧之剑，它的敌人也只有一个，那就是自己，自己内心的贪嗔痴。

佛教传入中国约2000年，形成了影响朝鲜半岛、日本、东南亚的汉传佛教，与藏传佛教、南传佛教一起形成了一个世界性宗教。在中国佛教史中，出现了许多为增进人类的相互理解与世界和平而奋不顾身的高僧大德，其中根据唐代高僧玄奘印度取经的事迹创作的小说《西游记》，成为中国古典小说“四大名著”之一，在中国家喻户晓；而远涉重洋将佛教文化传播到日本去的鉴真和尚，更成为中日友好人士心中的楷模。

今天，汉传佛教的信仰者仅在中国大陆就超过1亿人。星云大师，是当今汉传佛教最具人格魅力、最受尊敬、影响最大的宗教领袖。

星云大师1927年生于中国江苏江都一个贫困家庭，11岁出家，20岁毕业于焦山佛学院。1949年，他身无分文来到台湾，为弘法利生备尝艰辛。自1967年于高雄开创佛光山本山以来，经70余年艰苦卓绝的努力，于全球创建300余所寺院，如美国西来寺、澳大利亚南天寺、非洲南华寺、巴西如来寺等。此外，创办16所佛教学院，24所美术馆、图书馆，以及出版社、电视台，并先后创办美国西来大学、台湾南华大学、佛光大学、澳大利亚南天大学、菲律宾光明大学及50余所中小学和多所幼儿园，其慈善事业更遍布全球。作为当今汉传佛教最具影响力的宗教领袖，世界各地随其出家的僧人有两千余人，全球信众达数百万之多。1991年成立国际佛光会，被推为世界总会会长；至今于五大洲一百七十余个国家地区成立协会，成为全球华人最大的社团。

星云大师为世界和平所做的贡献主要有：

1. 积极倡导“人间佛教”，慈悲救世

“人间佛教”的主旨，是改善人心、关注当今社会、促进世界和平；其途径，是通过佛陀教诲的实践，认识人的本性，约束人的不良欲望、暴力与侵略性。佛教认为：只有通过自我修行，遵守戒律，提升智慧，“存好心、说好话、做好事”，才能不断完善个体生命的质量，而只有每个人都愿意并实践自我约束并理解他人，才能达到人与人的友爱，达到不同民族、不同国家、不同宗教、不同政治群体的理解、包容、和谐。而大师本人更以其多年的修行实践成为华人世界共仰的道德楷模。

为了促进世界和平，大师多年来不懈努力，除在台湾大陆捐赠多所希望小学外，更在世界各地兴办慈善事业。为了使南非贫困家庭的女青年有改变命运的机会，大师在南非成立以免费培训技能、启发才艺为主要内容的“天龙队”，除电脑、英文等课程外，还有音乐、舞蹈等艺术课程，并带她们到世界各地演出，使这些女青年有了阳光和希望。在巴西，大师开创“如来之子教养计划”，自 1993 年开始，免费为贫民窟的孩子提供课业辅导、英文、葡萄牙文、电脑、道德教育、功夫、手工技艺等课程，并成立足球队，带他们到世界各地比赛，这些来自圣保罗市犯罪率最高的贫民窟的孩子，不仅有了正常的学习条件，更培养了品德和自信。

2. 努力促进跨宗教的和平对话

星云大师认为：当今世界，不同宗教间的分歧与斗争，是世界不安定的源泉和战争的导火索。因此，只有促进不同宗教间的对话，才能消弭仇恨与战争，争取世界和平。为此，星云大师于 1997 年 2 月 28 日与教宗若望保禄二世对话，就宗教交流与世界和平交换意见。临别时，大师以石雕的观音圣像相赠。教宗表示，观音菩萨就如天主教的圣母马利亚一样，都是慈悲与和平的象征。此次会面，被誉为“世纪性的宗教对谈”。2006 年 6 月 21 日，大师再次亲赴梵蒂冈圣伯多禄大教堂，与教宗本笃十六世晤谈，希望借此增进佛教与天主教的相互了解与合作。

面对台湾众多的民间宗教，大师于 2011 年发起“宗教联谊会”，每年 12

月25日广邀各地不同宗教的团体齐聚佛光山佛陀纪念馆，共同祈祝世界和平，现已成为一年一度的跨宗教节日盛会。2014年，“宗教联谊会”共吸引了411家宫庙及13579位不同宗教信众参加盛会。除了两岸宫庙团体外，更邀请了菲律宾天主教的圣婴团，活动开始走向国际化。2015年，“宗教联谊会”吸引了501家宫庙、14441位不同宗教信众参与盛会。除了两岸宫庙团体及菲律宾的圣婴、圣母外，更邀请了圣功修女会、中华道教联合总会、香港孔教学院、一贯道天台山道场、中国道教会等宗教团体，力促不同宗教之间的理解与包容，为世界不同宗教的和谐共荣创造了一个鲜活的例证和典范。

3.促进中国海峡两岸的和平

由于历史的原因，自20世纪40年代以来，中国大陆与台湾目前仍然没有结束敌对状态。占世界人口约五分之一的人至今没有得到和平的保证，这难道不是当今世界和平最大的问题吗？

1989年，大师应中国佛教协会会长赵朴初之邀，率僧俗二众五百余人，打破坚冰，初访大陆，并与大陆时任国家主席杨尚昆、政协主席李先念会晤，探讨促进两岸和平的可能。1995年，大师委托大陆学者百余人撰写白话佛典《中国佛教经典宝藏》132册。2001年，编辑《法藏文库——中国佛教学术论典》，收录出版30年来中国大陆、香港、台湾博士、硕士佛教论文共120册，促成两岸佛教学术界的合作。2002年，大师联合台湾佛教界共同恭迎西安法门寺佛指真身舍利莅台供奉，成为两岸佛教界的盛事，成为海峡两岸宗教交流标志性的重大事件。2004年，担任佛光山梵呗赞颂团与中国佛教协会所属三大语系、八大丛林，两岸百余位僧众共同组成的“中华佛教音乐展演团”团长，分别于中国澳门、香港、台湾以及美国、加拿大等地巡回，写下海峡两岸佛教交流新篇章。2005年，捐赠“扬州鉴真大师图书馆”。2007年，于台湾林口体育馆主持“祈求两岸和平人民安乐回向法会”，寒山寺住持秋爽法师将一口仿唐“和合钟”赠予佛光山，并缔结兄弟寺。2008 年，四川汶川大地震，大师指示佛光山拨款一千万元人民币救灾，成立“救灾指挥中心”，整合全球佛教界资源赈灾，并于佛光祖庭宜兴大觉寺举行“为四川大地震灾民祈福法会”。而以宣扬佛教思想为目的的大师“觉有情——星云一笔字书法展”更以空前的规模在大陆数十个城市巡展，观众达百万人以上，创下了两岸书法界空前的纪录。

多年来，为促进两岸和平，大师奔波两岸，与中国大陆各界领导人都建立了良好的关系，积极化解了两岸的对立情绪，加深了彼此的理解。

大师通过促进两岸佛教界、文化界交流，极大地促进了两岸各界民众的交流和理解，今天，在大陆和台湾的一些机场和饭店，常时可以看到大师的著作，大师倡导的“人间佛教”所包含的和平、慈悲、包容的理念已深入人心，成为两岸民众共同拥护的观念和行为方式。

4. 以著作为世界和平提供理论支持

大师著作等身，撰有《释迦牟尼佛传》《佛教丛书》《佛光教科书》《往事百语》《佛光祈愿文》《迷悟之间》《人间万事》《当代人心思潮》《人间佛教当代问题座谈会》《人间佛教系列》《人间佛教语录》《人间佛教论文集》《僧事百讲》《百年佛缘》《贫僧有话要说》《人间佛教——回归佛陀本怀》等，总计二千余万言，并译成英、德、日、韩、西、葡等二十余种语言，流通世界各地。在大师的著作中，充满对人生无常的悲悯、对世界和平的关怀，是佛教智慧的充分表达和现代的诠释，为促进世界和平提供了具有指导性和可操作性的理论。其遍及全球的慈善事业和对非洲一些战火频仍地区的救助，更伴随其 70 年的佛教生涯，为其促进世界和平的理论做了一个知行合一的典范。

当今世界，最需要的就是和平，唯有和平，才有人间的幸福；提倡“人间佛教”，方能团结大众，为促进世界和平贡献力量。

（原载台湾佛光山《人间福报》2017 年 12 月 5 日）

音乐义工先驱与楷模

——田青先生在 YMCA 音乐事工研讨座谈会上的主题演讲

各位代表、各位朋友：

下午好！

昨晚观看了第四届海峡两岸 YMCA 联合音乐会演出，最直接的感受是：音乐会上唱歌的人都是以一种喜乐的心情来唱，很干净，体现了内心的欢乐，这与青歌赛一类的演唱具有明显的不同。

今天我借这个机会感谢我的两位老师：一位是杨明明的父亲杨今豪教授，我大学的老师；一位是杨荫浏先生，我读研究生的导师。杨今豪教授安排我来厦门和大家聚首，而我今天演讲的主题是杨荫浏先生。大家都知道杨荫浏的名字，是因为杨先生把瞎子阿炳推荐给世界并记录了《二泉映月》这首世界级的中国民族音乐的代表作。应该这么说，像阿炳这样的民间艺术家，在中国历史上不知道有多少，也不知道有多少这样的民间艺术家曾经创造过像《二泉映月》这样伟大的作品，但是，其中的绝大部分人和作品都随风而逝，消失在邈远的历史之中了，但是，因为有杨荫浏，因为有这样一个音乐学家把瞎子阿炳的音乐记录下来，才使这样一个身世卑微的民间艺人永垂不朽，使他伟大的作品流传于世。

但是，杨荫浏先生还有一个功绩却被大部分人遗忘了，那就是作为现代中国基督教音乐家的杨荫浏。所以，我今天借这个机会把他对基督教音乐的贡献再简单地勾勒一下。基督教刚刚传入中国的时候，圣诗或者歌唱是有困难的。过去天主教唱圣诗要用拉丁文来演唱，但要在中国传教，就要用中国人的语言来歌唱。基督教较早开始强调在中国用汉语来唱赞美诗的，应该提到马礼逊。他是新教传入中国的一个功勋卓著的传教士，是英国伦敦福音会的传教士，他在1818年编的汉语圣诗叫《养心神诗》，这应该是基督教赞美诗在中国出版的第一本诗集。随后应该提到的是李提摩太夫妇的《小诗谱》，这个是大家比较熟悉的，其内容主要是他夫人编的。《小诗谱》的影响较大，因为它是在中国第一个介绍了西方的乐理，同时把中国传统的工尺谱和西方的线谱做了一个比较，里面有A、B、C、D等西方音名跟“上、尺、工、凡、六、五、乙”等中国工尺谱的对照。《小诗谱》1883年在中国出版。同年在山西霍州有个华人传教士叫席胜魔，他在1883年创作了第一首中国人创作的赞美诗——《我们这次聚会有个缘故》。那么除此以外，基督教，在华人传教历史上也有很多人做出贡献，或创作，或翻译，或推广，但最终成气候的，或者说影响最大的还应该说是杨荫浏先生和他的《普天颂赞》。

杨荫浏先生1899年出生，1984年去世。他出生在无锡，从小就喜欢音乐，他七八岁的时候开始学中国的传统音乐，学昆曲，学笛子。笛子吹得非常好，他有个外号叫“杨笛子”，参加了当时无锡非常有名的“天韵社”。在那个时候他就认识了阿炳，阿炳还是个小道士，其实比他大不了几岁，阿炳就教他琵琶和三弦。杨荫浏先生与基督教结缘是在他12岁的时候，认识了后来被他叫作“干妈”的美国女传教士郝路义，这个郝路义非常喜欢杨荫浏，那个时候杨荫浏跟她学习钢琴、学习乐理，最后学习作曲，学和声。郝路义不但教给杨荫浏西方的音乐知识，同时也深刻影响了杨荫浏，最终使他成为一名基督徒。杨荫浏在22岁的时候参加了圣公会，也就在这一年，作为一个音乐家的杨荫浏接受了圣公会的一个任务，为当时的中国基督徒编辑中文的赞美诗集。他从这一年开始工作，然后经过三年的努力，他是专职的，本来他在一个学校教书，从1928年圣公会交给他这个任务，他就辞了工作，专职地编辑适合中国基督徒唱的赞美诗。到了1931年，他已经做了3年，这时候，其他的基督教教派，像“美以美会”等也都在做同样的工作，希望编辑中国的赞美诗集。所以，从1931年开始，燕京大学神学院院长刘廷芳——这个名字大家应该都听过——他是把中国的五四精神和基督教新教的精神结合起来的第一人。在五四运动之后，他借鉴了许多五四运动的精神或者说是成就，比如过去李提摩太的《小诗谱》用文言文，“五四”之后大家都讲白话文了，刘廷芳非常积极地推动白话文来唱赞美诗及讲经文，他做了大量的工作。刘廷芳当时还有一个贡献是把分散的基督教教会的力量整合，做了一个联合的教会机构叫“中华基督教会”。刘廷芳还联合当时中国主要的六个基督教组织：中华基督教会、中华圣公会、美以美会、华北公理会、华东浸礼会和监理会这“六公会”，组成了“联合圣歌委员会”，当时选择了32个委员，正式决定由“六公会”联合编《普天颂赞》。我们后来接触到这些历史，让我有一些诧异和感动，组织这么大的力量，投入这么多的人力与精力来做这么一件事情，不论在当时还是现在都是很不容易的。像刚才说的刘廷芳，燕京神学院院长，包括郝路义，还有其他一些人，像当时燕京神学院的音乐系主任范天祥，这些人都是这个“联合圣歌委员会”的委员。

杨荫浏当时非常年轻，刚刚二十出头，最早给他的任务是让他修订20首赞美诗，他在工作中发现许多问题，在20世纪30年代初的时候，有很多我们现在可能认为是不值得一提的问题，但在当时大家从来没有碰到过，而且意见纷纭。比如说赞美诗的曲调，究竟是完全用西方的，还是可以用中国的？在这个问题上，是两个外国传教士，一个范天祥，一个郝路义，起了决定性的作用。这两个外国人强烈地倡导中国人唱赞美诗应该唱中国人的曲调，是这两个外国人积极地推动了基督教赞美诗的中国化。后来的《普天颂赞》中 500 多首的赞美诗里面，有 72 首是中国的曲调，这点是非常了不起的，而且在那个时代，杨荫浏做这个工作是全职地做。到 1932 年，他到北京的燕京大学，当时的“六公会”就一致选举杨荫浏先生为“圣诗编辑委员会”总干事和书记，具体地负责做这个事情。这是因为杨荫浏先生的文化背景，他既懂得中国的民间音乐，也懂得中国的经史子集，他的国学非常好，而同时他的西方音乐知识又是当时最好的，所以他当时虽然很年轻，但“六公会”一致推选他负责具体的事务。当时燕京神学院在其编辑的杂志上专门刊登了杨荫浏的一系列文章，反映他在编《普天颂赞》所碰到的问题和他的解决方案。其中很多问题，现在看起来可能不是问题，比如说曲调如何选择，比如说中文如何与曲调配合，还有一些技术上的问题，但在那个时候是没有遇到过的。杨荫浏先生在编辑赞美诗的过程当中提出不少问题和解决方法，比如他提出音乐文辞的句读要与音乐的句读相一致，这个问题我们现在看起来不是个问题，但当时很多的译歌就没有照顾到这一点，歌词的句读和音乐的句读不一致。比如像《平安夜》，我们现在看的是一个版本，但在当时有很多种翻译，就没有照顾到这一点，就是它唱的歌词的句读和音乐的句读不一致。还比如，他提出汉语的虚词不应该放在音乐的强拍上，这在那个时候也是一个别人没有发现的问题，有的配词会把虚词，比如“啊”“哟”类的字，或者古人的“兮”“矣”这样的字放在音乐的强拍上，杨荫浏就写文章指出应该避免这样的配词。这些问题和解决问题的方法在赞美诗流传在中国的过程中其实都是很重要的。包括从外文翻译成中文的赞美诗应该不应该押韵，当时也争论不清。如果押韵，押什么样的韵好，是按照严格的中国诗韵，还是按照不太严格、可以变通的韵脚？杨荫浏解决了很多类似的技术问题。而且杨荫浏还自己作曲，《普天颂赞》中有 7 首作品是他作曲的，他还做了许多其他工作，包括整部赞集音乐的修订、词的修订，等等。

《普天颂赞》的 500 多首音乐里面，除了 72 首中国的曲调、2 首日本的曲调外，其他 400 多首都是西方的曲调，巴赫、亨德尔、贝多芬的都有，还有很多不知名的西方音乐家。这些曲调的编定和配词，是非常繁复和庞大的工作，整个《普天颂赞》编了六七年，他做这项工作的时候，正好与我们现在大部分义工处在同样的年龄段，二十几岁，有着非常虔诚的信仰，饱满的热情，全心全意做这件事。杨荫浏从 1928 年到 1936 年编辑《普天颂赞》，所做的工作就是音乐义工的工作。他应该说是一个非常优秀的音乐义工，而且是给我们做了榜样的义工。他本来有自己的工作，但他辞掉其他工作在六七年中都在做这个义工。令人欣慰同时也令我赞叹的就是 1936 年 3 月《普天颂赞》正式出版，之后的第二年就再版，而且在 1936 年 3 月到 1947 年，短短的 11 年时间，《普天颂赞》印刷出版了 37.8 万本！这个记录在中国的印刷史、出版史中恐怕是绝无仅有的。现在的书，我不知道有没有达到这个数目，但是在当时的条件下，能在 10 年左右时间印刷将近 40 万册，绝对是个奇迹。而且，《普天颂赞》在当年的“国际圣经博览会”上获得了版式优良奖。由于众所周知的原因，“文革”后，基督教的活动包括唱诗班的活动都停止了。1983 年，出版了《赞美诗新编》，在序言里专门提到请杨荫浏做顾问。我不明白当时为什么不能沿用《普天颂赞》的名字，这也是一件很奇怪的事情。我曾经写过一篇文章《杨荫浏与宗教音乐》，我在文章的最后有那么一段话，这是我十几年前写的：改革开放之后，他终于又以“原《普天颂赞》编委”“教会音乐专家”的身份被聘为中国基督教协会所属“中国基督教圣诗委员会”的“顾问”，对 1983 年出版的、目前在中国基督徒中被广泛使用的《赞美诗新编》的编辑出版，做出了卓越贡献。应该指出的是，无论是这本用以替代经过“文革”浩劫后已很难找到的《普天颂赞》的《赞美诗新编》，还是以后将在中国出现的更“新”的赞美诗集，只要它是为中国基督徒使用的，它就绝无可能越过《普天颂赞》而另起炉灶。在某种意义上说，《普天颂赞》的工作不但是空前的，也是很难超越的。因为，虽然历史在进步，人类的几乎所有领域都在发展，但是，像20世纪30年代时那样对编辑一本圣歌集投入如此多的人力、物力、时间，而且，还那样认真、那样一丝不苟，且集合那样多的一流人才，恐怕是不可能的了。当然我说的这话不一定对，也许我们还能做出更好的成绩——这次我看我们的“四海同歌”，这么多的青年人，这么多的热忱和歌声——也许在我们基督教赞美诗的领域里还会有奇迹出现。今天我要说的是，有一句中国的老话：饮水不忘挖井人，今天我听到“四海同歌”的感人歌声时想到的，就是我们做音乐的人，我们年轻的基督教“义工”，都应该记住曾经有这样一个基督教音乐家，他叫杨荫浏。

最后我还想到一件事，有位贵州省省委书记问当时贵州省处级以上的干部们：你们知道不知道贵州有个地方叫石门坎？你们知道不知道有个传教士叫伯格理（S. Pollard）？他在石门坎这样一个非常偏僻的苗族地区做传教士十几年，最后因为伤寒而死。当地流行伤寒时，他不顾一切地与苗族的百姓在一起，救助苗族百姓，自己染病，最后死在苗寨。一个外国传教士，他死了之后，当地的百姓自发地给他送葬。他在那里还创作了苗文，也有赞美诗，教苗族的百姓唱赞美诗，至今这个地方还在传唱。那么，问你们知道不知道有石门坎这个地方，知道不知道伯格理这个人，其意深焉。这个提问，我觉得是个很了不起的事情，我听了也觉得很感动。

这就是我昨天听了大家的歌唱之后的一点小小的感想，跟大家分享。

谢谢大家！

根据田青先生于2010年10月17日在厦门YMCA音乐事工研讨座谈会上的主题演讲录音整理